GEHIRN-JOGGING: SELBER DENKEN MACHT FIT

Grundlagen und Anleitung zum Gehirn-Training

von
Siegfried Lehrl
Bernd Fischer

© VLESS-Verlag, Ebersberg
ISBN 3-88562-065-0
1. Auflage 1986   (Selber denken macht fit)
2. überarbeitete Auflage 1990 (Selber denken macht fit)
3. überarbeitete Auflage 1992 (Selber denken macht fit)
4. überarbeitete Auflage 1994 (Gehirn-Jogging:
                               Selber denken macht fit)

Dr. phil. Siegfried Lehrl ist Akademischer Direktor in der Abteilung für Medizinische Psychologie und Psychopathometrie an der Universität Erlangen-Nürnberg. Nach Studium des Bauingenieurwesens an der TH Aachen Psychologie an den Universitäten Köln und Erlangen. Dann an Universitäts-Nervenklinik Erlangen tätig, dort 1979 Akademischer Oberrat. 1981 stellvertretender Direktor am Institut für Kybernetik Paderborn, dort 1983 Leiter der Abteilung für Medizinische Informationspsychologie. 1984 Rückkehr nach Erlangen.

Wissenschaftliche Laufbahn begann mit Entwicklung von Intelligenztests und Tests zur Erfassung psychischer Störungsgrade. Dann Arbeiten über Compliance und Gesundheitsbildung sowie Messung und Erhöhung von Forschungsleistungen. Derzeitige Schwerpunkte: Informationspsychologie in der Medizin und Steigerungsmöglichkeiten der geistigen Leistungsfähigkeit durch psychische und körperliche Maßnahmen, speziell »Gehirn-Jogging«. Wissenschaftliche Veröffentlichungen in verschiedenen Sprachen: etwas über 300 Bücher, Buchbeiträge und Artikel in Fachzeitschriften. Vorsitzender der Wissenschaftlichen Akademie der Gesellschaft für Gehirntraining e.V.

Prof. Dr. med. Bernd Fischer ist Chefarzt der Fachklinik Klausenbach in Nordrach. Diese Klinik für frühzeitige Alterserkrankungen ist eine Schwerpunktklinik der Landesversicherungsanstalt Baden. Nach Medizinstudium in Heidelberg, Innsbruck, Wien und wieder Heidelberg Medizinalassistentenzeit in Koblenz und auf Borkum. Anschließend Assistent im Klinikum Mannheim zur Universität Heidelberg gehörig. Dort 1974 Habilitation. 1976 Chefarzt der Fachklinik Klausenbach, wo er die weltweit ersten Abteilungen für Gehirn-Jogging einrichtete.

Die wissenschaftliche Laufbahn begann mit Arbeiten über Leber-Hirn-Beziehung und Hirnstoffwechselstörungen. Arbeitsschwerpunkte Frühgeriatrie und Geriatrie, Compliance und Gesundheitsbildung. In letzter Zeit besonders körperliche Einflußmöglichkeiten auf geistige Leistungsfähigkeit, bekannt unter Gehirn-Jogging. Seit 1979 Veranstalter der jährlichen Klausenbacher Gesprächsrunde, einem interdisziplinären wissenschaftlichen Forum. Herausgeber der Zeitschrift »Geriatrie & Rehabilitation«. Veröffentlichungen in verschiedenen Sprachen: über 200 wissenschaftliche Bücher, Buchbeiträge und Artikel in Fachzeitschriften. Präsident der Gesellschaft für Gehirntraining e.V.

INHALTSVERZEICHNIS

VORWORTE:
Trend: Von der Theorie zur Praxis 10
Der Körper bewegt den Geist — die neuen Ergebnisse 11
Vor drei Jahren Ärzten vorgestellt 12

PRESSESTIMMEN 14

WIE SICH GEHIRN-JOGGING WEITERENTWICKELTE 19
Mehrfach auf dem Prüfstand 20
Was jetzt unter Gehirn-Jogging zu verstehen ist 22
Woran man erkennt, ob man's nötig hat 24
Anregende Briefe 25

DIE VORZÜGE DER GEISTIGEN REGSAMKEIT 29
Das ungestillte Bedürfnis — Selbstverwirklichung 30
Leistungsfähiger: älter — zufriedener — gesünder 33
Hundertjährige als Modell 37

STEIGERUNG DER GEISTIGEN LEISTUNGSFÄHIGKEIT 41
Was ist erreichbar? 43
    Höchstleistungen von Geist und Gedächtnis 44
    Die »normale« geistige Leistungsfähigkeit 47
    • Die Intelligenz 52
    • Die flüssige und die kristallisierte Intelligenz 53
    • Das Gedächtnis: Warum ein gutes Gedächtnis
      kaum nützt 57
    • Die Kreativität 59
    Der »normale« Leistungs-Abfall im Alter 61
    Welche geistige Leistungsfähigkeit läßt das Gehirn zu? 66
    • Das »Geist-Wesen« als »Gehirn-Tier« 66
    • Aufrechter Gang und rasche Hirnvergrößerung 67
    • Gehirnpotentiale als Nebeneffekt der Kühlung beim Laufen 69
    • Die Entwicklung der geistigen Leistungsfähigkeit 71
    • Das Gehirn als Hochenergieverbraucher 74
    Hirnort und Hirntätigkeit 77
    Kein Abbau von Nervenzellen 80

Soviel Information wie möglich verarbeiten 85
    Erst die Kapazitäten, dann die Strategien üben 86
    Der Mensch als Informationsverarbeiter 88
    Was so leistungsfähig macht: Die kontrollierte
    Informationsverarbeitung 91
    GeJo beginnt links: Grundgrößen der geistigen
    Leistungsfähigkeit 97

- Weshalb Klavierspieler nicht schneller spielen
  als sie denken 101
- Die menschliche Gegenwart dauert 5 bis 6 Sekunden 105
- Nur wenig bleibt hängen 108

Alle Grundgrößen üben 110
- Das »saubere« Training 116
- Das Training durch den täglichen Gebrauch 118
  — Alle geistigen Möglichkeiten ausschöpfen 118
  — Grundgrößen der Informationsverarbeitung 120
  — Geistige Tätigkeiten mit und ohne Anstrengung 122

Die Strategien 129
- Die Informationsflut beherrschen 132
- Versagen die professionellen Informationsvermittler?
  Die Lehrer, Vortragenden, Schriftsteller, Journalisten? 134
- Schritte zur Informationshygiene: 136
  Was Profis tun können 136
  — Auf das Individuum zugeschnittene Informationshygiene 139
- Was wir dazutun können 143
  — Erster Schritt: Das für uns Sinnvolle auswählen 143
  — Zweiter Schritt: Auswahl der richtigen Informationsmenge
                     nicht zu viel und nicht zu wenig 143
  — Dritter Schritt: Auswahl der Information nach Verarbeitungsdauer 146
  — Vierter Schritt: Unvertrautes in Vertrautes umwandeln 149
- Die Basisstrategien 151
  — Informationsaufnahme unterbrechen: Pause einlegen 151
  — Multimodal vorgehen: mehrere Schritte einsetzen 151
  — Wiederholen — im Kopf behalten 153
  — Sich auf das Unvertraute konzentrieren 155
  — An Vorkenntnissen anknüpfen — etwas erwarten 157
  — Superzeichen bilden oder entdecken 159
- Spezielle Strategien 163
  — Eselsbrücken 163
  — Keine Angst vor Namen 163
  — Viertelung der Geschichte: Das Rasterlernen 166
  — Verlegen macht verlegen 168
- Umfassende Strategien 169
  — Die Eisenhower-Regel 169
  — Tägliche Aktivitätenliste 170
  — Dynamisches Lesen 171
  — Das Mind Mapping 174

Sich optimal aktivieren
- Zusammenspiel von Körper und Geist 178
  — Was bedeutet die körperliche Fitness für die geistige Leistungsfähigkeit? 178
  — Bewegung hebt die geistige Leistungsfähigkeit 179
- Die optimale Erregung 184
- Das Erregungsniveau für und durch Gehirn-Jogging 189
- Gefährdet — falsch aktiviert 191
- Unteraktiviert — die brachliegenden Fähigkeiten 192
  — Die unterforderten Riesenaffen von Nürnberg 194
  — Unteraktiviert — Wie man es merkt 196
  — Der schleichende geistige Verfall 199

8

- Überlastung schadet ebenfalls 202
  - — Ausgelastete an der Grenze zum Streß 203
  - — Selbst Professoren müssen immer wieder ran ... 205
  - — Wer ist bereits Workoholiker? — ein Test 207
  - — Die Ausgebrannten 210
  - — Streßgefährdung durch Lebensereignisse — zum Selbertesten ... 212
  - — Wege aus dem Dauerstreß 215
    - Beispiel 1: Aktivität gegen Herzinfarkt 215
    - Beispiel 2: Was die Erfolgreichen von den Burnouts unterscheidet? ... 216
- Geistige Aktivität als Waffe gegen Krebs 218
- Geistige Aktivität und psychische Störung 221
  - — Affektive Störungen — Depressionen 221
    - Somatogene Depressionen 223
    - Endogene Depressionen — Manien 224
    - Psychogene Depressionen 227
  - — Gehirn-Jogging für Schizophrenien 229

Störungen der Hirndurchblutung
und des Hirnstoffwechsels beseitigen 234
- Die »normale« Störung 234
- Die krankhafte Störung 237
  - — Wie man sie erkennt — ein Selbsttest 237
  - — Was im Gehirn geschieht 239
  - — Warum die Frühdiagnose von Demenzen möglich und wichtig ist ... 240
  - — Was man dagegen tun kann 242
  - — Wider die typische Passivität von Parkinson-Kranken ... 247

WIRKUNGSBELEGE 249

Wissenschaftliche Beweise zum Selbstschutz 250
Intelligenz, Kurzspeicher, Gedächtnis und Persönlichkeit
bei 14 Tagen GeJo 253
  Die Tests der Patienten mit und ohne GeJo 254
  Die Ergebnisse und ihre Folgen 255
Sie fühlen sich leistungsfähiger nach 10 Minuten GeJo ... 259
GeJo im Klassenzimmer: Schüler machen besser mit ... 260
GeJo nach dem Arztbesuch: die Wirkung der Medikamente steigt ... 263
Die Hochleistung mit 75 Jahren: in drei Monaten ... 265

WIE MAN GEHIRN-JOGGING TREIBT 270

GeJo als täglicher Anreger 271
Sofort üben oder entspannen? 272
Wie lange GeJo wirkt 275
GeJo mit Papier und Bleistift 276
GeJo mit Cassette: GeJo-Audio 279
GeJo mit Kleincomputer 281
GeJo mit Kartenspiel 284
Gehirn-Jogging im Überblick 286

STICHWORTVERZEICHNIS 287

AUTORENVERZEICHNIS 295

ANHANG: Gegenstandskatalog für GeJo-Trainer ... 301

Vorwort zur 3. Auflage

Trend: von der Theorie zur Praxis

Seit dem ersten Erscheinen dieses Buches vor sechs Jahren ist in Sachen »Gehirn-Jogging« viel passiert. Es gab vor allem einen Trend von der Theorie und der Überprüfung, ob und inwieweit die zugehörigen Annahmen haltbar sind, zur praktischen Arbeit.

Zwischenzeitlich hat die Gesellschaft für Gehirntraining e.V. (Postfach 1420 in D-8017 Ebersberg), die kurz vor Erscheinen der zweiten Auflage gegründet worden war, einen erheblichen Mitgliederzulauf. Er machte es sinnvoll und nötig, eine viermal jährlich erscheinende Mitgliederzeitschrift herauszugeben. Sie heißt »Geistig fit« und bringt einen Überblick über neue einschlägige Erkenntnisse sowie über Mitgliederaktivitäten. Außerdem enthält sie jeweils Übungsaufgaben zum Mitmachen.

In der letzten Zeit sind einige Dutzend GeJo-Trainer ausgebildet worden. Ihre Zahl ist aber noch viel zu gering, um den vielen Anforderungen gerecht zu werden, zu denen Vorträge bei Betrieben, Vereinen und Managern gehören, Kurse in Volkshochschulen und anderen Rahmen oder gar die Zusammenarbeit mit Interessierten, die sich zu Ortsklubs zusammentun.

Die Ausbildung von ausreichend vielen Trainern stellt gegenwärtig ein großes Problem dar. Damit sind auch die Fragen nach mehr Ausbildungs- und Übungsmaterial sowie einer begleitenden Kurzfassung des vorliegenden Buches »Selber denken macht fit« verbunden.

Es sind noch lange nicht alle Probleme gelöst. Aber immerhin ist schon als Kurzform ein »Leitfaden für Gehirn-Jogging« entstanden, außerdem ein Gegenstandskatalog zur Ausbildung von GeJo-Trainern. Dieser wird im Anhang wiedergegeben. Daraus wird ersichtlich, worüber ein GeJo-Trainer Bescheid wissen sollte und welche Grundkenntnisse für die kompetente Auseinandersetzung mit der mentalen Aktivierung erwartet werden. Man kann sich auch daran testen, ob man über die wesentlichen Inhalte dieses Buches Bescheid weiß.

An sehr häufig verwertbaren Strategien zur Bewältigung der Informationsflut sind einige Verfahren zur effizienten Informationsverarbeitung behandelt, die es einerseits erlauben, sich rasch und wirksam mit Information auseinanderzusetzen und sich andererseits nicht chronisch überzubelasten. Die Verfahren sind das Eisenhower-Prinzip, die Erstellung einer Prioritäten-Liste, das Dynamische Lesen, das Mind Mapping und das Raster-Lernen.

Trotz dieses Trends zur Praxis hat sich auch einiges im theoretischen und experimentellen Bereich getan. Manche Begriffe und Annahmen sind schärfer geworden. Außerdem liegen zu den verschiedenen Aussagen, die mit Gehirn-Jogging verbunden sind, neue empirische Untersuchungen vor, aber keine wesentlich abweichenden Erkenntnisse. Der Schwerpunkt der Überarbeitung des Buches hat sich daher auf die praktische Seite konzentriert.

Erlangen und Nordrach, im Februar 1992   Die Autoren

Vorwort zur 2. Auflage

Der Körper bewegt den Geist — die neuen Erkenntnise

Die erste Auflage des Buches »Selber denken macht fit« ist vergriffen. Sie hatte zu unserer Freude ein noch stärkeres Interesse gefunden, als wir es uns gewünscht hatten.
Obwohl seit der Erstellung der Erstauflage nur wenig Zeit vergangen ist, konnten bereits drei Studien zur drängenden Frage abgeschlossen werden, ob und wie die körperliche Bewegung die geistige Leistungsfähigkeit beeinflußt. Sie steigt gegenüber der Ruhe um etwa 20 Prozent an. Diese wichtigen Ergebnisse sollten wegen ihrer besonderen Bedeutung für Beruf, Alltag und Freizeit jedenfalls in die neue Auflage eingearbeitet werden, wie auch weitere — ermutigende — Forschungsergebnisse über geistiges Training und Hirndurchblutungs- und Hirnstoffwechselstörungen.
Rückmeldungen von Lesern und von Besuchern unserer Vorträge und Gehirn-Jogging-Kurse zeigten, daß ein erhebliches Interesse am Einsatz von Gehirn-Jogging bei Erkrankungen bzw. psychischen Störungen wie Parkinson-Erkrankung, Schizophrenie, endogenen und anderen Depressionen sowie Manie besteht.
Darauf wird in der Neuauflage ebenso eingegangen wie auf praktische Aspekte, zum Beispiel die neuen Untersuchungsergebnisse über die günstigen Trainingszeitpunkte während des Tages.
Das Buch ist für Interessenten und Anwender des Gehirn-Joggings bestimmt. Rückmeldungen tragen wesentlich zu einer Verbesserung bei. Wer uns und weiteren Interessenten helfen will, zum Beispiel indem er mitteilt, wozu er in diesem Zusammenhang noch Fragen hat, möge an die Gesellschaft für Gehirntraining e.V., Postfach 1420, D-8017 Ebersberg, schreiben. Einem solchen Engagement gilt unser besonderer Dank.

Erlangen und Nordrach, März 1990   Die Autoren

11

Vorwort zur 1. Auflage

Vor drei Jahren Ärzten vorgestellt

Vor drei Jahren war Premiere für Gehirn-Jogging. Gleich bei der ersten Vorstellung in einer medizinischen Fachzeitschrift fand es bei den Ärzten ein überraschend großes Echo.
Inzwischen folgten bei Ärzten, aber auch bei Patienten und Gesunden, bei jüngeren und älteren Erwachsenen Vorträge, Kurse. An Informations- und Übungsmaterial entstanden dabei Grundlagen- und Übungsbücher, ein Übungsheft, Computerprogramme und als Neuestes ein Kartenspiel, das GeJoCard. Dies geschah in ständiger Rückmeldung mit Übenden, aber auch Übungsleitern und Wissenschaftlern.
Nun wird Gehirn-Jogging von Tausenden betrieben. In einigen Volkshochschulen, Kliniken, Seniorenclubs, und sogar in einem Jugenddorf gehört es zur festen Einrichtung. Manche Kurse werden von wissenschaftlichen Untersuchungen begleitet. So erhalten die Autoren ständig Rückmeldungen. Diese sind überwiegend Erfolgsmeldungen.
Das Buch »Gehirn-Jogging — Geist und Gedächtnis spielend trainieren« war die erste Arbeit, die der nichtmedizinischen Öffentlichkeit vorgelegt wurde. Sie fand eine unerwartete Resonanz bei den Lesern, Übenden und Medien. Innerhalb von anderthalb Jahren war das Buch dreimal aufgelegt worden. In über hundert verschiedenen Zeitungs-, Zeitschriften- und Buchartikeln, in Rundfunk- und Fernsehsendungen war Gehirn-Jogging behandelt worden.
Wodurch wurde dieses Verfahren so erfolgreich?
Mediziner, Informationspsychologen und Ingenieure hatten in jahrelanger Arbeit die Übungen für dieses Gehirn-Jogging entwickelt. Dahinter standen die wissenschaftlichen Analysen. Sie fanden einen wichtigen Aspekt heraus, der dem verwöhnten Menschen noch zu mehr Zufriedenheit fehlt: mehr Teilnahme am geistigen Geschehen, mehr eigene geistige Regsamkeit. Diese Analysen decken auch häufige Klagen auf über: schlechtes Gedächtnis, nachlassende Konzentrationsfähigkeit und Schwierigkeiten bei der Informationsverarbeitung, also allgemein Schwierigkeiten im täglichen Leben.
Die Antwort auf diese Probleme war — Gehirn-Jogging, zumal Informationspsychologen zu der »glücklichen« Erkenntnis gekommen waren, daß selbst die kompliziertesten Leistungen von Geist und Gedächtnis auf nur wenige Grundgrößen zurückzuführen sind. Und diesen Grundgrößen stehen die Geschwindigkeit der Informationsverarbeitung, die Gegenwartsdauer (Kurzspeicher) und die Lerngeschwindigkeit (Langzeitgedächtnis) voran.

Genau diese Grundgrößen werden im Gehirn-Jogging von Tausenden bereits geübt. Eine äußerst ökonomische Methode, um sich geistig fit zu halten.

Drei Übungsarten, Kartenspiel, Computer, Heft und Übungsbuch, helfen Geist und Gedächtnis auf wirksame Weise zu trainieren — sowohl in der Klinik, in der Volkshochschule, im Club wie auch im stillen Kämmerchen. Dieses Buch bietet viele neue Erkenntnisse an. Einige halten wir für aufregend, sogar für sensationell. Sie gewähren ein anderes Verständnis als das bisherige von Geist, Gedächtnis, Gehirn und deren Leistungsfähigkeit in der Jugend und im Alter.

Verschiedene Tests geben Gelegenheit, sich selbst zu prüfen, ob man unter Streß steht, ob man arbeitssüchtig ist, ob das Gehirn an Störungen des Stoffwechsels und der Durchblutung leidet.

Am Schluß befindet sich ein Einblick in die verschiedenen Übungsmethoden.

In den Kapiteln »Sich optimal aktivieren« und »Störungen der Hirndurchblutung und des Hirnstoffwechsels beseitigen« wird auf die enge Verbindung der körperlichen und geistigen Seite beim Gehirn-Jogging eingegangen. Ein Teil der dabei gewonnenen Erkenntnisse geht auf Untersuchungen zurück, die von Erwin Braun, Basel gefördert wurden und noch werden. Ihm sei an dieser Stelle herzlich dafür gedankt.

Erlangen und Nordrach, März 1986

Die Autoren

PRESSESTIMMEN

Warum folgen Ausschnitte aus der Presse, Stellungnahmen und Berichte über Gehirn-Jogging?
Zum einen dienen sie als Beleg des öffentlichen Interesses an diesem Training. Zum anderen sehen die verschiedenen Journalisten, als Sprachrohre der Leser, Gehirn-Jogging auf unterschiedlichste Weise, decken neue Gesichtspunkte auf, artikulieren die große Streuung menschlicher Bedürfnisse. Sie stecken das Gebiet des Gehirn-Joggings mit ab und regen seine Weiterentwicklung an. Sie geben den Autoren und — hoffentlich — auch den Lesern eine wichtige Orientierung.
Trotz der Vielfalt an Darstellungen überschnitten sich viele Themen und Teilthemen. Deshalb war es sinnvoll, einige Pressestimmen auszuwählen und hieraus wiederum meist nur die Ausschnitte mit der Erörterung neuer Gesichtspunkte.
Falls die Überschriften wiedergegeben sind, werden sie **fett** gedruckt.

NEUE WESTFÄLISCHE, Sonnabend, 23. April 1983: **Nach Trimm-Dich und Aerobic längst fällig: Gehirn-Jogging macht gesund und langlebig**. Paderborn. Folgt nun den Volksbewegungen des körperlichen Trimm-Dichs, Joggings und Aerobics die schon längst fällige Ergänzung, das Gehirn-Jogging? Auch Geist und Gedächtnis brauchen Übung. Wissenschaftler erklären, daß geistig Aktive gesünder sind und länger leben als andere.

FRANKFURTER ALLGEMEINE ZEITUNG vom 23. Juni 1984: Auch das Gehirn kann rosten. Dauerndes Training erhält oder verbessert die geistigen Fähigkeiten im Alter. Alter, das bedeutet nicht gleichzeitig Nachlassen der Intelligenz. Zwar kann die »fluide Intelligenz« — Reaktionsfähigkeit, Kombinationsvermögen und Orientierungsfähigkeit in einer neuen Situation — bei alten Menschen etwas abnehmen, doch steht dem eine Zunahme der »kristallisierten« Intelligenz gegenüber: Wortschatz, Sprachverständnis und Erfahrungswissen können noch vermehrt werden. ... Wer während seines ganzen Lebens geistig gefordert war, kann sich auch im Alter noch weiterentwickeln. Entscheidend ist für den Geist ebenso wie für den Körper ein geistiges Training; dies ist die einzige Möglichkeit, ein leistungsfähiges Gehirn zu bewahren oder sogar im Laufe der Zeit zu verbessern.

SONNTAG AKTUELL, 16. September 1984: **Ein Waldlauf für den Geist**. GEHIRN-JOGGING heißt das Zauberwort in der Klinik Klausenbach in Nordrach. Seit April gehören dort diese Denkübungen zur offiziellen Rehabilitation: das erste bundesdeutsche Krankenhaus, in dem Patienten ihre grauen Zellen zum Waldlauf schicken können... Etwa 40 Prozent der Klinikgäste trainieren während ihres Aufenthalts ihre grauen Zellen... Wissenschaftler haben festgestellt, die Schaltstellen zwischen den Nervenzellen im Gehirn bilden sich zurück, wenn sie nicht gefordert werden. Bei einem geforderten Gedächtnis dagegen trainieren sie sich.

SÜDDEUTSCHE ZEITUNG, Samstag, 2. Juli 84: **Gehirn-Jogger laufen einem langen Leben entgegen**. Sinken des Intelligenz-Quotienten durch TV-Konsum und Isolation im Krankenhaus festgestellt... Bei Gehirnstrommessungen fanden sie (die Forscher) heraus, daß bei Personen mit TV-Konsum und jenen, die ein geistig wenig aktives Leben führen, geistige Fähigkeiten unterdrückt werden. Nicht nur die Leistungsfähigkeit sinke oft deutlich ab, zusätzlich seien sie häufiger krank, unzufrieden, nörgelig, ungerecht und aggressiv. ... Weil Geist und Gedächtnis sehr sensibel auf zu geringe Beanspruchung reagierten, müßten sie ständig aktiviert werden, um voll leistungsfähig zu bleiben. ... Im Gegensatz zu einer Maschine, die verschleißt, werde die geistige Funktion des Menschen durch stetige Nutzung in Schwung gehalten; hingegen führe der mangelnde Gebrauch von Geist und Gedächtnis zu Alterserscheinungen. ... Geistige Vorgänge umfassen Denken, Erkennen, Einsicht, Kreativität, zentrale menschliche Informationsverarbeitung. Ein »geistiges Trainingsprogramm« von zehn Minuten pro Tag reiche in der Regel aus. Dies sei auch nötig zur Bewältigung von Streß.

KKH-Journal vom März 84: Intelligenz und Lernfähigkeit bleiben länger erhalten als man bisher annahm. Versuche, die Prof. Paul B. Baltes vom Max-Planck-Institut für Bildungsforschung in Berlin durchführte, ergaben, daß das Gehirn selbst bei Sechzig- bis Achtzigjährigen noch über Reserven verfügt, die sich durch entsprechendes Training mobilisieren lassen. Daß intensive geistige Arbeit und lebendige Kontakte zur Umwelt das Gehirn bis ins hohe Alter hinein mobil halten können, beweisen zahlreiche Künstler und Wissenschaftler ebenso wie Persönlichkeiten aus Wirtschaft und Politik durch ihre zuweilen noch erstaunlichen Leistungen.

NÜRNBERGER NACHRICHTEN, 25. Juli 84: **Gehirn-Jogging als Elexier gegen das Altern**. Was dem Körper recht ist, ist dem Geist nur billig! Der moderne Mensch setzt auf die körperliche Fitness und erwirbt sie sich (unter anderem) durch Jogging. Aber auch die geistige Beweglichkeit kann trainiert werden — durch Gehirn-Jogging. Gehirn-Jogging könnte... zum Volkssport werden. Täglich zehn Minuten Gehirn-Jogging im Büro verhindern die Folgen allzu einseitiger beruflicher Tätigkeit.

DEUTSCHES ÄRZTEBLATT, vom 1. Juli 1983, Seite 83: **»Gehirn-Jogging« im Alter**. Untersuchungsergebnisse stützen die Hypothese, daß geistige und mnestische Aktivität mit der Gesundheit im höheren Alter und mit der Lebensdauer korrelieren. Es gibt Befunde, die auf die geroprophylaktische Wirksamkeit eines mental-mnestischen Trainings hinweisen. Bei hirnorganisch gestörten Patienten haben solche Übungen einen therapeutischen Effekt.

HESSISCH/NIEDERSÄCHSISCHE ALLGEMEINE vom 14. April 1984: **Im Krankenhaus: Die Intelligenz läßt nach**. Lange Bettlägerigkeit beeinträchtigt nicht nur körperliche Fähigkeiten, sondern auch die Gehirnfunktionen. Wenn dann noch Schmerzen, Beschwerden und unangenehme therapeutische Maßnahmen hinzukommen, werden geistige Teilnahmebereitschaft und Motivation reduziert.
Für Kranke, die von sich aus nicht in der Lage sind, sich geistig zu beschäftigen, hat Lehrl in Zusammenarbeit mit Kollegen das »Gehirn-Jogging« entwickelt.

LÜBECKER NACHRICHTEN, 22. Januar 84: **Ohne stetes Training schrumpft das Gehirn**. Wer seinen Verstand nicht fordert, kann schon nach einer Woche bis zu einem Zwölftel an Gedächtnissubstanz verlieren. ... Mit Gehirn-Jogging als täglichem Training können die grauen Zellen im Kopf entscheidend in Schwung gehalten werden.

OFFENBURGER TAGEBLATT, 23.8.83: **Computergymnastik fürs alte Gehirn**. Auch ältere Menschen dürften in den nächsten Jahren vom Siegeszug des Mikrocomputers profitieren. So haben Wissenschaftler vom Institut für Kybernetik in Paderborn jetzt klare Anzeichen dafür gefunden, daß geistig unterforderte Senioren mit Hilfe geeigneter Programme spielerisch und unterhaltsam ihre brachliegenden intellektuellen Fähigkeiten trainieren können. Die Paderborner Wissenschaftler hatten vor einiger Zeit einen psychologischen Diagnose-Computer mit besonderen Video-Spielen entwickelt, der im unterhaltenden Dialog mit dem Benutzer vor allem dessen Aufmerksamkeit, Reaktionsgeschwindigkeit und Intelligenz ermittelt. Senioren können damit ihr Gehirn trainieren.

PADERBORNER ZEITUNG, 13. Februar 84: Nur zehn Minuten tägliches Gehirn-Training genügen ... um dem Nachlassen der Lebenskräfte aktiv zu begegnen. Durch Gehirn-Jogging lasse sich der Alterungsprozeß verlangsamen, ja teilweise sogar stoppen. Dieser psychische »Jungbrunnen« sei vor allem für kranke und geistig wenig geforderte oder bewegungseingeschränkte Personen geeignet.

7 TAGE NEUE GESUNDHEIT vom Oktober 83: Wenn Geist und Gedächtnis zu wenig beansprucht werden, kann es zu einer deutlichen Verminderung der Intelligenzleistung kommen. ... Um gegen den schleichenden geistigen Verfall anzukämpfen, wurde ein neues Übungsverfahren mit dem Namen GEHIRN-JOGGING entwickelt. Mit den Übungen wird die Geschwindigkeit der Wahrnehmung, sowie Kurz- und Langzeitgedächtnis trainiert. Das Gehirn-Jogging läßt sich mit Übungsbüchern durchführen, es liegt aber auch ein Basisprogramm für Kleincomputer vor.

MITTELBADISCHE PRESSE, 5. Juli 84: Die grauen Zellen auf Vordermann bringen, lautet die Devise beim Gehirn-Jogging. ... Es ist erwiesen, daß Menschen, die geistig rege sind, über eine robustere Gesundheit verfügen, wesentlich älter werden als unzufriedene Menschen, die nichts gegen ihren geistigen Zerfall unternehmen. Gehirn-Jogging schafft also auch innere Stabilität und Ausgeglichenheit und kann damit zu einer längeren Lebenserwartung beitragen... Gehirn-Jogging, das auch zum Programm der Astronauten gehört, dient nicht nur Kranken mit Störungen von Gehirn-Funktionen, sondern auch dem Gesunden, der geistig fit bleiben will.

KNEIPP-BLÄTTER, 1984, Medizinal-Direktor Dr. Tourneur, Internist: Die Abnahme der geistigen Fähigkeiten im Laufe des Lebens ist ... von Mensch zu Mensch sehr verschieden; während manche noch bis ins hohe Alter geistig mobil und leistungsfähig sind, beginnt der Abbau bei einigen bereits Anfang der fünfziger Jahre. Der Volksmund hat dafür den wenig schönen Ausdruck der »Verkalkung«. Darunter versteht man das Nachlassen der Aufnahmefähigkeit für neue Eindrücke, während das sogenannte Altwissen erhalten bleibt. Ursache sind entweder primäre Veränderungen im Gehirn oder Auswirkungen eines Gefäßaufbruchs, den wir Arteriosklerose nennen. ... Sicher ist, daß es (dafür) ein ganzes Bündel von Ursachen gibt, die sogenannten Risikofaktoren: z.B. Bluthochdruck, Fettstoffwechselstörungen, Zuckerkrankheit, ebenso Übergewicht, starkes Rauchen und Bewegungsarmut. ... Es ist in vielen Versuchen bewiesen, daß ein Mangel an geistiger Tätigkeit schon nach wenigen Tagen das Gedächtnis schwächt, wobei jedoch dieses Nachlassen durch erneute Aktivierung wieder ausgeglichen werden kann.

Besteht eine Minderanforderung jedoch über Jahre, so ist ein Erreichen früherer Leistung mehr als fraglich. Es wird versucht, durch bestimmte, nicht sehr anstrengende, aber interessante Übungen die Gehirnfunktion zu schulen, mit dem Ergebnis, daß bei geistigen Leistungen sowohl die Hirndurchblutung als auch der Hirnstoffwechsel positiv beeinflußt werden. Bei den Übungen wird Dreifaches trainiert: 1. Die Geschwindigkeit, Informationen aufzunehmen und miteinander zu vergleichen, 2. Informationen eine bestimmte Zeit im Bewußtsein zu behalten 3. Informationen im Gedächtnis zu speichern und bei Gelegenheit wieder abzurufen.

WIE SICH GEHIRN-JOGGING WEITERENTWICKELTE

Mehrfach auf dem Prüfstand 20

Was jetzt unter Gehirn-Jogging zu verstehen ist 22

Woran man erkennt, ob man's nötig hat 24

Anregende Briefe 25

Mehrfach auf dem Prüfstand

Gehirn-Jogging ist das Ergebnis einer konzertierten Aktion zwischen Medizinern, Psychologen und Technikern. Fachleute verschiedener wissenschaftlicher Gebiete mußten zusammenarbeiten, um die komplizierte Vielfalt des körperlichen, geistigen und seelischen Daseins in eine relativ einfache Ordnung zu bringen.

Das Herstellen dieser »Ordnung« verlangt so viel Hintergrundwissen, über welches ein einzelner Forscher nicht mehr verfügt. Die Ergebnisse dieser gemeinsamen Forschungen wurden der Öffentlichkeit in Aufsätzen vorgestellt, um nicht zuletzt aus einer allgemeinen Diskussion lehrreiche Kritik zu ziehen. Eine Diskussion wurde ausgelöst. Sie hat viele zusätzliche Erkenntnisse geliefert, hat das Wissen über Geist und Gehirn erweitert, über ihre Beziehungen zueinander, ihre Leistungsfähigkeit und deren Grenzen, über die Abhängigkeit vom Alter usw. Aber der Kern der Erkenntnisse vom Gehirn-Jogging blieb im wesentlichen unberührt.

Trotzdem erhebt Gehirn-Jogging nicht den Anspruch auf absolute Richtigkeit und ist immer offen für neue Erkenntnisse, stets ergänzbar oder sogar korrigierbar. Es ist also wissenschaftlich. Darin unterscheidet es sich von vielen Methoden, die von ihren Autoren empfohlen werden, bei denen sich aber niemand der Mühe unterwirft, sie systematisch auf Richtigkeit zu prüfen. Neben der Mühe bergen diese Prüfungen das Risiko, daß sich die Annahmen als falsch herausstellen. Dann sollte man die Trainingsmethode aufgeben. Ein Gedanke, vor dem viele Autoren zurückschrecken.

Auch wenn Gehirn-Jogging inzwischen von vielen außerhalb der Medizin betrieben wird, ursprünglich wurde es für den Patienten entwickelt, als Behandlungsverfahren. Schon deshalb unterliegt es den gleichen Anforderungen, die man an andere medizinische Maßnahmen stellt. So muß beispielsweise bei Medikamenten deren Wirkung sowohl bei Patienten als auch bei gesunden Personen überprüft werden.

Inzwischen untersuchten Wissenschaftler verschiedene Aspekte der Wirkung von Gehirn-Jogging. Folgende Fragestellungen wurden beispielsweise erörtert:

- Erhöht sich das allgemeine Intelligenzniveau durch das Gehirn-Jogging?
- Verbessert sich das Gedächtnis?
- Wird eine Person aktiver, kommunikationsfähiger?
- Wird die Persönlichkeit ausgeglichener, emotional stabiler?
- Ergibt sich bei Gehirndurchblutungs- und Stoffwechselstörungen durch die Kombination von Gehirn-Jogging und Medikament (Enzephalotopikum) eine besonders starke Wirkung?

- Fühlt man sich bereits nach zehn Minuten Gehirn-Jogging leistungsfähiger?
- In welcher Tageszeit ist die Wirkung am größten?
- Ist man auch nach einigen Übungswochen gewillt, weiterzutrainieren?

An verschiedenen Untersuchungen haben über tausend Jugendliche und Senioren, Ärzte und Patienten teilgenommen. Da solche Studien von der Planung bis zum Abschluß oft ein bis drei Jahre dauern, sind sie noch nicht alle abgeschlossen. Über einige davon liegen jedoch schon Berichte vor. Die wichtigsten Ergebnisse sind in dem Kapitel »Wirkungsbelege« wiedergegeben. Hier läßt sich aufzeigen, daß sich Mühe und Risiko der Prüfung gelohnt haben. Am Gehirn-Jogging ist tatsächlich einiges dran; in wichtigen Aspekten sogar mehr als ursprünglich erwartet.

Was jetzt unter Gehirn-Jogging zu verstehen ist

Im Laufe der Auseinandersetzung mit Gehirn-Jogging hat sich seine Bedeutung etwas, wenn auch nicht stark gewandelt. Anfänglich galt es als Anreger, weil es dazu anregen sollte, Geist und Gedächtnis aus dem Zustand der relativen Untätigkeit in den der hohen Funktionstüchtigkeit zu heben.

Inzwischen spricht einiges dafür, daß es zusätzlich bei geistiger Unkonzentriertheit, beim Hin- und Herflackern der Aufmerksamkeit, beruhigen kann. In diesem Fall bewirkte Gehirn-Jogging eine Konzentration auf die Bewältigung einer einzigen Aufgabe und nicht mehrerer nahezu gleichzeitig. Es entstreßt (siehe »Das Erregungsniveau für und durch Gehirn-Jogging« und »Wie man GeJo treibt«).

Bei Übernervosität, die mit Erschöpfungsgefühlen einhergeht, ist ohnehin erst einmal eine mehrminütige Entspannung anzuempfehlen.

Allgemein ist Gejo eine Trainingsmethode, mit der man das optimale nervöse Erregungsniveau herbeizuführen sucht, das hohe Leistungen von Geist und Gedächtnis begünstigt. In anderen Worten: es soll bei Unterbelastung anregen und bei Überbelastung abregen.

GeJo wird man zweckmäßigerweise nicht länger durchführen, als bis dieser Zustand erreicht ist, also etwa zehn Minuten (siehe Kap. »Wie man Gehirn-Jogging treibt«). Daß man in dieser Zeit die wichtigsten Grundgrößen von Geist und Gedächtnis übt, kennzeichnet weiterhin das Gehirn-Jogging. Man trainiert dabei Grundgrößen, weil man so äußerst ökonomisch vorgeht. Und man übt die wichtigen Grundgrößen, weil dann keine relevanten geistigen Funktionen vernachlässigt bleiben.

Auf welche Größen GeJo wiederum einwirkt — geistige Strategien, Freizeitspaß, Bewältigung von Beruf und Alltagsanforderungen usw. — zeigt der Überblick am Schluß des Buches.

In anderer Sicht: Unter Gehirn-Jogging ist ein geistiger Fitmacher zu verstehen, bei dem man versucht, sich in wenigen Minuten auf ein hohes geistiges Leistungsniveau zu bringen. Man wird bei leichten Aufgaben beginnen und sich rasch in den mittelschweren bis schweren Bereich hineinsteigern. Dort angelangt, sollte man sich den Alltags-, Berufs- oder Freizeitproblemen zuwenden und die freigewordene geistige Energie zu deren Lösung einsetzen, weil sie für das individuelle Leben besondere Bedeutung haben.

Das günstigste Verhältnis von Aufwand und Erfolg erreicht man, wenn man den Kurzspeicher »hochfährt«. Dieses Training wird als »MAT-Gehirn-Jogging« bezeichnet (MAT = **M**entales **A**ktivierungs-**T**raining). Längeres geistiges Training, das in den Bereich von einer halben Stunde oder sogar über eine Stunde hinausgeht, überschreitet die eigentlichen Absichten, die mit Gehirn-Jogging verbunden sind. Es ist aber dann anzuempfehlen, wenn die Übenden keine anderen Möglichkeiten haben, sich mit Ihrem Alltag anderweitig geistig auseinanderzusetzen, beispielsweise Personen mit vorübergehender Bewegungseinschränkung und/oder sozialer Isolierung, z.b. bei Krankenhausaufenthalten oder Faulenzerurlaub, Patienten mit Demenz oder Parkinson-Erkrankung oder auch Personen, die ihre wesentlichen Lebensprobleme schon nahezu perfekt gelöst haben.

Falls ein häufiges längeres geistiges Training geplant ist, sollte anhand der Tabelle 1 überlegt werden, ob man nicht die eine oder andere geistig förderliche Alltagtätigkeit aufbauen kann.

Noch eine Hilfe für Interessierte, die sich nach verschiedenen geistigen Trainingsprogrammen umsehen. Für sie tritt oft die Frage auf, welche Aufgabentypen den meisten Erfolg versprechen. Bei Progammen zur Intelligenz-, vielleicht noch zur Konzentrationssteigerung riskiert man weniger, an nahezu unbrauchbare Aufgaben zu geraten, als bei Gedächtnistrainings oder Kreativitätstrainings. Hinter diesen verbirgt sich in der Qualität sehr verschiedenartiges, von ausgesprochen nutzlos und sogar eher schädlichen Theorien und Übungen bis zu dem anderen Extrem, einer wirklichen Hilfe. Wenn die Autoren wissenschaftliche Prüfungen ihrer Programme vorlegen, kann man sich allerdings ein genaueres Bild davon machen. Bei wissenschaftlich ungeprüften Programmen ist ohnehin immer Vorsicht geboten.

Literatur:
Lehrl, S., B. Fischer, M. Lehrl: GeJo-Leitfaden. Ein Überblick über Gehirn-Jogging. Grundlagen und Anwendungen. Vless: Ebersberg, 1990

Woran man erkennt, ob man's nötig hat

Seit sich Journalisten und Reporter damit befaßten, wie man Gehirn-Jogging in die breitere Öffentlichkeit bringt, kam immer wieder die Frage:»Woran erkennt man, ob man's nötig hat?« Gefragt war nach einfachen Hinweisen, möglichst einer Liste.

Kurz und dennoch relativ umfassend ist die Feststellung, daß man sich geistig trainieren sollte, wenn man
— oft gelangweilt oder gestreßt und
— geistig einseitig gefordert ist.

Einige Kennzeichen für derartige Zustände sind:
— unruhige Suche nach etwas nicht genau Definierbarem
— Reizbarkeit, allgemeine Unzufriedenheit mit dem Leben
— häufiges Dösen vor dem Fernseher oder Radio
— Bewegungsmangel
— keine Lust, sich mit Neuem zu beschäftigen.

Umstände, in denen man besonders gefährdet ist, geistig abzubauen, sind
— Berufe, die geistig nicht fordern
— beruflicher Ruhestand
— Mangel an Lebensproblemen bzw. persönlich sinnvollen Aufgaben
— unfreiwillige soziale Isolation
— Krankenhausaufenthalt
— Faulenzerurlaub

Auf Einzelheiten gehen die Kapitel »sich optimal aktivieren« und »Alle Grundgrößen üben« ein.

Anregende Briefe

Noch bevor die ersten Übungen zum Gehirn-Jogging an die Öffentlichkeit gelangten, berichteten die Medien darüber. Die Folge war eine Flut von Telefonanrufen und Briefen an die Wissenschaftler. Menschen — manche verzweifelt über ihre Schwierigkeiten — teilten uns mit, was sie vom Gehirn-Jogging erwarten. Diese Gespräche und Briefe gaben Einblick in die wichtigsten Bedürfnisse des Menschen. Sie waren in einer bemerkenswerten Offenheit geäußert, wie man sie sonst nur engen Verwandten oder vertrauten Menschen gegenüber kennt.

Eine Auswahl der Briefe, Ausschnitte:
Eine Frau, die zu wenig Zeit findet, sich ihren eigenen Interessen zu widmen: »Bin 58 Jahre alt, habe bis vor vier Jahren in der Volkshochschule Französisch belegt. Nun ist aber mein Mann sehr krank (Parkinson, Cerebrale Sklerose, Verwirrtheitszustände, Inkontinenz) und ist zu einem Pflegefall geworden, d.h. ich habe allerhand um die Ohren. ... Mein Gedächtnis ist allmählich zu einem Sieb geworden. Was ich mir nicht aufschreibe, ist schnell vergessen. Diese Entwicklung beunruhigt mich sehr. Ich möchte gern etwas dagegen tun. Aber sehr viel Zeit darf es auch nicht kosten.« (I.S. aus I.).

Hirnfunktionen verkümmern durch mundgerechtes Verpakken: Ich finde das Übungsprogramm »Gehirn-Jogging« sehr wichtig, weil ich glaube, daß es in der heutigen Zeit für den »gesunden Menschen« unerläßlich ist. Unerläßlich deshalb, weil durch Rechenautomaten und mundgerechtes Verpacken aller Dinge in den verschiedenen Medien die eigentlichen Hirnfunktionen einfach verkümmern müssen!« (S.K. aus M.).

Konzentration und Merkfähigkeit lassen nach: »Ich bin 43 Jahre alt, und ich kann mich seit einiger Zeit nur schwer konzentrieren, und außerdem läßt meine Merkfähigkeit nach.« (E.A. aus S.).

Starkes Nachlassen der Konzentration und Merkfähigkeit, sowie starker Schwindel: »Schicken sie mir bitte Unterlagen für Gehirn-Jogging. Gerne würde ich damit trainieren, da ich als 59-Jährige leider schon ein starkes Nachlassen der Konzentration und Merkfähigkeit, verbunden mit zeitweise starkem Schwindel bei mir beobachte.« (I.B. aus S.).

Rollstuhlfahrerin sucht oft nach passenden Worten: »Ich bin 43 Jahre alt, Rollstuhlfahrerin und seit 2 Jahren in Rente. Seit dieser Zeit bemerke ich einen enormen Gedächtnisschwund. Ich suche oft nach passenden Worten, rede unkonzentriert usw. Für mich müßte Gehirn-Jogging die richtige Methode sein.« (C.B. aus K.).

Gehirn-Training bei zwangsuntergebrachten Rechtsbrechern: »Wegen eines Rechtsvergehens ist der Briefschreiber wie viele andere in der forensischen Psychiatrie untergebracht und wir haben hier keine Möglichkeit, uns entsprechend und besonders auf geistigem Gebiet fit zu halten. Es ist daher mein Wunsch und Wille, die Leitung dieser Abteilung ... davon zu überzeugen, daß auch die 'Gerichtspatienten' einen Anspruch auf geistige Fortentwicklung haben und an diesem Kurs interessiert sind. Ich denke, daß es möglich sein sollte, dieses Gehirn-Training hier in eine allgemeine Therapie 'einzubauen', um so einer geistigen Retardierung, die bei der hier üblichen Unterbringung zwangsläufig auftritt, Einhalt gebieten zu können.« (T.M. aus D.).

Leistungsfähigkeit des Gehirns in ganzheitliche Medizin einbeziehen: »Seit einiger Zeit befasse ich mich mit dem Aufbau einer Modell-Gruppe 'Konzentrationstraining'. Ihr Artikel hat mich in meinen Überlegungen bestärkt und mich ermutigt, mein Vorhaben weiter durchzuführen. Ich bin davon überzeugt, daß es gerade für uns, die wir uns an der Ganzheitsmethode unseres Vorbildes, Pfarrer Sebastian Kneipps, orientieren, von besonderer Bedeutung ist, das Gehirn zur Prävention (Vorbeugung) und Aktivierung der Leistungsfähigkeit mit in unsere Seminare einzubeziehen. Schon jetzt ein herzliches Dankeschön für ihre Hilfestellung«. (F.R., Geschäftsführerin, aus S.).

GeJo als Hilfe bei der Genesung: »Da ich mich nach monatelanger Erkrankung nunmehr in der Genesung befinde, bin ich an praktischen GeJo-Übungen besonders interessiert, damit die Genesung noch schneller verläuft.« (I.B. aus B.).

GeJo bei Diabetes (Zucker): »Das beschäftigt mich schon seit längerer Zeit. Ich habe mit 30 Jahren Diabetes und wenig Gehirntraining, deshalb ist es mein größter Wunsch, etwas auf dem Gebiet »Gehirn-Jogging« zu tun. Bisher hatte ich aber nichts Geeignetes für mich gefunden.« (H.B. aus S.).

Nach einem Unfall brauche ich mehr Zeit zur Aufarbeitung des Studienstoffes als andere: »Vor etwa einem Jahr war ich nach einem Unfall (subdurales Hämatom) in Behandlung bei einem Psychologen. Er stellte damals fest, daß ein Studienbeginn für mich in einem technischen Studium möglich ist, ich jedoch mit Konzentrationsstörungen rechnen müsse. Während der ersten zwei Semester bemerkte ich auch, daß ich zur Aufarbeitung des Stoffes in der Regel länger als andere brauche. Daher empfiehlt mir der Psychologe, daß ich es mit einem Training wie dem Gehirn-Jogging versuchen solle.« (G.Z. aus B.).

Relativ jung, dennoch läßt Gedächtnis nach: »Da ich noch verhältnismäßig jung bin, fällt es mir besonders auf, wie sehr mein Gedächtnis nachläßt, seit ich nicht mehr arbeite. Ich kann eigentlich gar nicht begreifen, warum ich vieles nicht mehr wie früher im Gedächtnis abrufen kann. Besonders Namen vergesse ich nach kurzer Zeit.« (H.M. aus M.).

Und immer wieder: »Ich stelle bei mir ein krasses Nachlassen der Konzentration sowie des Kurzzeitgedächtnisses fest und wehre mich dagegen.« (K.B. aus D.).
»Ich bin 52 Jahre alt, berufstätig, und stelle ab und zu Gedächtnislücken und Zerfahrenheit an mir fest.« (I.B. aus B.).

Aufhalten des Altersabbaues: »Ich muß seit einiger Zeit einen altersmäßigen Abbau feststellen, der mir Sorgen macht. Vielleicht ließe sich doch noch einiges durch das von Ihnen erwähnte »Gehirn-Training« tun, um einen allzu schnellen Abbau (den ich fast befürchte) etwas aufzuhalten.« (J.W. aus B.).

Training nach Gehirn-Tumor: »Mein Mann ist an einem Gehirn-Tumor (gutartig) operiert worden. Durch diese Operation entstanden Gedächtnisverluste; sie betreffen hauptsächlich die letzten 15 Jahre. Die davorliegende Zeit tauchte nach und nach — mit zunehmender Genesung — aus dem Dunkel wieder auf. Mein Mann will nichts unversucht lassen, um sein Gehirn zu aktivieren um wieder auf seinen Arbeitsplatz zurückkehren zu können.« (S.P. aus W.).

Ich will mich nicht »gehen lassen«: »Mich interessiert es sehr, zu erfahren, wie man sein Gehirn beweglich halten und trainieren kann. Wenn auch meine geistigen Interessen und Versuche, leistungsfähig zu bleiben, nicht (noch nicht) nachlassen, so bin ich doch manchmal nicht direkt verängstigt, aber doch erstaunt, daß die Merkfähigkeit hin und wieder mir zu denken Anlaß gibt. Es kommt dann sogar bisweilen Angst auf, es könnte mir wie unserer guten Mutter gehen, die sehr stark cerebral gestört mit 78 Jahren die Augen schloß. Ich bin jetzt 61 Jahre, immer noch an Vielem stark interessiert, und will mich 'nicht gehen lassen'.« (U.H. aus K.).

Selbstverständlich erhielten die Autoren auch Briefe von »Gehirn-Joggern«. Besonders erfreut sind sie über Mitteilungen dieser Art:

GeJo im Senioren-Club: »Wir führen Gehirn-Jogging seit einiger Zeit mit großem Erfolg in unserem Senioren-Club durch.«
W.K. aus H.).

Nicht nur Patienten, auch Ärztin betreibt Gehirn-Jogging: »Für ihr ausgezeichnetes Buch »Gehirn-Jogging« möchte ich Ihnen und den Herren Co-Autoren herzlich gratulieren. Ich nehme es nicht nur selbst gerne zur Hand, auch einige meiner Patienten sind restlos begeistert und baten mich um ein eigenes Exemplar.« (Dr.R.B., Ärztin, Aus H.).

DIE VORZÜGE DER GEISTIGEN REGSAMKEIT

Das ungestillte Bedürfnis — Selbstverwirklichung   30

Leistungsfähiger: älter — zufriedener — gesünder   33

Hundertjährige als Modell   37

Das ungestillte Bedürfnis — *Selbstverwirklichung*

Was treibt der »rundum zufriedene« Mensch in seiner Freizeit? Was sind seine wirklichen Bedürfnisse? Was ist für ihn noch erstrebenswert? Ja, es stellt sich sogar die Frage, ob dieser Mensch — weil er alles hat — nicht bereits resigniert und dem Verfall von Geist und Körper tatenlos zusieht.

Diese Fragen beantworteten amerikanische Forscher mit einer großangelegten Untersuchung, in der mehrere tausend Menschen über 55 Jahre — aber auch jüngere Studenten — aus dem Staate Süd-Illinois interviewt wurden.

Unter »rundum zufrieden« verstanden die Wissenschaftler: dieser Mensch hat genug zu essen und zu trinken, ein Dach über dem Kopf, einen guten Kontakt zu seiner Umwelt — auch zu seinem Partner —, seine regelmäßigen Abwechslungen und seinen Jahresurlaub. Vor allem aber hat er keine finanziellen Sorgen.

Dr. Howard E.A. Tinsley und seine Mitarbeiter untersuchten die Freizeitaktivitäten. Ergebnis: Unabhängig vom Alter wurden sämtliche Freizeitmöglichkeiten angenommen wie Kartenspielen, Bowling, Sportveranstaltungen besuchen, Picknick machen, Zimmerpflanzen ziehen, Fotos oder Antiquitäten sammeln, Stricken, Häkeln, Holzbastelarbeiten ausführen, Töpfern, Tanzen, Fernsehen, Lesen, öffentliche Ehrenämter übernehmen, freiwillig Dienstverpflichtungen eingehen, an Treffen religiöser Gruppen teilnehmen usw.

Aber die Wissenschaftler interessierten sich nicht nur für diese Aktivitäten, sondern auch für die Bedürfnisse, die damit befriedigt werden.

An Begründungen für diese Tätigkeiten wurden von den Interviewten angegeben: sich ablenken, andere beherrschen, anderen helfen, etwas leisten, aktiv sein, sich weiterentwickeln, mit anderen zusammen sein, kreativ sein, sich entspannen, kooperieren, sich bewundern lassen, aggressiv sein, unabhängig sein, sich sicher fühlen, das Selbstwertgefühl steigern, sich sexuell betätigen, seine Fähigkeiten entfalten, die Welt besser verstehen ... usw.

Bei einer Analyse dieser Aussagen stellte sich heraus, daß etwa die Hälfte aller so scheinbar unterschiedlichen Motive auf ein Grundmotiv zurückzuführen waren, nämlich auf den Wunsch nach Selbstverwirklichung. Erst mit weitem Abstand trat am zweithäufigsten als Ziel der *Freizeitaktivität* der Wunsch nach *Kameradschaft* auf.

Das Bedürfnis nach Selbstverwirklichung zeigt sich besonders stark ausgeprägt in den differenzierten Wünschen nach Vorankommen, Verantwortung übernehmen, seine Fähigkeiten entfalten, Autorität ausüben, Leistung zeigen, kreativ sein, sich nützlich machen.

Zusätzlich zeichnet sich das Motiv für Selbstverwirklichung durch Langlebigkeit aus, während der Wunsch nach Kameradschaft oder Freundschaft häufig nur von kurzer Dauer ist.

Diese Studie wurde zwar in den USA durchgeführt, dürfte allerdings auch in allen anderen hochindustrialisierten Ländern Gültigkeit besitzen.

Daraus ergibt sich die zwingende Frage: welche Aktivitäten können unseren Wunsch nach Selbstverwirklichung besonders erfüllen?

Sicherlich verhelfen Sportarten wie Tennis, Jogging, Bergsteigen oder Tauchen dazu. Aber das sind fast rein körperliche Betätigungen. Geistige Freizeitaktivitäten waren auf der Angebotsliste nur spärlich vertreten, und das obwohl die menschliche Kultur eigentlich eher aus geistigen und schöpferischen als aus körperlichen Leistungen besteht (H.O. Schiele, 1986). An dieser Kultur möglichst umfassend und intensiv teilzunehmen, müßte eigentlich das Motiv zu einer optimalen Erfüllung der Bedürfnisse auf Selbstverwirklichung sein. Die Teilnahme an dieser Kultur oder das Kreativsein in ihr setzen Fitness von Geist und Gedächtnis voraus. Diese Fitness befähigt nicht nur zur individuellen Höchstleistung auf geistigem Gebiet, sondern hilft auch, eine subjektiv hohe Kreativität zu sichern und die eigenen Leistungen als Erfolgsgefühl zu erleben.

Gehirn-Jogging — betrieben im stillen Kämmerlein mit dem Buch, dem Übungsheft oder am Heimcomputer — steigert die geistige Leistungsfähigkeit (siehe Kapitel »Wirkungsbelege«) oder hält sie auf einem hohen Niveau, womit eine Grundvoraussetzung für die Selbstverwirklichung gegeben ist.

Gehirn-Jogging hebt aber auch das Aktivitätsniveau und damit die Bereitschaft, Kontakte mit der Umwelt, mit anderen Menschen zu knüpfen.

Es gibt darüber hinaus die Möglichkeit, Gehirn-Jogging (GeJo) in der Gruppe, im Club, in der Volkshochschule, aber auch im Mehrbettzimmer eines Krankenhauses zu betreiben. Beispielsweise treffen sich in der Rehabilitationsklinik Klausenbach der Landesversicherungsanstalt Baden in Nordrach (Schwarzwald) regelmäßig Rehabilitationspatienten und betreiben unter der Leitung der Gesundheitserzieherinnen Frau Mosmann und Frau Moisel Gehirn-Jogging nach Heften oder Büchern.

Im gleichen Krankenhaus trainiert sich eine andere Patientengruppe unter der Oberschwester Ruth Ell durch Gehirn-Jogging am Kleincomputer. Über die Hälfte der Klinikpatienten nimmt inzwischen freiwillig am Gehirn-Jogging teil.

Literatur:

Maslow, A.H.: Motivation and Personality. Harper & Row: New York, 1970, 2. Aufl.

Schiele, H.O.: »Kreativitätsmedizin«. Modewort oder unabdingbare Notwendigkeit für die Zukunft? In: Fischer, B., S. Lehrl (Hrsg.): Geriatrics, Pregeriatrics, Rehabilitation. Liga zur Bekämpfung frühzeitiger Alterserkrankungen e.V.: Nordach, 1986, Band 2

Tinsley, H.A.E.T., L. Johnson: A Preliminary Taxonomy of Leisure Activity. J. Leis. Res. 16 (1984) 234-244

Tinsley, H.A.E., R.A. Kass: The Latent Structure of the Need Satisfying Properties of Leisure Activities. J. Leis. Res. 11 (1979) 278-291

Tinsley, H.E.A., J.D. Teaff, S.L. Colbs, N. Kaufmann: A System of Classifying Leisure Activities in Terms of the Psychological Benefits of Participation Reported by Older Persons. J. Gerontol. 40 (1985) 172-178

Leistungsfähiger: älter — zufriedener — gesünder

Selbstverwirklichung allein ist für viele Menschen noch nicht ausreichend. Sie erwarten von den geistigen Aktivitäten noch mehr und halten daher Ausschau nach Personen, die geistig rege sind. Was sind das für Leute? Wie sind sie? Darüber ist in den letzten Jahren einiges bekannt geworden. Die vermutlich ersten umfangreicheren Untersuchungsergebnisse stammen aus Statistiken englischer Versicherungsunterlagen.

Diese Daten belegen, daß geistig rege Menschen zufriedener, ausgeglichener und weniger krank sind. Die Wissenschaftler gehen in ihren statistischen Analysen noch einen Schritt weiter und stellen fest, daß diese Menschen auch länger leben (E. Palmore, M. Luikhart, 1974; H.F. Müller et al., 1975).

Am schwedischen Institut für Gerontologie wurden unter Dr. Stig Berg seit 1971 insgesamt 280 Einwohner von Göteburg untersucht, als sie 70 Jahre alt waren. Gemessen wurden dabei die Wahrnehmungsgeschwindigkeit, die sprachliche Fähigkeit, ihr Raumvorstellungsvermögen und ihr Problemlösungsverhalten. Bei denen, die das 75. Lebensjahr erreichten, wurden die gleichen Tests wiederholt, ebenso nach dem 79. Lebensjahr. Die Ergebnisse waren überraschend eindeutig. Personen, die das 75. Lebensjahr erreichten, leisteten als 70jährige mehr als solche, die beim Test im Alter von 70 Jahren noch teilgenommen hatten, aber das 75. Lebensjahr nicht mehr erreichten. Personen, die zwischen dem 75. und 79. Lebensjahr verstarben, hatten im *Alter* von 75 Jahren schon schlechtere Ergebnisse als Leute, die das 79. Lebensjahr erreichten. Diese Untersuchungsergebnisse bestätigen auch die auf anderen Wegen gewonnenen Einsichten, daß geistig rege Menschen länger leben als geistig unbewegliche, passive Menschen.

Zu ähnlichen Ergebnissen gelangen holländische Wissenschaftler. Sie konnten 1983 die 28 noch lebenden Testpersonen einer Großstudie interviewen (R.J. van Zonnefeld et al., 1985). Bei dieser Untersuchung hatten vor 27 Jahren 3 149 Senioren im Alter von über 65 Jahren teilgenommen. Das Alter der noch lebenden Probanden betrug mittlerweile zwischen 91 und 98 Jahre. Ihr *Gesundheitszustand* war relativ gut, ebenso ihr körperliches *Wohlbefinden*. Der psychische Zustand ist mit ausgeglichen und heiter bis fröhlich zu beschreiben. Mit dem Problem des Alterns kamen sie besser zurecht als zuvor die Personen derselben Jahrgänge.

Aus der Sowjetunion kommen diesbezüglich übereinstimmende Meinungen. Dort hat man mit älteren Menschen viele Erfahrungen gesammelt. Allein in Georgien leben viele über Neunzig- und sogar Hundertjährige. Um die ältesten Georgier ranken sich schon Legenden. So erzählt man, daß manche von ihnen die Hochzeit ihrer 120jährigen Kinder erleben.

Die sowjetische Wissenschaftlerin Inna P. Pivovarova und ihre Mitarbeiter veröffentlichten jüngst (1985) Beobachtungen an langlebigen, über 90jährigen Georgiern, deren Zustand und deren Lebensweise. Ihr Lebensstil war geprägt durch ständige *Aktivität*, durch optimale Ausgewogenheit zwischen Arbeit und Freizeit, durch maßvolle Ernährung, ausgeglichene Stimmung und ein angenehmes psychisches Klima in Familie und Gesellschaft. Sie waren heiter oder besinnlich und stets fähig, sich Veränderungen in ihrer Umgebung anzupassen.

Man findet immer wieder den Zusammenhang zwischen *Langlebigkeit* und *sinnerfülltem Dasein* einerseits und Aktivität andererseits (U. Lehr, 1984; P.M. Keith et al., 1984; E.B. Palmore et al., 1985). Das geht auch aus Untersuchungen an den allerältesten Personen, den Hundertjährigen, hervor.

Gerade die jetzt lebenden extrem alten Menschen, die über 90- und 100jährigen sind in den verschiedenen Ländern wissenschaftlich sehr genau unter die Lupe genommen worden. So erfaßte der Mediziner Professor Dr. Hans Franke, bis zu seiner Emeritierung von der Universität Würzburg, seit dem 2. Weltkrieg alle hundertjährigen Personen der Bundesrepublik Deutschland vollständig (Abbildung: 1). Auch sie zeigen ebenso auffallend viele positive Eigenschaften, wie die extrem alten Menschen in den USA, in Japan, in Holland, in der Sowjetunion.

Viele Leute schätzen die Eigenschaften der Neunzig- und Hundertjährigen als erstrebenswert ein. Die Forschergruppe um Dr. O. Pivovarova rät sogar, solche Personen als Vorbild für die Lebensweise Jugendlicher und jüngerer Erwachsener zu wählen.

ELISE STRUBE
Bildnis von 1969 im Alter von 103 Jahren.
Elise Strube, Hausfrau, geboren am 9. September 1866 in Düben/Kreis Bitterfeld, ist Witwe und hat drei Kinder. Sie wohnt bei ihrer Tochter in Göttingen. Sie ist geistig und körperlich sehr vital, und man könnte sie 20 Jahre jünger halten, als ihr kalendarisches Alter ausweist. Frau Strube zeigt ein lebhaftes Interesse am Tagesgeschehen und hat noch ein ausgezeichnetes Gedächtnis. Von ihrer gepflegten Umgebung ist sie sehr angetan. Als Hobby macht sie gerne Handarbeiten. Das Essen schmeckt ihr noch. Gelegentlich trinkt sie ein Gläschen Wein oder Sekt.

Abbildung 1: Bildnis und Eigenschaften (links) einer typischen Hundertjährigen. Aus: Schmitt I.: Begegnung mit Hundertjährigen. In: Franke H., I. Schmitt (Hrsg.): Hundertjährige. Fränkische Gesellschaftsdruckerei: Würzburg, 1971

Literatur:

Berg, S.: Intelligence and Terminal Decline. In Book of Abstracts. XIII. International Congress of Gerontology. New York Hilton at Rockefeller Center: New York, 12.-17. Juli 1985

Franke, H.: Altwerden und Altsein. Eine wissenschaftliche Studie an 148 Hundertjährigen in der Bundesrepublik Deutschland. In: Franke, H., I. Schmitt (Hrsg.): Hundertjährige. Fränkische Gesellschaftsdruckerei: Würzburg, 1971

Keith, P.M., W.J. Goudy, E.A. Powers: Salience of Life Areas Among Older Men: Implications for Practice. J. Gerontol. Soc. Work 8 (1984) 67-82

Lehr, U.: Vorruhestand — ist das human? Umschau 84 (1984) 300

Müller, H.F., B. Grad, F. Engelsmann: Biological and Psychological Predictors of Survival in a Psychogeriatric Population. J. Gerontol. 30 (1975) 47-52

Palmore, E., M. Luikhart: Life Satisfaction. In: Palmore, E. (Hrsg.): Normal Aging II. Durham: 1974

Palmore, E.B., J.B. Nowlin, H.S. Wang: Predictors of Function Among the Old-Old: a 10-Year Follow-Up. J. Gerontol. 40 (1985) 244-250

Pivovarova, I.P., A.S. Agadzhanov, D.A. Jorbenadze, O.K. Gerzmava: Life Style and Ageing. In: Book of Abstracts. XIII. International Congress of Gerontology. New York Hilton at Rockefeller Center: New York, 12.-17. Juli 1985

Zonneveld, R.J. van, D.J.H. Deeg, M.P. van Tol, N.P. van der Schaft-Kleywegt: Nonagenarians as Survivors After 27 Years of Follow-Up. In: Book of Abstracts XIII. International Congress of Gerontology. New York Hilton at Rockefeller Center: New York, 12-17. Juli 1985

Hundertjährige als Modell

Es ist nicht ganz klar, wo die Grenzen des menschlichen *Alterns* liegen. Zur Zeit wird der Mann in den hochindustrialisierten Ländern durchschnittlich 70 bis 75 Jahre alt, die Frau 76 bis 80. Man rechnet damit, daß bis zum Ende dieses Jahrhunderts die durchschnittliche *Lebenserwartung* auf etwa 90 Jahre steigt. Welches Alter kann danach noch erreicht werden?
Die Schätzungen schwanken zwischen höchstens 104 und 112 Jahren für den Durchschnittsmann und 106 und 116 für die Frau (B. Weigel, 1983). Wo liegt das gegenwärtige Höchstalter im Einzelfall? Am 7.3.86 berichtete die Zeitung »Arzt heute«, daß die älteste Einwohnerin der Bundesrepublik, die am Mittwoch zuvor gestorben sei, 109 Jahre alt war. Auch der älteste Einwohner Großbritanniens ist etwa so alt. Wie dieselbe Zeitung am 21.3.86 mitteilt, hat er — der Waliser John Ewans — mit 108 Jahren noch einen Herzschrittmacher erhalten. Unter optimalen Bedingungen, die unsere Zeit noch nicht bereitstelle, könne sogar hin und wieder ein Alter von 140 Jahren erreicht werden (International Tribune, 1985; H. Graul, 1983).
Um wieviel tragen die verschiedenen Bedingungen zum Altwerden bei? Sowohl im Westen als auch in der Sowjetunion geht man davon aus, daß Erbanlagen das Altwerden begünstigen. Sie tragen mit dazu bei, ob man dicht an das Potential an Lebensalter herankommt, das dem Menschen mitgegeben ist (bei Frauen 106 bis 115 Jahre, bei Männern 104 bis 112 Jahre; B. Weigel, 1983). Einige Schätzungen schreiben dem Anteil der Erbanlagen etwa 60 Prozent zu.
Professor Dr. Jerold M. Michael von der Universität Hawai hält sogar nur 20 Prozent als *Erbanteil* des Nicht-Altwerdens für angemessen. Weitere 20 Prozent gingen zu Lasten von *Umweltfaktoren*, 10 Prozent seien auf Schwierigkeiten in der medizinischen Behandlung zurückzuführen, da in diesem Bereich die Kenntnisse noch nicht optimal seien; die restlichen 50 Prozent würden verursacht durch ungesundes Verhalten, d.h. eine ungünstige Lebensführung. Inaktivität trägt viel zum Alterungsprozeß bei. Selbst wenn man die niedrigsten Prozentwerte auswählt, werden 40 Prozent des Älterwerdens von der Umwelt verursacht. Ein hoher Anteil ist vom Individuum selbst zu verantworten, ein geringerer Anteil aber auch von der Gesellschaft, die dem einzelnen Menschen die Randbedingungen vorgibt, welche man als Einzelperson alleine oft nicht zu ändern vermag. Diese Auffassung wird auch in der Sowjetunion vertreten, wo man mit alten Menschen besonders viele Erfahrungen hat.
So untersuchten sowjetische Wissenschaftler in zwei Städten Georgiens Pensionäre nach medizinischen, sozialen und ökonomischen Merkmalen (N.A. Dzavakhishvili u. Mitarb., 1985). Die Ergebnisse bestätigen die auch bei uns gemachten Beobachtungen, wonach durch das

Ausscheiden vom aktiven Berufsleben der Alterungsprozeß beschleunigt oder erst eingeleitet wird. Die Persönlichkeit wird verändert, und trotz materiellem Wohlstand stellen sich *Depressionen* ein. Aus diesen Erfahrungen zogen die Forscher Konsequenzen für die Praxis. Um den betreffenden Personen ein langes und sinnerfülltes Leben zu ermöglichen, schlugen sie dem Ministerium für Arbeit und Soziales vor, Personen, die aus dem Arbeitsprozeß ausscheiden, ein aktives Leben in der Gesellschaft zu ermöglichen. Daraufhin bot man — auf entsprechenden Wunsch — den Pensionären Teilzeitstellen an.

In Georgien hat man somit ein Beispiel statuiert, das berücksichtigt, daß die Gesellschaft mehr oder weniger günstige Randbedingungen für *Aktivität* und sinnvolles langes Leben schaffen kann. Ob der Einzelne diese Möglichkeiten nützt, hängt wesentlich von ihm selbst ab.

Wer aktiver als andere ist, hat die bessere Prognose auch später rege zu sein. Das gilt auch innerhalb der Gruppe der Senioren, wie ein Team von japanischen Wissenschaftlern feststellte (S. Hatano u. Mitarb., 1985). Man wollte genauer wissen, welche Bedingungen die Aktivität im höheren Lebensalter (ab 75 Jahre) auslösen und fördern. Dazu wurden 197 Männer und 225 Frauen im Alter von 70 Jahren auf 112 Merkmale hin untersucht. In die Untersuchung wurden sowohl körperliche als auch psychische Merkmale, Ernährungsgewohnheiten und soziale Aktivitäten einbezogen. Die Analyse der Ergebnisse zeigte deutlich einen engen Zusammenhang des aktiven Lebensstils mit der späteren Aktivität auf. Frühere Aktivität begünstigt nicht nur die spätere Regsamkeit, sondern auch die Lebensdauer.

Das bestätigt eine französische Studie, in welcher der Zusammenhang zwischen Tätigkeiten im täglichen Leben und der Überlebensrate von älteren Menschen, die noch eigenständig in ihrem Hause lebten, untersucht wurde (N.P. Chau u. Mitarb., 1985). Die in die Untersuchung einbezogene Gruppe setzte sich aus Bewohnern eines Vorortes von Paris zusammen, 276 Männern und 515 Frauen im Alter von 75 Jahren und mehr. Innerhalb von vier Jahren waren von dieser Gruppe 29% gestorben. Diesen Zeitraum hatten überdurchschnittlich häufig diejenigen Personen überlebt, welche noch im Haushalt tätig waren, das Haus noch verlassen konnten, Einkäufe erledigten, öffentliche Transportmittel benutzten, Bücher lasen und Strick- bzw. Stickarbeiten anfertigten (Frauen) oder Reparaturen am Haus durchführten (Männer). Kein Zusammenhang mit einer längeren Lebensdauer ergab sich für Radio hören. Fernsehen und Zeitung lesen.

Aktivsein erleichtert das Altern und begünstigt ein langes Leben. Demzufolge müssen die sehr alten Menschen, die ihre Mitmenschen um einen gewissen Zeitraum überleben, aktiv gewesen sein, ja sie müssen es noch sein. Und um wieviel es mehr muß das für die Hundertjährigen zutreffen. Und das stimmt in der Tat.

Professor Franke geht dieser These anhand anderer Untersuchungen nach. Er zitiert Beschreibungen Hundertjähriger, die von J.H. Greff bereits 1930 veröffentlicht wurden. Demnach waren diese Personen eifrige Fußgänger, in ihrem Beruf fleißige Arbeiter in körperlicher und geistiger Hinsicht. Auffällig war, daß sie ununterbrochen tätig waren. Bezeichnend sind auch die von Professor Franke wiedergegebenen Ergebnisse von Frau Dr. Flanders Dunbar an der amerikanischen Columbia-Universität. Frau Dunbar hatte die rund eintausend Hundertjährigen, die es derzeit in den USA gibt, überwiegend in den Teilen des Landes gefunden, in welchen Tempo und Lebenshektik vorherrschen, nicht aber in den ruhigen Gegenden. Diese Hundertjährigen sind also vorwiegend dort anzutreffen, wo etwas los ist. Sie waren — nach Dunbar — auch von schweren Schicksalschlägen nicht verschont geblieben und hatten die Hände nie in den Schoß gelegt.

Geist und Gedächtnis bis ins hohe Alter fit zu halten, deren Leistungsfähigkeit möglichst noch zu steigern, sind die angestrebten Ziele des Gehirn-Jogging. Damit eng verknüpft ist die Anregung zu geistiger Tätigkeit und ganz allgemein zu noch mehr Aktivität im Leben.

Literatur:

(Autor unbekannt): Älteste Deutsche gestorben. Arzt heute, 7. März 1986, S. 1

(Autor unbekannt): Pacemaker für alten Mann (108) in England. Arzt heute, 21. März 1986, S. 1

Chau, N.P., B. Forette, Y. Wolmark, N. Guérini, P. Berthaux: Activities of Daily Life and Mortality in an Elderly Population Living at Home: A Four Year Prospective Study. In: Book of Abstracts. XIIIth International Congress of Gerontology. New York Hilton at Rockefeller Center: New York, 12.-17. Juli 1985

Dzavakhishvili, N.A., S.M. Dalakishvili, S.D. Gogohia: Full-Fledged Life at the Old Age. In: Book of Abstracts. XIIIth International Congress of Gerontology. New York Hilton at Rockefeller Center: New York, 12.-17. Juli 1985

Franke, H.: Altwerden und Altsein. Eine wissenschaftliche Studie an 148 Hundertjährigen in der Bundesrepublik Deutschland. In: Franke, H.,I. Schmitt (Hrsg.): Hundertjährige. Fränkische Gesellschaftsdruckerei: Würzburg, 1971

gg: Lebensfreude schiebt den Tod hinaus. Aus: Int. Herald Tribune. Münch. med. Wschr. 126 (1984) 14

Graul, E.H.: Der Mensch im Spannungsfeld des Wissens, des Nichtwissens, des Noch-Nicht-Wissens und der Falschinformation. In: Böhlau, V. (Hrsg.): Altern und Zukunft. Schattauer: Stuttgart-New York, 1983

Hatano, S., T. Fujita, T. Matsuzaki, H. Shibata, K. Shichita, H. Haga, H. Nagai, Y. Suyama, W. Koyano: Predictive Factors of Activity Level in the Elderly — The Koganei Study. In Book of Abstracts. XIIIth International Congress of Gerontology. New York Hilton at Rockefeller Center: New York, 12.-17. Juli 1985

Michael, J.M.: The Second Revolution in Health- Health Promotion and its Environmental Base. Am. Psychol. 37 (1982) 936-941

Weigel, B.: Wie läuft das biologische Altern eigentlich ab? selecta supplement 21 (1983) 3-6

STEIGERUNG DER GEISTIGEN LEISTUNGSFÄHIGKEIT

Was ist erreichbar? 43

Soviel wie möglich verarbeiten 85

Sich optimal aktivieren 177

Störungen der Hirndurchblutung und des
Hirnstoffwechsels beseitigen 233

Was ist erreichbar?

Höchstleistungen von Geist und Gedächtnis 44

Die »normale« geistige Leistungsfähigkeit 47
● Die Intelligenz 52
● Die flüssige und die kristallisierte Intelligenz 53
● Das Gedächtnis:
Warum ein gutes Gedächtnis kaum nützt 57
● Die Kreativität 59

Der »normale« Leistungs-Abfall im Alter 61

Welche geistige Leistungsfähigkeit läßt das Gehirn zu?
● Das »Geist-Wesen« als »Gehirn-Tier« 66
● Aufrechter Gang und rasche Hirnvergrößerung 67
● Gehirnpotentiale als Nebeneffekt der Kühlung beim Laufen 69
● Die Entwicklung der geistigen Leistungsfähigkeit 71
● Das Gehirn als Hochenergiezentrale 74

Hirnort und Hirntätigkeit 77

Kein Abbau von Nervenzellen 80

Höchstleistungen von Geist und Gedächtnis

Dafür gibt es in vielen Berufen Beispiele. Berufstypische Situationen werden von Angehörigen der betreffenden Berufsgruppe nahezu mit einem Blick erfaßt. Mancher Gast staunt über den Kellner, der zwei, drei oder mehr Bestellungen von 5 bis 12 Personen aufnimmt und richtig ausführt.

Diese Leistungen sinken übrigens sofort, nachdem man Umstellungen im Raum vornimmt oder wenn sich die Gäste, die bestellt haben, an einen anderen Platz setzen.

Meister im Schachspielen prägen sich bekanntlich komplizierte Stellungen der Schachfiguren in wenigen Sekunden ein. Dadurch sind sie in der Lage, gegen 30 und mehr fortgeschrittene Schachspieler gleichzeitig, teilweise sogar mit verschlossenen Augen die Mehrzahl der Partien zu gewinnen (W.G. Chase, K. Ericsson, 1981).

In der Sendung »Schach dem Weltmeister« (II. Fernsehprogramm, München, 21.09.1985, 10.05h) wird vom Wettkampf eines Schachmeisters gegen 31 Schachcomputer berichtet, von denen er 27 besiegt.

Hin und wieder hört oder liest man von außergewöhnlichen geistigen Leistungen Jugendlicher oder Erwachsener; beispielsweise das Beherrschen mehrerer Seiten von Telefonnummern aus dem Telefonbuch. Andere wiederum können relativ rasch bestimmen, auf welchen Wochentag z.B. der 25.5.1904, oder der 31.7.1964 oder beliebige weitere Tage fielen oder fallen werden. Sogar ein leicht schwachsinniger 14jähriger kann dies innerhalb von 10 Sekunden. J. Smith und M.J.A. Howe (1985) berichten darüber ausführlicher.

Der französische Pädagoge Alfred Binet, auf den die Mehrheit der heute verwendeten Intelligenztests (Abbildungen 4 und 5) zurückgeht, hatte schon am Ende des letzten Jahrhunderts (1894) Studien über die *Rechenkünstler* Inandi und Diamondi veröffentlicht. Knapp 20 Jahre später berichtete der deutsche Psychologieprofessor G.E. Müller ausführlich über den Mathematikprofessor Rückle. Diese und weitere Rechenkünstler — Finkelstein, Aitken, Griffith usw. — addierten, substrahierten, multiplizierten und dividierten in Sekundenschnelle, manchmal im Bruchteil einer Sekunde, ein- und mehrstellige Zahlen miteinander.

Mehr noch: sie suchten Zahlenreihen in zwei, drei, vier Sekunden auf Regelmäßigkeiten ab, und fanden meist welche. So erkannte Rückle sofort, daß in 451697 die Zahlen **41** x 11 (= 451) und **41** x 17 (= 697) stecken und daß sich 893047 aus **47** x 19 (= 893) und **47** x 1 (= 047) zusammensetzt (aus: K.A. Ericsson. 1985).

Und diese Rechenkünstler konnten sich bei einmaligem Hören sehr lange Ziffernfolgen merken: Rückle bis 60, Aitken bis 13, rückwärts aller-

44

dings über 30, Griffith bis 17 und Inandi bis 12. Im Vergleich dazu schafft ein durchschnittlicher Erwachsener 5 bis 6, ein Student 6 bis 7. Einige Freiwillige wurden von dem inzwischen verstorbenen Psychologen Dr. Bill Chase und von Dr. K. Anders Ericsson (Colorado/USA) auf das Nachsagen von Ziffern trainiert, auf das Wiederholen einer Serie, nachdem man sie einmal gehört hat, z.b. 2 8 3 1 9 0 4 6 8 5 1 4 7 6 0 3 9 2 5 7 4. Diese Serie von 21 Ziffern schaffte eine Versuchsperson als Höchstleistung.

Zwei Testpersonen prägten sich mehr Ziffern ein, die eine 101, die andere 82. Letzere, in der Literatur SF genannt, war Student. Er konnte, wie viele andere Studenten, beim ersten Versuch 7 Ziffern nachsagen. Man fragte ihn nach seiner Bereitschaft, an einem *Gedächtnis*experiment teilzunehmen.

Dazu mußte er sich verpflichten, eineinhalb Jahre lang pro Woche zweimal zwei Stunden das Nachsagen von Ziffern zu üben. SF willigte ein. Während der *Training*sstunden sollte der Student Ziffern nachsprechen, die ihm vorgesagt wurden. Nach wenigen Wochen vermochte er schon bei einmaligem Hören über zehn Ziffern nachzusagen. Ein halbes Jahr später wiederholte er nach einmaligem Hören bereits 20 Ziffern. Eineinhalb Jahre nach Trainingsbeginn schaffte er 79 und einige Monate später sogar 82 Ziffern.

Hatten sich die *Kapazit*äten, das geistige *Leistungsvermögen* von SF verlängert? Hatte sich die Fähigkeit des *unmittelbaren Behaltens*, die *Gegenwartsdauer* (siehe »Der Mensch als Informationsverarbeiter«) über knapp 80 Sekunden am Stück ausgedehnt? Hatte sich diese Kapazität um rund das Zwölffache verlängert? Die Autoren Chase und Ericsson hatten diese Frage genau untersucht und sie mit Nein beantwortet.

Bei seinen Erfahrungen mit den Ziffern bildete sich beim Studenten eine bestimmte *Strategie* heraus, die, gegenüber seinen Versuchen mit anderen Strategien, besonders erfolgreich war, und die er dann auch bis zum Schluß einsetzte. Er verband eine Folge von 3 oder 4 gehörten Ziffern mit einer vertrauten Zahl, nämlich mit Zeiten sportlicher Höchstleistungen. SF war an Sport sehr interessiert und kannte Landes- und Weltrekorde aus der Leichtathletik, beispielsweise im Ein-Meilen-Rennen, im 100-Meter-Sprint, im 400-Meter-Lauf usw. War eine Ziffernfolge einem Weltrekord sehr ähnlich, merkte er sich z.B. Weltrekord über eine Meile plus 0,8 Sekunden. Er prägte sich also die Abweichungen entsprechender Ziffernfolgen von Weltrekordzahlen ein, und das Ganze funktionierte.

Dieses Vorgehen war eine Strategie zur *Einprägung* und zum *Abruf* von Gedächtnisinhalten.

Der Student ordnete das Gedächtnismaterial also in ihm schon vertrautes Wissen ein. Änderte sich aber dadurch die Kapazität des unmittelbaren Behaltens, der Gegenwartsdauer? Um dies beantworten zu können, führten die Autoren Chase und Ericsson nach eineinhalb Jahren einen Gegenversuch durch. Der Student sollte nun nicht Ziffern wiederholen, auf die er ja inzwischen hochspezialisiert war, sondern statt dessen Buchstabenfolgen, wie beispielsweise W, P, L, Z, M. Der Student schaffte hierbei nicht mehr als fünf Buchstaben hintereinander. Seine Kapazitäten hatten sich demnach nicht erweitert. Die nach Abschluß des ersten Versuches erbrachten Leistungen stellten das Ergebnis erlernter Strategien dar, die innerhalb eines Zeitraumes von eineinhalb Jahren erworben worden waren. Das Üben von Strategien alleine erhöht noch nicht die Kapazitäten der geistigen Leistungsfähigkeit. Sie werden nur dann erhöht, wenn sie noch nicht voll entwickelt sind. Bei den oben genannten *Gedächtnis-* und *Rechenkünstlern* waren aber wahrscheinlich deren Kapazitäten, d.h. ihr höchstmögliches, individuelles geistiges Leistungsvermögen schon erreicht, denn sie befanden sich ständig im Training.

Manche Strategien sind so einseitig, betreffen so spezielle Situationen, und so spezielle geistige Tätigkeiten, daß sie andere geistige Kapazitäten kaum oder gar nicht beeinflussen. Nur auf Strategien, die allgemeine Kapazitäten einbeziehen, kommt es an.

Beide Gesichtspunkte sind für eine wirksame geistige Leistungssteigerung wichtig:

1) Wo liegt das tatsächliche Leistungsvermögen von Geist und Gedächtnis? Und auf welches Niveau läßt es sich erhöhen?

2) Welche sind die allgemeinen geistigen Kapazitäten? Ihnen sollte sich ein Training, falls es effektiv sein will, besonders zuwenden.

Literatur:
Binet, A.: Psychologie des grands calculateurs et jouers d' echecs. Hachettes: Paris, 1894
Chase, W.G., K.A. Ericsson: Skilled Memory. In: Anderson, J.R. (Hrsg.): Cognitive Skills and Their Acquisition. Erlbaum: Hillsdale, 1981
Ericsson, K.A.: Memory Skill. Canad. J. Psychol. 39 (1985) 188-231
Müller, G.E.: Neue Versuche mit Rückle. Z. Psychol. Physiol. Sinnesorg. 67 (1913) 193-213
Smith, J., M.J.A. Howe: An Investigation of Calendar-calculating Skills in an »idiot savant«. Int. J. Rehab. Research 8 (1985) 77-79

Die »normale« *geistige Leistungsfähigkeit*

Sowohl unter den Schachmeistern, die es mit über 30 fortgeschrittenen Gegnern gleichzeitig aufnehmen, als auch unter den *Rechen-* und *Gedächtniskünstlern* finden sich viele mit akademischen Titeln: Dr. Pfleger, Dr. Lasker, Dr. Aitken, Dr. Finkelstein, Prof. Rückle, Dr. Hübner usw. Beweist dies nicht einen Zusammenhang zwischen *Höchstleistung* auf speziellen Gebieten und hoher geistiger Leistungsfähigkeit auf vielen geistigen Gebieten? Also einen Zusammenhang zwischen einem hohen allgemeinen *Intelligenzniveau* und einem ausgezeichneten *Gedächtnis*? Nein, es gibt in der wissenschaftlichen Literatur gut beschriebene Gegenbeispiele, die von sogenannten »idiot savants« berichten, den klugen Schwachsinnigen. Diese setzen die »Normalen« immer wieder dadurch in Erstaunen, daß sie beispielsweise aus Telefonbüchern die Telefonnummern von mehreren Seiten auswendig wiedergeben. Andere wiederum sind in der Lage, innerhalb weniger Sekunden Kalendertage den richtigen Wochentagen zuzuordnen.

Allerdings wählen sie sich Leistungen aus, die keine raschen Einsichten erfordern, kein schnelles Erkennen komplexer Zusammenhänge. Solche Fähigkeiten werden nämlich beim Erlernen von Telefonnummern kaum benötigt. Hierzu wird nur das *mechanische Gedächtnis*, das Gedächtnis für sinnarmes Material gefordert (siehe »Das Gedächtnis: warum ein gutes Gedächtnis kaum nützt«). In dieser Hinsicht sind Hochintelligente den geistig unterdurchschnittlich Leistungsfähigen kaum überlegen. Leute, die Telefonnummern auswendig lernen, können Lernmängel durch mehr Zeitaufwand ausgleichen. Außerdem gibt es kaum Konkurrenz unter den »Normalen«, denn wer von ihnen nimmt sich schon die Zeit, Telefonnummern auswendig zu lernen, Nummern von Fernsprechteilnehmern, zu denen man keinerlei Bezug hat, da es sich weder um Verwandte, Bekannte, noch um Kollegen usw. handelt.

Wie verhält es sich mit der Zuordnung von Kalendertagen? Das Jahr hat 365 Tage, das Schaltjahr 366. Das sind 52 Wochen und ein bzw. zwei Tage. Entsprechend verschiebt sich ein Kalendertag pro Jahr um einen Wochentag, im Schaltjahr um zwei. Der 30. November 1985 fiel auf den Samstag, der 30.11.86 ist ein Sonntag und der 30.11.87 ein Montag. Man braucht nur ein paar sogenannte »Ankertage« wie 30. November 1985 = Samstag. Dann läßt sich viel daraus ableiten. Allerdings ist dafür Übung erforderlich. Im Prinzip bauen sich auch die »idiot savants« so ihre Basis für die Kalendertage auf. Ihre Systeme sind, wie J. Smith und M.J.A. Howe beispielhaft nachweisen, nicht ideal. Bei jemand, der sich über Monate und Jahre hinweg mit dieser Technik befaßt, stellt ein mangelhaftes System eher einen Hinweis auf die begrenzte Intelligenz dar.

Derartige Hochleistungen zu trainieren, kann nicht das Ziel von GeJo sein. Dennoch haben sie selbstverständlich ihre Daseinsberechtigung, als Spielerei, als Mittel um eigenes Können zu testen und als persönlich, d.h. subjektiv sinnvolle Tätigkeit.

An dieser Stelle ein Wort zur ethischen Seite der Analyse. Sie soll Beziehungen zwischen speziellen geistigen Höchstleistungen und allgemeiner geistiger Leistungsfähigkeit aufdecken, damit man daraus Lehren ziehen kann, für sich und die eigenen geistigen Entfaltungsmöglichkeiten und wie man sich am wirksamsten darin übt. Die Analyse soll nicht die Leistungen Minderbegabter abwerten. Sonderleistungen — wie die vorstehend beschriebenen — sind auch in diesem Begabungsbereich selten. Dahinter steckt oftmals eine bewundernswerte Einsatzfreude, wie sie selbst vielen »Normalen« fehlt. Mit solchen Sonderleistungen erkämpfen sich die »idiot savants« die Achtung ihrer Mitmenschen. Das stärkt ihre Selbstachtung und verleiht ihrem Leben Sinn.

Unter den Schachweltmeistern und Rechenkünstlern können sich eigentlich nur sehr intelligente Personen befinden. Sie haben mit ständig wechselnden Situationen zu tun, die ein rasches Aufdecken und Durchschauen komplexer Beziehungen erfordern. Das sind Definitionsmerkmale von Intelligenz.

Diesbezüglich sind Gedächtniskünstler schwer pauschal einzuschätzen. Das Auswendiglernen aller gezogenen Lottozahlen eines Jahres kostet weniger *geistige Fitneß*, als zu erkennen, daß die Zahl 24123918 beispielsweise übersetzt werden kann in: Heiliger Abend am Ende des ersten Weltkrieges (1918) plus 2000 Jahre (= 3918). Die Übersetzung ist viel leichter als die Zahl zu behalten.

Eine kaum wieder erreichte geistige Fitneß zeigte Professor Rückle, wenn er z.B. hinter der relativ rasch vorgelesenen Folge 451697 die Zahlen 41x11 (= 451) und 41x17 (697) erkannte und sich deshalb die Reihe leicht merkte. Dennoch, dies sind spezielle geistige Höchstleistungen. Die allgemeine geistige Leistungsfähigkeit war sicher auch hoch, denn Rückle war Mathematikprofessor. Aber sie war mit Abstand nicht so extrem. Sonst hätte er mehr wissenschaftliche Leistungen als seine Zeitgenossen bringen müssen, die sich sicher viel weniger Zahlen merken konnten als er: G. Frege, A. Einstein, L. De Broglie, N. Bohr, S. Freud, C.G. Jung, H. Ebbinghaus, F. Galton und viele andere. Die Höchstleistungen sind spezielle Leistungen, die auf Erfahrungen mitberuhen.

Die »normale« allgemeine geistige Leistungsfähigkeit, im wesentlichen durch den Begriff der Intelligenz gefaßt, streut im großen und ganzen wie die Normalverteilung: durchschnittliche Leistungen sind am häufigsten, hohe und höchste Leistungen zunehmend seltener. Auf der anderen Seite werden aber auch unterdurchschnittliche Leistungen rar (Abbildung 2). Eine Ausnahme bildet der *Schwachsinn*: Neben dem ererbten kommt bei einigen Prozent der Bevölkerung noch der erworbene Schwachsinn vor. Die Angaben hierfür schwanken zwischen fünf und zehn Prozent (F. Specht, 1973). Der erworbene Schwachsinn beruht hauptsächlich auf Chromosomenänderungen, Stoffwechselstörungen des Gehirns und verletzenden äußeren Eingriffen vor, während oder kurz nach der Geburt.

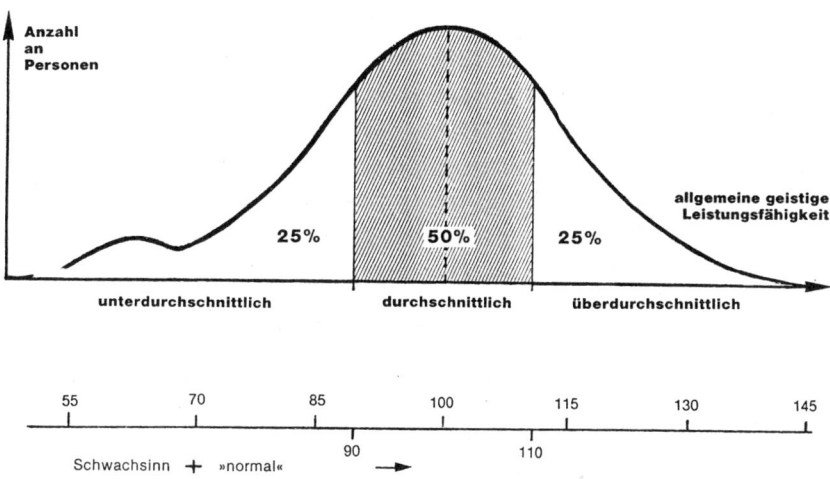

Abbildung 2: Verteilung der »normalen« geistigen Leistungsfähigkeit

Personen mit leichtem Schwachsinn, mit der sogenannten Debilität, zeigen manchmal erstaunliche, von Normalen nicht erreichbare Leistungen, wenn sie Kalender- und Wochentage einander zuordnen oder wenn sie Telefonnummern auswendig sagen (A.L. Hill, 1978; W.A. Horwitz et al., 1969). Aber ihre allgemeine Leistungsfähigkeit ist niedrig. Ihr *Kurzspeicher* (siehe »Der Mensch als Informationsverarbeiter«), in dem sie Informationen unter bewußter Kontrolle halten können, ist mit 40 Bits halb so groß wie der durchschnittlicher Erwachsener (80 Bits) (S. Lehrl, A. Gallwitz, L. Blaha, 1980). Wer auf geistigem und organisatorischem Gebiet vergleichsweise viel Erfolg hat, — Studenten, Akademiker, Abteilungsleiter, Vereinsvorstände usw. — verfügt über einen Kurzspeicher von 120 Bits und mehr. Vergleichbar ist ein Computer, der einen größeren Arbeitsspeicher hat: er überblickt mehr, zieht mehr Vergleiche, die Informationsvorgänge laufen rascher ab. Kurzum er verarbeitet Informationen wirksamer, effektiver. Menschen mit großem Kurzspeicher erzielen in Intelligenztests einen höheren Intelligenzquotienten. Sie haben mehr Möglichkeiten, neue Probleme zu lösen. Sie neigen im Beruf und Alltag zu mehr Erfolg. Deshalb zielt GeJo vor allem auf ein spezielles Training des Kurzspeichers ab.

Die fünf Prozent der Leistungsfähigsten verfügen über eine dreimal größere Kapazität des Kurzspeichers als die fünf Prozent der am wenigsten Leistungsfähigen. Wenn man es genau nimmt, scheint sich die Bevölkerung in drei Anlagen aufzuteilen. So fand es der Leipziger Wissenschaftler Dr. Volkmar Weiß (1979, 1986) — ausgehend von Untersuchungen über die erfolgreichsten Teilnehmer von Mathematik-Wettbewerben in der DDR — heraus: bei 68% der Bevölkerung verteilt sich die geistige Leistungsfähigkeit um den IQ 94, bei 27% um den IQ 112 und bei den restlichen 5% — den Höchstbegabten — um den IQ 130. Letztere verfügen mit der Kurzspeicherkapazität von 140 Bits über genau doppelt so viel Information, wie die Personen mit der häufigsten Anlage (70 Bits). Die mit der mittleren, genauer gehobenen Begabung (IQ 112) lagen mit der Kurzspeicherkapazität nach den durchgeführten Messungen mit 105 Bit genau in der Mitte. Diese Befunde, obwohl genetisch begründet, legen den Einzelnen nicht auf einen nicht mehr veränderbaren Wert fest. Hier ist noch einiges verrückbar. Das belegen Prüfungen des Ge-

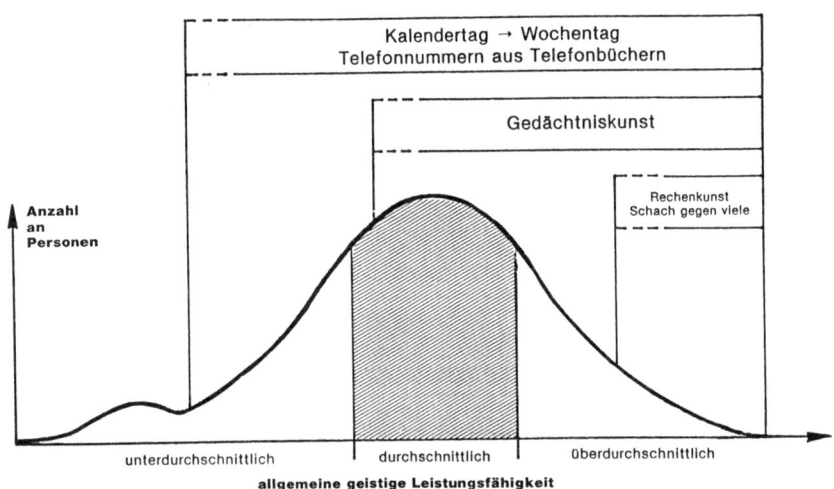

Abbildung 3: Bei welcher allgemein geistiger Leistungsfähigkeit bestimmte geistige Höchstleistungen möglich sind.

hirn-Joggings (s.»Wirkungsbelege«). Im Erreichen geistiger Höchstleistungen, in die ja viel Erfahrung und Übung eingeht, läßt sich noch mehr verändern. In diesen Leistungen sind die Unterschiede zwischen den Personen, so weit meßbar, noch größer als in der Kurzspeicherkapazität und Intelligenz. Im Nachsprechen von Ziffern erzielen die Besten das 10- bis 20fache ihrer Ausgangsleistung und das 30fache der fünf Prozent Personen mit der geringsten Begabung.

Bleibt festzuhalten:

1) Die Unterschiede zwischen geistigen *Hochleistung*en und den »Normalen« auf speziellen Gebieten sind viel größer als deren Differenzen in der allgemeinen geistigen Leistungsfähigkeit.

2) Spezielle geistige Höchstleistungen vollbringt nicht nur, wer hohe geistige Leistungen auf vielen Gebieten vollbringt, wer also über ein hohes allgemeines geistiges Leistungsvermögen verfügt. Die Abbildung 3 zeigt die Zusammenhänge. GeJo soll die allgemeine geistige Leistungsfähigkeit üben. Es soll helfen, diese an das persönliche Maximum heranzubringen.

Welches sind nun die allgemeinen geistigen Fähigkeiten? Wie mißt man sie? Welche sind besonders wichtig für die Bewältigung der Probleme in Beruf und Alltag?

Literatur:
Hill, A.L.: Savants: Mentally Retarded Individuals with Special Skills. In: Ellis, N.R. (Hrsg.): International Review of Research in Mental Retardation, Band 9. Academic Press: New York, 1978
Horitz, W.A., W.E. Deming, R.F. Winter: A. Further Account of the Idiot Savants, Experts with the Calendar. Amer. J. Psychiat. 126 (1969) 160-163
Lehrl, S., A. Gallwitz, L. Blaha: Kurztest für Allgemeine Intelligenz (KAI). Vless: Vaterstetten-München, 1980
Smith, J., M.J.A. Howe: An Investigation of Calendar-calculating Skills in an »idiot savant«. Int. J. Rehab. Research 8 (1985) 77-79
Specht, F.: Oligophrenie. In: Müller, C. (Hrsg.): Lexikon der Psychiatrie. Springer: Berlin-Heidelberg-New York, 1973
Weiß, V.: The physiological equivalent of the major gene locus of general intelligence: discrete interindividual differences in central processing time of information. Acta biol. med. germ. 38 (1971) K1-K4.
Weiß, V., S. Lehrl, H.G. Frank: Psychogenetik der Intelligenz. Modernes Lernen« Dortmund

Die *Intelligenz*

Schüler, Medizinstudenten, Offiziersanwärter, Berufssuchende. Alle kennen Intelligenztests, Tests für Intelligenz (siehe Abbildungen 4 und 5). Intelligenz ist ein Ausdruck mit einer in manchen Aspekten unscharfen Bedeutung. In einigen Aspekten ist er aber klar: er betrifft die gesamte geistige Leistungsfähigkeit, die Fähigkeit zu Denken, die Fähigkeit mit dem Verstand Probleme zu lösen.

Eine praktische Bedeutung liegt darin, daß mit Intelligenz verbunden sind: Schulerfolg, Erfolg im Beruf, im Alltag, in der Freizeit, selbst im Spielen wie Schach, Mühle und Dame. Doch auch das ist im Auge zu behalten: diese Erfolge werden nicht von Intelligenz alleine bestimmt. Weiterhin erforderlich sind Fleiß, Interesse, psychische Ausgeglichenheit. Aber der Beitrag von Intelligenz zu jenen Erfolgen ist dennoch beachtlich (H.J. Eysenck, 1980).

Intelligenz genügt sich also nicht selbst. Sie ist auch Voraussetzung für Kreativität (J.E. Ruth, J.E. Birren, 1985). Ihr Abfall zeigt außerdem einen Verfall der Persönlichkeit, unter Umständen auch Erkrankungen, besonders des Gehirns an. Deshalb dreht sich vieles um Intelligenz und um ihre Messung.

Mit den Tests erfaßt man den *Intelligenzquotienten*, den *IQ*. Sein Wert gibt das geistige Niveau einer Person an, im Vergleich zu anderen Gleichaltrigen (siehe Abbildung 2). IQ 91 bis 109 heißt durchschnittlich; IQ 100 ist genau der Durchschnitt; IQ 90 und weniger unterdurchschnittlich, IQ 110 und mehr verweist auf ein überdurchschnittliches geistiges Leistungsniveau.

Wichtiger ist es, eine Person mit sich selbst zu vergleichen. Bleibt der IQ gleich, sinkt er oder steigt er? Mit Hilfe von Gehirn-Jogging soll er steigen, falls jemand geistig austrainiert ist, darf er bei Gehirn-Jogging jedenfalls nicht abfallen.

Innerhalb der Intelligenz sind zwei Formen zu unterscheiden:
1) die flüssige Intelligenz und
2) die kristallisierte Intelligenz.

Literatur:
Eysenck, H.J.: Intelligenz. Struktur und Messung. Springer: Berlin-Heidelberg-New York, 1980
Ruth, J.-E., J.E. Birren: Creativity in Adulthood and Old Age: Relations to Intelligence, Sex and Mode of Testing. Intern. J. Behav. Developm. 8 (1985) 99-109

Die *flüssige* und die *kristallisierte* Intelligenz

Mit einem Test wie in Abbildung 4 dargestellt, wird das *Intelligenzniveau* weitgehend erfahrungsunabhängig erfaßt, und zwar die Intelligenz, über die jemand aktuell — genau in diesem Augenblick — verfügt. Sie wird als »flüssige Intelligenz« bezeichnet (R.B. Cattell, 1963) und ist äußerst störanfällig. Geringe Mengen Alkohol oder starke Medikamente setzen diese »flüssige Intelligenz« unter Umständen beträchtlich herab. Aber auch mangelnde geistige Tätigkeit führt zu einem Verlust dieser »flüssigen Intelligenz«.

Ein Wissens-, ein Wortschatz-, ein Verständnis*test* messen dagegen die erfahrungsabhängige überdauernde Intelligenz (Abbildung 5). Es handelt sich um die »kristallisierte Intelligenz« (R.B. Cattell, 1963). Eigentlich mehr um den Niederschlag (Kristallisierung!) der Ergebnisse von geistigen Auseinandersetzungen mit täglichen Problemen in der Vergangenheit, um Wissen, Fertigkeiten, Strategien zur Lösung von Problemen. In anderen Worten: die kristallisierte Intelligenz einer Person hängt ab von ihrer flüssigen Intelligenz und ihrer Erfahrung. Letztere von der Umwelt einschließlich Erziehung und der Lebenszeit. Bei etwa Gleichaltrigen, die in einer ähnlichen Umwelt lebten, gehen Unterschiede der kristallisierten Intelligenz auf das Konto der Differenzen in der (erfahrungsabhängigen) flüssigen Intelligenz (S. Lehrl, 1980). Wer die höhere flüssige Intelligenz hat, erwirbt also mehr *Wissen* und Fertigkeiten. Normalerweise beeinflussen weder Alkohol, noch Medikamente oder Kohlenmonoxyd in Tabakrauch und Autoabgasen diese »kristallisierte Intelligenz« in entscheidendem Maße.

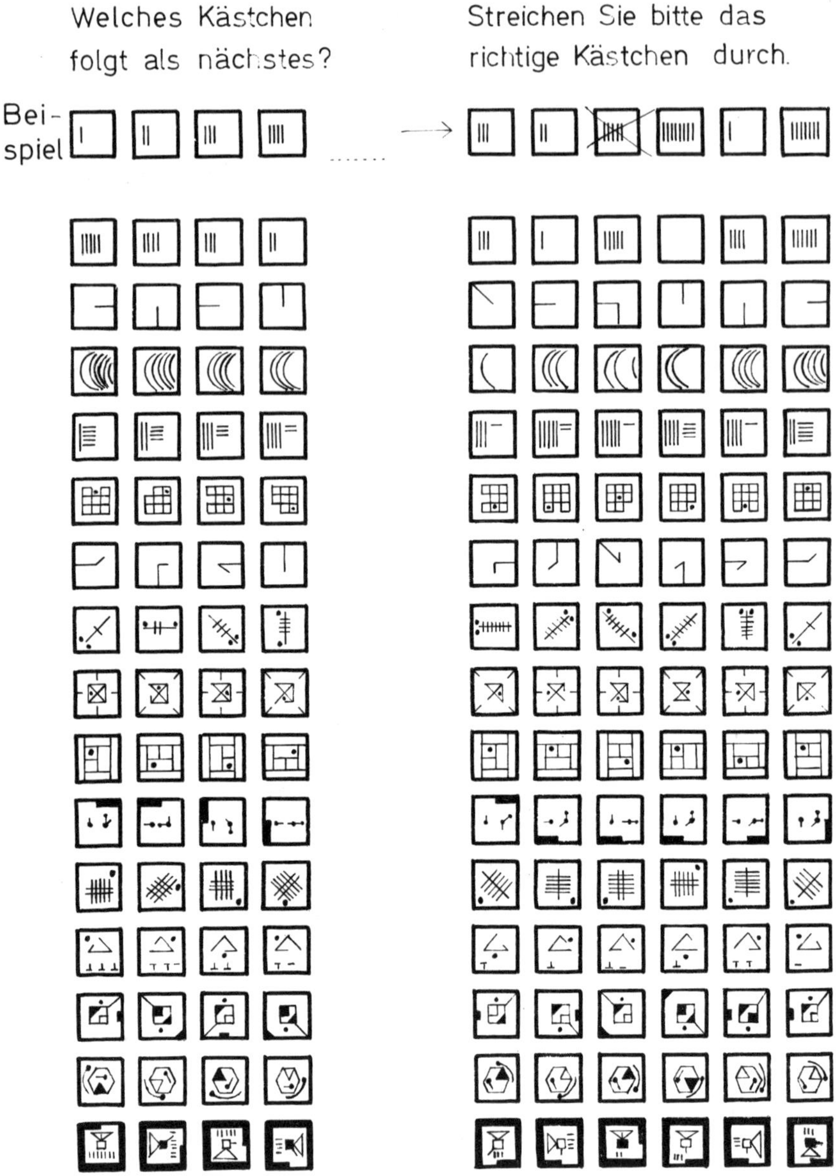

Abbildung 4: Aufgaben wie sie in Intelligenztests vorkommen. Hier speziell für »flüssige« Intelligenz.

Beispiele zur Wissensprüfung:
- Welche ist die größte Stadt Süddeutschlands?
- Welches ist das größte Säugetier?
- In welchen Jahren finden die Olympischen Spiele statt?
- Wie entsteht eine Mondfinsternis?
- Was bedeutet »Disagio«?
- Was unterscheidet eine Lärche von anderen Nadelbäumen?
- Wer schrieb »Jenseits von Eden«?

Bei anderen Aufgaben soll man Gemeinsamkeiten erkennen bzw.
Oberbegriffe bilden, z.b.
Was ist gemeinsam an
- Haus — Hütte?
- Flugzeug — Hubschrauber?
- Rittersporn — Knabenkraut?
- ungarisch — finnisch?

Anweisung:
Sie sehen unten mehrere Reihen mit Wörtern. In jeder Reihe steht **höchstens
ein Wort**, das Ihnen vielleicht bekannt ist. Wenn Sie es gefunden haben, streichen Sie es bitte durch.

1 Apfer — Lapfe — Apper — Apfel — Pafel
8 Klanke — Kelken — Kaukel — Kenkel — Klinke
12 Socht — Tesch — Sicht — Micht — Secht
17 Olse — Onse — Oase — Osoe — Oale
25 Parmalent — Parlament — Parlemant — Perlamant — Perlament

Abbildung 5: Beispiele von Aufgaben aus Tests für kristallisierte
Intelligenz.

Gegen Störungen ist die kristallisierte Intelligenz also weitgehend unempfindlich. Die flüssige Intelligenz wird dagegen durch Störungen herabgesetzt. Deshalb ist aus dem Abfall zwischen der flüssigen gegenüber der kristallisierten Intelligenz zu erkennen, wie stark jemand im Augenblick der Testung unter seinen sonstigen Leistungen liegt.

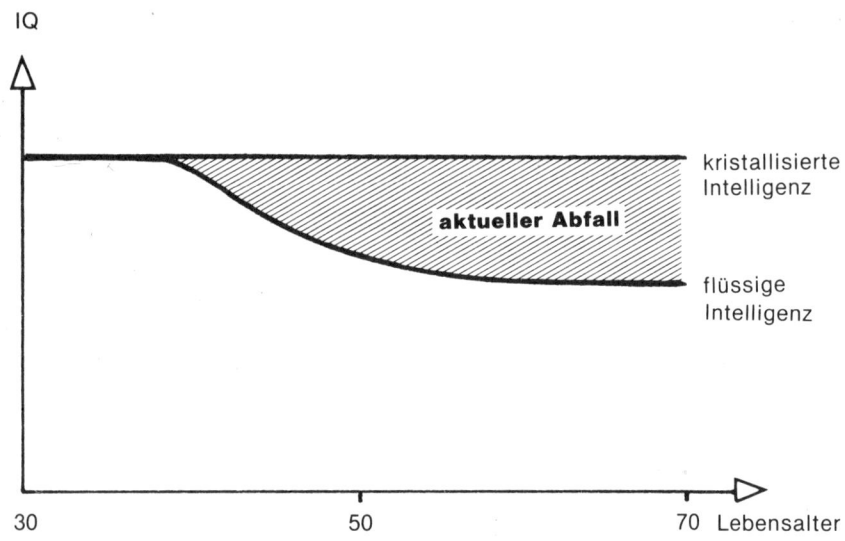

Abbildung 6: Bei geistiger Untätigkeit und Störungen von Hirndurchblutung und Hirnstoffwechsel sinkt die flüssige gegenüber der kristallisierten Intelligenz.

Literatur:
Cattell, R.B.: Theory of Fluid and Crystallized Intelligence. J. Educ. Psychol. 54 (1963) 1-22
Lehrl, S.: Einfluß vergangener und akuter Krankenhausaufenthalte auf fluide und kristallisierte Intelligenzleistungen.
Vless: Vaterstetten-München, 1980

Das *Gedächtnis*:
Warum ein gutes Gedächtnis kaum nützt

Kristallisierte Intelligenz schließt Erfahrungen ein, somit das Gedächtnis, in dem Erfahrungen gespeichert sind wie *Wissen*, Ergebnisse früherer Lösungsversuche von Problemen, Tricks, Strategien.
Viele Intelligenzforscher betrachten heute das Gedächtnis als Teil der Intelligenz. Es nimmt Information auf und speichert sie. Das bedeutet *Lernen*.
Beim *Erinnern*, d.h. *Abrufen des Gespeicherten*, muß das Gespeicherte gefunden und aus dem Gedächtnis herausgeholt werden. Gerade das Abrufen bereitet oft Schwierigkeiten. Vieles ist im Gedächtnis gespeichert, das sich nicht im gewünschten Moment hervorholen läßt. Plötzlich, einige Minuten oder gar Stunden, manchmal sogar Wochen später, ist es wieder da.
Eine wichtige Kunst liegt darin, Information so einzuspeichern, daß sie bei Bedarf wieder zur Verfügung steht. Auf die *Einspeicherung*, die Lernphase konzentrieren sich nicht nur die *Gedächtniskünstler*, sondern auch die meisten Intelligenten. Letzteren ist dies oft gar nicht bewußt (z.b. J.M. Belmont, E.C. Butterfield, 1971). Dennoch können sie sich meist mehr merken als weniger Intelligente. Ihr Trick: sie wandeln Gedächtnisinhalte in möglichst sinnvolles Material um. Bei sinnarmem Material, an dem man das formale Gedächtnis testen kann, wie sinnarmen Zahlen und Buchstabenfolgen wie zum Beispiel: krl, amlw, w925gbt usw. sind sie weniger intelligenten Personen kaum noch überlegen. Ein sehr gutes Gedächtnis bringt nach den bisher referierten Erkenntnissen Erwachsenen für die geistige Bewältigung ihrer Probleme keine Vorteile. Die *Intelligenz* ist viel wichtiger.
Deswegen ist sie zu trainieren. Wie lange kann man etwas im Gedächtnis behalten? Manche unterscheiden ein *Kurzzeit-*, ein *Mittelzeit-* und ein *Langzeitgedächtnis*:

Kurzzeitgedächtnis — Minuten bis Stunden
Mittelzeitgedächtnis — Stunden und Tage
Langzeitgedächtnis — Wochen, Monate, Jahre bis ans Lebensende

Die Unterteilung ist problematisch. Denn wer sich relativ gut etwas über wenige Minuten merken kann, behält auch besser als andere etwas über Tage und Monate. Das zeigte schon A. Löw vor einem halben Jahrhundert. Solche Befunde sprechen gegen die Unterteilung. Uns genügt es deshalb einfach, von »dem« Gedächtnis zu sprechen.

Das bedeutet nicht, daß wir etwas neu Gelerntes nach einigen Jahren genau so wie nach wenigen Minuten erinnern. Nach Jahren können wir aus dem Gedächtnis nur Teile dessen abrufen, was wir nach Minuten erinnern. Aber wer nach Minuten mehr weiß als andere, erinnert auch nach Jahren relativ mehr.

Zur Ergänzung siehe »Der Mensch als Informationsverarbeiter«, Kapitel: »Nur wenig bleibt hängen«.

Alle zwei Sekunden ein neues Wort:
Mond — Paket — Kanal — Baum — Freiheit — Erde — Gummi — Villa — Gras — Laterne — Schere — Treppe — Meise — Klammer — Mann — Halm — Komet — Wäsche — Adel — Pfütze — Straße — Birke — Kanon — Wolke — Hütte — Treue — Bussard — Eigentum — Loch — Falter
Jetzt: von 31 die Zahl 3 abziehen, davon wieder 3 usw. bis zur Zahl 1. Nun die Wörter aufschreiben, an die man sich noch erinnert.

Abbildung 7: Beispiel eines *Gedächtnistests*. Erwachsene können im Durchschnitt etwa 9 bis 16 Wörter erinnern (R. Meili, 1965).

Literatur:
Belmont, J.M., E.C. Butterfield: What the Development of Short-Term Memory is. Human Developm. 14 (1971) 236-248
Löw, A.: Assoziation und Wiedererkennen in typenkundlicher Beleuchtung. Z. Psychol. 143 (1938) 212-298
Meili, R.: Lehrbuch der psychologischen Diagnostik. Huber: Bern-Stuttgart, 1965, 5. Aufl.

Die *Kreativität*

Kreativ sein heißt schöpferisch sein, sich etwas Neues einfallen lassen. Neu für die Umwelt, für die Familie, für sich selbst. Die kreativen Menschen bewegen sich deshalb stets auf einem schmalen Grat zwischen Bewunderung und Verspottung. Anders als die Nur-Intelligenten, die das einzig Richtige, das leicht nachvollziehbar Verständliche tun. Sie haben für ein Problem genau eine Lösung und zwar die allgemein anerkannte. Typisches Beispiel dafür die Fortsetzung einer Buchstabenreihe: B D F H J L.. ... Was kommt nun? Es kann nur N sein (jeder zweite Buchstabe ist ausgelassen). Bei der Zahlenreihe 10 13 16 19 22 kann nur die 25 richtig sein. Die Kreativität ist dort gefordert, wo viele Lösungen in Frage kommen (J.P. Guilford, 1967).

Typische *Kreativitätsaufgaben* sind:
● Was kann man mit einer Zeitung alles machen?
● Wofür kann man Backsteine verwenden ?
● Welche Wörter lassen sich aus den folgenden Buchstaben bilden? U L M D V E G R A. Es gibt über ein Dutzend Möglichkeiten. (Es müssen nicht alle Buchstaben verwendet werden, man darf aber keinen mehrfach zu einem Wort verwenden).
● Welche Figuren lassen sich aus den Zeichen I U N - = A V C J bilden? (Es müssen nicht alle Zeichen verwendet werden, man darf aber keines mehrfach zu einer Figur benutzen).

Kreative und Intelligente haben mehr Gemeinsamkeiten als es oberflächlich betrachtet erscheint, denn Kreativität hängt von der Intelligenz ab (J.-E. Ruth, J.E. Birren, 1985). Bei Menschen mit unterdurchschnittlicher *Intelligenz* findet man keine hohe Kreativität (J. Kirton, 1987). Kreativsein bedeutet jedoch mehr als nur intelligent sein. Es kommt die Originalität hinzu und in höherem Maße der Mut zum Risiko (J.-E. Ruth, J.E. Birren, 1985). Der Mut, neue, eigene Gedanken zu entwickeln, ohne sie gleich im Ansatz zu unterdrücken. Noch mehr Mut erfordert es jedoch, sie in Wort, Bild oder Werk auszudrücken. Aus Furcht vor Spott oder Blamage (wenn bei anderen etwas nicht ankommt, wenn etwas nicht funktioniert) unterdrücken viele ihre *Originalität* und damit ihre Kreativität. Sie passen sich den Normen an, integrieren sich. Dadurch bleiben bestimmt viele gute Gedanken unausgesprochen, ungeäußert.
Auch der Nur-Intelligente ist ansatzweise kreativ (vergl. Abb. 21). Er probiert verschiedene Möglichkeiten aus, um herauszufinden, welche Zahl beispielsweise nach 2 4 7 11 16 22 29 folgt. Bevor er sich zum richtigen Ergebnis bekennt, kontrolliert er mehrfach die Lösung. Er senkt das Risiko einer falschen Lösung auf Null. Der Kreative dagegen nimmt manchmal erhebliche Risiken in Kauf, vor allem, wenn sie gegen vor-

herrschende soziale Normen verstoßen. Wer gewagte Problemlösungen äußert, muß mit gesellschaftlichen Sanktionen rechnen, wie die Geschichte lehrt. Einige mutige Denker (Originale) wurden wegen ihrer Lösungen, Vorschläge und Ideen öffentlich verfolgt; einige haben sogar mit dem Leben dafür bezahlt. Zwei bekannte Beispiele: Giordano Bruno, Galileo Galilei.

Allerdings dürfte diese Gefahr heute relativ gering sein. Aber belächelt wird auch heute noch mancher, der sich seiner Fähigkeit, originell zu sein, bedient. Ein Schicksal, mit dem sich die *Erfinder* abgefunden haben. Es dürfte wohl kaum eine Ausstellung, eine Messe soviel belächelt werden wie die Nürnberger Erfindermesse, die jährlich stattfindet. Erst wenn der Erfinder Erfolg hat, bewundert man ihn.

Schriftsteller, Komponisten, Bildhauer oder Wissenschaftler mit »eigenen Gedankenwegen« erleiden das ähnliche Schicksal. Der harte Weg, sich dem Gespött, der Ironie, ja sogar dem Sarkasmus und Zynismus, den sozialen Isolierungsversuchen anderer auszusetzen, bleibt Kreativen kaum erspart. Hauptsächlich jenen nicht, die große Einsicht in ein Gebiet haben, beispielsweise in eine Kunstdisziplin, in einen Wirtschaftszweig, in ein wirtschaftliches oder politisches System, in einen Betrieb oder ein Unternehmen, in die Vorgänge innerhalb einer Familie oder in die Psyche eines einzelnen Menschen. Diese Kreativen verfügen über Erfahrungen und Einsichten und damit auch über hohe *kristallisierte Intelligenz*. Ihre Kreativität vermag viel zu verändern, sowohl zum Schaden als auch zum Nutzen. Diese Kreativität nicht zu behindern, sondern gar zu fördern, ist das unumgängliche Risiko der anderen.

Kreativitätserhöhung ist Folge der geistigen *Leistungssteigerung*, zumindest, wenn die Intelligenz zunimmt. Daß gleichzeitig die Komponente der Originalität profitiert, dafür gibt es bereits Hinweise (siehe »Wirkungsbelege«).

Literatur:
Guilford, J.P.: The Nature of Intelligence. McGraw Hill: New York, 1967
Kirton, M.J.: M.J. Kirton's Reply to R.L. Payne's Article 'Individual differences & Performance of R & D personnel'. R & D Management 17 (1987) 163-166
Ruth, J.-E., J.E. Birren: Creativity in Adulthood and Old Age: Relations to Intelligence, Sex and Mode of Testing. Intern. J. Behav. Developm. 8 (1985) 99-109

Der »normale« *Leistungs-Abfall* im Alter

Betrachtet man die Mittelwertkurven von *Intelligenz-* und *Gedächtnislei-stungen*, die keine Erfahrung voraussetzen. Sie erreichen bereits mit 15 oder 16 Jahren den Höhepunkt (Abbildung 8). In den nächsten zehn Jahren verändert sich der Mensch auf diesem Sektor kaum. Im Mittel geht es dann sogar in der Entwicklung der geistigen Leistungen lang-sam rückwärts. Daraus stellen sich zwei Fragen: Geht es im mittleren Erwachsenenalter zwangsläufig mit Geist und Ge-dächtnis bergab? und: Ist der Höhepunkt mit 16 Jahren das individuell maximal Erreichbare?

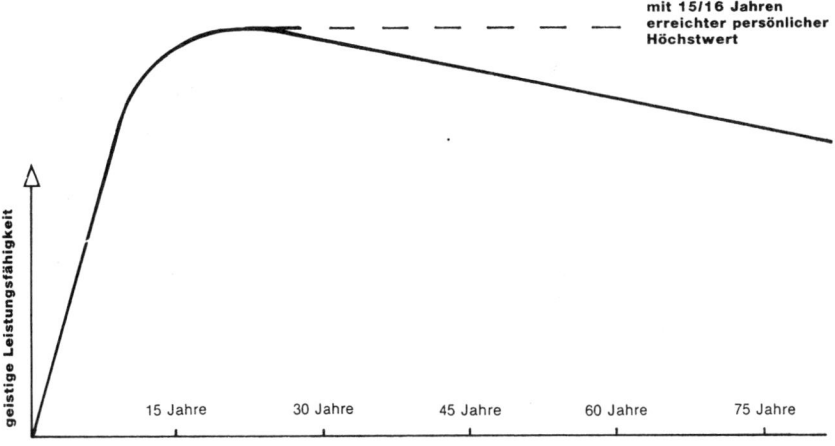

Abbildung 8: Altersverlauf der allgemeinen *geistigen Leistungsfähig-keit*, besonders der *flüssigen Intelligenz* (typische Aufga-ben geben die Abbildungen 4 und 15 wieder).

Um es vorweg zu sagen: Es gibt eine Reihe von Belegen, daß dem nicht so ist. Ein Beispiel dafür sind 60- bis 90jährige australische Senioren, die schneller die deutsche Sprache erlernten als Realschüler im »opti-malen« Lernalter (G. Naylor, E. Harwood, 1977). Außerdem liegen Er-kenntnisse über Ratten vor, deren Gehirn bei zunehmendem Alter auch an Masse zunahm — vorausgesetzt, sie wurden geistig von ihrer Um-welt angeregt (M.R. Rosenzweig, E.L. Bennett, M.C. Diamond, 1972). Schließlich existieren verschiedene Nachweise, daß die Leistungsfähig-keit von Geist und Gedächtnis bei denjenigen Personen bis kurz vor dem natürlichen Tod nicht nachläßt, die in einer anregenden Umwelt lebten, sich selbst forderten oder gefordert wurden, Personen aus Wissenschaft, Wirtschaft, Kunst und Politik (H. Franke, 1971; M. Kauke, H.G. Mehlhorn, 1985; W. Pallmann, 1985): Pawlow, Verdi, Michelangelo, Tizian, Darwin, Galilei, Harvey, Goethe, Bunsen, Fontane, Churchill, Adenauer, Virchow, Pettenkofer, von Ranke, Hahn, Meitner, Russel, Freud, Shaw und viele andere.

Die angeführten Beispiele der hohen geistigen Leistungsfähigkeit im höheren Alter illustrieren jedoch nur, sie beweisen noch nichts. Denn ihnen können viele, ebenso bekannte Persönlichkeiten gegenüberstehen, die im frühen Erwachsenenalter ihren geistigen Höhepunkt hatten und ab da geistig rasch abfielen. Aber die schon angeführten systematischen Untersuchungen an den über 70jährigen in Göteburg (siehe »Leistungsfähiger: älter-zufriedener-gesünder«) zeigen, daß die geistige Leistungsfähigkeit nicht im frühen bis mittleren Erwachsenenalter wieder abnehmen muß. Sogar über die verschiedenen sozialen Schichten hinweg, wie eine Studie des Arbeitswissenschaftlers Prof. Dr. W. Hacker (1984) belegt:

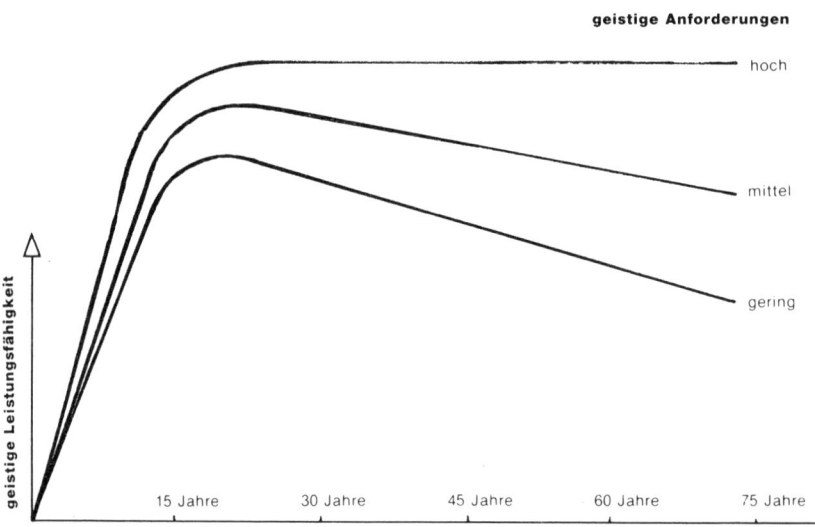

Abbildung 9: Der Verlauf der geistigen Leistungsfähigkeit (flüssige Intelligenz) mit zunehmendem Alter hängt mit den geistigen Anforderungen zusammen, die wir an uns selbst stellen und/oder die andere an uns richten.

Die geistige Leistungsfähigkeit von Erwachsenen mit 7 Klassen Schulbildung, sinkt zwar bereits kurz nach dem 20. Lebensjahr, wenn sie nur un- oder angelernt bleiben. Aber Gelernte haben bis zum 40. Lebensjahr — länger wurden sie nicht untersucht — keinen Leistungsabfall. Das gleiche gilt für Erwachsene mit 8 Klassen Schulbildung. Abbildung 9 veranschaulicht diesen Zusammenhang.

Diese Befunde stützen die Erkenntnis, daß Geist und Gedächtnis bis ins hohe Alter fit sein können — aber nur wenn sie entsprechend in Trab gehalten werden, wenn sie beansprucht werden.
Das trifft zu für die Fähigkeiten
- neue Probleme zu lösen (*flüssige Intelligenz*)
- ständig neue Einfälle zu bekommen (*Kreativität*)
- neue *Erfahrungen* zu erwerben, d.h. *Wissen* und Fertigkeiten zu erweitern.

Die menschliche Entwicklung der geistigen Leistungsfähigkeit hat noch längst nicht alle *Potentiale* ausgeschöpft. Geist und Gedächtnis können nicht nur lange fit bleiben, sie können sogar noch erhöht werden — in der Jugend wie auch im höheren Alter: Die Leipziger Pädagogen Professor Dr. Hans-Georg Mehlhorn und Dr. Gerlinde Mehlhorn (1981) berichten von Versuchen im Leipziger Zentralinstitut für Jugendforschung. Man untersuchte, was geschieht, wenn man Jugendliche statt der vorgeschriebenen neun Schuljahre zehn Jahre lang unterrichtet. Es stellte sich ein zweifacher Erfolg ein: In Tests für flüssige Intelligenz erreichten diese Schüler zehn bis fünfzehn *IQ*-Punkte mehr. Außerdem trat der Höhepunkt der Intelligenzleistungen nicht mit 15/16 Jahren ein, sondern erst mit 16/17 Jahren. Er hatte sich um ein Jahr ins Erwachsenenalter hineingeschoben. Damit sei aber der Endpunkt noch nicht erreicht. So berichten Dr. Marion Kauke und Prof. Mehlhorn in einem späteren Artikel (S. 238): »Allerdings entwickelten diejenigen ihre Leistungsfähigkeit weiter, die danach in intellektuell fordernde Bildungssituationen einbezogen waren.«

Die 60- bis 70jährigen Patienten des Arztes Hieronim Glowacki erzielten mit Gehirn-Jogging innerhalb von 14 Tagen ein Intelligenzniveau und ein Leistungsniveau des Gedächtnisses, das sie vermutlich mit 15/16 Jahren nicht hatten (näheres unter »Wirkungsbelege«).
Die *geistigen Leistungsgrenzen*, das zeigen beide Untersuchungen, sind noch nicht erreicht. Im Durchschnitt könnte der IQ um vielleicht noch zehn Punkte steigen, vielleicht auch 15 Punkte. Die genauen Grenzen der menschlichen Leistungsfähigkeit sind noch nicht abzuschätzen. Aber eines geht aus den Studien deutlich hervor: Gehirn-Jogging ist auch für ältere Menschen nicht zu spät. Sie können allerdings

die Erfahrungsverluste nicht mehr nachholen, die sie wegen der Unterforderung hingenommen haben. Das ist ein Argument dafür, so früh wie möglich mit systematischen Übungen anzufangen.

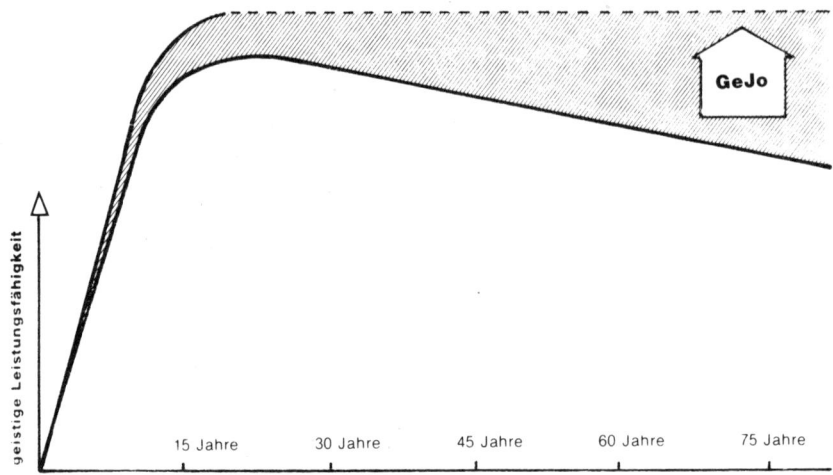

Abbildung 10: Der durchschnittliche Erwachsene kann seine allgemeine geistige Leistungsfähigkeit durch täglich zehnminütiges systematisches *Training* erheblich erhöhen. Bei Jugendlichen sind Steigerungen der flüssigen Intelligenz um 10 bis 15 IQ-Punkte während eines Jahres nachgewiesen. Bei 60- bis 70jährigen genauso viele Punkte in schon zwei Wochen. Wahrscheinlich waren ihre Grenzen noch nicht erreicht.

64

Literatur:

Franke, H.: Altwerden und Altsein. Eine wissenschaftliche Studie an 148 Hundertjährigen in der Bundesrepublik Deutschland. In: Franke, H., I. Schmitt (Hrsg.): Hundertjährige. Fränkische Gesellschaftsdruckerei: Würzburg, 1971

Hacker, W.: Arbeitsgestaltungsmaßnahmen. Springer: Heidelberg-Berlin-New York, 1984

Kauke, M., H.-G. Mehlhorn: Klug in der Jugend — weise im Alter? Wiss. u. Fortschr. 35 (1985) 236-239

Mehlhorn, G., H.-G. Mehlhorn: Intelligenz-Tests und Leistung. Wiss. u. Fortschr. 31 (1981) 346-351

Naylor, G., E. Harwood: Das akademische Lernen bei alten Menschen. akt. gerontol. 7 (1977) 397-400

Pallmann, W., Der Senior in der Arbeitswelt. In: Böhlau, V. (Hrsg.): Senioren morgen — Probleme und Chancen. notamed: Melsungen, 1985

Rosenzweig, M.R., E.L. Bennett, M.C. Diamond: Brain Changes in Response to Experience. Scientif. American 226 (1972) 22-29

Welche geistige Leistung läßt das Gehirn zu?

Aus der Kenntnis des Gehirnes, dem Jetztstand und seiner stammesge-
schichtlichen Entwicklung, ergeben sich Hinweise, ob die geistige Leistungsfähigkeit der Menschheit schon am Ende ist oder ob allgemein
noch Steigerungen zu erwarten sind. Im individuellen Verlauf kann aber
auch deutlich werden, daß die geistige Leistungsfähigkeit abnehmen
müßte, dann nämlich, wenn das Gehirn zugrunde geht. Hierüber gibt es
aufregende Forschungsergebnisse.

Das »Geist-Wesen« als »Gehirn-Tier«

Mit seiner hohen geistigen Leistungsfähigkeit hebt sich der Mensch von
allen anderen Erdbewohnern deutlich ab. Diese Leistungsfähigkeit steht
in einem engen Verhältnis zu seinem hoch strukturierten und differenzierten Gehirn. Durch Vergleiche der gegenwärtigen Tierarten sowie der
Fossilien aus alten Zeiten, die sich mit naturwissenschaftlicher Hilfe oft
relativ genau bestimmen lassen, gelangen Biologen zu einem immer
verläßlicheren Bild von der Evolution von Gehirn und Geist.
Als Triebkraft hinter dieser Entwicklung nehmen sie das auf Charles
Darwin (1809-1882) zurückgehende Selektionsprinzip an: Eine Art vermehrt sich —> bei der Vermehrung kommt es zu gelegentlichen Ab-
wandlungen (Mutation) —> Auslese der Geeignetsten (beste Überle-
bens- und weitere Vermehrenschancen).
Bei dem reizvollen Versuch, die Evolution von Geist und Gehirn aus den
Fossilienfunden und molekulargenetischen sowie behavioralen Vergleichen nachzuzeichnen, wird man sich bei festgestellten oder geglaubten
Veränderungen immer wieder zur Kontrolle fragen, ob daraus Vorteile
für das Überleben in der Umwelt zu erkennen sind.
Noch ein weiteres wird man beim Versuch, die Entwicklung von Geist
und Gehirn nachzuzeichnen, im Auge behalten: Die kleinsten Einheiten
des Nervensystems, die Nervenzellen, dienen schon der Informationsverarbeitung und bilden damit die Grundlage der geistigen Tätigkeit
bzw. der zentralen menschlichen Informationsverarbeitung. Damit
kommt nicht der Geist erst später in das körperliche Nervensystem, sondern ist mit der Nervenzelle vorhanden. Allerdings schließt dies nicht
aus, daß die komplexere Informationsverarbeitung, erst durch das Zusammenwirken von Nervenzellsystemen ermöglicht wird.
Die kleinste Einheit des Nervensystems ist die Nervenzelle (= Neuron),
deren Hauptteile der Zellkörper (= Soma) und die Nervenbahn (= Neurit) mit ihren Ausläufern sind (Abb. 11). Erregungen laufen an der Nervenbahn entlang, zur Synapse, und können dort zur nächsten Nervenzelle oder einem Funktionsorgan wie einer Muskelfaser überspringen.
Unter Synapse wird die Einheit von Endkölbchen am Ende der Nerven-

faser, einem engen Spalt und einer nachfolgenden Einheit (z.b. Neuron) verstanden.

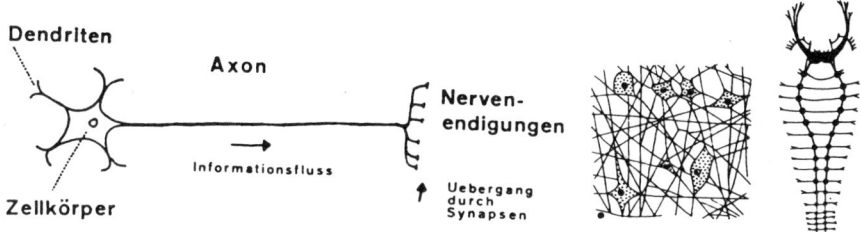

Abbildung 11: Kleinste Einheit des Gehirnes ist die Nervenzelle (aus: H. Zeier, 1984). Sie kann Nervennetze (Mitte, aus: H.K. Erben, 1990), -knoten (rechts, aus H.K. Erben, 1990) und Gehirne bilden.

Aufrechter Gang und rasche Hirnvergrößerung

Unter allen Körperzellen haben sich die Nervenzellen auf die Informationsvermittlung spezialisiert. Sie können sich mit ihren Fortsätzen zu einem ganzen System von Neuronen verbinden, bis hin zum Zentralen Nervensystem ZNS, das beim Menschen heute aus dem Gehirn mit über 100 Milliarden Nervenzellen und dem Rückenmark besteht. »Alle zentralen Nervensysteme...«, schreibt H.K. Erben (1990, S. 71), »hatten ihren Ausgangpunkt im diffusen Nervennetz«, und fährt dann fort:»Im weiteren Verlauf der Evolution kam es zunächst zu einer Umgestaltung zum bilateral-symmetrischen Nervengeflecht (Modell: Strudelwurm).« Dies bildet den Ausgangspunkt für verschiedene Entwicklungen der Gehirnbildung (Zerebralisation), darunter auch der des Säugetiergehirns. Dieser »Weg aber erwies sich aber als der wichtigste und folgenreichste« (Erben, 1990, S. 71)...« Durch seitliche Hochfaltung und Einrollung muß aus dem bilateral-symmetrischen Nervengeflecht eines Vorläufers ein längsgerichtetes Neuralrohr entstanden sein. Dieses wurde verschlossen und im Kopfabschnitt zu einem Gehirnbläschen aufgetrieben«... »Durch weiteren Ausbau entstanden als strukturell und funktionell definierte Abschnitte das Vorderhirn, Mittelhirn, Kleinhirn und Nachhirn, wobei das Vorderhirn an Größe und Differenziertheit ... im Verlauf der Wirbeltier-Phylogenese zunehmend überhand nahm ... Im Gehirn des Homo sapiens haben das Vorderhirn und insbesondere sein Neocortex (= Neurinde) den bisherigen Höhepunkt an Komplexität erreicht.«
Welchen Stand die Enzephalisation (Zerebralisation) beim heutigen Menschen erreicht hat, geht aus Vergleichen mit Tieren hervor: So hat sein Gehirn ein relativ hohes Gewicht im Verhältnis zum Körper. Das

Hirngewicht macht beim gegenwärtigen Menschen etwa 1,5 kg zu 70 kg Gesamtkörpergewicht aus, also gut zwei Prozent (2,2%). Zum Vergleich: die Karpfen liegen bei 0,18 %, die Hauskatzen bei 0,8 % (H. Rahmann u. M. Rahmann, 1990). Der Homo sapiens übertrifft auch deutlich die zur Zeit lebenden Affen und die ihm biologisch am nächsten stehenden Menschenaffen, die bei 1,0% (Schimpanse), 0,8% (Orang Utan) und 0,4% (Gorilla) liegen.

Nach biologischen Vorstellungen hat sich der Mensch vor wenigen Millionen Jahren von den Affen abgespalten. Vor fünf bis acht Millionen Jahren trennten sich die Linien, die zu den heutigen Menschen und dessen nächsten Verwandten, dem heutigen Schimpansen führten (Sibley, C.G. u. J.E. Ahlquist, 1984; R. Lewin, 1992). Bei 5,5 Millionen Jahren vor der Gegenwart setzt man das Mensch-Tier-Übergangsfeld an.

Die zum Menschen führenden Vorfahren werden als »Hominiden« bezeichnet. Deren älteste bekannte Art ist der Australopithecus afarensis mit einem Gewicht von etwa 50 Kilogramm und einem Hirnvolumen von ungefähr 400 Kubikzentimetern, also so groß wie das der heutigen Menschenaffen, des Orang-Utan, Gorilla und Schimpansen (R. Lewin, 1992).

Die Menschwerdung begann in den Tropen, basierend auf vier Neuerungen, die häufig als Kern der menschlichen Evolution gelten (R. Lewin, 1992). Diese sind
— der aufrechte Gang (Bipedalismus),
— die Reduktion der Schneide- und Vergrößerung der Backenzähne,
— die Ausbildung einer materiellen Kultur und
— eine erhebliche Zunahme des Gehirnvolumens (= Enzephalisation).
Diese Entwicklungen greifen teilweise ineinander. Von besonderer Bedeutung sind die Entwicklungen des aufrechten Ganges und des Gehirnes. Sie bilden die wohl wichtigsten Voraussetzungen für die geistige Weiterentwicklung, die mit der kulturellen Evolution in einem innigen Zusammenhang steht. Die Gebiß- und Kieferentwicklung ist aus dieser Sicht dagegen von nachrangiger Bedeutung.

Was führte zur aufrechten Haltung, die mindestens 3,6 Millionen Jahre zurückliegt? Denn von dieser Zeit sind Fußspuren in der vulkanischen Aschenschicht von Laetoli in Tansania erhalten geblieben.

Als Hauptgrund für die Entwicklung des aufrechten Ganges macht man die klimatischen Veränderungen in Afrika verantwortlich, die dazu führten, daß die Vorfahren immer öfter den schützenden Wald verließen und sich in das Buschland und in die Savanne begaben. Dort lagen die Quellen der — übrigens überwiegend vegetarischen — Nahrung nicht mehr so dicht beieinander wie im Wald. Außerdem stellten sich die Vormenschen, die Hominiden, zusätzlich auf das Jagen von Tieren ein. Die menschlichen Vorfahren mußten also größere Strecken überwinden als bis dahin, obendrein überwiegend in der Ebene. Dabei war der aufrechte Gang energiesparender als die Bewegung auf vier Beinen. Dieser Nutzen allein würde zur Erklärung der Entwicklung des Bipedalismus vielleicht schon aus reichen. Hinzu kamen aber weitere Vorteile. In der Savanne war es für die relativ kleinen, etwa einen Meter großen Vorfahren des Menschen ein Vorteil, wenn sie weit sehen konnten. So ließen sich Raubtiere früh genug erkennen, um wieder in die schützenden Bäume zu gelangen. Wer sich öfter als andere aufrichtete oder gar längere Zeit in dieser Stellung stehen oder auch laufen konnte, hatte Überlebensvorteile. Er/sie konnte auch mit größerer Wahrscheinlichkeit Nachkommen produzieren und diese bis zur Eigenständigkeit versorgen. Diese hatten wiederum eher ähnliche Neigungen zum Bipedalismus. Gleichzeitig ergaben sich weitere Vorteile: Der Blick wurde freier, die visuelle Informationsverarbeitung gewann an Bedeutung. Außerdem wurden die Hände frei, sie konnten für immer kompliziertere Tätigkeiten eingesetzt werden. Daß der Daumen aus der Ebene der Finger heraustrat und sich den vier anderen Fingern entgegenbewegen ließ, erleichterte es, Dinge mit den Händen zu greifen (Präzisionsgriff), festzuhalten und sie vor den Augen zu bewegen, um dabei zu beobachten, wie sie sich anfühlen, verhalten, verändern. Hierdurch konnte man geistige Modelle über die Umweltdinge aufbauen.

Aus darwinistischer Sicht läßt sich daraus aber nicht ableiten, warum sich seit ca. 2,5 Millionen, also nachdem sich der aufrechte Gang schon relativ perfekt entwickelt hatte, das Gehirn bzw. der Schädelinnenraum erst allmählich und seit 1,3 Millionen rasch vergrößerte. Von einem Ausgangsvolumen von etwa 400 Kubikzentimetern stieg das Volumen alle 100 000 Jahre um etwa 50 bis 100 Kubikzentimeter, bis vor etwa 300 000 Jahren. Dann klang die Entwicklung wie der obere Teil einer »S«-förmigen Kurve aus. Seit 200 000 bis 100 000 Jahren stagniert die Entwicklung. Der Neandertaler, der vor etwa 35 000 Jahren von der Erdoberfläche verschwand, hatte sogar ein etwas größeres Gehirn (1500 ccm) als die heute herrschenden Cromagnon-Menschen mit ihren 1300 bis 1450 Kubikzentimetern.

Was war die treibende Kraft für diese Gehirnentwicklung?

Gehirnpotentiale als Nebeneffekt der Kühlung beim Laufen?

Der in Wien lebende Professor Konrad R. Fialkowski (1986, 1990) hat einfache und erst befremdend anmutende Annahmen über die Voraussetzungen der raschen Hirnzunahme, für deren Richtigkeit jedoch einige Befunde und Überlegungen sprechen.

Nach K.R. Fialkowski jagten die Hominiden in der Savanne und dem offenen Buschgebiet damals noch kaum organisiert, sondern eher einzeln nach mittelgroßen Tieren, vor allem Huftieren. Dies erforderte oft lange, anstrengende Verfolgungsrennen in einem bis dahin ungewohnt heißen Grasland. Ein Nebeneffekt war wahrscheinlich der Verlust des Felles.

Bei den Jagden traten erhebliche Probleme mit der Konstanthaltung der Temperatur des Gehirns auf, das bei 38 $\pm$ 2 Grad Celsius am besten arbeitet. Zu niedrige Temperaturen verkraftet es besser als zu hohe. In diesem Fall kommt es zu erheblichen Störungen der Hirnfunktionen, zu epilepsieähnlichen Anfällen und geistigen Ausfällen, die ausreichten, die Beute zu verlieren. Manchmal führten die Erhitzungen sogar zum Tode.

Die Entwicklung zusätzlicher Neuronen, vor allem unspezifischer Assoziationsfasern an der Oberfläche des Gehirnes, besonders im Neocortex brachte nun drei Vorteile:

1) Bei einer größeren Hirnmasse dauert es länger, sie bis zur Grenztemperatur zu erhitzen,
2) beim Ausfall einiger Hirnteile funktionierten eher noch andere und
3) da der sich erweiternde Neocortex weiter außen unter der Schädelkapsel lag, konnte er länger Temperaturen unter dem Grenzwert halten.

Damit erhält die von Aristoteles in der Antike vorgenommene Einschätzung des Gehirnes »als eine mit mannigfachen Windungen ausgestattete Kühlvorrichtung für die vom erhitzten Herzen aufsteigenden Dämpfe« (P.R. Hofstätter, 1957, S. 120) im nachhinein eine gewisse Rechtfertigung.

Die Hirnzunahme, insbesondere die Anreicherung um Assoziationsfasern dient also primär der Temperaturregulierung. Als Nebenergebnis werden die großen geistigen Potentiale des Menschen bereitgestellt, die es ermöglichen, mit Hilfe der auf den reichhaltigen Assoziationsmöglichkeiten basierenden Abstraktion komplizierte geistige Modelle von der Realität zu entwerfen. Umgekehrt werden beim Gegenwartsmenschen diese Assoziationsfasern rascher als die anderen Nerven funktionsunfähig (J. Kessler et al., 1991), wenn ihn die im Alter häufige Demenz vom Alzheimertyp heimsucht, die durch geistigen Abbau mit Verlust der Urteils- und Abstraktionsfähigkeit gekennzeichnet ist.

Vor 100 000 bis 200 000 Jahren hatten sich die Formen des menschlichen Zusammenlebens geändert, vom individualistischen Jagen zur Kooperation in der Gruppe. Sie förderte die Kommunikation und die Entwicklung der Sprache. Die Kooperation erleichterte den Nahrungserwerb, entlastete den Einzelnen von den mit dem Jagen verbundenen Anstrengungen. Dadurch sank der Selektionsdruck auf das Gehirn als Temperaturregler. Es brauchte sich nicht mehr weiterentwickeln.

Eine andere Annahme für den plötzlichen Stop ist, daß die Köpfe der Kinder wegen des Gehirnvolumens eine Größe erreicht hatten, die den Geburtsvorgang zum beträchtlichen Risiko machten.

Welche Erklärung auch stimmen mag: unseren heutigen geistigen Leistungen liegt etwa das gleiche Gehirn zugrunde, wie es unsere Vorfah-

70

ren vor 100 000 bis 200 000 Jahren besaßen, die aber geistig viel weniger leisteten.

Daß diese Wucherung der unspezifischen Teile des Gehirnes nur ein Nebenprodukt anderer Entwicklungen ist, dafür spricht auch, daß wir seine Potentiale noch (bei weitem?) nicht vollständig nutzen können. Vom Gehirn her besitzen wir also ein Potential an unausgenutzten geistigen Möglichkeiten, wofür die raschen Intelligenzsteigerungen mit Hilfe des Gehirn-Joggings sprechen.

Aber wie hat sich die geistige Leistungsfähigkeit, für die das Gehirn nur die Basis abgibt, entwickelt?

Die Entwicklung der geistigen Leistungsfähigkeit

Die Entwicklung des Nervensystems ermöglicht zunehmend kompliziertere Informationsverarbeitungen: Der Organismus vermag sich mit immer umfangreicheren Umweltausschnitten auseinanderzusetzen. Er agiert und reagiert differenzierter, legt aber die einfachen, bewährten Verhaltensweisen nicht ab, sondern behält sie bei und baut neue darauf auf.

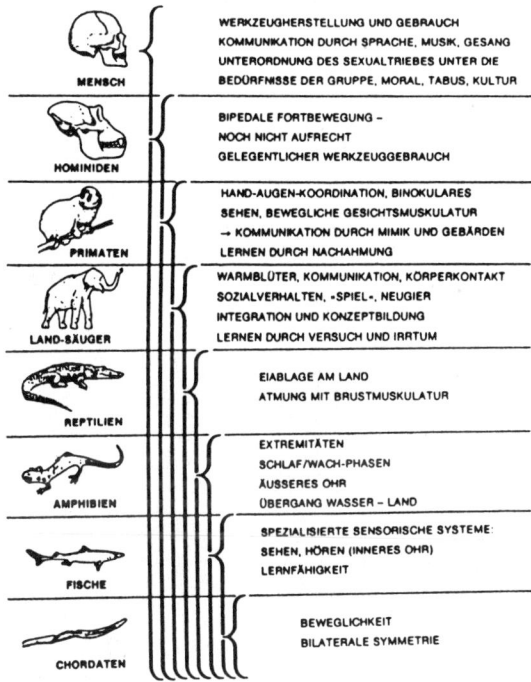

Abbildung 12: Die Entwicklung des Verhaltens bei Wirbeltieren. Die unteren Verhaltensweisen kommen auch bei den höherentwickelten Tieren vor (aus: H. Zeier, 1984).

So kommt es, daß auch dem komplexeren und seltener benötigten Verhalten einfache, häufig gebrauchte Verhaltensweisen zugrundeliegen, wie sie schon bei Tieren niedriger Entwicklungsstufen vorhanden sind. Beispielsweise tritt die Beweglichkeit beider Körperseiten bereits bei niedrigen Wirbeltieren auf, den Chordaten (s. Abb. 12). Die Lernfähigkeit ist schon bei Fischen vorhanden. Ebenso spezialisieren sich hier sensorische Systeme wie Sehen und Hören aus usw. (s. Abb. 12). Aus der Abbildung 12 geht bereits hervor, daß sich verschiedene Formen des Lernens herausbilden. Im großen und ganzen haben, wie H. Rahmann und M. Rahmann (1990) zeigten, die höheren Säugetiere bereits hochentwickelte Lernfähigkeiten, die sich von denen des Menschen nicht stark unterscheiden. Einen großen Vorsprung hat er jedoch hinsichtlich der Planungsfähigkeit, Kreativität und des logischen Denkens (Abb. 13). Nicht nur entwicklungsgeschichtlich sind diese Fähigkeiten von der Lernfähigkeit zu unterscheiden, sondern, wie die Verläufe der geistigen Leistungssteigerung unter Bewegung zeigen (s. Abb. 46), auch unter funktionellem Aspekt. Die Fähigkeit des mechanischen Lernens verändert sich von der Ruhe zur Bewegung nicht, hingegen die Intelligenz (s. Kap. »Bewegung hebt die geistige Leistungsfähigkeit«).

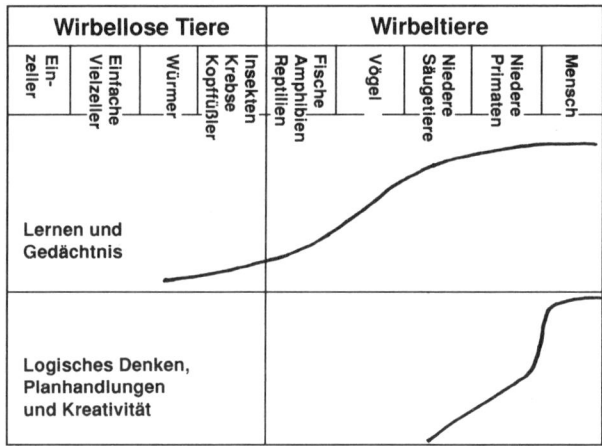

Abbildung 13: Die Lernfähigkeit hat sich entwicklungsgeschichtlich früher als die Fähigkeit zum Denken und zur Kreativität entwickelt (Ausschnitt aus: H. und M. Rahmann, 1990).

Für die Sicherung des täglichen Lebensunterhaltes wäre, wie Feldstudien zeigen (R. Lewin, 1992), die Entwicklung höherer Intelligenzleistungen nicht nötig gewesen. Eine Herausforderung stellt nur der Sozialbereich dar, die zunehmende gesellschaftliche Komplexität, die im engen Zusammenhang mit einer vermehrten Kommunikation und vermehrten sozialen Fähigkeiten steht. Die seit etwa 200 000 Jahren bereitstehenden Hirnpotentiale und die seit dieser Zeit beginnende Sprachentwicklung ermöglichen die Intensivierung der zwischenmenschlichen Kommunikation. Dabei entsteht eine Kultur, die es immer mehr erlaubt, die Hirnpotentiale zu nutzen. Umgekehrt paßt auch sie sich zunehmend den Möglichkeiten der menschlichen Gehirne an.

Die großen kulturellen Ereignisse, die die kristallisierte (nicht fluide) Intelligenz bzw. Ausnutzung des Gehirnes sprunghaft steigern, sind später noch die Erfindung der Schrift, die Erfindung der Buchdruckerkunst und die Einführung der Schulpflicht. Die individuelle Informationsvermittlung durch Computer wird den nächsten großen Sprung einleiten. Hinzu kommt die Verbreitung des gezielten geistigen Leistungstrainings wie des Gehirn-Joggings.

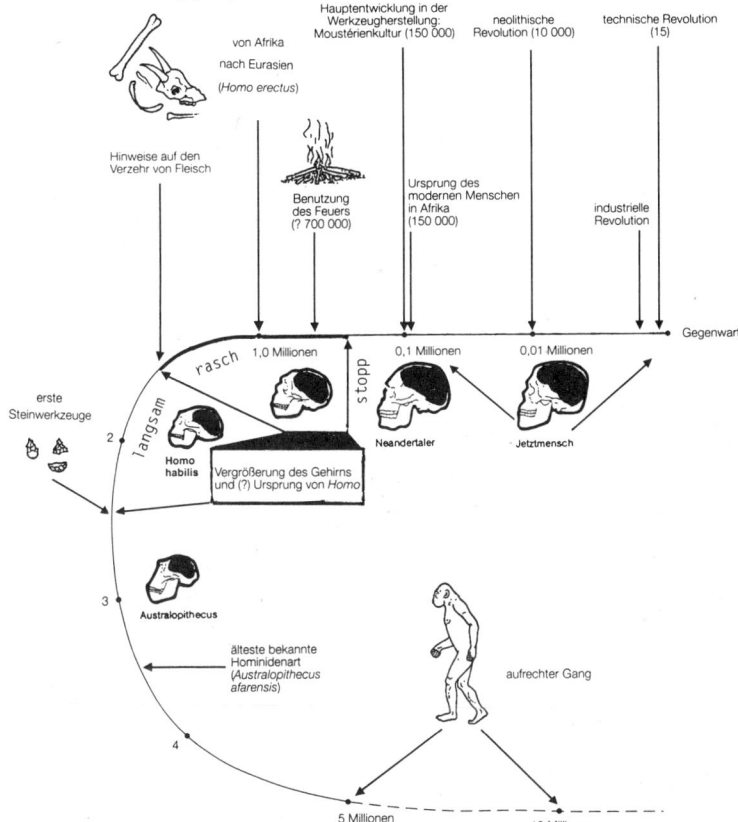

Abbildung 14: Zusammenschau der Entwicklung von aufrechtem Gang, Hirnvergrößerung und technischer Errungenschaften. Zusammengestellt nach verschiedenen Quellen, vor allem nach R. Lewin (1992).

Auch unabhängig von der derart sprunghaften Entwicklung nahm aufgrund der kontinuierlich sich verbessernden Lebensbedingungen in den Industrieländern im letzten halben Jahrhundert der IQ pro Jahrzehnt durchschnittlich etwa drei Punkte zu (J.R. Flynn, 1987). Wie die verschiedenen körperlichen und technischen Errungenschaften verlaufen, ist im Überblicksschema dargestellt (Abb. 14).

Das Gehirn als Hochenergieverbraucher

Die hohe Bedeutung der menschlichen Hirnentwicklung geht schon aus dem günstigen Gewichtsverhältnis zum gesamten Körpergewicht hervor: 2,2 Prozent. Aber noch eindrucksvoller ist das Verhältnis der Energie, die im Gehirn im Vergleich zum Gesamtkörper umgesetzt wird. Man kann das Gehirn demnach als »Hochenergieverbraucher« kennzeichnen. Denn 50 Prozent des gesamten Zuckers, der im Körper mit Hilfe von Sauerstoff verbrannt wird und dabei die Grundlage für die geistigen und emotionalen Leistungen gibt, wird im Gehirn verbrannt. Dabei dient 20 Prozent des im gesamten Körper befindlichen Sauerstoffes der Zuckerverwertung im Gehirn.

Dafür, daß die Zuckerverbrennung, also die körperliche Energie des Gehirnes, mit der geistigen Leistungsfähigkeit in einem engen Verhältnis steht, gibt es verschiedene Belege:

1) Der Zucker- bzw. Sauerstoffverbrauch erhöht sich während geistiger Tätigkeiten. So machten in einer Untersuchung von J. Kessler et al. (1991) gesunde ältere Personen bei Beanspruchungen durch geistig fordernde Aufgaben 21 Prozent mehr Energie frei (es wurde die Hirnstoffwechselerhöhung mit dem PET gemessen). Gleichaltrige Personen mit einer Demenz vom Alzheimertyp konnten noch etwa 6 Prozent zusätzlicher Energie frei machen. Dabei lösten sie auch weniger Aufgaben.

Umgekehrt verringert sich bei Zuständen geistiger Minderleistung der Zuckerstoffwechsel bzw. Sauerstoffverbrauch. So sinkt dieser nach S.S. Kety (1961) im gesamten Gehirn bei eingeschränktem Bewußtsein unter den Wert bei voller Wachheit. Setzt man diesen gleich 100%, dann liegen die Durchschnittswerte bei Demenzen im Alter um 82%, bei Diabetes-Azidose ebenso niedrig, bei Insulinschock um 79%, beim Insulinkoma nur noch um 58%. Unter Narkosen sinken die Werte auf 64% des Normalwertes usw.

2) Öfter tritt die Frage auf, ob im Vergleich zwischen Gesunden sehr intelligente Personen bei der Lösung von geistigen Problemen mehr Energie verbrauchen als weniger Intelligente. V. Weiß behauptet in der Ärztlichen Praxis von 1991 (Nr. 58), ja, daß sie über mehr Energie verfügen. R. Degen (1991) antwortet, nein: »Schwachstromgehirne«

74

erbringen die höchsten Intelligenzleistungen. Weniger Intelligente hätten demnach eher Starkstromgehirne.

Grundsätzlich stimmen wir Weiß zu, weil davon auszugehen ist, daß Intelligente absolut gesehen pro Zeiteinheit und auch über lange Zeit kumuliert mehr geistige, d.h. zerebrale Energie zur Lösung von Problemen freimachen können. Dies gilt für subjektiv gleich informative Aufgaben. Das ließe sich beispielsweise, was leider noch nicht geschehen ist, an der Buchstabenzeile in Abbildung 27 testen, die subjektiv für alle Intelligenzgrade gleich viel Information enthält, nämlich 100 Bits. Allerdings liest der Intelligente rascher, verarbeitet demnach pro Zeiteinheit mehr Information und erbringt in dieser Zeiteinheit die höhere geistige Leistung. Dabei müßte mehr Energie umgesetzt werden. Weiterhin ist er schneller fertig und schon wieder für neue Aufgaben frei.

Aus verschiedenen Untersuchungen ist auch bekannt, daß mit zunehmender Intelligenzausprägung die geistige Ausdauer zunimmt. Intelligentere erschöpfen also trotz höherer Leistung pro Zeiteinheit nicht rascher, sondern im Gegenteil später. Sie verfügen also insgesamt über mehr Energie. Beim Vergleich des Energieverbrauches auf verschiedenem Intelligenzniveau wird häufig etwas verwechselt: bei objektiv gleichen Aufgaben benötigt der Intelligentere weniger Zeitaufwand und muß sich auch insgesamt weniger anstrengen. So gelangt mancher schon bei der Bewältigung der folgenden Zeile, die man fortsetzen soll, an seine Leistungsgrenzen:

27 29 31 33 35 ... oder erst recht bei 2 4 7 11 16 22 29...

Mancher kann diese Aufgaben, besonders die letzte, nicht mehr lösen, so sehr er sich auch anstrengt. Für viele sehr intelligente Erwachsene bieten derlei Aufgaben hingegen noch keine unüberwindlichen Probleme. Sie enthalten subjektiv viel weniger Information als für unterdurchschnittlich intelligente Personen. Deshalb benötigen sehr Intelligente auch zur Lösung viel weniger Energie.

Zusammenfassend ist festzuhalten, daß das Gehirn, das den Menschen mehr als jedes andere Organ charakterisiert, den Endpunkt einer körperlichen Entwicklung darstellt, bei der es sich möglicherweise nur als Nebenprodukt einer anderen Aufgabe so stark vergrößerte, als Kühlaggregat. Es sollte die Überhitzung verhindern, die beim längeren aufrechten Laufen die Funktionsfähigkeit des Gehirnes bedrohte.

Die Vergrößerung des Gehirnes erzeugte aber ein Potential für geistige Leistungen, das zunehmend durch die menschliche Kultur ausgenutzt wird, aber bisher dennoch nicht seine Möglichkeiten ausschöpft. Wo dieses Ende liegt, wissen wir noch nicht. Welche psychischen Funktionen sind welchen Teilen des Gehirnes zuzuordnen? Darauf wird nachfolgend eingegangen.

Literatur:
Degen, R.: Grips spart Strom im Hirn. Psychologie heute (Oktober 1991) 40-41
Erben, H.K.: Evolution. Enke: Stuttgart, 1990
Fialkowski, K.R.: A Mechanism for the Origin of the Human Brain: A Hypothesis. Current Anthropology 27 (1986) 288-290
Fialkowski, K.R.: On the Origin of the Brain and Heat Stress: New Facts. Current Anthropology 31 (1990) 187-188
Flynn, J.R.: Massive IQ Gains in 14 Nations: What IQ Tests Really Measure. Psychol. Bull. 101 (1987) 171-191
Hofstätter, P.R.: Psychologie. Das Fischer-Lexikon. Fischer: Frankfurt/M., 1957
Kessler, J., K. Herholz, M. Grond, W.-D. Heiss: Impaired metabolic activation in Alzheimer's disease: A PET study during continuous visual recognition. Neuropsychologia 29 (1991) 229-243
Kety, S.S.: Sleep and energy metabolism in the brain. In Wolstenholme, G.E.W., M. O'Connor (Hrsg.): The Nature of Sleep. Churchill: London, 1961, S. 375-385
Lewin, R.: Spuren der Menschwerdung. Die Evolution des Homo Sapiens. Spektrum Akademischer Verlag: Heidelberg-Berlin-New York, 1992
Rahmann, H., M. Rahmann: Neurobiologische Grundlagen der Kreativität und des Gedächtnisses. Geriatrie & Rehabilitation. 3 (1990) 5-20
Sibley, C.G., J.E. Ahlquist: The phylogeny of the hominoid primates as indicated by DNA hybridization. J. Molec. Evol. 20 (1984) 2-25
Zeier, H. Zur Evolution von Gehirn und Geist. In: Eccles, J.C., H. Zeier (Hrsg.): Gehirn und Geist. Fischer Taschenbuch: Frankfurt/M., 1984

Hirnort und Hirntätigkeit

Franz Joseph Gall (1758-1828) und sein Schüler Spurzheim (1776-1832) hatten bereits im vorigen Jahrhundert einen Entwurf über psychische Eigenschaften und deren Gehirnlokalisation verbreitet (s. Abb. 15), der aber aus verschiedenen Gründen falsch war. So ist es bereits nach den heutigen psychologischen Erkenntnissen ungünstig, Personen nach Eigenschaften wie Geltungssucht, Liebesbedürfnis usw. zu kennzeichnen. Andere Einteilungen haben sich in der gegenwärtigen Persönlichkeitspsychologie durchgesetzt (z.B. H.J. Eysenck u. M.W. Eysenck, 1987).

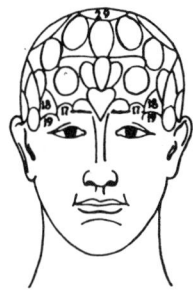 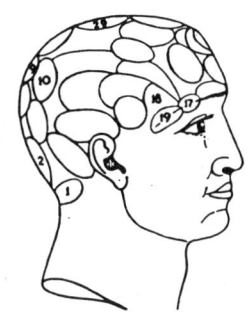

1. Verliebtheit
2. Kinderliebe
9. Autoritätsliebe
10. Ruhmesliebe
17. Ordnungssinn
18. Musikalität
19. Rechenfähigkeiten
29. Religiosität

Abbildung 15: Die falsche Vorstellung von F.J. Gall im 19. Jahrhundert über die Zuordnung von Hirnort und psychischer Funktion (aus: K. Platonow, 1976).

Entscheidender ist aber, daß die neurologische und neuropsychologische Forschung andere Zusammenhänge aufzeigen. Dabei kann man von drei Regeln in der Einteilung ausgehen:
— Der hintere Teil bis zur Zentralfurche wird von den Afferenzen, d.h. den hereinkommenden Informationen bestimmt, der Teil vor der Zentralfurche von den Efferenzen, den vom Individuum aktiv bearbeiteten und abzugebenden Informationen (Abb. 16).
— Die Aufnahme von Erregungen aus der Umwelt und die Steuerung von Bewegungen, die in der Außenwelt ablaufen, verläuft im Gehirn entlang der Zentralfurche kontralateral, d.h. auf der gegenüberliegenden Seite (Abb. 17).
— In den beiden Hirnhälften finden schwerpunktmäßig, nicht ausschließlich, unterschiedliche Arten der Informationsverarbeitung statt. Rechts: analoge Informationsverarbeitung (räumlich-bildlich, melodisch, Emotionen); links: diskrete, sequentielle, mehr bewußte Informationsverarbeitung. Näheres hierzu im Kapitel: »Der Mensch als Informationsverarbeiter« (Abb. 21, 22).
Es gibt weitere (siehe »Kein Abbau von Nervenzellen«) sowie wesentlich detailliertere Lokalisationen psychischer Funktionen. Sie stehen in

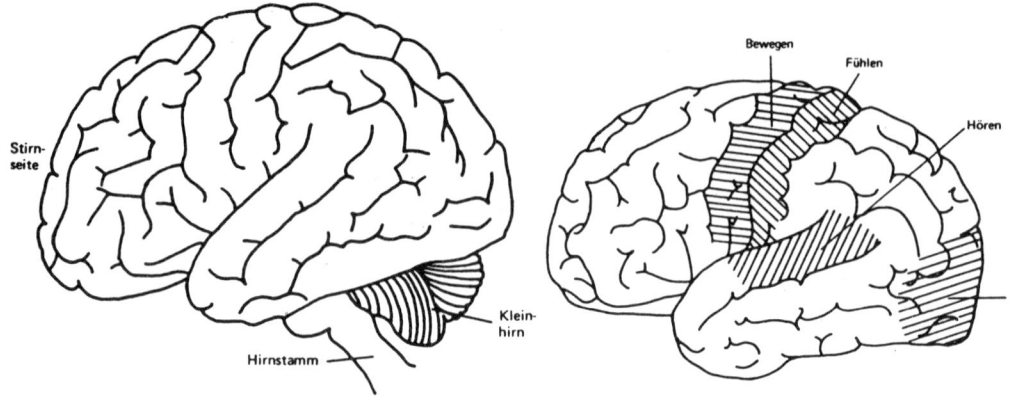

Abbildung 16: Links: Gehirn von links betrachtet. Rechts: Zuordnung wichtiger psychischer Funktionen (nach: H. Grünwald, 1971).

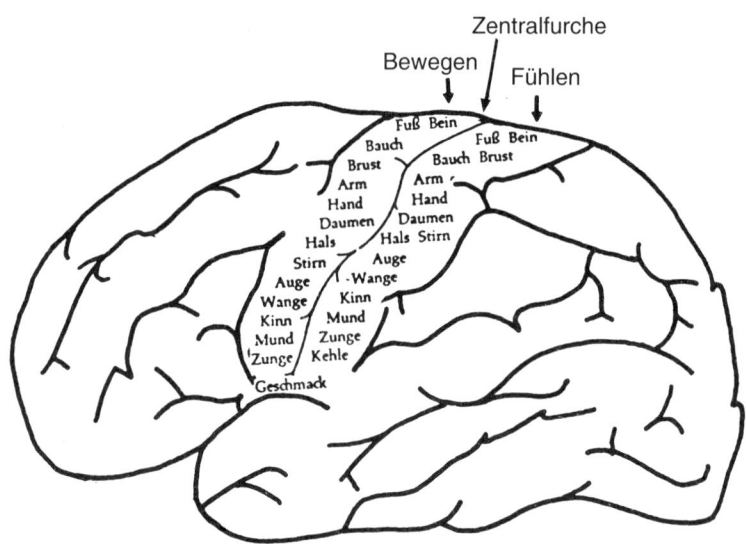

Abbildung 17: Repräsentation der verschiedenen Körperteile entlang der Zentralfurche (nach: H. Grünwald, 1971). Der Körper ist »auf dem Kopf« repräsentiert, die Füße oben im Gehirn, Mund und Zunge unten. Außerdem liegen die zugehörigen Körperteile gegenüber. So werden von dem hier sichtbaren Feld (linke Hirnseite) das rechte Bein und die rechte Hand gesteuert.

den verbreiteten Neuropsychologie-Büchern. Hinsichtlich der geistigen Leistungsfähigkeit kann man bisher aber nur ungefähre Zuordnungen vornehmen. Dazu trägt nicht nur bei, daß diese Leistungen oft allgemeiner Art sind, sondern daß viele Neuropsychologen auch mit klassischen Leistungstests arbeiten, bei denen nicht genau definiert ist, was die Tests messen. Eine ungefähre Zuordnung, wo die Grundgrößen der Informationsverarbeitungsgeschwindigkeit und der Gegenwartsdauer repräsentiert sind, enthält die Abbildung 32.

Literatur:
Eysenck, H.J., M. Eysenck: Persönlichkeit und Individualität. Psychologie Verlags-Union: München-Weinheim, 1987
Grünwald, H.: Schaltplan des Geistes. Rowohlt Taschenbuch Verlag: Reinbek bei Hamburg, 1971
Platonow, K.: Unterhaltsame Psychologie. Urania-Verlag: Leipzig-Jena-Berlin, 1976

Kein Abbau von *Nervenzellen*

Bisher hätte man einwenden können, daß eine hohe geistige Leistungsfähigkeit im Alter aus hirnanatomischen Gründen nicht möglich ist.
Denn die Nervenzellen, deren Funktionstüchtigkeit die Grundlage der
geistigen Leistungsfähigkeit bildet, zerfallen. Sie sind nicht mehr ersetz-
bar. Jeden Tag ab dem 25. Lebensjahr 100 000 bis 300 000, im Durchschnitt 170 000. So haben es Neuroanatomen und -physiologen vorge-
rechnet. Aber, sie betonen auch, daß von unseren ursprünglich 15 Milliarden Nervenzellen beim 70- bis 80jährigen immer noch genügend
übrig bleiben für eine hohe geistige Leistungsfähigkeit. Schließlich sei-
en umfangreiche Hirnteile im Laufe des Lebens ohnehin nicht ausgelastet. Dennoch bleibt ein Unbehagen. Kann das *Gehirn* bei 20 bis 30 %
Verlust der Hirnsubstanz im höheren Alter grundsätzlich voll funktionieren?
Diesen Gedanken brauchen wir nicht mehr nachzugehen, weil jahrelan-
ge Nervenzellenbestimmungen, die jüngst der Fachwelt mitgeteilt wurden, belegen, daß die Nervenzellen des Erwachsenen nicht unwiderruf-
lich zerfallen. Von dieser Seite her findet das Mißtrauen, es würde
zwangsläufig die Basis für eine hohe geistige Leistungsfähigkeit abge-
baut, keine Nahrung.

Wie ist man zu der Vermutung des hohen täglichen Zerfalles an Nervenzellen gekommen? Vor 30 Jahren haben Forscher die Hirne von Verstorbenen untersucht, den Gehirnteilen Schnittproben entnommen, sie
eingefärbt und mikroskopisch betrachtet. Dabei interessierte man sich
besonders für die Dichte und Größe der Nervenzellen. Bei dieser — wie
sich nachträglich herausstellen sollte — relativ unsicheren quantitativen
Untersuchung fand man, daß die Schnittpräparate bei älteren Personen
weniger Zellen aufwiesen als die der jüngeren (H. Brody, 1955). Die Größenordnung der täglichen Abnahme wurde — nicht von Brody selbst,
aber von sich auf seine Studien beziehenden Wissenschaftlern — auf
100 000 bis 300 000 Nervenzellen geschätzt.
Diese Lehrmeinung ließ Professor Dr. H. Haug vom Institut für Anatomie
der Medizinischen Hochschule in Lübeck nicht ruhen. Mit neuen Methoden der anatomischen Meßtechnik hat er diese Lehrmeinung dann auch
klar widerlegt. Im einzelnen stellt Prof. Haug fest:

**1. Bis zum Alter von 60 bis 65 Jahren sind keine wesentli-
chen Veränderungen im Aufbau der Zellen der grauen oder
weißen Substanz zu erkennen.**

**2. *Alterungsprozesse* der Sehrinde und des übergeordneten
Teiles des Scheitellappens finden, wenn überhaupt, sehr**

spät statt. Das heißt also, daß die Wahrnehmungsfähigkeit von Figuren in der Ebene und im Raum und die Orientierung im Raum bis ins hohe Alter nicht nachlassen, vielleicht, weil sie ständig gefordert werden. Auch ältere Erwachsene orientieren sich in ihrer Wohnung, im Ort, lesen und sehen fern.

3. Bei Beginn des *Renten-* und *Pensionsalters* fallen *Nervenzellverkleinerungen* des Vorderhirns auf. Das Gehirn ist also an dieser Stelle verkleinert, geschrumpft. Dieses »Schrumpfen« hat mit dem Nachlassen der psychosozialen Fähigkeiten zu tun, mit der Fähigkeit, Kommunikation mit seiner Umwelt zu betreiben, Anteil zu nehmen an dem Leben seiner Umwelt. Man denkt natürlich an einen engen Zusammenhang zwischen diesem Hirnteil und dem *Berufsleben*. Das Berufsleben hat diese Fähigkeiten täglich gefordert. Dadurch wurde das Vorderhirn beansprucht und blieb in Form. Allerdings ist auch denkbar, daß die Nervenzellverkleinerung des Vorderhirnes und damit die Abnahme der psychosozialen Fähigkeiten zu dieser Zeit anlagebedingt sind und sich die *Rentengesetzgebung* daran orientierte. Verschiedene Untersuchungen stützen jedoch die Annahme, daß ein Nachlassen der Umweltanforderungen zumindest zum überwiegenden Teil die Nervenzellverkleinerung bewirkt. Das legen unter anderem die bereits zitierten sowjetischen Studien von Dzavakhishvili und Mitarbeitern nahe (siehe »Hundertjährige als Modell«), sowie die von W. Hacker (siehe »Der normale« Leistungs-Abfall im Alter; vergleiche auch: U. Lehr, 1984).
Neben der geistigen Anregung sind jedoch auch noch Einflüsse der Lebensführung zu berücksichtigen, die von der japanischen Forschergruppe unter Dr. Taiiu Matsuzawa (1985) zusätzlich untersucht wurden. Darauf werden wir nachfolgend eingehen. Während bislang die Messungen des Hirngewichtes an den Gehirnen Verstorbener durchgeführt werden müssen, kann inzwischen bereits bei Lebenden eine Veränderung (Schrumpfung) des Gehirnes festgestellt werden, und zwar durch ein computertomographisches Verfahren. Die Wissenschaftlergruppe in Japan hat diese Methode bei weit über 3000 Personen angewandt. Die Untersuchungen ergaben, daß die Verkleinerung des Gehirnes, die nach H. Haugs Befunden die Schrumpfung der Gehirnzellen anzeigt, weniger mit dem Altern, als mit der geistigen (Un-)Tätigkeit einhergeht. Zusätzliche Faktoren, wie starkes *Zigarettenrauchen* oder exzessiver *Alkoholgenuß* sind zu berücksichtigen. Auch an *Eßgewohnheiten* — vor allem die Einnahme stark gesalzener Nahrung — ist zu denken, die zu *Bluthochdruck* führen.

In Übereinstimmung damit hat Professor Dr. E.H. Graul (Marburg) festgestellt, daß bei einem Vollrausch ca. 50 Millionen Nervenzellen zerstört werden. Selbst wenn das für einen einzigen Rausch zu hoch gegriffen ist, mehrere »Sausen« in kurzem Abstand haben aber sicher eine derartige Wirkung, da die Nervenzellen sich dann nicht mehr erholen können und ein neuer Rausch auf »angeschlagene« Nervenzellen trifft. Genau genommen scheint der Vorgang so abzulaufen: Zuerst wehrt sich die Nervenzelle durch Vergrößerung. Bei weiteren »Sausen« bricht sie zusammen und stirbt ab.

Obwohl die *Hundertjährigen* (siehe »Hundertjährige als Modell«) keine Genußverächter sind, übertreiben sie nicht. Auch sie trinken oft regelmäßig ihren Wein, ihren Sekt, ihren Schnaps, trinken bis zu sieben Tassen Kaffee täglich, und die Männer rauchen mäßig; allerdings meist Zigarren.
Exzessiver Genuß ist vielleicht Ersatz für zu geringe Lebensanforderungen. Denn ab dem 25. bis 30. Lebensjahr haben viele ihren Beruf, ihre Familie, und das Leben beginnt in »geordneten Bahnen« zu verlaufen. Das Leben wird zur Routine, es fordert wesentlich weniger als in der Zeit des Lernprozesses, während der Berufs- oder Partnersuche. Der Mensch wird ein Gefangener der Routine, der geistigen Untätigkeit. Das müßte eine zusätzliche Abnahme des Gehirnvolumens bewirken. So wurde beispielsweise bei Flußdelphinen in Gefangenschaft eine Abnahme des Hirngewichtes um 30 bis 40 Prozent festgestellt (N.N., 1984). Diese Schrumpfung des Gehirnes ist nicht festzustellen bei geistig aktiven Menschen und zwar nicht einmal im hohen Alter. Der Mensch im »Ruhestand« muß sich selbst fordern, um in der *verbalnumerischen Kommunikation* mit seiner Umwelt zu bleiben, um aktiv am Zusammenleben in Gemeinschaften (Familie, Gruppe, Stadt, Staat etc.) teilzunehmen. Diese »verbal-numerische Kommunikation« wird durch GeJo besonders trainiert.

4. Zuerst — nämlich zwischen 25 und 45 Jahren — ändert sich der Gehirnteil, der für Bewegungen, Antrieb und *Aktivität* zuständig ist, die sogenannte Area 6 (extrapyramidaler Cortex): Man findet dort eine deutliche Nervenzellverkleinerung. Diese Veränderungen weisen auf die Abnahme des Antriebs im mittleren Erwachsenenalter hin. Der Mensch wird bequemer und »ruhiger«. Eine keineswegs wünschenswerte Veränderung. Und deshalb übt GeJo auch die AKTIVITÄT.
Nach seinen anatomischen Untersuchungen und Vergleichen in der Literatur kommt Haug zu dem Schluß, daß ... »die Erhaltung der Gehirnsubstanz durch Nutzung der Funktionen verbessert wird und damit viceversa (umgekehrt) die Funktion gut erhalten bleibt« (1985, S. 108). Erhaltung der *Hirnsubstanz* ist in diesem Zusammenhang dahingehend zu verstehen, daß der Gebrauch von Hirnrindenverbindungen zur Strukturerhaltung und damit auch zur Funktionserhaltung beiträgt. Diese

Feststellung ist gut verständlich, da auch durch die (körperliche) Übung die Struktur und die Funktionen der Muskulatur fit gehalten werden. Die Nervenzellen bleiben jedenfalls zahlenmäßig auch in höherem Alter erhalten. Damit ist die Grundlage einer hohen geistigen Leistungsfähigkeit gegeben. Tatsächlich ist letztere auch nachgewiesen (siehe »Der normale Leistungs-Abfall im Alter« und »Wirkungsbelege«).

Eine weitere Frage — von vielen älteren Menschen gestellt — ist ebenfalls schon beantwortet: Kann der Mensch nach längerer Zeit der Inaktivität, des passiven Verhaltens seine jugendliche *geistige Fitneß* wiedererlangen? Kann er darauf hoffen, Geist und Gedächtnis wieder zu aktivieren?

Die Glowacki-Studie und weitere Untersuchungen geben die Antwort. Er kann darauf vertrauen. Darüber hinaus hat sich gezeigt, daß nicht nur eine Fitneß wie in den besten Zeiten erzielt wurde, sondern daß durch systematisches Gehirn-Jogging schon nach zwei Wochen ein höherer Leistungsstandard erreicht wurde als in der Blütezeit des Menschen, in seiner Jugend.

Übrigens sind die Gehirne von Frauen durchschnittlich 150 Gramm leichter als die von Männern. Dennoch — und das ist ein weiteres interessantes Ergebnis der Untersuchung von Prof. Haugs — haben Frauen nicht weniger Nervenzellen als Männer.

Literatur:
Brody, H.: Organization of the Cerebral Cortex. III. A Study of Aging in the Human Cerebral Cortex. J. Comp. Neurol. 102 (1955) 511-556
Graul, E.H.: Der Mensch im Spannungsfeld des Wissens, des Nichtwissens, des Noch-nicht-Wissens und der Fachinformation. In: Böhlau, V. (Hrsg.): Altern und Zukunft. Schattauer: Stuttgart-New York, 1983
Haug, H.: Gibt es Nervenzellenverluste während der Alterung in der menschlichen Hirnrinde? Ein morphometrischer Beitrag zu dieser Frage. Nervenheilkunde 4 (1985) 103-109
Haug, H., S. Kühl, E. Mecke, N.-L. Sass, K. Wasner: The Significance of Morphometric Procedures in the Investigation of Age Changes in Cytoarchitectonic Structures of Human Brain. J. Hirnforsch. 25 (1984) 353-374
Lehr, U.: Vorruhestand — ist das human? Umschau 84 (1984) 300
Matsuzawa, T., J. Hatazawa, S. Takeda, K. Yamada. M. Ito, H. Yamaura, K. Kubota: Age-Related Brain Shrinkage — Quantative Studies with X-CT and NMR-CT. In: Book of Abstracts. XIIIth International Congress of Gerontology. New York Hilton at Rockefeller Center: New York, 12.-17. July 1985
N.N.: Das Geheimnis der blinden Flußdelphine. Med. Heute 5 (1984) 32

Soviel Information wie möglich verarbeiten

Erst die Kapazitäten, dann die Strategien üben 86
Der Mensch als Informationsverarbeiter 88
Was so leistungsfähig macht: Die kontrollierte
Informationsverarbeitung 91
GeJo beginnt links: Grundgrößen der geistigen
Leistungsfähigkeit 97
• Weshalb Klavierspieler nicht schneller spielen
als sie denken 101
• Die menschliche Gegenwart dauert 5 bis 6 Sekunden 105
• Nur wenig bleibt hängen 108

Alle Grundgrößen üben 110
• Das »saubere« Training 116
• Das Training durch den täglichen Gebrauch 118
— Alle geistigen Möglichkeiten ausschöpfen 118
— Grundgrößen der Informationsverarbeitung 120
— Geistige Tätigkeiten mit und ohne Anstrengung 122

Die Strategien 129
• Die Informationsflut beherrschen 132
• Versagen die professionellen Informationsvermittler?
Die Lehrer, Vortragenden, Schriftsteller, Journalisten? 134
• Schritte zur Informationshygiene:
Was Profis tun können 136
— Auf das Individuum zugeschnittene Informationshygiene 139
• Was wir dazutun können 143
— Erster Schritt: Das für uns Sinnvolle auswählen 143
— Zweiter Schritt: Auswahl der richtigen Informationsmenge
nicht zu viel und nicht zu wenig 143
— Dritter Schritt: Auswahl der Information nach Verarbeitungsdauer 146
— Vierter Schritt: Unvertrautes in Vertrautes umwandeln 149
• Die Basisstrategien 151
— Informationsaufnahme unterbrechen: Pause einlegen 151
— Multimodal vorgehen: mehrere Schritte einsetzen 151
— Wiederholen — im Kopf behalten 153
— Sich auf das Unvertraute konzentrieren 155
— An Vorkenntnissen anknüpfen — etwas erwarten 157
— Superzeichen bilden oder entdecken 159
• Spezielle Strategien 163
— Eselsbrücken 163
— Keine Angst vor Namen 163
— Viertelung der Geschichte: das Rasterlernen 166
— Verlegen macht verlegen 168
• Umfassende Strategien 169
— Die Eisenhower-Regel 169
— Tägliche Aktivitätenliste 170
— Dynamisches Lesen 171
— Das Mind Mapping 174

Erst die *Kapazitäten*, dann die *Strategien* üben

Prägen Sie sich folgende Buchstabenzeile ein. Doch **Achtung!** Sie ist weniger sinnarm als es auf den ersten Blick scheint.
M P E S D Y I C Z H I O N L I O S G C I H E E
Wer diese Zeile als nahezu chaotische Reihe von Buchstaben erfaßt, prägt sie sich im großen und ganzen mechanisch ein. Das heißt, es läßt sich wenig zu gewohnten Einheiten zusammenfassen, zu sogenannten *»Superzeichen«*. Wie lange der Lernvorgang dauert, hängt dann praktisch nur von der Kapazität der *Lerngeschwindigkeit*, also des *mittelbaren Behaltens* ab. Anders, wenn man einzelne Buchstaben zu Komplexen zusammenfaßt. Dazu gehören vielleicht »ES«, »ION« und »IOS«. Diese Bildung von Superzeichen ist schon eine Strategie. Sie erleichtert und beschleunigt das Einprägen. Um diese Zeile für ein, zwei Minuten vollständig zu beherrschen, um sie also nach dieser Zeit ganz fehlerlos aus dem *Gedächtnis* abzurufen, lernt man aber auch mit derartigen Superzeichen wenigstens eine halbe Stunde lang.
Es gibt andere Strategien. Man muß probieren: z.B. rückwärts lesen. Das hilft nichts. Jeder dritte Buchstabe. Bringt keine Hilfe. Jeder zweite Buchstabe: »Medizinische«. Plötzlich ist die Hälfte der Buchstaben in ein bis fünf Sekunden gespeichert und nach einigen Minuten noch vollständig abrufbar. Aber die andere Hälfte? Sie ergibt, wenn man den 2., 4., 6., usw. Buchstaben hintereinander liest, das Wort »Psychologie«. »Medizinische Psychologie«. Die Suche nach der geeigneten Strategie, um die zuvor sinnarme Buchstabenfolge sinnvoll zu machen, hat Erfolg gehabt. Die Lernzeit für die Zeichenfolge vermindert sich erheblich, obwohl sich die Kapazität des mittelbaren Behaltens nicht geändert hat. Durch diese Umwandlung von Unvertrautem ins Altbekannte lernt man mehr. Die Kapazität etwas zu lernen, mußte sich nicht erhöhen, weil der *Informationsgehalt* der Buchstabenreihe gesenkt werden konnte. Wenn so etwas gelingt, lernt man bei gleicher Kapazität rascher als sonst. Strategien der geistigen Leistungsfähigkeit, einschließlich des Gedächtnisses, dienen der Umwandlung von Unbekanntem in Vertrautes.

Die *geistige Leistungsfähigkeit* von Geist und Gedächtnis beruht auf den Kapazitäten und Strategien. Die Kapazität ist die höchstmögliche aktuelle Leistungsfähigkeit des geistigen Auffassens, des geistigen Fassungs- und Leistungsvermögens. Die Strategie ist die Kunst des Vorgehens, des richtigen Einsatzes der Kapazität.
Geistige Kapazitäten sind die Wahrnehmungsgeschwindigkeit, Intelligenz und Kreativität, das Gedächtnis, das Konzentrations- und Durchhaltevermögen. Strategien sind die Wiederholung beim Lernen, das Einprägen durch Auge und Ohr, das oben gezeigte Aufsuchen von Superzeichen usw.

Ein Prinzip der geistigen Leistungssteigerung ist:
ERST DIE KAPAZITÄTEN, DANN DIE STRATEGIEN ÜBEN
Denn die Kapazitäten sind, wenn sie nicht schon maximal funktionieren, meist rascher steigerbar. Außerdem verbessern sich bei Erhöhungen teils von alleine die Strategien, das *Wissen* zu erweitern, die Fertigkeiten zu verbessern, die Strategien selbst wirksamer als zuvor einzusetzen. Darüber mehr unter »Die Strategien«. Vorher die Kapazitäten.

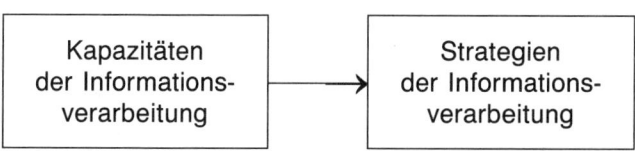

Abbildung 18: Erst die Kapazitäten, dann die Strategien der Informationsverarbeitung üben.

Der Mensch als Informationsverarbeiter

Wie schon erwähnt: *Intelligenz* und *Gedächtnis* sind wichtige Größen. Aber die Begriffe sind unscharf. Das bezeugen schon die vielen verschieden angelegten Tests, die zwar irgendwo auch einen gemeinsamen Kern messen, die jedoch auch Unterschiedliches erfassen.

Die *Informationspsychologie* stellt den Menschen als Informationsverarbeiter dar (H.G. Frank, 1969). Seine Intelligenz- und Gedächtnisleistungen sind das Ergebnis von *Informationsverarbeitungsprozessen*

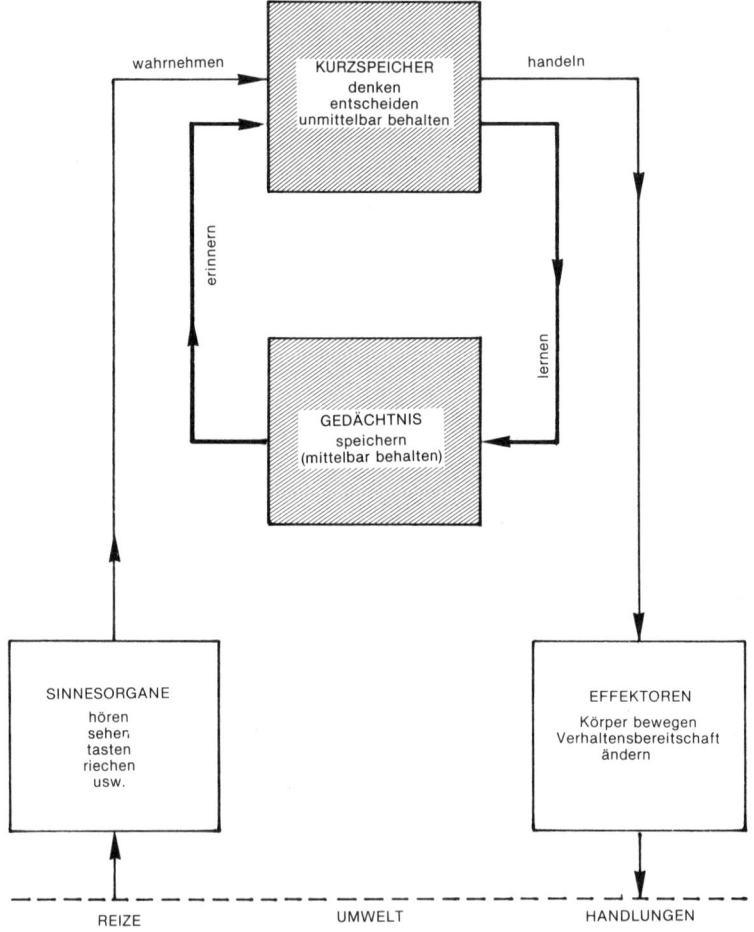

Abbildung 19: Kernmodell der menschlichen Informationsverarbeitung.

(S. Lehrl, 1985). Wie die Information umgesetzt wird, gibt die Abbildung 19 wieder. Intelligenzakte finden im Kurzspeicher statt, oft unter Einbezug des Gedächtnisses, der darin gespeicherten Erfahrungen. Der *Kurzspeicher* ist die Zentrale der menschlichen Informationsverarbeitung. Ihm sind die bewußte Wahrnehmung, die Erinnerung — die aus dem Gedächtnis stammt —, das Denken, die Überlegungen, die Handlungsentscheidungen, der Einsatz des Gedächtnisses durch Wiederholungen zugeordnet.

Wie schnell, präzise und komplex diese Vorgänge ablaufen, hängt von wenigen Grundgrößen ab, von

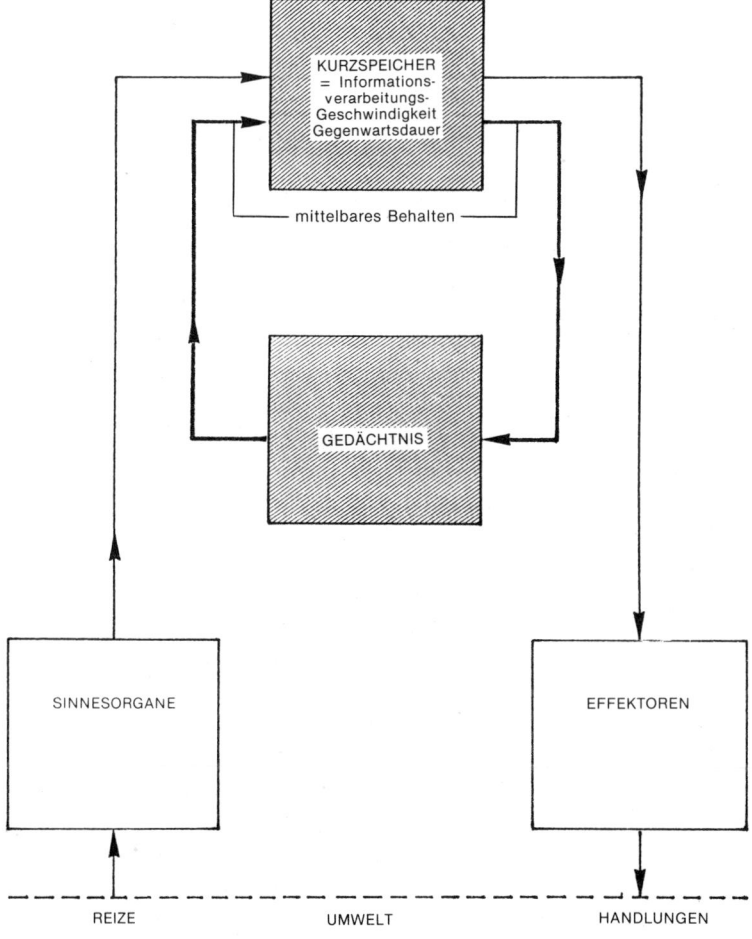

Abbildung 20: Wichtigste Grundgrößen der menschlichen Informationsverarbeitung, fett gedruckt.

1) der *Informationsverarbeitungsgeschwindigkeit*
2) der *Gegenwartsdauer* (= *unmittelbares Behalten*)
3) der *Lerngeschwindigkeit* (= *mittelbares Behalten*)
Für Dauerleistungen kommt noch die *Durchhaltefähigkeit* hinzu.

Jene informationspsychologischen Größen (= Basigrößen) sind psychologisch so grundlegend, daß sie nicht auf noch grundlegendere Größen in den abgebildeten Modellen (Abbildung 19, 20) zurückgeführt werden können. Allerdings gibt es, wie das Modell der Quantenmechanik der menschlichen Informationsverabeitung (V. Weiß, 1987) beweist, noch umfassendere Möglichkeiten, die geistigen Vorgänge zu zerlegen und zu erklären.

Die ersten zwei informationspsychologischen Grundgrößen machen den Kurzspeicher aus. Die dritte die Menge des mittelbaren Behaltens (Abbildung 20). Diesem entspricht nicht nur die Menge an Information, die in das Gedächtnis eingespeichert wird, sondern die, die auch wieder aus dem Gedächtnis abgerufen, d.h. erinnert werden kann. Aber selbst bei solchen, scheinbar nur das Gedächtnis betreffenden Vorgängen spielt der Kurzspeicher eine wichtige Rolle. Denn in ihm wird zubereitet, was von dem im Gedächtnis Gespeicherten wieder abrufbar ist.

Um die menschliche Informationsverarbeitung zu verstehen, sind noch zwei Systeme zu unterscheiden, das sprachliche, das auch die Verarbeitung von Zahlen umfaßt, und das bildlich-räumliche (D. Ungerer, 1982).

Am häufigsten und durchschlagendsten sind die *Informationsverarbeitungen* von Sprache und Zahlen (*verbal-numerisch*). Ein größtenteils anders funktionierendes System arbeitet mit Bildern, Figuren, räumlichen Vorstellungen (*visuo-spatial*). Wenn auch die verbal-numerische Informationsverarbeitung die zwischenmenschliche Kommunikation, die Mitteilung im Gespräch, im Buch, im Radio beherrscht, die visuo-spatiale ist nicht unwichtig. Beide Verarbeitungssysteme greifen oft ineinander. Auf sie soll wegen ihrer Bedeutung näher eingegangen werden.

Literatur:

Frank, H.G.: Kybernetische Grundlagen der Pädagogik. Agis: Baden-Baden, 1969, 2. Aufl.

Lehrl, S.: Intelligenz, informationspsychologisch. Enzyklopädie Naturwissenschaft und Technik, Jahresband 1983. moderne industrie: Landsberg/Lech, 1983

Ungerer, D.: Präventive Lernstrategien. In: Beck, M., W. Eissenhauer, B. Fischer, H. Löffler (Hrsg.): Rehabilitations-Studie Baden-Braun: Karlsruhe, 1982

Weiß, V.: From memory span and mental speed toward the quantum mechanics of intelligence. Person. individ. Diff. 7 (1986) 737-749

Was so leistungsfähig macht:
Die *kontrollierte Informationsverarbeitung*

Zwischen der linken und der rechten Seite des Gehirnes liegt ein tiefer Einschnitt. Deshalb drängt es sich schon dem Anatomen auf, zwischen einer rechten und linken *Hirnhälfte* zu unterscheiden, der rechten und der linken *Hirnhemisphäre* (Abbildung 21). Sie unterscheiden sich aber nicht nur anatomisch, sondern auch in der Zuordnung der geistigen Tätigkeiten: Alles was mit dem Schreiben, Sprechen und Rechnen zu tun hat, läuft hauptsächlich über die eine Hirnhemisphäre. Geistige Auseinandersetzungen mit Figuren, räumlichen Dingen und der Orientierung im Raum laufen überwiegend, nicht ausschließlich, in der gegenüberliegenden Hemisphäre ab.

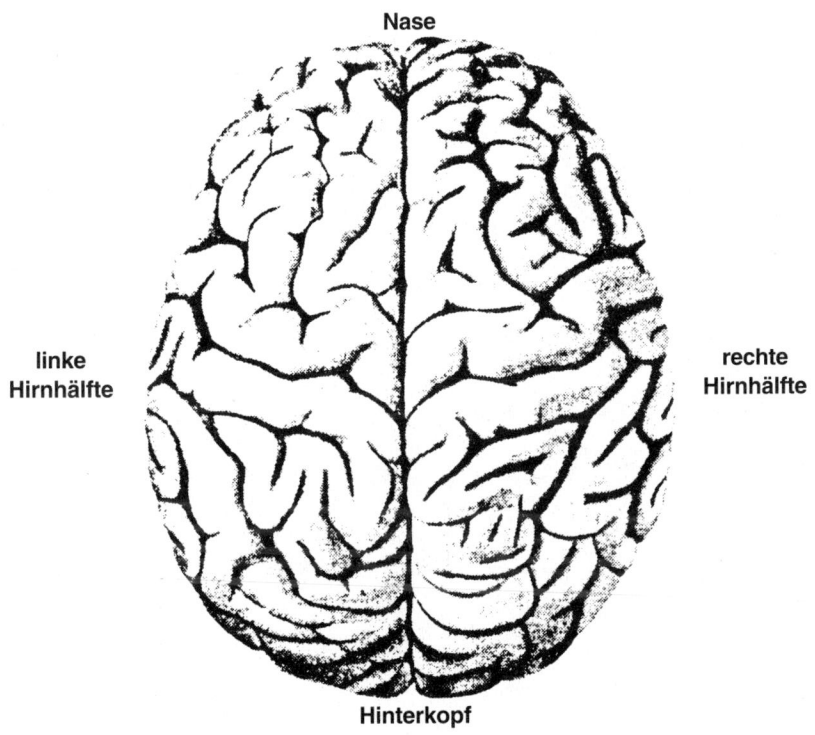

Nase

linke
Hirnhälfte

rechte
Hirnhälfte

Hinterkopf

Abbildung 21: Von oben gesehen, heben sich die beiden Hirnhälften deutlich voneinander ab.

Bei den meisten Menschen bevorzugen die sprachlichen und rechnerischen Vorgänge die linke Hirnhemisphäre. Genau genommen gilt das für 100 % der Rechtshänder, die es ohnehin häufiger als Linkshänder gibt. Bei 60 % dieser liegt das Zentrum der *sprachlichen* und *numerischen Informationsverarbeitung* jedoch ebenfalls auf der linken Hirnseite (S. Dimond, J.G. Beaumont, 1974); das sind insgesamt 90 bis 95 % der Menschen. Die *räumlich-figürliche*, also die Bildinformation wird entsprechend in der anderen Hemisphäre verarbeitet.

Aber auch Melodien oder Tätigkeiten im Raum, Reparieren von Autos oder Fahrrädern; Anlegen von Infusionen beim Patienten, Reinemachen im Haus usw., Maler, Architekten, Sportler, Designer, Krankenschwestern, Mechaniker, Berufsmusiker usw. benötigen vorwiegend die den räumlichen Tätigkeiten zugeordnete Hirnhälfte. Schriftsteller, Redner, Philosophen, Juristen, Verwaltungsangestellte, alle miteinander Sprechende und Schreibende die andere.

Für die Annahme, daß *Bildinformation* vor allem in der rechten und *Sprachinformation* in der linken Hirnhälfte verarbeitet wird, haben die Neuropsychologen in letzter Zeit viele Belege zusammengetragen (I. Sherwin, 1985).

So erhöht sich die Hirndurchblutung bei der Durchführung von Rechenaufgaben statistisch signifikant in der linken Hirnhälfte — jedenfalls bei Rechtshändern. Soll man bei Bildern erkennen, ob etwas Wichtiges darin fehlt, z.B. die Nase in einem Gesicht oder der Schwanz eines Schweines, erhöht sich die Durchblutung auf der rechten Seite, ebenso wenn man beispielsweise Aufgaben mit Würfeln löst (T.N. Chase u. Mitarb., 1984).

Inzwischen gibt es ein wenig aufwendiges Verfahren, um zu prüfen, ob man mehr zum Einsatz der mit sprachlich-numerischer Informationsverarbeitung befaßten Hemisphäre oder der anderen Hirnhälfte neigt.

Der am Valdosta Staats-College in Georgia/USA tätige Psychologie-Professor Dr. Rudolph F. Wagner und Mitarbeiter haben einen Fragebogen entwickelt, durch den man erkennt, welche Hirnhälfte man bevorzugt. Man kreuzt in ihm 12 Feststellungen an, welche Tätigkeit man am liebsten hat. Beispiele:
Pro Feststellung nur eine Möglichkeit ankreuzen:

Feststellung 1
( ) a. sich auf Logik spezialisieren
( ) b. Briefe schreiben
( ) c. zu Hause Gegenstände anbringen
( ) d. sich auf Kunst spezialisieren

Feststellung 2
( ) a. Filmkritiker sein
( ) b. Neue Wörter lernen
( ) c. Fertigkeiten in einem Spiel verbessern
( ) d. ein neues Spielzeug entwerfen

Feststellung 6
( ) a. Managementpraktiken analysieren
( ) b. Wörter in einem Lexikon nachschauen
( ) c. Puzzle spielen
( ) d. in Öl malen

Feststellung 7
( ) a. mit Computerprogrammierung beauftragt sein
( ) b. Wortursprünge und -bedeutungen analysieren
( ) c. Golf spielen
( ) d. Ein neues Gerät erfinden

Feststellung 12
( ) a. Einen Ausflug planen und einen Kostenplan erstellen
( ) b. Eine Novelle schreiben
( ) c. Ein Haus oder eine Hütte bauen
( ) d. Handwerken zum Hobby machen

Wer zu a oder b neigt, gebraucht bevorzugt seine linke Hirnhälfte. c und d sind typisch für die rechte. Manche benutzen beide etwa gleich.

Während der Kindheit entwickelt sich die Verarbeitung von Bildinformation zu einem hohen Stand. Beim Erwachsenen herrscht sie auch noch in den Nacht- und Tagträumen vor. Ansonsten gewinnt aber mit dem Erwerb der Sprache und der Rechenfertigkeit die sprachlich-numerische Informationsverarbeitung die Oberhand. Die ihr zugehörige Hirnhälfte, meist die linke, wird deshalb als »dominante Hemisphäre« bezeichnet. Sie ermöglicht die so komplizierten Leistungen des Menschen, die sich nicht nur in den Wissenschaften und seiner Literatur, sondern schon in den Formen und Inhalten der Berufs- und Alltagsgespräche widerspiegelt. Die Nordamerikaner I.B. Perelle und L. Ehrman (1983) weisen darauf hin, daß Tiere, einschließlich der Menschenaffen wie Gorillas und Schimpansen in ihrer Kommunikation mit Zeichen über einen nicht annähernd solchen Reichtum und eine derartige Komplexität wie die primitivste menschliche Sprache verfügen.

Die menschliche Zivilisation ist wesentlich der sprachlich-numerischen Informationsverarbeitung in der dominanten Hirnhälfte zu verdanken.

Sie hängt nicht nur innig mit der Anpassung an und Weiterentwicklung der sozial-kulturellen Umwelt zusammen, sondern ist auch eng mit Bewußtsein verbunden. Zudem kontrolliert sie mit zunehmendem Lebensalter alle geistigen Abläufe, auch die Verarbeitung von Bildinformation (D. Ungerer, 1985). Das kostet viel Mühe. Dies ist überhaupt ein wichtiges Kennzeichen der bewußten, der sogenannten kontrollierten Informationsverarbeitung: sie strengt an. Sprache und mit Zahlen umgehende (= numerische) Informationsverarbeitung sind also besonders mühevoll. Sicher ein Grund, warum man sie im Erwachsenenalter gerne vernachlässigt.

Die Verarbeitung räumlicher Information strengt viel weniger an, einer der Gründe, warum sie als »automatische« Informationsverarbeitung (R.M. Shiffrin, W. Schneider, 1977) bezeichnet wird.

Die Anstrengung, die mit der kontrollierten, also bewußten, mit Wort und Zahl eng verbundenen Informationsverarbeitung einhergeht, ist auch daran erkennbar, daß ihr Einsatz den ganzen Körper beansprucht: Das Herz schlägt rascher; der Blutdruck erhöht sich (J. Lacey, B. Lacey, 1978; W.J. Ray, H.W. Cole, 1985). Der Einsatz des typisch menschlichen Informationsverarbeitungssystems fordert demnach den ganzen Körper ... und trainiert vermutlich seinerseits wieder die körperlichen Funktionen. Das automatische System, das z.B. bei der Wahrnehmung von Dingen im Raum beansprucht wird, beeinflußt das Herz-Kreislauf-System hingegen kaum (W.J. Ray, H.W. Cole, 1985).

Auch mit der Stimmung gibt es Zusammenhänge (I. Sherwin, 1985). Ausfälle der dominanten Hemisphäre führen neben Sprachstörungen (Aphasien) charakteristischerweise zu depressiven Verstimmungen, zu Niedergeschlagenheit, Lustlosigkeit, verbunden mit Katastrophen-Gefühl »alles bricht zusammen, es ist alles aus«. Die Betroffenen ziehen sich von der Umwelt zurück; sie reagieren schon auf kleine Aufregungen mit Panik.
Genau umgekehrt ist es bei Ausfällen der anderen Hirnhälfte, meistens der rechten. Nun herrscht die dominante Seite total: gute Stimmung, Unternehmungslust, Interessiertheit, rundum Optimismus.
Es soll nicht der Eindruck entstehen, als würde das kontrollierte System der Informationsverarbeitung das automatische, das mit Bildern und räumlichen Vorstellungen arbeitende nur unterdrücken. Nein, es steuert sie (D. Ungerer, 1985). Es bedient sich ihrer bei Bedarf. Es sorgt beispielsweise beim erzählenden Bergsteiger dafür, daß im rechten Augenblick die in der Abfolge richtige Erinnerung an den Aufstieg in der Nordwand auftaucht und dann von ihm sprachlich beschrieben und somit Zuhörern übermittelt werden kann. Die Bilder, die er beschreibt, präsentieren sich in seiner Erinnerung sehr komplex, mit viel mehr Einzelheiten

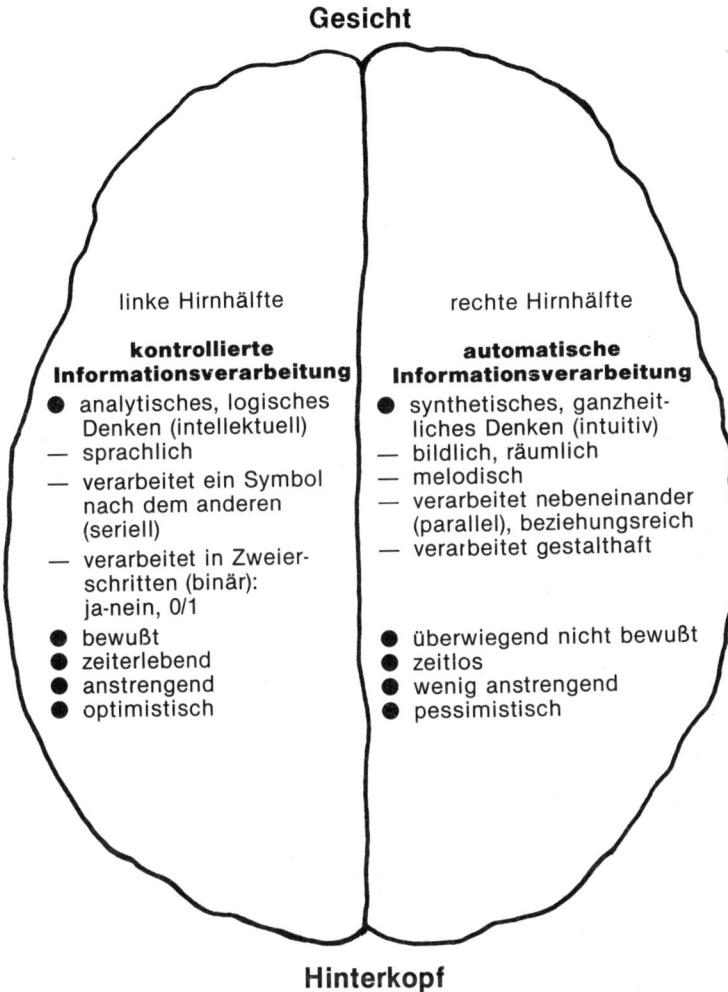

Gesicht

linke Hirnhälfte

rechte Hirnhälfte

**kontrollierte
Informationsverarbeitung**
- analytisches, logisches
  Denken (intellektuell)
- — sprachlich
- — verarbeitet ein Symbol
  nach dem anderen
  (seriell)
- — verarbeitet in Zweierschritten (binär):
  ja-nein, 0/1
- bewußt
- zeiterlebend
- anstrengend
- optimistisch

**automatische
Informationsverarbeitung**
- synthetisches, ganzheit-
  liches Denken (intuitiv)
- — bildlich, räumlich
- — melodisch
- — verarbeitet nebeneinander
  (parallel), beziehungsreich
- — verarbeitet gestalthaft
- überwiegend nicht bewußt
- zeitlos
- wenig anstrengend
- pessimistisch

Hinterkopf

Abbildung 22: Schema der beiden Hirnhälften und ihrer typischen Informationsverarbeitung von oben gesehen. Bei den Rechtshändern läuft die kontrollierte Informationsverarbeitung
— wie hier angegeben — links ab, bei etwa der Hälfte
der Linkshänder ebenfalls (Teile lehnen sich an B. Sattler, 1986, an).

auf einmal als er sie gleichzeitig sprachlich beschreiben und mitteilen kann. Die Sprache faßt nur einzelne Teile heraus, zerlegt das Bild, und bringt die Teile nacheinander, eines nach dem anderen. Darin liegt ihr enger Bezug zur Zeit, in dem Nacheinander der Informationsverarbeitung. Darauf beruht das Zeiterleben. Die Abbildung 22 hält die bevorzugten Funktionen beider Hirnhälften im Überblick fest.

Die Fähigkeit zur Zerlegung und dazu, alles in eine Ordnung zu bringen, macht diese Informationsverarbeitung zwar langsam, aber flexibel und konsequent. Sie führt und beherrscht die räumliche-bildliche Informationsverarbeitung, bei der mehrere, zudem noch komplexe Vorgänge nebeneinander ablaufen können. Ohne die ordnende Steuerung des kontrollierten Systems würden wir zum Spielball der Umwelt und der bildlichen Phantasien. Wir kennen das vom Träumen.

Literatur:
Chase, T.N., P. Fedio, N.L. Foster, R. Brooks, G. Di Chiro, L. Mansi: Wechsler Adult Intelligence Scale Performance. Cortical Localization by Fluorodeoxyglucose F18-Positron Emission Tomography. Arch. Neurol. 41 (1984) 1244-1247
Dimond, S., J.G. Beaumont (Hrsg.): Hemispheric Functions in the Human Brain. Halstead: New York, 1974
Lacey, J., B. Lacey: Amer. Psychol. 33 (1978) 99
Perelle, I.B., L. Ehrman: The Development of Laterality. Behav. Sci. 28 (1983) 284-297
Ray, W.J., H.W. Cole: EEG Alpha Activity Reflects Attentional Demands, and Beta Activity Reflects Emotional and Cognitive Processes. Science 228 (1985) 750-752
Sattler, B.: In: fi, umgeschulte Linkshänder. Der Knacks im Gedächtnis. Münch. med. Wschr. 128 (1986) 28
Sherwin, I.: Physiological Aspects of Cerebral Lateralization. Psychiat. Annals 15 (1985) 435-438
Shiffrin, R.M., W. Schneider: Controlled and Automatic Information Processing: II. Perceptual Learning, Automatic Attending, and a General Theory. Psychol. Rev. 84 (1977) 127-189
Ungerer, D.: Speech and Preventive Learning. In: Kongreßband »10th International Congress on Cybernetics«. Association Internationale de Cybernetique: Namuo, 1985
Wagner, R.F., K.A. Wells: A Redefined Naurobehavioral Inventory of Hemispheric Preference. / J. Clin. Psychol. 41 (1985) 671-676

GeJo beginnt links:
Grundgrößen der geistigen Leistungsfähigkeit

Die Abbildung 15 enthält Aufgaben, die in typischen Tests für das allgemeine geistige Leistungsvermögen vorkommen, in *Intelligenz-Tests*, speziell in Tests für flüssige Intelligenz. Versuchen Sie diese zu lösen. Zeichnen Sie Ihre Lösungen vielleicht auf ein Blatt Papier und vergleichen diese schließlich mit den richtigen Lösungen, die in Abbildung 25 wiedergegeben sind.

Die Aufgaben der Abbildung 24, auch die der Abbildung 4, sind bildlich. Ihre Lösung gelingt kaum, wenn man sie als ganze Figuren anschaut. Man muß Teile herausanalysieren, bei der Aufgabe 2 in Abbildung 24 vielleicht erst die äußere Figur, das Quadrat, dann die innere. Sie verändert sich.

Eine Ganzheit zu zerlegen, zu analysieren ist die typische Tätigkeit des *kontrollierten Informationsverarbeitungssystems*, meist der linken Hirnhälfte (Abbildung 22). Einen Eindruck davon, wie die linke Hirnhälfte gegenüber der rechten die Information in eine serielle logische Ordnung bringt, vermittelt die Abbildung 23. Sie stammt von einem Patienten mit getrennter rechter und linker Hirnhälfte, der mit der rechten Hand (dem linken Gehirn) zeichnen sollte. (T. R. Blakeslee, 1982). Man kann das Zeichnen nachempfinden, wenn man versucht, die ursprüngliche Figur sprachlich zu beschreiben.

Das Analysieren geht am leichtesten, wenn man Wörter gebraucht, wenn man sprachlich denkt oder gar halblaut oder laut spricht, während des Versuchs, die Aufgaben zu lösen.

Vorlage   linke Hand   rechte Hand

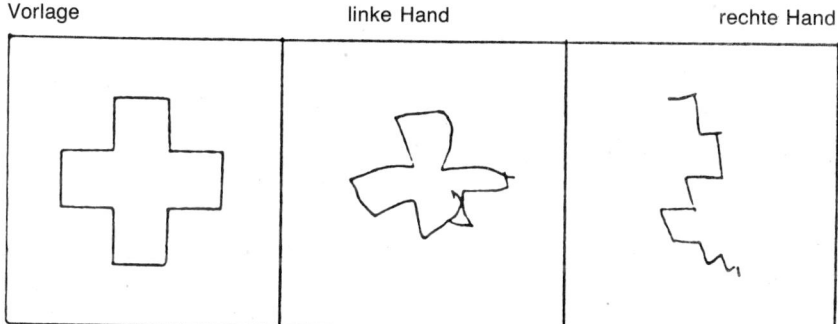

Abbildung 23: Bei räumlichen Vorstellungen und beim Zeichnen ist das rechte Gehirn überlegen. Obgleich die Muskelbeherrschung der rechten Hand besser ist, zeigen doch die falschen Beziehungen zwischen den Linien, wie ungeeignet das linke Gehirn bei räumlichen Vorstellungen ist (aus: T. R. Blakeslee, 1982).

Genau das hat der Psychologe Prof. Dr. F. Merz (1969) von Studenten gefordert: sie sollten bei der Lösung von Intelligenztests, wie sie in Abbildung 15 dargestellt sind, laut sprechen. Dadurch stieg ihre Intelligenzleistung um über 10 IQ-Punkte gegenüber Studenten, die bei der Lösung nicht verbalisierten.

Dieser Versuch verdeutlicht die Überlegenheit der kontrollierten, der *verbal-numerischen Informationsverarbeitung.* Überall, wo es um Kommunikation in Wort und Zahl geht, d.h. um das Lesen, Sprechen, Schreiben, Verstehen von Gesprochenem, ist sie ohnehin von großer Wichtigkeit. Auch die amerikanischen Psychologie-Professoren Dr. H.A. Simon und A. Newell halten dieses System für ein wichtiges, eigentlich das typisch menschliche Mittel bei Problemlösungen und beschreiben seine Tätigkeiten folgendermaßen (S. 149, aus dem Englischen übersetzt): Das System arbeitet im wesentlichen seriell, ein Vorgang folgt dem anderen, hintereinander und nicht nebeneinander (parallel). Die elementaren Vorgänge dauern einige zehn oder hundert Millisekunden. Die Ein- und Ausgaben dieser Prozesse hält ein kleiner *Kurzspeicher* fest, dessen Kapazität nur wenige Symbole umfaßt. Das System hat einen Zugriff zu dem im großen und ganzen unbegrenzten Langzeitgedächtnis, aber die Zeit, dort ein Symbol aufzufinden, liegt in der Größenordnung von Sekunden oder gar einigen zehn Sekunden«.

Es spricht also vieles dafür, sich beim geistigen Training erst einmal den drei Grundgrößen dieses verbal-numerischen Systems zuzuwenden (Informationsverarbeitungsgeschwindigkeit, unmittelbares Behalten, mittelbares Behalten). Sie haben für die Kommunikation zwischen Erwachsenen und für das Denken, insgesamt für das Leben Erwachsener eine hervorgehobene Bedeutung. Nicht zuletzt, weil sie bei vielen komplexen geistigen Problemen mitspielen, einschließlich Intelligenz- und Kreativitätsleistungen, selbst bei scheinbar nicht-sprachlichen und nicht-rechnerischen Aufgaben.

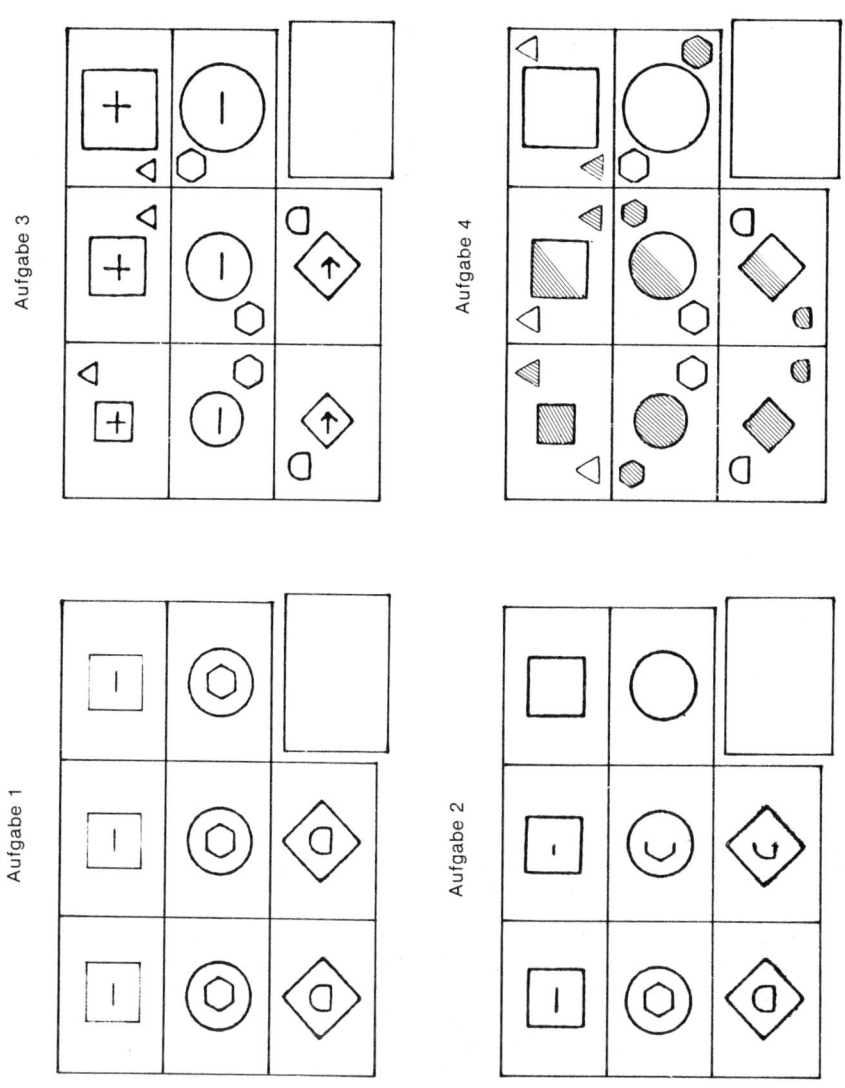

Abbildung 24: Regeln erkennen. In die leeren Felder rechts unten die richtige Lösung einzeichnen. Lösung in Abbildung 25.

99

Diese verbal-numerischen Fähigkeiten nehmen beim Erwachsenen viel eher und deutlicher ab. Das zeigt sich selbst bei Messungen des Hirnstoffwechsels (W.H. Riege und Mitarbeiter, 1985). Sie verfallen schneller als die Kapazitäten für bildlich-räumliche Informationsverarbeitung (K.W. Schaie, 1980; D.K. Jackson, H. Schneider, 1985). Ein weiterer Grund, sich beim GeJo auf das Training der verbal-numerischen Fähigkeiten zu konzentrieren.

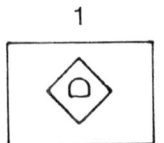 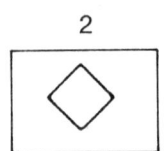 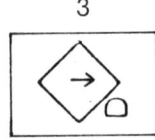 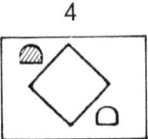

Abbildung 25: Richtige Lösungen der Aufgaben von Abbildung 24

Literatur:
Blakeslee, T. R.: Das rechte Gehirn. Das Unbewußte und seine schöpferischen Kräfte. Aurum: Freiburg, 1982
Jackson, D.K., H. Schneider: Age, Organization, and Memory: Effects of Presentation Rate and Rehearsal Strategy. Psychol. Rep. 56 (1985) 471-479
Merz, F.: Der Einfluß des Verbalisierens auf die Leistung bei Intelligenzaufgaben. Z. exp. angew. Psychol. 16 (1969) 114-137
Riege, W.H., E.J. Metter, D.E. Kuhl, M.E. Phelps: Brain Glucose Metabolism and Memory Functions: Age Decrease in Factor Scores. J. Gerontol. 40 (1985) 459-467
Schaie, K.W.: Intelligenzwandel im Erwachsenenalter. Z. Gerontol. 13 (1980) 373-384
Simon, H.A., A. Newell: Human Problem Solving: The State of the Theory in 1970. Amer. Psychol. 26 (1971) 145-159

Weshalb Klavierspieler nicht schneller spielen als sie denken

Schon 1961 hatte F. Wenzel, damals an der Technischen Hochschule in Darmstadt, Meisterschülern im Klavierspiel neue Noten zum Abspielen vorgelegt. Er hielt die Zeit fest, welche die Musiker brauchten, um das neue Stück abzuspielen. Seine Feststellung überraschte. Die Noten konnten nicht so rasch wahrgenommen werden, wie sie die Finger hätten spielen können.

Als Naturwissenschaftler war Wenzel fähig, genau zu bestimmen, wieviel Information die Klavierspieler beim Abspielen verarbeiten konnten. Dazu verwendete er die 1948 von E.C. Shannon eingeführte Informationseinheit »Bit«. Sie ist die Einheit für die Auswahl einer von zwei Möglichkeiten, für ja oder nein, im Computer für 0 oder 1.

Wir haben uns an den Gedanken gewöhnt, daß die meisten Elektronenrechner auf der Basis von 0-1-Codes arbeiten. Daß es der Mensch ebenfalls tut, wenn er Buchstaben, Wörter, Sätze, allgemein Sprache und Zahlen verarbeitet, ist selbst unter Psychologen noch nicht richtig bekannt. Dabei hatte beispielsweise 1959 der nordamerikanische Psychiater H.C. Shands festgestellt, wie der Mensch mit Sprache und Zahlen umgeht. Er zerlegt sie in Folgen von je zwei Möglichkeiten, z.B. ja oder nein. So gehen wir vor, wenn wir Buchstaben unterscheiden. In fünf Einzelschritten bestimmen wir auf diese Weise jeden Buchstaben des Alphabetes. Das könnte, wenn man sich die Abbildung 26 ansieht, folgendermaßen ablaufen. Man beginnt oben und fragt sich: »Muß ich jetzt nach rechts oder links?« Wenn die Entscheidung gefallen ist, befindet man sich an einer, um eins tieferen, Verzweigungsstelle. Man fragt wieder nach rechts oder links, usw. Das geht insgesamt fünfmal. Beim fünften Mal hat man den speziellen Buchstaben, den man sucht.

Wenn wir Buchstaben erkennen wollen, fragen wir zwar nicht bewußt, wie es gerade gezeigt wurde. Aber in uns funktioniert es so, ohne daß wir uns dessen bewußt werden. Das läßt sich durch verschiedene Experimente deutlich nachweisen.

Ein durchschnittlicher Erwachsener kann in der Sekunde 15 Zweier-Entscheidungen treffen. Er verarbeitet also 15 Bits pro Sekunde. Das bedeutet, daß er in der Sekunde drei durcheinandergeschüttelte Buchstaben erkennt, nicht mehr. Beispiel: t k v. Wenn er zum Erkennen von Wörtern manchmal weniger Zeit benötigt, dann liegt dies daran, daß sie als ganze Gebilde gespeichert sind. Die häufigsten Wörter der Sprache, im Deutschen die Artikel »die« und »der«, erkennt er am raschesten. Je häufiger ein Wort gebraucht wird, desto rascher erkennt man es. Wir können Vertrautes viel rascher erfassen als Unvertrautes.

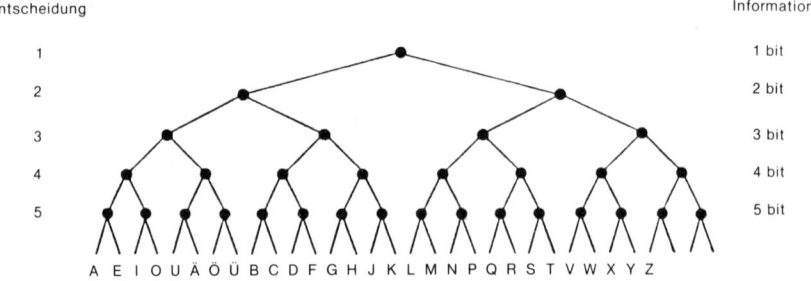

Abbildung 26: Um einen Buchstaben zu erkennen, benötigt man fünf Entscheidungen. Man tastet sich im Verzweigungsschema von oben nach unten heran.

Die *Geschwindigkeit der Informationsverarbeitung* ist die gleiche, ob wir nun Noten beim Klavierspielen lesen, die richtigen Tasten auf der Schreibmaschine suchen, einen Text lesen oder hören, ob wir Zahlen addieren oder gar multiplizieren. Die Grundgeschwindigkeit der Informationsverarbeitung ist ebenfalls die gleiche, wenn wir unsere Gedächtnisspeicher nach einem Namen oder Begriff absuchen. Auch dabei wird in der Sekunde 15mal geprüft, ob es der gesuchte Begiff ist oder nicht. Je seltener er vorkam, je unvertrauter er ist, desto länger sucht man im Durchschnitt. Deshalb gelangt man meist schneller zum Ziel, wenn man statt einer speziellen Bezeichnung von dem »Dingsbums« spricht. Auf diese Weise vereinfacht sich die Welt jedoch zu immer mehr »Dingsbumsen«.

Daß diese grundlegende Größe »Geschwindigkeit der Informationsverarbeitung« in vielen einfachen und komplexen Vorgängen wirksam ist, hatte der Paderborner Informationspsychologe Professor Dr. Helmar G. Frank schon 1959 in seiner Doktorarbeit behauptet und belegt. Aber die hauptsächlich in den USA und Europa an verschiedenen Forschungsstellen mit unterschiedlichen Methoden durchgeführten Studien, die zudem an sehr verschiedenen Personen (Kindern, Erwachsenen, Hochintelligenten, Schwachsinnigen usw.) vorgenommen wurden, lieferten keine einheitlichen Resultate. So gelangte der hochangesehene deutsche Professor der Ingenieurwissenschaften, Dr. K. Küpfmüller, aufgrund seines Überblickes zu dem Schluß, daß die Geschwindigkeit der Informationsverarbeitung zwar sehr begrenzt sei und 45 bis 50 Bits pro Sekunde nicht überschreite. Für das Leiselesen sei sie aber beispielsweise höher als für das Lautlesen und für das Addieren oder Multiplizieren sei sie nochmals niedriger. Neueste Untersuchungen haben das widerlegt (S. Lehrl, B. Fischer, 1985). Sie geben eindeutig H.G. Frank recht, wonach den verschiedenen geistigen Tätigkeiten die gleiche Geschwindigkeit der Informationsverarbeitung zugrundeliegt.

Die Geschwindigkeit der Informationsverarbeitung ist deshalb so wichtig, weil sie die Grundlage für viele Leistungen von Geist und Gedächtnis bildet, z.b. für das Klavierspielen, für die Auffassung und das Verständnis von Gesprächen, für die eigene Geschwindigkeit und Präzision bei der Formulierung von Sätzen, für die Orientierung im Straßenverkehr, für die Leistung im Intelligenz- und Gedächtnistest, und letztlich auch für den Erfolg im Beruf.

Die Größe der Informationsverarbeitungsgeschwindigkeit ist individuell. Bei manchen Erwachsenen liegt die oberste Grenze bei 13 Bits pro Sekunde, bei anderen sogar bei 18 Bits pro Sekunde. Unter Studenten gibt es verhältnismäßig viele mit diesem Niveau. Den individuellen Höchstwert kann man nur durch ständige Forderung, durch Training, wie z.b. durch GeJo aufrecht erhalten.

Da die Geschwindigkeit der Informationsverarbeitung in so vielen Größen mitwirkt, kann sie auch einfach und rasch gemessen werden. Dadurch wird es möglich, mehr über sich selbst zu erfahren, zu prüfen, welche Leistung eine Person im Vergleich zu anderen erzielt, oder auch, den Erfolg von Behandlungs- und Trainingsmaßnahmen schnell und objektiv festzuhalten.

Ein solches Verfahren ist das Buchstaben-Lesen (Abbildung 27), bei dem man mehrere Buchstaben-Reihen so schnell wie möglich lesen soll.

Die Buchstaben so schnell wie möglich lesen:
A X R S L G T N I D V E A Q X G Z O L W

Abbildung 27: Verfahren, mit dem man die Geschwindigkeit der Informationsverarbeitung messen kann.

Diese Verfahren sind auch als Test mit Normen ausgebaut (S. Lehrl, A. Gallwitz, L. Blaha, B. Fischer, 1991). Der gesamte Test heißt Kurztest für Allgemeine Grundgrößen der Informationsverarbeitung (= KAI) und mißt noch zusätzlich die Gegenwartsdauer (Abb. 28), die Kurzspeicherkapazität und den IQ (Abb. 31).

Bei mangelnder Übung nimmt die Geschwindigkeit der Informationsverarbeitung ab. Damit läßt auch die Fähigkeit nach, sich mit anderen zu unterhalten, den Rundfunk- oder Fernsehsprecher zu verstehen, die Zeilen in einer Zeitung oder Zeitschrift aufzunehmen und zu verarbeiten, die Aufgaben in einem Intelligenztest zu lösen, sich die Wörter in einem Gedächtnistest zu merken, gefährliche Situationen im Verkehr vorauszusehen und rechtzeitig darauf zu reagieren, usw.

Literatur:
Frank, H.G.: Informationsästhetik — Grundlagenprobleme und erste Anwendung auf die Mime pure. Diss. Stuttgart, 1959
Frank, H.G.: Über grundlegende Sätze der Informationspsychologie. Grundlagenstud. Kybern. Geisteswissensch. 1 (1960) 25-32
Küpfmüller, K.: Informationsverarbeitung durch den Menschen. Nachrichtentechn. Z. 12 (1959) 68-74
Lehrl, S., B. Fischer: Der maximale zentrale Informationsfluß bei KÜPFMÜLLER und FRANK: beträgt er 50 bit/s oder 16 bit/s? grkg/Humankybernetik 26 (1985) 147-154
Lehrl, S., A. Gallwitz, L. Blaha, B. Fischer: Geistige Leistungsfähigkeit: Theorie und Messung der biologischen Intelligenz mit dem Kurztest KAI. Vless: Ebersberg, 1991
Shands, H.C.: Adaptation and Information in Psychiatry. J. Nerv. Ment. Dis. 128 (1959) 204-213
Wenzel, F.: Über die Erkennungszeit beim Lesen. Kybernetik 1 (1961) 32-36

Die menschliche Gegenwart dauert 5 bis 6 Sekunden

Neben der Geschwindigkeit der Informationsverarbeitung hat die Dauer, in der die Information unmittelbar verfügbar ist, bewußt ist, eine wichtige Bedeutung. Das ist die *Gegenwartsdauer,* die Zeit des *unmittelbaren Behaltens.* Man kann sie mit Tests prüfen wie dem Nachsprechen von Buchstaben, Ziffern oder Wörtern, die im Abstand von einer Sekunde vorgesagt werden. Bei einem Test fängt man mit einer Reihe von drei Zeichen, beispielsweise Buchstaben an (Abbildung 28). Kann man sie unmittelbar wiederholen, versucht man es mit vier, dann mit fünf. Bis es nicht weiter geht. Dann führt man das Gleiche mit Ziffern durch und nimmt schließlich als persönliche Kapazität der Gegenwartsdauer den Mittelwert beider Versuche.

Zahlen-Nachsprechen	Buchstaben-Nachsprechen
9 2 8	P N H
6 8 3 7	V T M C
4 7 9 5 0	J C R G E
3 6 1 7 5 9	R L U D M X
8 2 5 1 6 4 7	S H X F P W T

Abbildung 28: Verfahren zur Messung der Gegenwartsdauer. (Erläuterung zur Abnahme im Text).

Nach verschiedenen Studien ergibt sich, daß wir ebenso viele Buchstaben wie Wörter, Farben, sinnarme Silben oder Ziffern gegenwärtig halten können. Es sind fünf bis sechs. Voraussetzung dafür ist, daß sie unabhängig voneinander sind, also beispielsweise nicht fünf Buchstaben, die ein Wort bilden, wie »Blume«. Es müssen durcheinandergewürfelte Buchstaben sein, wie in Abbildung 28 wiedergegeben.

Die menschliche Gegenwart, das ist die Zeit, in der uns Information unmittelbar zur Verfügung steht. Sie dauert fünf bis sechs Sekunden. Darum überblicken wir im Gespräch Sätze mit zwölf bis dreizehn Wörtern noch voll, wenn die Sprechgeschwindigkeit 2½ Wörter pro Sekunde beträgt. Deshalb haben wir noch beim Autofahren präsent, daß im toten Winkel hinter uns ein Auto auf der Überholspur fährt. Die psychische Gegenwart ist also mehr als der physikalische Schnittpunkt zwischen Vergangenheit und Zukunft, der keine zeitliche Ausdehnung hat.

Die Gegenwart dauert aber auch nicht länger als ungefähr sechs Sekunden. Bei Informationsangeboten über diese Grenze hinaus bricht alles in uns zusammen, wird desorganisiert. Wir haben schließlich weniger präsent als zuvor. Man probiere es einmal mit dem Nachsprechen von zehn Ziffern oder zehn Buchstaben. Oder mit dem Zuhören bei einem langen Satz, um ihn unmittelbar nach dem Ende für sich zu wiederholen. Der Nutzen der Gegenwartsdauer wird auch einsichtig, wenn man beobachtet, was passiert, wenn man die folgenden Zahlen im Kopf miteinander multipliziert: 13 x 27 = ?

Als erstes muß man die Zahlen und das Malzeichen erkennen. Je rascher die Geschwindigkeit der Informationsverarbeitung ist, um so schneller erkennt man sie. Dann beginnt man, Teile davon zu multiplizieren. Dabei sind Zwischenergebnisse im Bewußtsein — während der Gegenwartsdauer — zu speichern. Sie bleiben somit verfügbar. Entfällt ein Zwischenergebnis, muß man wieder von vorne anfangen. Hieraus wird der Nutzen der Gegenwartsdauer deutlich. Ohne sie könnten wir einfach nicht die aneinander gereihten Wörter eines Satzes verstehen, die Aufgaben eines Intelligenztests lösen oder den Überblick im Straßenverkehr behalten.

Allgemein erlaubt die Gegenwartsdauer verschiedene Informationen nebeneinander zu halten, zu vergleichen, Gemeinsamkeiten und Unterschiede sofort zu erkennen. Informationen aus der Umwelt und aus dem Gedächtnis. Dadurch wird der Mensch frei von dem Zwang, auf jeden Reiz sofort reagieren zu müssen. Er kann seine Reaktion verzögern, abwägen, sich unter mehreren Möglichkeiten entscheiden.

Die Gegenwartsdauer ist ebenso wie die Geschwindigkeit der Informationsverarbeitung eine individuelle Grundgröße. Der durchschnittliche Erwachsene verfügt über eine Gegenwartsdauer von fünf bis sechs Sekunden. Einige Personen eher über vier Sekunden, andere — darunter relativ viele Studenten — über sieben Sekunden.

Je länger die Gegenwartsdauer ist, desto mehr Vergleiche zwischen neuer Information untereinander oder neuer Information und Vorkenntnissen lassen sich durchführen. Desto besser kann man ein Gespräch oder die Nachrichten in der Presse, im Radio, im Fernsehen verstehen. Desto länger weiß auch der Autofahrer nach seinem Blick in den Rückspiegel, ob sich unmittelbar hinter ihm ein anderes Auto befand, das zum Überholen ansetzen könnte. Desto höher ist die allgemeine geistige Leistungsfähigkeit (F. Süllwold, 1964; A. Whimbey und Mitarbeiter, 1969). Daher prüfen die bekanntesten Intelligenztests auch, wieviele Zahlen man nachsprechen kann. Eigens dafür angestellte Experimente von Professor Dr. Arthur R. Jensen an der California-Universität in Berkeley/USA zeigten, daß man auf die Gegenwartsdauer bei der Intelligenzmessung nicht verzichten darf. Auch neurologische Überlegungen sprechen für ihre zentrale Bedeutung für die Informationsverarbeitung im Gehirn, nämlich als Zeitpuffer (A. R. Jensen, 1991).

Um das persönliche Maximalniveau aufrecht zu erhalten, um aus sich selbst das Bestmögliche herauszuholen, muß man im Training bleiben. Deshalb bildet die Übung auch dieser Basisgröße der Gegenwartsdauer, die in so vielen komplexen Berufs- und Alltagsleistungen mitwirkt, eine Grundlage von GeJo.

Literatur:
Frank, H.G.: Über grundlegende Sätze der Informationspsychologie. Grundlagenstud. Kybern. Geisteswissensch. 1 (1960) 25-32
Jensen, A.R.: Why is Reaction Time correlated with Psychometric g? A Neurological Theory. Vortragsmanuskript für das Symposium »Reaction Time and Mental Abilities – History, Status, and Trends«. American Psychological Association, San Francisco / USA, 19. August 1991.
Lehrl, S., A. Gallwitz, L. Blaha, B. Fischer: Theorie und Messung der biologischen Intelligenz mit dem Kurztest KAI. Vless: Ebersberg, 1991
Süllwold, F.: Das unmittelbare Behalten und seine denkpsychologische Bedeutung. Hogrefe: Göttingen, 1964
Whimbey, A., V. Fischhof, R. Silikowitz: Memory Span: A Forgotten Capacity. J. Educ. Psychol. 60 (1969) 56-58

Nur wenig bleibt hängen

Wie die Information am Ende der *Gegenwartsdauer* aus dem *Bewußtsein* verschwindet und deshalb für die weitere geistige Tätigkeit nicht mehr zur Verfügung steht, läßt sich am Beispiel der Abbildung 29 zeigen: Betrachten Sie diese einige Sekunden lang und zeichnen Sie sie sofort nach.

Falls das innerhalb weniger Sekunden geschieht, wird die Nachzeichnung wahrscheinlich richtig. Verwenden Sie aber mehr Zeit als Ihre Gegenwartsdauer beträgt, dann sinken Ihre Chancen wieder. Denn dann müssen Sie ihr *Gedächtnis* bemühen. Die Nachzeichnung wird dabei aber durch die Vorstellungen ergänzt, die sie schon vorher im Gedächtnis hatten. Und diese entsprechen selbstverständlich nicht der davon abweichenden Logik des Bildes. — Um sich diese einzuprägen, werden Sie viele Minuten darüber brüten müssen.

Abbildung 29: Aufgabe zur Trennung von Gegenwartsdauer und des Gedächtnisses. (Erläuterung zur Durchführung im Text).

Die dritte informationspsychologische Grundgröße betrifft den Einsatz des Gedächtnisses, das mittelbare *Behalten*. Sie ist die *Lerngeschwindigkeit*. Das ist die Geschwindigkeit, mit der Information gespeichert und wieder abgerufen werden kann. Nur ungefähr ein fünftel oder gar ein zwanzigstes von dem, was uns bewußt war, kann wenige Minuten danach wieder aus dem Gedächtnis abgerufen werden. Von all dem, was wir in jeder Sekunde aufnehmen, sind das ungefähr ein bis drei Bits. Davon lassen sich am nächsten Tag wiederum nur cirka ein Fünftel abrufen. Das heißt nicht, daß die Information nicht mehr im Gedächtnis gespeichert ist. In Ruhe, unter Hypnose oder unter einem anderen Gefühlszustand »fällt« uns vieles wieder ein, was wir für vergessen hielten.

Aber unter »normalen« Umständen, in den paar Sekunden, die wir tagsüber dem Verfolgen eines einzelnen Gedächtnisinhaltes widmen, sind nur die oben angegebenen Informationsmengen abrufbar. Es scheint, als bliebe wenig von dem Aufgenommenen hängen. Potentiell scheint die *Speicherkapazität des Gedächtnisses* jedoch nahezu unermeßlich groß zu sein.

Zwischen Erwachsenen gibt es erhebliche Unterschiede in der Lerngeschwindigkeit. Doch überraschenderweise hat sie keine Beziehung zur allgemeinen geistigen Fähigkeit, weder zur *flüssigen* noch zur *kristallisierten Intelligenz* (S. Lehrl, 1979). Somit auch nicht zum Umfang des allgemeinen *Wissens*. Offenbar reicht ein — gemessen an anderen Erwachsenen — relativ schlechtes »Gedächnis« immer noch zu extrem wirkungsvollen geistigen Bewältigungen der Lebensprobleme, der Umweltinformation aus.

Der Schlüssel des Rätsels: wir müssen die Fülle an Neuigkeiten, an Unbekanntem vermindern, indem wir an bereits Bekanntem anknüpfen oder Gemeinsamkeiten, Unterschiede oder Regeln erkennen. So wie Rückle hinter der Folge 451 697 die Zahlen 41 x 11 (= 451) und 41 x 17 (= 697) entdeckte oder wie Sie hinter MPESDYICZHIONLIOSGCIHEE die Wörter MEDIZINISCHE PSYCHOLOGIE sehen und dadurch mit einem Schlag ihre Lerngeschwindigkeit, ihr mechanisches Lernen kaum noch strapazieren.

Dennoch gehört auch das Training der Lerngeschwindigkeit zum GeJo. Denn es hilft, die allgemeine geistige Fitneß zu steigern. Außerdem gibt es Lebensbereiche, in denen es doch von Bedeutung ist: Auswendiglernen von Gedichten, Tabellen, Symbolen, Fremdwörtern, Gliederungen usw.

Literatur:
Lehrl S.: Zur Gedächtnisabhängigkeit von Intelligenzleistungen. Grundlagenstud. Kybern. Geisteswiss. 80 (1979) 1-13

Alle *Grundgrößen* üben

Der *Kurzspeicher* ist die Zentrale der Informationsverarbeitung. Seine *Kapazität*, sein *Fassungsvermögen* legt die Grenzen der allgemeinen geistigen Leistungsfähigkeit fest, der flüssigen und kristallisierten Intelligenz und — teilweise — sogar der Kreativität. Das ist vielfältig belegt (S. Lehrl, A. Gallwitz, L. Blaha, B. Fischer, 1991; B. Fischer, S. Lehrl, 1986; J.-E. Ruth, J.E. Birren, 1985). Die Abbildung 30 gibt diese Beziehungen schematisch wieder.

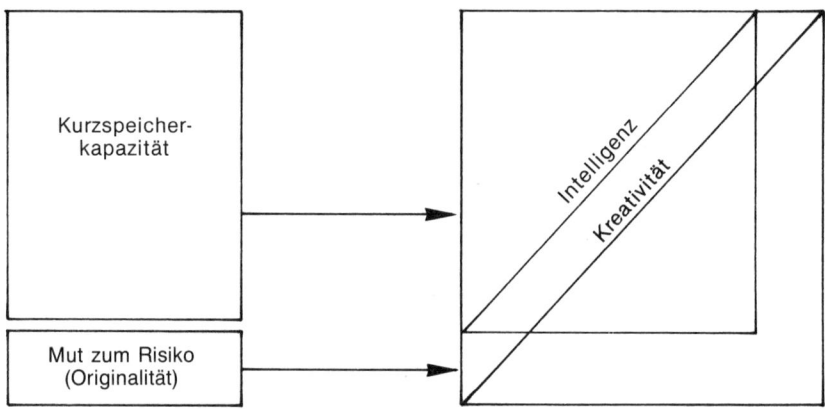

Abbildung 30: Die *Kurzspeicherkapazität* bestimmt die allgemeine geistige Leistungsfähigkeit in Beruf und Alltag. Dabei trägt sie nicht nur zur flüssigen und kristallisierten Intelligenz, sondern auch zur Kreativität bei.

Man kann sogar die augenblickliche Kapazität des Kurzspeichers K_K messen.
Sie entspricht dem Produkt aus der *Geschwindigkeit der Informationsverarbeitung* C_K und der *Gegenwartsdauer* T_R:
$$K_K \text{ (bit)} = C_K \text{ (bit/s)} \times T_R \text{ (s)}.$$

Testaufgaben für die letzten beiden Größen enthalten die Abbildungen 27 und 28.
Die Kurzspeicherkapazität beträgt beim Erwachsenen im Mittel 80 bit (vgl. Abbildung 31).
Da die beiden Komponenten des Kurzspeichers die *allgemeine geistige Leistungsfähigkeit* bestimmen, ist dies erst recht für den Kurzspeicher insgesamt der Fall. Messungen haben die Zusammenhänge erbracht, die die Abbildung 31 wiedergibt.

110

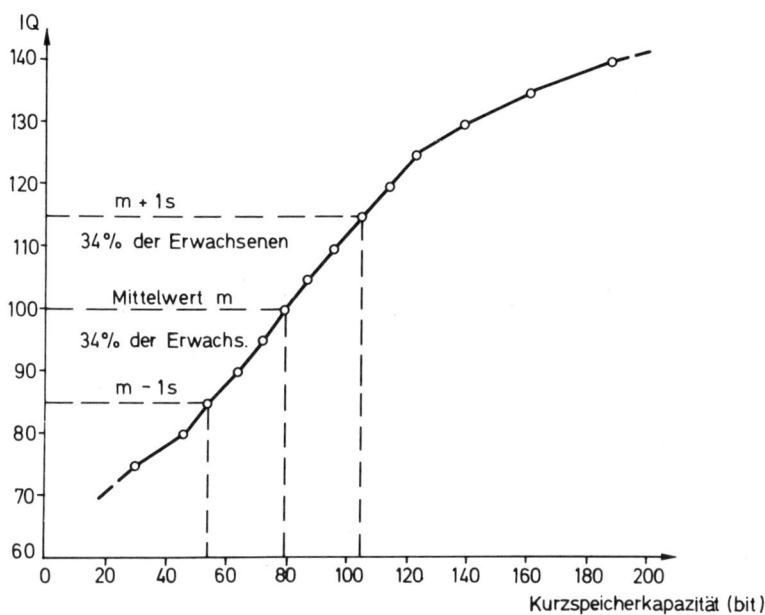

Abbildung 31: Zusammenhang zwischen Kurzspeicherkapazität und *Intelligenzquotient IQ*. Dieser dient als Hinweis auf die allgemeine geistige Leistungsfähigkeit.

Verschiedene Untersuchungen (siehe »Wirkungsbelege«) zeigen aber, daß die persönliche maximale Kurzspeicherkapazität, obwohl biologisch vorgegeben, von vielen Personen bei weitem noch nicht voll ausgenützt wird. Bei vielen Menschen kommt hinzu, daß sie durch Hirndurchblutungs- und Hirnstoffwechselstörungen direkt herabgesetzt wird. Doch auch in diesen Fällen läßt sie sich oft wieder erhöhen durch körperliche, aber auch psychische Maßnahmen (siehe »Wirkungsbelege«). Durch Ernährung, Medikamente, Bewegung, durch Anregung der Sinne, Gefühle und schließlich durch Geist und Gedächtnis. Die verschiedenen Maßnahmen können sich ergänzen oder verstärken, nicht zuletzt, weil geistige und körperliche Funktionen eng miteinander verbunden sind (V. Weiß, 1984, H. J. Eysenck, 1986). So wie durch körperliche Maßnahmen die Bereitschaft — aber nicht die Ausführung — geistiger Tätigkeiten erhöht wird, regt diese die körperlichen Funktionen an, zuerst den Hirnstoffwechsel, dann auch die Hirndurchblutung, den Herz-Kreislauf usw.

Untersuchungen von L. Sokoloff (1980) und noch spezieller von dem US-Amerikaner Dr. Thomas N. Chase und seinen Mitarbeitern (1984) geben sogar Hinweise darauf, wie und wo im Gehirn die informations-psychologischen Grundgrößen sitzen und wirken.

Chase und Mitarbeiter legten ihren Versuchspersonen die verschiedenen Untertests eines Verfahrens für die allgemeine Leistungsfähigkeit vor, die sogenannte »Wechsler Adult Intelligence Scale« WAIS. Dann registrierten sie mit Hilfe der »Fluorodeoxyglucose F18-Positronen Emissions-Tomographie« an welchen Stellen des Gehirnes mehr Zucker als sonst verbraucht wurde. Neben *Sauerstoff* ist Zucker der wichtigste Stoff, den die Nervenzellen unmittelbar bei ihrer Tätigkeit benötigen. Wenn er nicht sofort zur Verfügung steht, kann die Nervenzelle nicht mehr arbeiten. Dann kann nicht mehr wahrgenommen, gedacht, geplant, erinnert werden. Umgekehrt wird bei diesen Tätigkeiten Zucker verbraucht und sofort neu angefordert. Der *Zuckerstoffwechsel* an den Stellen mit erhöhtem Verbrauch steigt. Und so ist es auch bei der Bewältigung von Leistungstests.

Verschiedene Aufgaben erforderten eine sprachliche oder numerische Informationsverarbeitung. Die Ergebnisse bestätigen, was die Erforscher der Hemisphären-Funktionen mit teilweise völlig anderen Verfahren erkannt hatten (siehe »Was den Menschen so leistungsfähig macht: die kontrollierte Informationsverarbeitung«).

Die Durchführung von Berechnungen läuft, wie die Wissenschaftler durch den Zuckerverbrauch nachwiesen, auf der linken *Hirnhälfte* ab. Ebenso die Definition oder Erklärung von Wörtern wie »Kante«, »partiell«, »Gremium« usw. Vor allem die Aufgaben unter Zeitdruck (wie das Rechnen), bei welchen die Geschwindigkeit der Informationsverarbeitung eine große Rolle spielt, beziehen links größere Hirnteile ein, vom Hinterhauptslappen, über den Schläfenlappen, bis in das Stirnhirn (Abb. 32, oben). Die Verarbeitung von Bildinformation erhöht dagegen den Zuckerverbrauch in der rechten Hirnhälfte (Abb. 32, unten).

Unter den Tests befand sich auch das »Zahlen-Nachsprechen« (Abbildung 28), mit dem man die Gegenwartsdauer mißt. Bei seiner Durchführung verbrauchten die Versuchspersonen gleichzeitig beidseits am Vorderhirn mehr Zucker als an den anderen Stellen des Gehirns. Daraus erkennt man nicht nur, daß das Vorderhirn, das mit Vorstellungen, Denken und Planen bekanntlich eng verknüpft ist, der Ort ist, an dem die während der Gegenwartsdauer aufgenommene Information kurz gespeichert wird. Dies könnte der Ort des »Kurzspeichers« sein. Darüber hinaus findet diese kurze Speicherung sowohl in der linken als auch in der rechten Hirnhälfte statt, also sowohl auf der Seite für Sprache und als auch der für Bildinformation. Daher liegt die Annahme nahe, daß während der Gegenwartsdauer — im Kurzspeicher — *Bild-* und *Sprachinformation* miteinander verbunden werden können.

Informationsverarbeitung
bei sprachlich-rechneri-
schen Aufgaben (Prüfung
von Wortschatz, Wissen,
Verständnis, sprachlicher
Abstraktion, Rechnen).
Beispiel: Jemand hat ein
Zwei-Mark-Stück und
kauft sieben Brötchen für
je 12 Pfennige. Wieviel
Geld bleibt übrig?

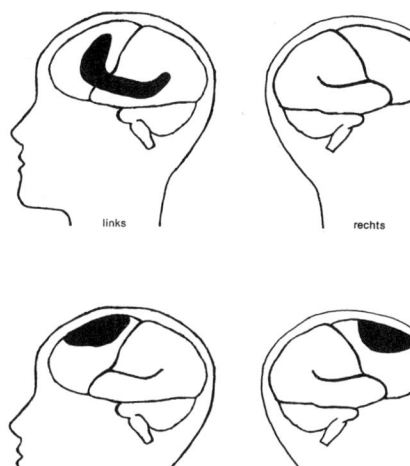

Lage des Kurzspeichers,
ermittelt durch Verfahren
für die Gegenwartsdauer
(Prüfung durch Zahlen-
nachsprechen). Beispiel:
3 5 6 8 4 2 nachsprechen,
wenn die ganze Zeile vor-
gelesen wurde.

Informationsverarbeitung
bei bildlichen Aufgaben
(Prüfung durch Würfel
nach Mustern zusammen-
fügen, Fehlendes in Bil-
dern erkennen).

Zum Beispiel:
Was fehlt?

(Lösung: ein Ohr)

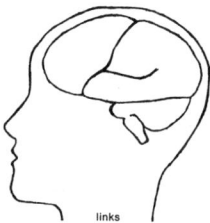
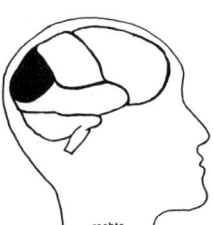

Abbildung 32: Wo sich der *Hirnstoffwechsel* erhöht, wenn Aufgaben zu
lösen sind, von denen je ein typisches Beispiel wiedergegeben ist (nach T.N. Chase und Mitarbeitern, 1984).

Die Würzburger Denkpsychologen hatten bereits zu Beginn dieses Jahrhunderts zur damaligen Überraschung bemerkt, daß beim (sprachlichen) Denken vor allem die Zuwendung zur Aufgabe, dann die Zwischen- und Endergebnisse bewußt werden. Die restlichen Vorgänge entziehen sich dagegen dem *Bewußtsein*. Das könnten die Vorgänge sein, bei denen der erhöhte Zuckerstoffwechsel als Anzeiger der entsprechenden geistigen Aktivität außerhalb der Hirnteile stattfindet, die mit der Gegenwartsdauer in Verbindung stehen.

Übrigens (siehe Abbildung 32 unten) liegen auch die Zuckerstoffwechselsteigerungen bei der Bewältigung bildlicher und räumlicher Aufgaben außerhalb jener Hirnbereiche, die bei der Prüfung der *Gegenwartsdauer* aktiv sind. Die Bewältigung bildlicher und räumlicher Aufgaben läuft eben überwiegend unbewußt ab.

Die vielleicht erste, ähnliche Studie dieser Art stammt von D.H.Ingvar (1975). Seine Aufgaben deckten sich nicht so präzise mit den informationspsychologischen Basisgrößen wie bei Chase et al. Im großen und ganzen stehen sie mit seinen Ergebnissen aber im Einklang. Wie H.H. Kornhuber (1988) und C.-W. Wallesch (1983) zeigen, sind an der kurzfristigen Informationsspeicherung nicht nur die frontale Hirnrinde, sondern auch tiefergelegene Hirnstrukturen, die Basalganglien, beteiligt. Es handelt sich also teilweise um entwicklungsgeschichtlich ältere Leistungen.

Die gezeigten Zusammenhänge sind neu und an relativ wenig Versuchspersonen erhoben worden. Auch wenn sie gut in das sich allgemein abzeichnende Gesamtbild von Geist und Gehirn passen, muß man auf weitere wissenschaftliche Bestätigungen warten. Jedenfalls stützen sie die Auffassungen über GeJo, die ursprünglich ja aufgrund ganz anderer Forschungsergebnisse gewonnen wurden, die Auffassungen über ein »sauberes« Training.

Literatur:
Chase, T.N., P. Fedio, N.L. Foster, R. Brooks, G. Di Chiro, L. Mansi: Wechsler Adult Intelligence Scale Performance. Cortical Localization by Fluorodeoxyglucose F18-Positron Emission Tomography. Arch. Neurol. 41 (1984) 1244-1247
Eysenck, H. H.: The theory of intelligence and the psychophysiology of cognition. In: Sternberg, R. J. (Hrsg.): Advances in the psychology of human intelligence, Vol. 3. Erlbaum: Hillsdale, N. J., 1986
Fischer, B., S. Lehrl: Kreativität als Funktion von Gegenwartsdauer und Informationsfluß zum Kurzspeicher. grkg Humankybernetik 27 (1986) 17-23
Ingvar, D.H.: Patterns of brain activity revealed by measurements of regional cerebral blood flow. In: Ingvar, D.H., N.A. Lassen (Hrsg): Brain work. Munksgaard: Kopenhagen, 1975, S. 397-413
Kornhuber, H.H.: The Human Brain: From Dream and Cognitions To Fantasy, Will, Conscience, and Freedom. In: Markowitsch, H.J. (Hrsg): Information Processing by the Brain. Huber: Toronto, 1988, S. 241-258
Lehrl, S., A. Gallwitz, L. Blaha, B. Fischer: Geistige Leistungsfähigkeit: Theorie und Messung der biologischen Intelligenz mit dem Kurztest KAI. Vless: Vaterstetten, 1991
Sokoloff, L.: Relationship between Functional Activity and Energy Metabolism in the CNS. Trans. Am. Soc. Neurochem. 11 (1980) 171
Ruth, J.-E., J.E. Birren: Creativity in Adulthood and Old Age: Relations to Intelligence, Sex and Mode of Testing. Intern. J. Behav. Developm. 8 (1985) 99-109
Wallesch, C.-W.: Zur Repräsentation kognitiver Funktionen in Basalganglien. Psycho 9 (1983), 391-392
Weiß, V.: Psychometric intelligence correlates with interindividual different rates of lipid peroxidation. Biomed. Biochim. Acta 43 (1984) 755-763

Das »saubere« *Training*

Messungen der Hirnströme mit dem EEG (Elektroenzephalographie) belegen, daß während der *sprachlich-numerischen Informationsverarbeitung* die andere Hirnhälfte relativ ruhig ist (W.J. Ray, H.W. Cole 1985). Während die dominante Seite arbeitet — beim Rechnen, Schreiben, Sprechen — produziert die andere Ruhewellen, die sogenannten »Alphawellen«. Das stimmt mit den Ergebnissen der ausführlicher dargelegten Studie von T.N. Chase und Mitarbeitern überein: bei der Ver-

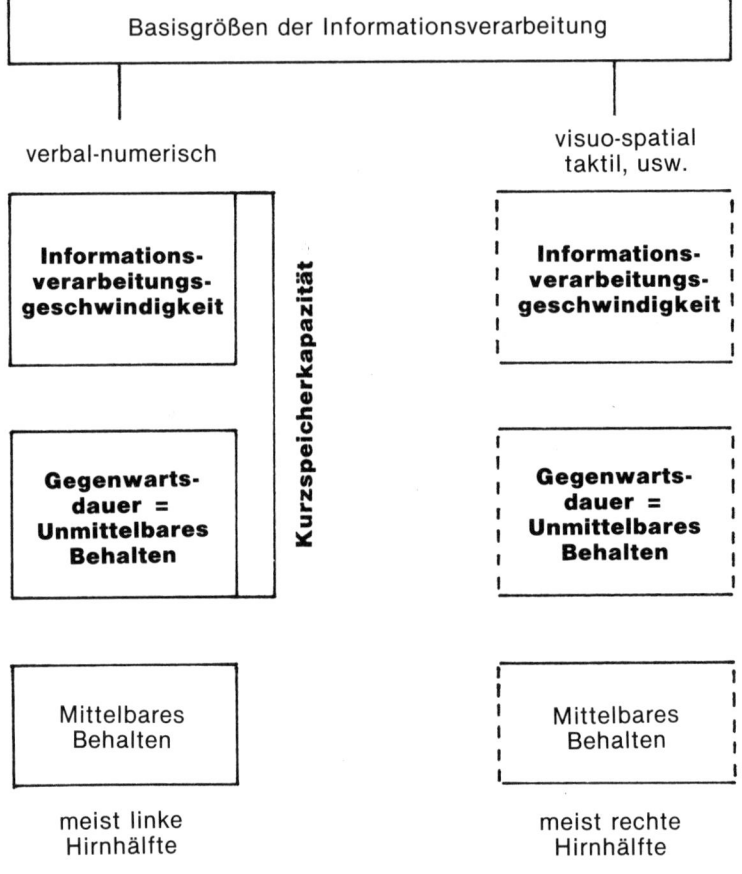

Abbildung 33: Die *Grundgrößen der Informationsverarbeitung.* Die auf der linken Seite dargestellten sind die wichtigste Grundlage der allgemeinen geistigen Leistungsfähigkeit. Davon haben die beiden oberen wiederum die größte Bedeutung.

arbeitung sprachlicher oder numerischer Information erhöht sich der *Zuckerstoffwechsel* links, aber nicht rechts (Abbildung 32 oben). Deshalb sollte auch die Verarbeitung von Bildinformation trainiert werden, beispielsweise durch Würfelspiele, Puzzels, Bilderrätsel. Systematische Übungen für deren Grundgrößen (Abbildung 33) sind unseres Wissens aber noch nicht entwickelt. Es ist noch nicht einmal ganz sicher, ob sie eigene Grundgrößen haben, eine eigene *Gegenwartsdauer*, eine eigene *Geschwindigkeit der Informationsverarbeitung*, eine eigene *Lerngeschwindigkeit*. Hierfür liegen noch keine informationspsychologischen Meßverfahren vor.

Daher läßt sich weder das Ausmaß der visuo-spatialen Kapazitäten noch ein Übungserfolg direkt messen.

Aber wie schon ausgeführt (»GeJo beginnt links: Grundgrößen...«), in der Rangfolge ist es am wirkungsvollsten die sprachlich-numerischen Grundgrößen zu trainieren. Dafür bietet GeJo systematisch entwickelte Übungen an. Das letzte Kapitel (»Wie man Gehirn-Jogging treibt«) enthält Beispiele.

Unter den sprachlich-numerischen Grundgrößen sind am wichtigsten: die Geschwindigkeit der Informationsverarbeitung und die Gegenwartsdauer (siehe »Nur wenig bleibt hängen«).

Dennoch sollte man zusätzlich das mittelbare Behalten üben und auch die bildliche Seite. Beim Training all der angeführten Grundgrößen werden die Aufmerksamkeit, Konzentration und das Durchhaltevermögen mittrainiert.

Literatur
Ray, W.J. H.W. Cole: EEG Alpha Activity Reflects Attentional Demands, and Beta Activity Reflects Emotional and Cognitive Processes. Science 228 (1985) 750-752

Das *Training* durch den täglichen Gebrauch

Geist und Gedächtnis vielseitig fit halten, auf dem Niveau ihrer maxialen Leistungsfähigkeit, das ist sicher eine Leitvorstellung für viele, für ihre geistige Selbstverwirklichung.

Alle *geistigen Möglichkeiten* ausschöpfen

Wir können nicht alle geistigen Möglichkeiten ausschöpfen, die in uns stecken. Dazu reicht die Zeit nicht. Und das Leben bietet nicht alle Situationen, die uns entsprechend geistig fordern. Das ist vergleichbar mit dem körperlichen Bereich: die Arme, Hände, Finger bleiben in ihrer Beweglichkeit fit, schon durch den täglichen Gebrauch, ohne spezielles Training. Die Füße, besonders die Zehen, verkümmern dagegen. Was in ihnen steckt, zeigen Fußmaler, die mangels Händen mit den Füßen malen, zeichnen und schreiben müssen.

Auch geistig haben wir unsere unausgeschöpften Fähigkeiten. So wußte die 75jährige Frau E. (siehe »Wirkungsbelege«), bevor sie zur Teilnahme am *Hochleistungs*kurs im Erlanger Begegnungszentrum überredet wurde, noch nicht, daß sie in ihrem Alter während drei Monaten lernen würde, 15 kurz vorgezeigte Ziffern richtig zu wiederholen, während ihr dies vorher nur für 6 Ziffern möglich war. Ein Zufall in ihrem Leben legte in ihr geistige Fähigkeiten frei, von denen sie zuvor nichts wußte.

Wir können nicht alle Möglichkeiten unseres Geistes und Gedächtnisses ausschöpfen. Aber wir können uns für die Situationen, für die Problembewältigungen *fit halten* oder fit machen, in die wir häufig gelangen: Namen erinnern, Jahreszahlen merken, Einkaufsliste im Kopf behalten, beim Abrechnen mitrechnen oder wenigstens die Summe überschlägig vorwegnehmen usw. (Abbildung 34).

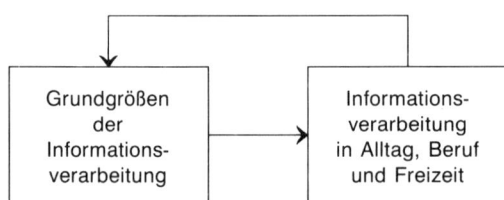

Abbildung 34: Das Training der Grundgrößen wirkt sich auf die Informationsverarbeitung im Alltag aus. Die Übung durch die tägliche Informationsverarbeitung wirkt auf die Grundgrößen zurück.

Auf der anderen Seite ist darauf zu achten, daß die *Grundgrößen der Informationsverarbeitung* (Abbildung 33) ausnahmslos beansprucht werden.

Welche täglichen Tätigkeiten fordern welche Grundgrößen? Einen ersten Versuch, derartige Beziehungen herzustellen, enthält die Tabelle 1.

Grundgrößen der Informationsverarbeitung

Tätigkeit	verbal-numerisch	
	Informations-verarbeitungs-geschwindigkeit	Gegenwarts-dauer (Unmittelbares Behalten)
Tagesablauf planen	X	X
Haushalt machen		
Einkaufen		
Basteln, handwerkliche Tätigkeiten		
Stadtfahrt, Tagesreisen, Wandern		
Teilnahme am Verkehr		
Sich von Medien »berieseln« lassen: Zeitung, Illustrierte, Radio, Fernsehen, Kinofilme, Videofilme, Roman, Werbung usw.		
Information aufnehmen und verstehen wollen: Artikel, Sendungen auswählen, Zuhören, Verstehen: Buch, Zeitung, Radio, Werbung Gespräch	X	X
Fernsehen, Illustrierte	(X)	(X)
Selbst sprechen, vortragen, sich unterhalten	X	X
Schreiben (nicht abschreiben) mit Textentwurf	X	X
Gedichte, Texte lernen	(X)	(X)
Memory spielen		
Puzzle spielen		
Kreuzworträtsel lösen	(X)	
Schachspielen	X	X
Denkaufgaben, Logikspiele, Rechenaufgaben	X	X
Computerspiele (bildliche)		
Kartenspiele zu mehreren (Skat, Schafkopf, Rommé usw.)		
GeJo Card	X	X

Tabelle 1: Welche Grundgrößen bei welchen Tätigkeiten im Alltag, Beruf und Freizeit geübt werden, ungefähre Einschätzungen
In Klammern: Training vermutet, ist aber nicht ausgeprägt

		bildlich		
Lerngeschwindigkeit (Mittelbares Behalten)	Informationsverarbeitungsgeschwindigkeit	Gegenwartsdauer (Unmittelbares Behalten)	Lerngeschwindigkeit (Mittelbares Behalten)	Durchhaltevermögen
X				(X)
	X	X		(X)
X	X	X	X	
	X	X		X
	X	X	(X)	
	X	X		X
(X)				X
(X)	X	X	(X)	(X)
X				
X				
X				X
	(X)	(X)	X	
	(X)	X	(X)	X
(X)				
	(X)	(X)	(X)	X
(X)				X
	X	X		(X)
	X	X		(X)
X				(X)

Geistige Tätigkeiten mit und ohne *Anstrengung*

Manche der Angaben in der Tabelle 1 ändern sich etwas, wenn man die Intensität berücksichtigt, mit der etwas getan wird. Je intensiver man sich einer Aufgabe zuwendet, desto mehr wird das Durchhaltevermögen beansprucht, und umso stärker tritt auch zur *bildlichen Informationsverarbeitung* die sprachliche Seite, und manchmal erhöhen sich gleichzeitig die Anforderungen an das Gedächtnis. Das ist deutlich erkennbar beim Schachspiel. Der Anfänger oder Begeisterte ohne weitere Schulung sieht das Muster auf dem Schachbrett, zieht im Geiste einige Figuren, merkt sich kurzfristig einige geistige Versuche. Er lebt sehr in der Gegenwart, hauptsächlich im Anschaulichen. Sein Blick löst sich kaum vom Schachbrett.

Anders der Geschulte, Fortgeschrittene oder Meister. Er vergleicht die Muster auf dem Schachbrett mit anderen aus anderen Spielen, von ihm selbst oder von Großmeistern. Er ruft sie aus dem Gedächtnis ab. Er erinnert sich dann, welche Züge nun besonders erfolgreich waren. Er zieht bildlich und in Worten: »am günstigsten ist der Bauer von C2 auf C3«. Denn aus den Büchern, von Schachlehrern, durch eigene Kommentare haben sich Bild und Sprache ineinander verwoben. Er verarbeitet deshalb bildliche und verbale Information etwa gleichwertig.

Die Intensität, mit der wir uns geistig beschäftigen, zeigt an, wie wirksam die betreffende Tätigkeit im Sinne von *Gehirntraining* ist. Einen deutlichen Hinweis gibt das begleitende *Anstrengungsgefühl*. Es zeigt an, wie die Kapazitäten der *verbal-numerischen Informationsverarbeitung* ausgelastet sind.

Das läßt sich sogar objektiv messen. Und somit ist es möglich, eine Rangordnung des Trainingswertes verschiedener geistiger Tätigkeiten im Alltag aufzustellen.

Ein objektives Maß ist die Weite der Pupillen. Sie erweitern sich bei Anspannung, Aktivität, Interesse, schlechthin dann, wenn jemand ganz bei der Sache ist. Bei Passivität, mangelnder Anteilnahme ziehen sie sich zusammen. Zur Messung gibt es Apparaturen, welche genau aufzeichnen, um wieviele Zehntel Millimeter sich die Pupillenweite verändert. Damit befaßt sich die Pupillometrie.

In seinem Überblicksbericht zur pupillometrischen Forschung hat J. Beatty (1982) gezeigt, daß man die Anstrengung bei der Verarbeitung von Information pupillometrisch objektiv wiedergeben kann. So mißt man, wieviel geistige Energie man auf Teile eines Gespräches verwendet, aber auch wieviel Anstrengung die Unterscheidung in der Wahrnehmung von zwei Bäumen im Tages- oder Abendlicht erfordert, wieviel das Lesen aus einer Tageszeitung, das Fernsehen bei einem Spielfilm, das Addieren und Multiplizieren von Zahlen und das Merken von 2, 3, 4 oder gar 5 oder 6 Gegenständen kostet. Die Resultate geben eine Grundlage für die Einschätzung, welche Tätigkeiten Geist und Gedächtnis wirksam beanspruchen und welche gar nicht. Nur die mit Anstrengung verbundenen Vorgänge fordern und trainieren die geistigen Funktionen, vor allem die sprachlich-numerischen.

Sich anstrengen bedeutet nicht unbedingt, daß es immer Schweiß und Mühe kostet. So merkt der Tischtennisspieler, der mit Freude den Schmetterball seines Spielgegners pariert, nicht die damit verbundene Anstrengung. Während wir denken und uns erinnern, sind wir ganz bei der Sache. Dann spüren wir nicht den begleitenden Energieaufwand.

Wie fordern uns nun die verschiedenen Tätigkeiten, die in den Umkreis der geistigen Funktionen gehören: zum Beispiel **Wahrnehmen, Lesen, Radio, Vortrag hören, Filme sehen (Fernseher, Video, Kino), Lernen, mit anderen sprechen, vortragen, schreiben, dichten, im Kopf rechnen, etwas planen, organisieren, spielen?**

Wahrnehmen: Einfache Wahrnehmungen fördern Geist und Gedächtnis kaum. So erfordert die Wahrnehmung des hellen Vollmondes am wolkenleeren Nachthimmel keine Mühe. Damit sei jedoch nicht in Abrede gestellt, daß sich bei diesem Anblick Gefühle der Ruhe und Bewunderung für die Natur einstellen.

Je schwerer sich Gegenstände wahrnehmen lassen, desto mehr geistige Anstrengung ist erforderlich. Das gilt für Bilder mit schwer unterscheidbaren Konturen oder unterbrochenen Linien, z.B. wenn man die unvollständigen Figuren der Abbildung 35 erkennen will.

Abbildung 35: Die Wahrnehmung des linken Bildes erfordert weniger Anstrengung als die des rechten.

(rechts: Enten auf dem Wasser. Mutter mit drei hinterher schwimmenden Küken).

Lesen: Häufig wird die Frage gestellt, ob die Beschäftigung durch Lesen nicht Gehirn-Jogging sei. Sie ist es nur teilweise. Je leichter ein Text ist, je weniger Neues er dem Lesenden liefert, desto weniger beansprucht er ihn; desto weniger fordert und trainiert er Geist und Gedächtnis. Wenn nicht hin und wieder ein unbekanntes Wort im Text steht, wenn er nicht über Sachverhalte berichtet, die man nicht ganz durchschaut und bei denen man deshalb innehalten muß, um darüber nachzudenken, dann nützt das Lesen wenig. Ein einfach geschriebener Roman oder ein Abenteuerbuch verhelfen bestenfalls, Gefühle anzuregen und eigene Wünsche und Phantasien zu wecken. Damit haben sie einen bestimmten Wert, regen Geist und Gedächtnis aber kaum an.

Das Lesen stimuliert Geist und Gedächtnis noch am meisten, wenn man gerade beginnt, eine Zeitung, Zeitschrift, Illustrierte oder ein Buch zu lesen. Wenn die Augen nach 10 oder 20 Minuten nur noch über die Zeilen gleiten, wenn man nicht mehr in dem Text lebt und für sich vorwegnimmt, was nun kommt, dann wendet es sich nicht mehr an Geist und Gedächtnis.

Radio, Vortrag hören: Mit dem Zuhören beim Rundfunk oder anderen nicht bildgestützten Vorträgen ist es wie mit dem Lesen. Es ist so lange nützlich, wie man sich auf die Stimme des Sprechers konzentriert, ihm zu folgen und ihn zu verstehen versucht. Sobald die Radiosendung oder der Vortrag nur noch eine Geräuschkulisse bilden, regen sie Geist und Gedächtnis nicht mehr an.

Filme sehen (Fernseher, Kino, Video): Fernseh-, Kino- und Videofilm regen vergleichsweise am wenigsten an. Durch ihre Bilder faszinieren sie und lenken vom Ton, von der Gedankenführung ab. Der Zuschauer läßt sich faszinieren von den Farben und Geräuschen. Die Inhalte, die Botschaften der Filme treten in den Hintergrund. Ganz davon abgesehen, daß viele Sendungen ohnehin keine besondere Botschaft haben außer zu unterhalten.

Gegenüber dem Sehen von Tonfilmen sind Lesen und Rundfunkhören oft anspruchsvoller, anregender. Dennoch kann man auch dem Tonfilm Vorteile abgewinnen, das Dabeisein im Bild, in der räumlichen Umgebung. Um alle diese Möglichkeiten im Sinne der geistigen Aktivierung zu nutzen, sollte man sich vorher überlegen, welche Sendungen, Bücher oder Artikel man auswählt. Anhand der Titel oder Umschlagtexte der Bücher sollte man sich Gedanken darüber machen, was man zu erwarten hat. Rundfunk- oder Fernsehgerät sollte man nach dem Anhören und Ansehen einer Sendung ausschalten. Wer so handelt, kann selbst diesen Sendungen einiges für Geist und Gedächtnis abgewinnen.

Gegen ein mäßiges, zerstreuendes oder nicht ganz ausfüllendes Lesen, Radiohören und Filmesehen ist nichts einzuwenden, aber gegen eine zu lange oder fast ausschließliche Beschäftigung dieser Art. Am Tag sollten verschiedene Betätigungen unter starker Einbindung von Geist und Gedächtnis stattfinden, möglichst nicht nur einmal für längere Zeit, besser mehrmals nur 10 Minuten bis vielleicht 1/2 Std. Den *Anspannungen* sollten *Entspannungen* folgen (siehe: »Sich optimal aktivieren«).

Lernen: Beispiele dafür sind das Lernen von Gedichten und Fremdsprachen, sich in ein neues Gebiet einarbeiten. Hierbei ist zu unterscheiden zwischen den Anteilen des Auswendiglernens und des Lernens durch Absuchen des Lernstoffes nach schon Bekanntem, nach Wesentlichem, nach Regeln. Auswendiglernen von Gedichten oder Vokabeln einer Fremdsprache ohne Wiederholungen hat, wie es scheint, auch im entspannten Zustand Erfolg. Das sogenannte »Superlernen« basiert auf Entspannung.

Aber schon Wiederholungen sind geistige Akte, die anstrengen. Vor allem das Festhalten eines Inhaltes im Kurzspeicher wie z.B. der Zahl 352. Wenn die Anstrengung steigt, erweitern sich die Pupillen so weit es geht (J. Beatty, 1982). Man atmet rascher, der Puls erhöht sich, die Fingerkuppen sondern Schweiß ab. Wenn die Informationsmenge für den Kurzspeicher zu umfangreich wird, bricht alles zusammen. Fast alle Inhalte entfallen dem Kurzspeicher, sie sind nicht mehr bewußt. Die Pupillen verengen sich, der Puls schlägt langsamer usw. Man entspannt. Die geistige Tätigkeit ist abgebrochen.

Das kurzfristige Aufnehmen und Festhalten von Information, wie es zum *Wiederholen*, zum sicheren Lernen nötig ist, kann geistig schon auf Trab halten.

Erst recht die Versuche, den Stoff auf Bekanntes, Regelhaftes abzusuchen; beispielsweise beim Einprägen dieser Zahlen: 13 8 11 14 18 7 15 12 17 9 16 10. Dabei spielt die Reihenfolge bei der Wiederholung keine Rolle. Wer die Zahlen auswendig lernt, wird lange brauchen. Wer die Reihe nach verschiedenen Richtungen absucht, an ihr herumprobiert, wird bei etwas Glück feststellen, daß es die Zahlen von 7 bis 18 sind. Nun ist das Einprägen leicht. Die geistigen Akte beim Suchen von Regeln sind jedoch anstrengend. So ist es auch beim Erfassen grammatikalischer Regeln, von Gliederungen bei Fachartikeln, Büchern usw. Ein derartiges Lernen ist gleichzeitig immer ein gutes Training für Geist und Gedächtnis. Ebenso der Einsatz von Tricks, Strategien. Auf wichtige wird unter »Strategien« eingegangen.

Mit anderen *sprechen, vortragen:* *Gespräche* mit anderen können viel Abwechslung bringen, wenn man durch sie etwas Neues erfährt, wenn sie etwas enthalten, worüber man nachdenken muß, weil man es nicht gleich versteht. Noch anregender ist es, selbst etwas darzustellen, selbst zu sprechen, gar einen Vortrag, eine Rede zu halten. Während des Sprechens benutzen wir ganz intensiv das Gedächtnis. Es soll uns laufend die Wörter zur Verfügung stellen, die wir brauchen. Das sind pro Sekunde zwei bis sechs. Die selten verwendeten Worte bereiten am meisten Schwierigkeiten. Das sind die mit einer hohen subjektiven Information, in erster Linie die Hauptwörter, dann die Eigenschaftswörter und erst zuletzt Tätigkeitswörter, Bindewörter und Präpositionen etc. (W. Marx, 1978). Die größten Probleme hat das Gedächtnis mit den Hauptwörtern. Vor allem Namen, geografische Bezeichnungen, Fachausdrücke etc. bereiten uns Schwierigkeiten (siehe »spezielle Strategien: Keine Angst vor Namen«). Ihr Abruf dauert manchmal zwei, drei oder mehr Sekunden. Dabei stockt der Sprachfluß.

Viele Redner versuchen, diese Zeit durch Füllsel zu überbrücken wie beispielsweise durch »äh-äh«, »sozusagen«, »gewissermaßen«, durch Leerwörter wie »das Ding«, »diese Sache« oder durch weniger passende Wörter, die ihnen aber rascher einfallen. Für Geist und Gedächtnis ist es wichtiger, Füllsel und Leerwörter zu vermeiden und das Wort zu finden, das den Nagel auf den Kopf trifft, auch wenn man manchmal stecken bleibt. Sollte es mal sehr auf Flüssigkeit z.B. eines Vortrages ankommen, wird man sich vorbereiten, alles wenigstens einmal durchdenken, sich geistig »aufwärmen«. Dann sind die speziellen Sachverhalte und Wörter wieder vertrauter, haben weniger subjektive Information und bieten sich rascher für den Abruf an.

Schreiben, dichten: Tätigkeiten, wie dichten, etwas nach eigenen Vorstellungen schreiben, reimen stellen hohe geistige Anforderungen. Hier gilt dasselbe wie für das Sprechen und Vortragen, mit dem Unterschied, daß meist mehr Zeit für die Formulierungen zur Verfügung steht.

Im Kopf rechnen: Die damit verbundene Anstrengung hängt sehr von der Schwierigkeit der Aufgaben und dem Zeitlimit für deren Bewältigung ab. Das Nachrechnen von drei oder mehr Posten beim Einkauf erfordert schon eine beachtliche Anstrengung, vor allem wenn es um die Addition von dreistelligen Zahlen geht wie z.B.: DM 1.47 + DM 3.74 + DM 9.91 = DM ?. Wenn man die Hausaufgaben seiner schulpflichtigen Kinder kontrolliert und z.B. die Zahlen 5 x 7 zu multiplizieren hat, findet man das Ergebnis meist rasch, mit wenig Mühe. Bei der Multiplikation von 18 x 9 strengt man sich wesentlich mehr an. Zur Lösung der Aufgabe 16 x 23 muß man normalerweise schon seine ganze Konzentration aufbieten. Hervorragenden Rechnern genügt dieser Schwierigkeitsgrad manchmal noch nicht. Sie sollten es einmal mit 34 x 128 probieren. Bei solchen Leistungen erreicht die Pupillenweite ihr Maximum. Aber man spürt auch selbst deutlich, wie man als ganze Person beansprucht wird. Man wird nicht nur belebt, auch die Gefühle werden leichter geweckt bis hin zur Reizbarkeit oder zum unmotivierten Lachen. Das Herz schlägt rascher, die Atmung beschleunigt sich. In diesem Zustand hat uns die Tätigkeit von Geist und Gedächtnis als Ganzes erfaßt. Wir denken an nichts anderes mehr als an die Aufgabe, das gerade zu bewältigende Problem. Man geht darin auf, bis an die Grenze, wo es einem zuviel wird, wo man aussteigt, weil man überfordert ist.

Etwas *planen, organisieren:* Am Morgen den Tagesablauf, am Montag den Wochenablauf planen; eine Reise für sich oder gar für andere vorbereiten; eine Veranstaltung oder Kampagne für einen Verein organisieren. All dies sind Tätigkeiten, bei denen viele Einzelheiten berücksichtigt werden müssen und die dennoch einen Überblick erfordern. Sie stellen in der Regel sehr hohe Anforderungen; vor allem dann, wenn man unerfahren auf dem Gebiet ist und wenn die Aufgaben sehr komplex sind. Diese Tätigkeiten erfordern geistige Fitneß und sie halten weiterhin fit.

Spielen: Es gibt tausende von Spielen und wenigstens einige hundert, die die eine oder andere oder gar mehrere Grundgrößen der Informationsverarbeitung stark ansprechen. Manche Spiele sind für eine, andere für einige oder gar viele Personen konzipiert. Bei letzteren kommt noch der Vorteil der Kommunikation mit anderen hinzu. Man kann mit jemandem sprechen, man hört etwas Neues.
Prinzipiell bewerten wir Spiele und ähnliche Freizeitunterhaltungen als Möglichkeiten des geistigen Trainings positiv. Ihr Vorteil besteht darin, daß sie mit Spaß und Freude verbunden sind. Sie regen an und manchmal auf. Welche Spiele sind besonders günstig? Unter dem Gesichtspunkt der geistigen Anstrengung sind solche zu nennen, bei denen man zu »knacken« hat, bei denen man geistige Versuche machen muß, um Lösungen oder Zwischenlösungen zu finden. Bei vielen Spielen sorgen Gegner dafür, daß man sich ständig etwas Neues einfallen lassen muß.
Spiele mit Wort und Zahl sind wichtiger (z.B. Scrabble, Boggle) als solche mit Figuren (Mensch-Ärgere-Dich-Nicht, Fang-den-Hut, Computerspiele wie Packman, Man-Hunt).
Spiele, bei denen man geistig kombinieren muß und zusätzlich das Gedächtnis braucht (Quartett, Schafkopf, Skat wie es Fortgeschrittene spielen) nutzen mehr als Spiele, bei denen man nur einen Überblick in der Gegenwart braucht (Puzzle, Domino, Vier gewinnt). Die erstgenannten Spiele trainieren Geist und Gedächtnis mehr als »reine« Gedächtnis- und Wissensspiele (Memory, Kreuzworträtsel).
Spiele mit Zeitdruck stellen höhere Anforderungen an die geistigen Funktionen als Spiele ohne Zeitdruck.

Das alles sind Anhaltspunkte, um den Wert von Spielen für das geistige Training einzuschätzen.

Viele komplizierte *Alltags-* und *Freizeitaktivitäten* lassen sich in die oben angegebenen Formen zerlegen und als geistiges Fitneß-Mittel bewerten. Bei *Reisen* hängt der Wert beispielsweise davon ab, wie man sie plant (siehe »Etwas planen, organisieren«), ob man sich über das Reiseziel genau informiert (»Lesen, Filme sehen«), ob man dort viel mit Menschen zusammen ist (»Mit anderen sprechen, vortragen«, »spielen«), ob man dort wandert, besichtigt (»wahrnehmen«) oder gar versucht, eine fremde Sprache zu sprechen (»lernen«, »Mit anderen sprechen, vortragen«). Wer eine Reise bucht, antritt und dort fast nur schläft, einige wenige Besonderheiten anschaut und hin und wieder liest, fordert sich geistig viel weniger als jemand, der eine Reise plant, vorbereitet, viele geographische und historische Einzelheiten oder gar die Landessprache lernt und dort schließlich noch »in die« Bevölkerung geht. Andere Einflüsse, die die geistige Tätigkeit begünstigen, die Anregung der Sinne, das Ansprechen von Gefühlen, die Bewegung beim Wandern und das Konsumieren von Kaffee, werden unter »Sich optimal aktivieren« behandelt. Derartige Einflüsse können unser Denken, Erinnern stark erleichtern — oder auch hemmen. Sie wirken aber indirekt.

Hier ging es dagegen nur um die unmittelbare geistige Anregung auf der geistigen Ebene, um die Informationsverarbeitung, um alles, was man manchmal auch als »*kognitive Tätigkeit*« bezeichnet.

Wir haben von kognitiven Anregungen gesprochen, und von der Möglichkeit, sich dadurch geistig fit zu machen und fit zu halten; um möglichst viel Information verarbeiten zu können. Nun geht es um Strategien, den Informationsgehalt zu senken, damit man schneller lernt. Das sind Lernstrategien, Tricks, Mnemotechniken.

. Literatur:
Beatty, J.: Task-Evoked Pupillary Responses, Processing Load, and the Structure of Processing Resources. Psychol. Bull. 91 (1982) 276-292
Marx, W.: Statistische Information und assoziative Bedeutung verschiedener Wortarten. Z. exp. angew. Psychol. 25 (1978) 431-440

Die *Strategien*

Lesen Sie die folgende Zeile nur einmal, jeden der zehn Buchstaben ungefähr eine Sekunde. Decken Sie dabei die anderen Buchstaben mit den Fingern ab. Zählen Sie danach von 41 rückwärts, immer drei abziehen bis Sie bei der Zahl 11 sind. Dann schreiben Sie die Buchstaben nieder, an die Sie sich noch erinnern. Los!

D G Z A W L F M K I

Sie werden etwa zwei bis fünf richtige haben.
Nun probieren Sie das gleiche mit den folgenden zehn Silben. Zählen Sie am Schluß aber von 43 rückwärts, immer 4 abziehen, bis Sie bei der Zahl 3 ankommen. Dann schreiben Sie die Silben nieder.

kor buk som kaf mil rub his zag ret lin

Es gilt jede sinnarme Silbe als richtig, die gesprochen ähnlich wie die Vorlage klingt. Es werden etwa soviele wie die oben erinnerten Buchstaben sein.
Strategien führen bei beiden Selbstversuchen kaum zum Erfolg. Man mißt seine Kapaziäten nahezu unverfälscht.
Jetzt bekommen Sie wieder für alle zehn Zeichen ungefähr zehn Sekunden Zeit. Sie dürfen aber bei den einzelnen Zeichen verschieden lang verweilen. Wenn Sie aber für eines oder mehrere länger brauchen, haben Sie für die anderen weniger Zeit. Insgesamt soll es pro Zeichen im Durchschnitt eine Sekunde dauern.
Zählen Sie am Schluß von 50 rückwärts, immer 3 abziehen, bis Sie bei der Zahl 20 sind. Dann niederschreiben:

K M O H F V B U T D

Noch einmal das gleiche mit zehn Silben. Am Schluß von 53 rückwärts zählen, immer 4 abziehen, bis 13.

lov gez buf nal fok lim saf kub ron tul

Vermutlich waren Sie etwas erfolgreicher als zuvor. Das ist jedenfalls dann zu erwarten, wenn Sie kurz hintereinander zwei oder gar drei Buchstaben oder Silben rascher aufgenommen und dann eine Pause eingelegt haben.
Das ist die Strategie, die Erwachsene und intelligente Kinder ab dem neunten Lebensjahr anwenden, wenn sie selbst die Geschwindigkeit des Lernens bestimmen können. Sie fassen dann zwei oder möglichst

drei Lerneinheiten (Buchstaben, Silben, Ziffern) rasch zu einer Gruppe, im Englischen »*chunk*«, zusammen. Beispiel: »2«, »5«, »9« zu »259«. Dann haben sie noch Zeit für eine kurze Pause, die sie meist zum Wiederholen nützen.

Diese Ergebnisse fanden E.C. Butterfield und Mitarbeiter (1973) heraus. Sie ließen ihren Versuchspersonen allerdings etwas mehr Zeit, und die Versuchsumstände waren günstiger als bei dem eben durchgeführten Selbstversuch. Die Personen saßen in einem Labor und schauten auf einen Bildschirm, wo eine Ziffer erschien. Wann die nächste Ziffer auf den Schirm erscheinen sollte, konnten sie durch Druck auf einen Knopf selbst bestimmen. Die Zeit für die Darbietung einer Ziffer wurde automatisch aufgezeichnet. Die Könner, die am Schluß am meisten — von insgesamt neun oder zehn Ziffern — wiederholten, holten sich zwei, drei oder gar vier Ziffern rasch auf den Bildschirm und machten dann Pausen bis zu fünf Sekunden. Dann kam die nächste Ziferngruppe dran.

Solche Strategien zu bilden, lernt man nicht in der Schule. Man erwirbt sie irgendwie unbemerkt im Leben, und zwar etwa nach dem neunten Lebensjahr. Beim Lernen von Telefonnummern, von Hausnummern, Geburtstagen, Autokennzeichen usw. Unterdurchschnittlich intelligente Kinder und schwachsinnige Erwachsene lernten es nicht spontan. Bei Erwachsenen hängt diese Strategie vom allgemeinen *geistigen Leistungsniveau* und der *Kurzspeicherkapazität* ab. Der Frankfurter Neurologe, Professor Dr. A.E. Adams (1971) wies nach: Lernt man einen neuen Text, konzentriert man sich während der Wiederholung vor allem auf die Stellen, die einem Schwierigkeiten bereiten. Das, was man ohnehin schon beherrschte, streift man flüchtig. Das ist zeitsparend, ökonomisch; man wendet die *Aufmerksamkeit* dem Neuen, dem Unvertrauten, dem Informativen zu. Insgesamt lernt man so den Stoff relativ rasch. Auch eine Strategie, die wir im Laufe des Lebens erwerben, ohne gesondert darin geschult zu werden: Konzentration auf das Wesentliche.

Diese Strategie wird — vermutlich ebenso wie die Gruppenbildung, d.h. die Zusammenfassung zu chunks — nicht irgendwann im Leben erworben und steht uns ab da immer zur Verfügung. Nein, sie hängt vom allgemeinen geistigen Leistungsstand ab. Das belegen die weiteren Untersuchungen von Adams (1971, 1972). Hierin zeigt sich, daß diese Fähigkeit bei *Hirnfunktionsstörungen* wieder verschwindet: Erwachsene mit Hirnerkrankungen waren nicht mehr in der Lage, sich beim Lernen auf das Unvertraute zu konzentrieren, dieses zu wiederholen und auf das, was man ohnehin schon kann, nicht mehr viel Zeit zu verschwenden. Sie widmeten sich allen Stellen im Text mit gleicher Aufmerksamkeit und ... lernten dabei viel weniger als die Gesunden.

Voraussetzung dafür, möglichst maximal über sein Wissen und seine Strategien zu verfügen, ist daher eine hohe allgemeine geistige Fitneß. Diese auf einem hohen Stand zu halten, stellt selbst die vielleicht wichtigste Strategie dar. Andere Strategien haben mit der geistigen Beherrschung des Wissens zu tun, der Information, welche die Welt anbietet. Sie sind Lernstrategien. Die *Lernstrategien* lassen sich in allgemeine und spezielle unterteilen. Die speziellen beziehen sich auf Situationen, die uns besondere Schwierigkeiten bereiten, wie Namen merken und Eselsbrücken benutzen. Die allgemeinen werden dagegen ständig gebraucht. Drei davon haben wir schon aufgeführt, nämlich chunks bilden, wiederholen und sich auf das Wesentliche konzentrieren.

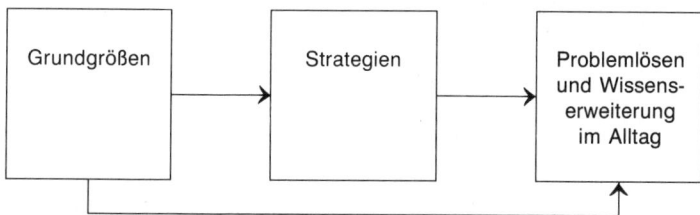

Abbildung 36: Beziehungen zwischen den verschiedenen Größen der Informationsverarbeitung

Literatur:
Adams, A.E.: Experimente über mnestische Entropie bei Gesunden und Hirnkranken. Arch. Psychiat. Nervenkr. 214 (1971) 137-149
Adams, A.E.: Über Grundlagen und Störungen des Bewußtseins. Fortschr. Neurol. Psychiat. 40 (1972) 308-322
Butterfield, E.C., C. Wambold, J.M. Belmont: On the Theory and Practice of Improving Short-Term Memory. Amer. J. Defic. 77 (1973) 654-669

Die *Informationsflut* beherrschen

Bei der Braun AG in Kronberg/Taunus arbeitet der Diplom-Physiker Claus Christian Cobarg. Er hat sich mit den Schwierigkeiten des in der Informationsverarbeitung begrenzten Menschen und der auf ihn zurollenden und sich explosionsartig ausbreitenden Informationsflut beschäftigt. Wie er die Lage sieht, und was er als Ausweg fordert, gibt seine Einführung in den Artikel »Informationen über Informationen. Einige kritische Gedanken zur Informationsexplosion« wieder (1985, S. 181): "Das menschliche Wissen hat sich in diesem Jahrhundert »explosionsartig« vermehrt. Die Geschwindigkeit der Vermehrung steigt weiter an. Während die Knappheit der Ressourcen (Öl, Rohstoffe u.a.) und die mit der Technisierung bisher einhergehende Umweltverschmutzung bereits ins öffentliche Bewußtsein gedrungen sind, wird die mit der *Wissensexplosion* zusammenhängende *Informationsexplosion* kaum im nennenswerten Maße öffentlich diskutiert. Die »Ressource Gehirn« aber ist genauso begrenzt wie andere Ressourcen. Das Lebewesen Mensch, es kann besonders treffend mit dem Ausdruck »Gehirntier« umschrieben werden, hat sich als erstes Lebewesen eine Kultur aufgebaut. Hierbei ist Kultur als eine Summe von Verhaltensregeln und Verhaltensweisen zwischen »Ordnung und Freiheit« zu verstehen. Diese Kultur muß nun um eine Art *Informationshygiene* bereichert werden, die uns den Umgang mit der anwachsenden Informationsfülle vom Kindesalter an lehrt. Ohne eine solche Hygiene wird der weitere Aufbau der Informationsgesellschaft (Medienvielfalt, Computereinsatz, Datenbanken für jedermann) weitere Entfremdung des Menschen im Verhältnis zur Technik und auch zur Gesellschaft bringen".

Das menschliche Wissen wächst also explosiv. Allein das Grundwissen hat sich nach Cobargs Angaben seit Gutenbergs Erfindung der Druckkunst um 1500 bis heute etwa um den Faktor 130 vergrößert. Anfänglich vermehrte es sich langsam, dann immer schneller. Jetzt verdoppelt es sich etwa alle sechs Jahre.

Schon lange — manche nehmen an, seit dem Universalgenie Leibniz im 17. Jahrhundert — übersteigt das Wissen der Menschheit die Menge, die ein Mensch verarbeiten kann. Selbst Fachleute wie Diplom-Psychologen (M.W. Eysenck, 1977) oder Mediziner (R. Groß, 1976) müßten nach einschlägigen Berechnungen ununterbrochen Fachlektüre lesen, wenn sie verfolgen wollten, welche neuen Theorien, Modelle, Untersuchungsergebnisse etc. erscheinen. Sie dürften weder an Essen und Trinken noch an Schlaf denken. Von Entspannung wäre überhaupt keine Rede. Aber mit dem einfachen Aufnehmen des Wissens wäre es nicht getan. Sie müßten zusätzlich darüber nachdenken, um die neuen Informationen in das vorhandene Wissen einordnen zu können.

Cobargs Forderung in dieser Lage ist, unsere Kultur um den Bereich der Informationshygiene zu bereichern. Informationshygiene soll nicht die Informationsexplosion eindämmen oder rückgängig machen. Sie soll uns befähigen, damit umzugehen. Ein erster Beitrag ist, uns nicht führungslos den hereinbrechenden Informationsfluten zu überlassen, sondern die Information abzuzweigen, die für uns wichtig ist. Von dieser gilt es dann, so viel aufzunehmen, wie wir geistig bewältigen können; nicht zu viel und nicht zu wenig. Um wirkungsvoll zu sein, werden wir aus mehreren Angeboten das auswählen, das bereits am besten geeignet ist, von uns rasch aufgenommen, verarbeitet, gespeichert und wieder abgerufen zu werden. Schließlich werden wir unsere eigenen Bemühungen daran setzen, Information so an uns anzupassen, so zu zerlegen, daß wir sie uns möglichst mühelos und rasch einverleiben können. Aber warum sollen wir das selbst tun? Gibt es dafür nicht die gut und sehr gut bezahlten Profis der Informationsvermittlung? Die Fachleute, deren Auftrag darin besteht, Information so an die Fähigkeiten der informationsverarbeitenden Bevölkerung anzupassen, daß sie diese aufnimmt und behält? Die Fachleute — Erzieher, Lehrer, Sachbuch- und Filmautoren, Redner, Journalisten — sind dieser Aufgabe oft nicht gewachsen. Und zwar ganz offensichtlich nicht, sonst müßten wir nach 20-, 30- und mehrjähriger Informierung in Elternhaus, Schule und Beruf mehr wissen. Wir müßten die Informationen zumindest fließend verstehen und ihre Aussagen behalten. Wer weiß schon, wenn er die Erstseite der »seriösen« Tageszeitungen gelesen hat, was im einzelnen oder wenigstens im wesentlichen darin stand?

Literatur:
Cobarg, C.C.: Informationen über Informationen. Einige kritische Gedanken zur Informationsexplosion. Elektronik 24 (1985) 181-187
Eysenck, M.W.: Human Memory. Theory, Research and Individual Differences. Pergamon Press: Oxford, 1977
Gross, R.: Zur klinischen Dimension der Medizin. Hippokrates: Stuttgart, 1976

Versagen die professionellen *Informationsvermittler?* Die Lehrer, Vortragenden, Schriftsteller, Journalisten?

Typisch, was Horst Zimmermann am 20. September 1982 im Schwarzwälder Boten schreibt:
Deutschlands Senioren sind mit Programmangebot und technischen Darbietungen des Fernsehens unzufrieden. Das ermittelte das »Kuratorium deutscher Altenhilfe« in Köln aufgrund mehrerer Umfragen. Am meisten ärgern sich die Senioren über »zu schnelle und zu undeutliche Sprache, zu viele Fremdwörter, störende Musikuntermalung, zu schnellen Szenenwechsel und zu schnelles Ausblenden von Schrifttafeln«. Elsbeth Wagner vom Kölner Kuratorium: »Das Fernsehen sollte nicht zu einer Konzentrationsübung für die Zuschauer und nicht zu einem Wettbewerb im Schnellsprechen für die Macher ausarten. Bei dem heutigen Tempo in den Sendungen vergeht aber keineswegs nur 70jährigen Hören und Sehen, auch junge Menschen kommen da vielfach nicht mit.«
Daß dies auch für die jüngeren Erwachsenen gilt, bestätigt die Verdener Aller-Zeitung in ihrer Mitteilung vom 19. Dezember 1983 unter der Überschrift **»Nach 13 Wörtern reißt der Faden«:**
»Gut die Hälfte aller Erwachsenen kann nach wissenschaftlichen Erkenntnissen gesprochenen Sätzen mit mehr als 13 Wörtern nicht mehr folgen. Wenn eine Wortkette ohne Pause länger als 5,5 Sekunden dauert, reißt buchstäblich der Faden. Für siebenjährige Kinder ist die »Schallgrenze« des Verstehens bereits bei acht Wörtern erreicht. Zu diesem Schluß gelangte das ... Institut für Kybernetik, das in acht Jahren Versuche mit mehr als tausend Menschen machte.«
»Rund ein Drittel aller Erwachsenen,« schreibt die Siegener Zeitung am 28. Dezember 1983 zu dem gleichen Thema, »vergesse den Anfang eines Satzes bereits dann, wenn elf Wörter ohne Pause aneinandergereiht werden. Bei gedrechselten Sätzen mit 18 oder mehr Wörtern schrumpfe das »verständnisvolle« Auditorium auf ganze 15 Prozent. Die Sprechgeschwindigkeit sollte 2,5 Wörter je Sekunde nicht überschreiten.«

Die Berichte teilen das Wesentliche mit:
1) Erwachsene, gleich welchen Alters, kommen mit der professionellen Informationsübermittlung oft nicht zurecht.
2) Manche haben damit mehr, andere weniger Schwierigkeiten (individuelle Unterschiede).
3) Hauptangeschuldigt werden:
a) zu viel Information, das heißt zu viel Neues (Fremdwörter, störende Musikuntermalung, zu schnelles Sprechen);

b) zu lange Sätze; das heißt, man überblickt den Satz nicht mehr als ganzes, der Faden reißt.

Man sollte es als Tatsache hinnehmen: viele kommen mit der professionellen Informationsübermittlung nicht zurecht. In der Medizin, aus der genauere Zahlen vorliegen, geben etwa die Hälfte der Patienten erhebliche Schwierigkeiten an, den Arzt zu verstehen, beim Gespräch in der Praxis, in der Klinik, in der Ambulanz oder bei der Visite (J. Nordmeyer et al., 1981, H.H. Raspe, 1983). Dem Arzt muß man allerdings zugestehen, daß er an erster Stelle Arzt und nicht Informationsvermittler ist wie der Lehrer, Nachrichtenredakteur, Autor von populärwissenschaftlichen Berichten usw. Doch scheint der Unterschied zwischen diesen Profis und einem Halbprofi — davon zeugen die Klagen — nicht so groß zu sein. Die Informationsvermittler deswegen zu totalen Versagern abzustempeln wäre aber ungerecht und falsch. Denn ein Teil ihrer Information kommt zum Adressaten hinüber, kommt bei ihm an. Bei vielen Adressaten kommt allerdings weniger Information an, als vom Informierenden selbst vermutet. Die Ärzte — in dieser Hinsicht am genauesten untersucht — sind jedenfalls erstaunt, wenn man sie damit konfrontiert, wie wenig ihre Patienten verstanden oder gar behalten haben (H. Jeske, E. Jarmark, 1982).

Viele Informationsvermittler von Berufs wegen bleiben deutlich unter ihren Möglichkeiten, weil sie einige informationspsychologische Grundlagen nicht kennen und entsprechend berücksichtigen. So besehen versagen sie. Ihre am meisten verbreitete und schlimmste Sünde dürfte in der *Überforderung* der Informationsverarbeitungskapazitäten der Adressaten bestehen. Die Anforderungen müssen auf ein angemessenes Quantum herabgeschraubt werden. Dadurch tragen sie viel zur *Informationshygiene* bei.

Literatur:

Jeske, H., E. Jarmark: Arzt-Patienten-Gespräch: Wissenschaftliche Analysen zeigen dem Arzt neue Wege. Psycho 8 (1982) 561-566

N.N.: Nach dreizehn Wörtern reißt der Faden. Verdener Aller-Zeitung vom 19.12.1983

N.N.: 13 Wörter ist genug. Siegener Zeitung vom 28.12.1983

Nordmeyer, J., J.-P. Nordmeyer, F.-W. Deneke, M. von Kerekjarto: Formal-quantitative Aspekte des Sprachverhaltens von Arzt und Patient während der Visite. Z. Klin. Psychol. 10 (1981) 220-231

Raspe, H.H.: Aufklärung und Information im Krankenhaus. Medizinische Psychologie: Göttingen, 1983

Zimmermann, H.: Senioren kritisieren Fernsehen. Schwarzwälder Bote vom 20. Sept. 1982

Schritte zur *Informationshygiene:*
Was Profis tun können

Allgemein sollte man sich von dem Prinzip leiten lassen: **Das Angebot der Information ist den** *Kapazitäten* **und der** *Struktur der* **menschlichen** *Informationsverarbeitung* **anzupassen.** Auf die Struktur gehen die »Strategien« der folgenden Kapitel großteils ein. Das soll hier nicht vertieft werden. Der Zusammenhang mit den Kapazitäten wird dagegen kurz erörtert, da sie die Grundlage für die zufriedenstellende Informationsverarbeitung sind (B. Fischer, 1984; S. Lehrl, 1984). Denn werden die Kapazitäten überschritten, ist ein »vollständiges« Verstehen und Behalten von vornherein nicht möglich. Das ist noch schlimmer als eine *Unterforderung,* bei der *Langeweile* auftritt. Daher ist bei der Informierung an erster Stelle im Auge zu behalten: **Die Kapazitäten der Informationsverarbeitung nicht überschreiten.**

Knüpft man an den drei *Grundgrößen der Informationsverarbeitung* an, bedeutet das:
Überschreite bei der Informationsvermittlung möglichst nicht
1) die *Gegenwartsdauer*
2) die *Informationsverarbeitungsgeschwindigkeit*
3) die *Lerngeschwindigkeit*

Überschreite nicht die Gegenwartsdauer: Das sind fünf bis sechs Sekunden, oder auch fünf bis sechs ganz unterschiedliche Informationseinheiten (siehe »Die menschliche Gegenwart dauert 5 bis 6 Sekunden«). Einen Satz, der über fünf bis sechs Sekunden dauert, kann der Kurzspeicher nicht mehr vollständig aufnehmen. Der Satz zerfällt. Der vordere Satzteil geht verloren, oder der mittlere oder der Schluß, falls man sich nicht resignierend ohnehin einem anderen Thema zuwendet. Jedenfalls verliert man den Überblick bei langen Informationsangeboten. Es hängt vom Zufall ab, ob man die wesentlichen Teile noch im *Kurzspeicher* hat, um zwischen ihnen Beziehungen zu erkennen und zu verstehen und das Wichtige daran zu behalten. Satzeinschübe, -verschachtelungen sind daher gefährlich, zum Beispiel:
»Am heutigen Montag geht die Sonne — das hängt damit zusammen, daß die Tage im Frühjahr immer länger und die Nächte kürzer werden — trotz des seit mehreren Tagen gleichbleibenden diesigen Wetters später unter als gestern und vorgestern.«
Worauf kommt es an? Daß die Sonne heute später untergeht als gestern und vorgestern. Kettensätze bieten weniger Verständnis- und Behaltensschwierigkeiten, weil man sie nach und nach schon aufnehmen und abspeichern kann, ohne das Gesamtverständnis zu gefährden. Beispiel:

»Seit das Festzelt eröffnet hat, trudeln ständig einzelne Personen und Personengruppen ein, nehmen an den langen Holztischen Platz, bestellen eine Maß oder eine Halbe, manche auch ein Paar Würstchen mit Kraut oder Brot.«

Der Lesende kann mal zurückschauen, wenn er mit Information überhäuft wurde, auch wenn das mehr anstrengt. Doch wenn die Überforderung öfter vorkommt, verleidet sie das Weiterlesen.

Der Zuhörende kann nicht zurückhören. Deshalb muß sich der Sprecher stärker disziplinieren. Spricht er etwa 2,5 Wörter in der Sekunde, liegen die Grenzen für die Gegenwartsdauer von 5 bis 6 Sekunden bei etwa 13 Wörtern. 13 Wörter? Wie verträgt sich das mit der Feststellung, daß wir nur etwa 5 bis 6 Einheiten im Kurzspeicher behalten können? Das gilt für unabhängige Einheiten, wie unter »Strategien« dargelegt wurde. Im Satz hängen aber viele Wörter miteinander zusammen. Zudem ist ein Teil davon für das Verständnis nicht wesentlich, Bindewörter (und, oder), Verhältniswörter (zu, bei, ...) usw. Deshalb liefern nur wenige Wörter die wesentliche Information des Satzes. Das sind vor allem die Hauptwörter. Die demonstriert der Telegrammstil, der das Wesentliche enthält, zum Beispiel:

»Ankomme 18. Mai Bahnhof Vandonk, 17 Uhr 12.«

Statt:

»Am folgenden Dienstag, das ist am 18. Mai, werde ich im Bahnhof von Vandonk voraussichtlich um 17 Uhr und 12 Minuten ankommen.«

Die Grenzen liegen demnach bei:

Sprech- bzw. Hör- und Lesegeschwindigkeit (Wörter pro Sekunde) mal Gegenwartsdauer (Sekunden).

Weiterhin ist bei der Anzahl unabhängiger zu vermittelnder Einheiten die Grenze von fünf bis sechs zu beachten. Das ist die obere Grenze bei Anstrengung der Adressaten (Hörer, Leser). Für Personen in weniger angespanntem Zustand, vor allem bei längerer Informationsübermittlung, sollte man durchschnittlich eher drei unabhängige Einheiten vermitteln (E. Pöppel, 1985).

Mit der Sprech-, Hör- und Lesegeschwindigkeit ist die nächste Grundgröße berührt. Für sie gilt:

Überschreite nicht die *Informationsverarbeitungsgeschwindigkeit:* Das heißt, biete pro Sekunde nicht zu viel Information an. Der mit normaler Redegeschwindigkeit in zwei bis drei Sekunden gesprochene Satz:

»Die diffuse zerebrale Arteriosklerose bewirkt ein Organisches Psychosyndrom« ist für den unvorbereiteten Patienten im wahrsten Sinne des Wortes unfaßbar. So unfaßbar, daß der Satz nicht einmal bewußt wahr-

nehmbar, geschweige denn verstehbar oder festhaltbar war. Der Patient erlebt nur die Empfindung »da war doch was«.
Wieviel *Information* eine Nachricht, ein Wort für jemanden hat, ist schwerlich allgemein anzugeben. Das hängt von seinem *Vorwissen* ab. Je mehr man schon weiß, desto weniger Information enthält eine Mitteilung. Nun ein paar Anhaltspunkte: Fremd- und Fachwörter enthalten mehr Information als umgangssprachlich häufig gebrauchte Wörter. Innerhalb der Wortarten haben Hauptwörter meist den höchsten *Informationsgehalt*. Deshalb sollte man sie meiden, wenn man die Informationsverarbeitungsgeschwindigkeit nicht überschreiten will. Verben (Tätigkeitswörter), die für den Aufbau und das Verständnis eines Satzes ebenfalls sehr wichtig sind, haben schon einen deutlich niedrigeren Informationsgehalt. Das Verhältnis der Hauptwörter und Tätigkeitswörter zueinander ist rasch ausgezählt. Es gibt einen Hinweis, ob zuviel Information angeboten wird.
Laien haben mit einem Lesetext Schwierigkeiten, wenn er mehr als 2 bis 2,5 Hauptwörter pro Tätigkeitswort enthält. Im gesprochenen Text sollte sogar nur etwa ein Hauptwort auf ein Tätigkeitswort kommen. Das ist besonders zu beachten, wenn man Texte, die eigentlich zum Lesen bestimmt sind, vorliest.
Beim Sprechen informationsreicher Texte läßt sich durch langsames Sprechen einiges für das Verständnis retten.
Durch einen vorausgestellten Überblick und mehrfache *Wiederholungen* des Wesentlichen erniedrigt man ebenfalls den Informationsgehalt. Außerdem erhöht man die Lernwahrscheinlichkeit.

Die Forderung, die *Lerngeschwindigkeit* nicht zu überschreiten, kann man sich fast ersparen, da die Lerngeschwindigkeit für das Behalten von relativ geringer Bedeutung ist. Wenigstens bei Erwachsenen. Das wurde bereits unter »Nur wenig bleibt hängen« ausgeführt und soll nicht wiederholt werden.

Literatur:
Fischer, B.: Patienteninformation: Gravidität = Aufrechter Gang? Wie wird der Medikamenten-Beipackzettel nutzbringend angewendet? In: Beck, M., H. Löffler (Hrsg.): Wissenswertes für Rheumatiker, Band 1. Braun: Karlsruhe, 1984
Lehrl, S.: Das Beratungsgespräch: Welche Hilfen gibt uns die Informationspsychologie? In: Beck, M., H. Löffler (Hrsg.): Wissenswertes für Rheumatiker, Band 1. Braun: Karlsruhe 1984
Pöppel, E.: Grenzen des Bewußtseins. Über Wirklichkeit und Welterfahrung. Deutsche Verlags-Anstalt: Stuttgart, 1985

Auf das Individuum zugeschnittene *Informationshygiene*

Bisher wurden nur allgemeine, informationspsychologisch begründete Anhaltspunkte für die *Informationsübermittlung* gegeben. Zusätzlich ist es sehr wichtig, auf die Individualität derer einzugehen, denen man Information übermitteln will. Sie haben — wie in der Abbildung 31 gezeigt — unterschiedliche *Grundkapazitäten der Informationsverarbeitung*. Und davon hängt ab, wieviel Wissen sie erworben haben und welche Vorkenntnisse sie nun haben. Wie sich die Grundkapazitäten der Informationsverarbeitung bei den Erwachsenen verteilen, gibt die Tabelle 2 wieder. Daraus erkennt man beispielsweise, daß nur 15 Prozent über eine *Gegenwartsdauer* von etwa 6 Sekunden verfügen. Ihnen könnte man bei einer *Sprechgeschwindigkeit* von 2,5 Wörtern pro Sekunde Sätze mit 15 Wörtern Umfang anbieten. Bei über 80 Prozent der Erwachsenen würde dabei aber der »Faden reißen«.

Prozent rang	Kurzspeicher- kapazität (Bit)	Gegenwarts- dauer (Sekunde)	Geschwin- digkeit der Informa- tionsverar- beitung (Bits pro Sekunde)	Lern- geschwin- dig- keit (Bits pro Sekunde)
99,8	179	8,2	25	/
99,7	162	7,4	24	/
98,8	139	6,8	23	1,14
96,5	124	6,4	21	1,09
93,0	112	6,1	19	1,05
86,0	106	5,9	18	1,00
75,0	97	5,7	17	0,96
59,2	88	5,5	16	0,91
50,0	80	5,4	15	0,86
40,8	71	5,2	14	0,81
25,0	62	4,8	13	0,76
16,0	52	4,3	12	0,72
7,0	45	3,7	11	0,69
3,5	28	2,9	9	0,64

Tabelle 2: Verteilung verschiedener informationspsychologischer Größen bei Erwachsenen. Zum Beispiel bedeutet Prozentrang 86,0, daß 86% der Erwachsenen die gleiche oder eine geringere Ausprägung haben. In der Kurzspeicherkapazität wären dies 106 bit oder weniger.
(Die Werte in der zweiten, dritten und vierten Spalte werden individuell ermittelt. Deshalb muß das Produkt der hier wiedergegebenen Mittelwerte aus dritter und vierter Spalte nicht gleich dem Wert in der zweiten Spalte sein).

Die Grenzen der Gegenwartsdauer bilden eine Barriere, sich verständlich zu machen, für den Arzt oder den frisch von der Hochschule abgegangenen Redakteur, wenn sie sprechen oder schreiben wie ihnen Schnabel bzw. Schreibfeder gewachsen sind. Sie überfordern mit ihren durchschnittlich 6 Sekunden naturgemäß den »normalen« Erwachsenen mit seiner Gegenwartsdauer von 5,4 Sekunden. Sie überfordern erst recht die 20 Prozent der Erwachsenen, deren Gegenwartsdauer nur 4,5 Sekunden beträgt. Wer von der Mehrheit der Erwachsenen verstanden werden will oder sogar soll, muß auch ihre Form wahren. Er sollte ihre Gegenwartsdauer berücksichtigen: Kurze Sätze oder Kettensätze statt Schachtelsätzen.

Ein weiteres zur Individualität. Die Zuschneidung auf die individuelle Kapazität der Informationsverarbeitung. Es ist schwer, hierzu präzise quantitative Hilfen zu geben. Genau genommen müßte man einerseits die Kapazität der Informationsverarbeitungsgeschwindigkeit einer Person messen und zusätzlich den Informationsgehalt eines Textes oder allgemein einer Nachricht, die man ihr übermitteln will. Das ist aufwendig und ansatzweise erst hinsichtlich medizinischer Information geschehen.

Noch ist das Fingerspitzengefühl des Informierenden nötig, mit dem Wissen im Hintergrund, daß er seine Mitmenschen eher *über-* als *unterfordert*. Und er überfordert umso mehr, je geringer die Ausbildung des anderen allgemein und speziell zum betreffenden Thema ist. Eine Rückmeldung, wo das Vorwissen des anderen liegt, wäre selbstverständlich günstig, durch eine wissenschaftliche Untersuchung oder wenigstens ein Gespräch, in dem man dem anderen »auf den Zahn fühlt«, um an seinen *Vorkenntnissen* anzuknüpfen. Wie unterschiedlich diese in der Bevölkerung sind, kann man schon daraus abschätzen, wie groß die Unterschiede in der Bekanntheit von Wörtern sind. Die Tabelle 3 zeigt dies ausschnittsweise.

Die Informationspsychologen können den professionellen und halbprofessionellen *Informationsvermittlern* Hilfen geben, worauf sie achten müssen, um deutlich erfolgreicher zu sein (W. Schulz, 1971). Es hilft schon, wenn sie sich der Bedeutung der begrenzten Gegenwartsdauer und *Informationsverarbeitungsgeschwindigkeit* bewußt werden und wenn sie sich daraufhin selbst im Zaum halten. Das wird ein ständiger Kampf zur Anpassung der Information an den anderen sein, die kaum maximal gelingt, die aber viel besser gelingen kann, als man es gegenwärtig gewöhnt ist.

Soweit Texte schriftlich festliegen, kann man sie mit einem einfachen Computerprogramm voranalysieren. Es könnte auf Wunsch beispielsweise alle Sätze mit über 13 Wörtern Länge systematisch ausgeben. Dann könnte man noch einmal prüfen, ob man sie wirklich im Text lassen will. Ebenso einfach wäre es, die Abschnitte daraufhin abzusuchen,

Prozentanteil der Erwachsenen die die Wörter kennen	Passiver allgemeiner Wortschatz	Passiver medizinischer Wortschatz
98	Esel Buche Stern Rakete Apfel kriechen Funktion Radium Sensation Ehe Klinke schleudern Pelz Oboe Nadel Krise Konfirmation Streik Kulisse Kerbe Ergebnis Beginn Amme erheischen feilschen Elite Andeutung Symphonie Kurs Abt Erpel kaschieren Auster Kontur Muster sozial Portion Föderalismus Dissonanz Inferno fatal kursieren Sicht	Medikamente Ader Nase Muskel Droge Niere Lunge Herz Gelenk Nerven Schock Lid Gewebe sterilisieren Depression Vene Bronchitis Infusion Mikroskop Klistier Tinktur Arterie
75	Oase anonym amortisieren kulinarisch Recke Trasse Scheck Fiaker Matrone Torso Chance Mandant Parlament Trikot Ballistik Resistenz	Epilepsie Psychose Pathologie Akne Punktion
50	Maut Opal Ägide Ingredienz Deformation verbrämen vulgär vehement Kapaun Kerosin	Lymphdrüse Pipette oral
25	Nihilismus Kassiber Kasside Keuper Matrix Determinante Geoid Quisquilien Indigenat Travestie Thorium Purin	Keratin lumbal Pneumonie Internodium zerebral Klonus
2	Brekzie Libration	Idiosynkrasie Lordose Varize

Tabelle 3: Wörter, die Erwachsene kennen. Nur die Hälfte kennt beispielsweise Opal, Maut, Ägide, Pipette usw.

ob das Verhältnis der Hauptwörter zu Tätigkeitswörtern höchstens wie 2,0 zu 1 ist, bei vorzulesenden Texten höchstens 1,2 zu 1. Alles mit höheren Werten könnte zur Kontrolle noch einmal ausgegeben werden.

Die Informationshygiene ist notwendig. Sie muß nicht nur auf den Menschen allgemein zugeschnitten werden, sondern möglichst auf das Individuum oder zumindest gleichartige Personengruppen. Daß wir dies mehr denn je tun müssen, ist erkannt worden. Wie wir es im einzelnen tun sollten, wissen wir erst ansatzweise. Dazu muß noch einiges erforscht werden. Aber auch die Betroffenen können einiges dazu beitragen, dadurch, daß sie sich die für sie wichtige und angemessen angebotene Information auswählen. Denn es wird schon viel auf viele Arten angeboten.

Literatur:
Lehrl, S.: Medizintermini im Patientenverständnis. Enzyklopädie Naturwissenschaft und Technik, Jahresband 1982. Moderne Industrie: Landsberg, 1982
Schulz, W.: Informationstheorie. In: Noelle-Neumann, E., W. Schulz (Hrsg.): Publizistik. Fischer: Frankfurt/M., 1971

Was wir dazutun können

Erster Schritt: Das für uns Sinnvolle auswählen

Am Anfang der *Informationsbewältigung* steht die Auswahl dessen, was wir für uns brauchen können: Die Auswahl des für uns Wesentlichen. Was das Wesentliche, das Sinnvolle ist, muß jeder nach seinen Wertvorstellungen beurteilen, nach seinen Lebensplänen, nach seinen Interessen. Eine Hilfe dabei ist: Bevor man sich in das Abenteuer der Informationsverarbeitung — eines Buches, Filmes, Artikels, Vortrages, Kurses usw. — stürzt, und sich dann Minuten, Stunden, Tage oder gar Jahre des Lebens vor sich und anderen verpflichtet, sollte man erst einmal Abstand nehmen. Sich noch einmal fragen:»Was bringt es? Werde ich etwas davon haben? Entspricht der Zeitverlust dem zu erwartenden Gewinn?«

Zweiter Schritt:
Auswahl der richtigen Informationsmenge — nicht zuviel und nicht zu wenig

Geistig rege sein bedeutet, sich zu informieren und Informationen zu verarbeiten. Was informativ ist, hängt nach den Forschungsergebnissen von Informationspsychologen davon ab, was man schon weiß. An diesen Erkenntnissen haben die Professoren Helmar G. Frank (Universität Paderborn) und Klaus Weltner (Universität Frankfurt) gearbeitet. So enthält die Feststellung, daß Professor Dr. G.A. Lienert von der Universität Erlangen-Nürnberg das nach dem zweiten Weltkrieg am häufigsten zitierte deutsche Psychologie-Buch geschrieben hat, für einen Psychologen keine große Neuigkeit. Und er weiß auch, daß es »Testaufbau und Testanalyse« heißt. Für Nicht-Psychologen dagegen ist diese Mitteilung — wenn auch nicht so wichtig — so aber doch neu, d.h. informativ.

Demnach ist Information (besonders ihre Menge) etwas Subjektives, das heißt vom Wissensstand einer Person Abhängiges. Pädagogen, die ja die Fachleute zur Übermittlung von Wissen sind, bezeichnen die Information aus dem Blickwinkel der Person deshalb als *»subjektive Information«* (H.G. Frank, 1969; K. Weltner, 1970). Die Information in der Umwelt, das Wissen in Büchern, Filmen, in den Köpfen anderer Menschen ist dagegen *objektive Information.*
Für den einzelnen gibt die subjektive und nicht die objektive Information den Maßstab, ob er viel oder wenig lernen muß, ob er sich anstrengen muß oder nicht. Die angegebenen Kapazitäten der Grundgrößen der

Informationsverarbeitung (»Weshalb Klavierspieler...«; Abbildung 22) beziehen sich genau genommen auf die subjektive Information. Die eigenen Kapazitäten optimal auszulasten, ist eine wichtige Forderung. Denn wer zu ehrgeizig ist und sich deshalb überfordert, bleibt ebenso hinter seinen maximalen Möglichkeiten der Informationsaufnahme, -verarbeitung und -speicherung zurück, wie der Faule oder Vorsichtige, die sich beide unterfordern. Das Fingerspitzengefühl für den geeigneten Schwierigkeits-, bzw. Neuigkeitsgrad, also für den Informationsgehalt muß man in den speziellen Situationen in Bezug auf die eigenen Fähigkeiten herausfinden. Dafür gibt es Anhaltspunkte. Wenn die Information subjektiv zu hoch ist, merkt man es meist rasch. Man versteht vieles nicht, bekommt das Gefühl, nicht viel davon zu haben. Wenn man sich trotzdem um Verständnis bemüht, strengt es sehr an. Nach kurzer Zeit fühlt man sich erschöpft.

Subjektiv viel Information bieten uns alle Wörter, die wir nicht kennen, bei denen wir *Verständnisschwierigkeiten* haben. Viel Information bieten natürlich auch Aussagen über uns bisher unbekannte Sachverhalte. Deshalb hat der Patient Schwierigkeiten, wenn er ein Medikament kauft, die Verpackung öffnet und den Beipackzettel anschaut. Dieser enthält 8% medizinisch-pharmazeutische Fachwörter (L. Hofmann, 1981), d.h. etwa jedes 12. Wort ist dem Patienten kaum oder gar nicht bekannt. Demgegenüber ist das Gespräch mit dem Arzt noch wohltuend frei von Fachausdrücken. Im Mittel benützt er auf 100 Wörter nur ein bis zwei Fachwörter (H.H. Raspe, 1983, J. Nordmeyer et al., 1981). Was den Patienten beim Lesen und Zuhören aber so große Verständnisschwierigkeiten bereitet, sind weniger die unvertrauten Wörter als biologisch-medizinische Modelle (B. Fischer et al, 1982), die angewandt wurden. Modelle von Herz-Kreislauf-System, Lungenfunktionen, Hirndurchblutung. Um sie zu verstehen, bedarf es des jahrelangen Studiums und der Praxis, die der Arzt genossen hat. Dabei hat er umfangreiche und tiefgehende Kenntnisse z.B. in der Anatomie, Physiologie, Histologie und Pathologie, über Aussehen, Aufbau und Funktionen des Körpers erhalten.

Wenn man so will, enthält der Text des Beipackzettels eines Medikaments zu viel Neues, Unerwartetes, also zu viel subjektive Information für den durchschnittlichen medizinischen Laien. Das Studium des Textes ist mit viel Mühe bzw. Belastung verbunden. Er eignet sich wohl zur Information, jedoch nicht zum Lernen. So ähnlich verhält es sich mit vielen Informationsquellen, das sind Bücher, Artikel, Vorträge, Filme, Gesprächsrunden usw. Sind sie zu anspruchsvoll, vergeudet man seine Zeit. Man denkt noch über den ersten Satz nach, wenn Artikel oder Sprecher bereits am unverständlichen Ende angelangt sind.

Woran erkennt man, ob die Information zu niedrig ist? In diesem Fall geht alles wie geschmiert, der Stoff bereitet keinerlei Problem, er strengt nicht an, langweilt aber, falls uns keine emotionalen *Reizwörter*, vor allem aus den Gebieten der Kriminalität, Sexualität und Eigenliebe ständig bei Laune halten. Daran lernen wir aber nicht und schützen uns damit nicht vor dem geistigen Verfall. Sich *geistig optimal auslasten* bedeutet, Langeweile, aber auch Streß meiden. Durch die Auswahl geeigneter Tätigkeiten, die beispielsweise unter »geistige Tätigkeiten mit und ohne Anstrengung« angeführt werden, oder durch Ge-Jo, ist das möglich.

Literatur:

Fischer, B., S. Lehrl, U. Fischer: Beipackzettel unverständlich in Variationen? Möglichkeiten zur Verbesserung der Patienten-Compliance. Fortschr. Med. 100 (1982) 2039-2046

Frank, G.H.: Kybernetische Grundlagen der Pädagogik. Band 2 Agis: Baden-Baden, 1969, 2. Auflage

Hofmann, L.: Wie verständlich sind Arzneimittelgebrauchsinformationen? Pharmazeut. Zeitg. 126 (1981) 2691-2693

Nordmeyer, J., J.-P. Nordmeyer, F.-W. Deneke, M. von Kerekjarto: Formal-quantitative Aspekte des Sprachverhaltens von Arzt und Patient während der Visite. Z. Klin. Psychol. 10 (1981) 220-231

Raspe, H.H.: Aufklärung und Information im Krankenhaus. Medizinische Psychologie: Göttingen, 1983

Weltner, K.: Informationstheorie und Erziehungswissenschaft. Schnelle: Quickborn, 1970

Dritter Schritt: Auswahl der rasch verarbeitbaren und lange behaltbaren Information

Der 20jährige Medizinstudent Volker Zander, erstes Semester, nimmt in der Universitätsbuchhandlung ein Buch nach dem andern aus dem Regal. Es sind Bücher über Physiologie. Nach fünf Minuten entscheidet er sich für ein dickes Exemplar, ausgestattet mit vielen Bildern, mit einem vierseitigen Inhaltsverzeichnis am Anfang. Der Umschlag ist abwaschbar, einfach gestaltet und sauber. Mehrere Kommilitonen besitzen das gleiche Buch. Für den Preis wird eine Menge geboten. Er nimmt es. Dieses Vorgehen, mag es typisch sein, ist nicht optimal. Dieses Buch wird Volker Zander durch die nächsten ein bis zwei Jahre begleiten. Darauf baut der Erfolg in der schriftlichen Prüfung auf und das Verständnis für physiologische Zusammenhänge in anderen medizinischen Fächern und in der späteren Praxis.

Durch eine ungünstige Auswahl kann Volker Zander Monate an Lernzeit gegenüber den günstigeren Versionen verlieren, von folgenden Enttäuschungen durch Fehlverständnis, Ängsten vor Unverständlichkeit, von abnehmendem Selbstvertrauen in die eigene geistige Leistungsfähigkeit abgesehen.

Er hätte die verschiedenen Lehrbücher nebeneinander legen, darin blättern, einige Stellen kurz anlesen und nach den weiteren folgenden allgemeinen Kriterien für die Auswahl von Wissensangeboten prüfen sollen. Es hätte sich gelohnt. Denn den zunehmenden Vorsprung von Kommilitonen, die sich danach richten, kann er nur durch den Einsatz von mehr Lernzeit und somit Verzicht auf Freizeit oder durch eine höhere allgemeine geistige Leistungsfähigkeit (Intelligenz) ausgleichen.

An die Übermittlung von Wissen sind folgende Ansprüche zu stellen:
es soll
richtig sein
rasch aufzunehmen und zu verarbeiten, d.h. verständlich sein
rasch und überdauernd zu lernen, d.h. zu behalten sein
im rechten Moment erinnerbar sein
interessant übermittelt werden

Richtige Information: Hierfür stehen bei Büchern Autoritäten mit ihrem Namen. Anhaltspunkte geben die Titel und beruflichen Funktionen. Den Aussagen eines Professors, der zugleich Direktor eines Institutes ist, wird man — wenn man sonst nichts über den Autor weiß — mehr Richtigkeit und Wahrheit zutrauen, als denen von reinen Schriftstellern oder Studenten, die mit dem betreffenden Gebiet keine große eigene Erfahrung haben, die sich nicht mit den Kritiken anderer Fachleute auseinandersetzen mußten, die auch nicht die strenge Schulung der Wissenschaftler durchgemacht haben. Sachlichen, ruhigen, emotionslosen Personen ist mehr zuzutrauen als Marktschreiern und affektgeladenen Schaumschlägern, Sachbüchern mehr als Boulevardblättern. Wer Falsches lernt, muß sich eher korrigieren, muß nachlernen, baut sich falsche und verzerrte Modelle über die Wirklichkeit auf. Daher sollte man viel Wert auf die Auswahl richtiger Information legen.

Verständliche Information: Die Verständlichkeitsforschung befaßt sich mit der Frage, wie Information verständlich übermittelt wird. Kennzeichen der verständlichen Sprache in Wort und Schrift (I. Langer und Mitarbeiter, 1974; F. Mann und Mitarbeiter, 1982):
1) Einfachheit. Das sind einfache Sätze, wenig Satzeinschübe. Kurze Sätze. Einfache, vertraute Wörter. Nicht so viele Hauptwörter, dafür mehr Tätigkeitswörter.
2) Übersichtlichkeit. Alles soll gut und nicht zu kompliziert gegliedert sein. Wichtiges ist hervorzuheben. Nicht zu viele Einzelheiten. Auch nicht zu viele ausführliche Beispiele, da daraus oft nicht mehr das Wichtige erkannt wird.
3) Anschaulichkeit. Möglichst praxisnah, wirklichkeitsgetreu schildern. Allgemeine abstrakte Aussagen immer wieder mit konkreten verbinden. Umsetzen in die Praxis, Anschauung. Unterstützung durch Bilder.
4) Begeisterung. Man muß die gefühlsmäßige Anteilnahme, das Engagement des Informierenden spüren, sich davon anstecken und mitreißen lassen. Das weckt die Aufmerksamkeit, hält frisch und erleichtert somit das Durchhalten, die längerfristige Aufnahme und Verarbeitung von Information. Dadurch eignet man sich mehr als sonst an.

Schnell und überdauernd *behaltbare Information:* Verstehen ist ein wichtiger Schritt zum Behalten. Je besser man Information versteht, desto leichter und länger behält man sie (P. Ley, 1980). Eine weitere Eigenschaft erleichtert das Behalten: Information, die verschiedene Sinne anspricht (*multimodale Information*) — wie Hören, Sehen, Tasten — behält man sicherer und länger als die, die sich nur an eine Sinnesempfindung wendet. Darin besteht die Überlegenheit der audiovisuellen gegenüber bloß auditiven oder visuellen Informationsmedien.

Wiederholungen wichtiger Informationen während der Übermittlung sichern das Behalten.

Die am *Anfang und Ende* der Übermittlung angebotene Information wird ebenfalls sicherer behalten als die im mittleren Bereich.

Bücher, Artikel, Vorträge, Filme, die wiederholen und wichtige Information an den Anfang und Schluß stellen, erleichtern die Gedächtnisarbeit.

Im richtigen Moment *erinnerbare Information*: Es nützt nicht viel, auf Befragen zu wissen, daß man sein Medikament vor dem Frühstück einnehmen soll, wenn man morgens nicht daran denkt. Die Information muß bereits die Situation einbeziehen, in der erinnert werden soll. Zum Beispiel:»Wenn Sie sich an den Frühstückstisch setzen wollen und den Stuhl zurückziehen, denken Sie an die Medikamente.« Ein äußeres Kennzeichen für Information, die im rechten Augenblick verfügbar ist, sind wirklichkeitsbezogene, praxisnahe Darstellungen.

Interessante *Informationsübermittlung*: Gründe für diese Forderung wurden schon unter»Verständliche Information, Punkt 4« angeführt. Hier nur einige Merkmale: Bei Schriften starke Abwechslung im Schriftbild, Untergliederungen, Anreicherungen mit Bildern. Überschriften mit Reizwörtern, die uns ansprechen, aufregen, anregen. Ansonsten muß man sein Urteil durch stichprobenhaftes Lesen bilden. Bei gesprochenen Texten starke Betonungs- und Rhythmusveränderungen, Gebrauch von Reizwörtern, überraschenden Wendungen.

Literatur:
Langer, I., F. Schulz von Thun, R. Tausch: Verständlichkeit. Reinhardt: Basel, 1974
Mann, F., P. Schwab, F. Dahlke, D. Basener: Zur Messung der Verständlichkeit des Arztes in Arzt-Patienten-Gesprächen. Med. Psychol. 8 (1982) 56-66

Vierter Schritt:
Unvertrautes in Vertrautes umwandeln

Mit den ersten drei Schritten wurde Information so ausgewählt, daß sie unseren Interessen genügt, und daß sie möglichst einfach bearbeitbar ist. Das waren die *Metastrategien*.
Nun die *Strategien* der Informationsverarbeitung. Sie zielen auf die Verringerung der subjektiven Information ab, mit anderen Worten auf die Umwandlung in Vertrautes, in immer Vertrauteres, bis eine Mitteilung keine subjektive Information mehr enthält.
Dazu müssen wir das vorgegebene Wissen, die objektive Information drehen, wenden, nach Regeln absuchen, bis sie unseren Verarbeitungskapazitäten, unserem Gedächtnis gefügig werden.
Was diese Strategien leisten, sollte man sich immer wieder an der Tatsache vergegenwärtigen: Ohne Strategien können wir bei kurzfristigem (bis etwa zwei Sekunden) Anschauen oder Hören einer jeden der unten stehenden Zeilen nur etwa von zwei bis vier Zeichen nach einigen Minuten richtig wiederholen. Einige Stunden oder gar Tage später sind es noch weniger Zeichen. Das ist unser Ausgangspunkt, unsere Lernkapazität:

> TUR NOF SEP JEX POS BAM GIF WUR FAB RIW
> oder
> G D O V L P N Z F I
> oder
> 4 9 6 1 8 0 5 3 7 2

Häufig gebrauchte, oft spontan entwickelte und grundsätzlich auch sehr wirkungsvolle Strategien zur Bewältigung vorgegebener Information, also *Basisstrategien* sind:

> Informationsaufnahme unterbrechen
> multimodal vorgehen (viele Sinne bei der Bearbeitung einsetzen)
> wiederholen — im Kopf behalten
> sich auf das Unvertraute konzentrieren
> an Vorkenntnissen anknüpfen — etwas erwarten
> Superzeichen entdecken oder bilden

Und darüber hinaus sind folgende *spezielle Strategien* wichtig, die man nicht mehr den Basisstrategien zuordnen kann:

> Eselsbrücken bilden
> Namen behalten
> Rasterlernen
> eigene Handlungen beachten

Schließlich werden noch umfassende Strategien vorgestellt, die helfen, äußerst effektiv Information zu verarbeiten und zu bewältigen, ebenso den damit verbundenen Streß:

Eisenhower-Regel
Tägliche Aktivitätenliste
Dynamisches Lesen
Mind Mapping

Wer auswählt, ist sicher aktiv. Und wer sich die Information so aussucht, daß er sie möglichst leicht bewältigt, geht wirkungsvoll, klug vor. Er trifft Vorentscheidungen für die eigentliche Bewältigung von Information. Die drei Schritte der Auswahl von Information sind keine Lernstrategien im engeren Sinne. Sie stehen vor oder über ihnen, weil sie deren Wirkung begünstigen. Sie sind deshalb Metastrategien (D.P. Keating, B.L. Bobbitt, 1978). Die Metastrategien besorgen die möglichst geschickte Auswahl von Strategien. Diese Fähigkeit wächst mit zunehmendem Alter und steigender allgemeiner geistiger Leistungsfähigkeit.
Die Lernstrategien, denen wir uns nachfolgend widmen, stehen informationspsychologisch unter dem Motto, die subjektive Information zu vermindern (F.v. Cube, 1968) oder Unvertrautes in vertrautes Wissen umzuwandeln. Dieser Vorgang erfordert eine intensive geistige Bearbeitung, den ganzen Einsatz.

Literatur:
Cube, F.v.: Kybernetische Grundlagen des Lernens und Lehrens. Klett: Stuttgart, 1968, 2. Aufl.
Keating, D.P., B.L. Bobbitt: Individual and Developmental Differences in Cognitive Processing Components of Mental Ability. Child Developm. 49 (1978) 155-167

Die Basisstrategien

Informationsaufnahme unterbrechen:
Pause einlegen

Faszinierend der Redner, der alle in seinen Bann schlägt. Die Zuhörer sind mucksmäuschenstill, fast hypnotisiert. Hinterher sind sie sich darin einig: das war großartig, ein verzaubernder Vortrag. Wie virtuos, nein künstlerisch das Thema abgehandelt wurde, das Thema über... Was hat er eigentlich gesagt? Nüchtern betrachtet: wenn wir uns nicht alle paar Sekunden oder paar Dutzend Sekunden (aber nicht erst nach Minuten) von der Informationsquelle losreißen, wenn wir nicht zwischendrin Pause einlegen, verarbeiten wir nicht, behalten wir wenig.

Eine geschmiert ablaufende Informationsdarbietung unterdrückt das Denken, d.h. die geistige Bearbeitung des Stoffes. Damit wird nicht erreicht, daß er sich in unser schon vorhandenes Wissen, unsere Vorkenntnisse einfügt oder sie sinnvoll ergänzt. Sie verhindert somit ein wirkungsvolles Behalten von viel Information über lange Zeit. Wir brauchen die Pausen, um die Information so zuzubereiten, daß sie im Rahmen unserer Kapazitäten bearbeitet werden kann. So wie z.B. die Versuchspersonen von Butterfield und Mitarbeitern (siehe »Die Strategien«) beim Einprägen von Ziffern immer drei rasch zusammenkommen ließen und dann die Aufnahme stoppten, um sie durch Wiederholung aktiv zu bearbeiten. Das ist auch die Strategie der Gedächtniskünstler, die, wie W.G. Chase und K.A. Ericson (1981) beobachteten, ebenfalls drei bis höchstens fünf Einheiten zusammenkommen ließen, um sie dann geistig zu bearbeiten. Die Versuche zu verstehen, mitzudenken, viel zu behalten, erfordern die Pause. In dieser werden wir geistig aktiv und setzen unsere Hebel an der Information an, um sie aufzunehmen oder — wenn sie unvereinbar mit unseren Erfahrungen sind — uns nicht weiter damit zu belasten. Wir sollten Pausen machen, anhalten, zuhören und lesen, kurz unterbrechen zum Nachdenken, zum Vergleichen mit eigenen Erfahrungen. Im Buch auch mal rückwärts oder vorausblättern, vielleicht ein Lexikon zu Hilfe holen. Beim Gespräch rückfragen, nachfragen.

Multimodal vorgehen: mehrere Sinne einsetzen

Information über verschiedene Sinnesorgane aufzunehmen, zu verarbeiten, zu speichern, hat sich in psychologischen Untersuchungen der Informationsaufnahme über nur einen Sinn (unimodales Vorgehen) als überlegen erwiesen. Beispielsweise kann man sich mehr merken, wenn man medizinisches Wissen als Text hört und liest, als wenn man es nur liest oder nur hört. Zusätzliche bildliche Darstellungen bringen meist weitere Erleichterungen. Entsprechendes gilt auch für die Abgabe von Information: man verfügt viel besser darüber, wenn man beispielsweise statt nur über bestimmte Sachverhalte zu sprechen auch darüber schreibt — und umgekehrt. Beliebt ist die Verknüpfung von Bild und Wort. Der Nutzen läßt sich an folgendem Beispiel demonstrieren. Man versuche, sich diese Wörter zu merken. Dabei bringt es Vorteile, die Wörter in Bilder umzuwandeln und diese in eine umfassende Bildgeschichte umzusetzen:

Mädchen — Motorrad — Weg — Brötchen
— sieben — Katze — Hupe — Dorf.

Man kann sich beispielsweise vorstellen, daß ein Mädchen auf einem Motorrad sitzt und sieben Brötchen über den Weg des Dorfes fährt. Dabei steht eine Katze in der Fahrbahn, das Mädchen betätigt die Hupe, um sie zu verscheuchen.
Durch die Zuordnung zu Bildern und deren Verbindung zu einem Gesamtbild lernt man normalerweise nicht nur rascher, sondern auch effektiver. Das bedeutet, daß man später die in dem Bild eingefügten Teile viel besser wiederholen kann, als wenn man alles nur nach den Wörtern, ohne Bezug zueinander, lernt. Mit ein bißchen Übung kann man 15 bis 25 solcher Wörter nach einmaligem Hören wiedergeben. Ohne spezielle Übung muß man sich dem einzelnen Wort jedoch mehrere Sekunden zuwenden, weil man dazu ein passendes Bild zu suchen und dieses schließlich zu einem Komplex zusammenzufügen hat.
Beim multimodalen Vorgehen nützt man aus, daß die Information gleichzeitig über mehrere Wege verarbeitet und gespeichert wird. Wörter sind eher wieder im Gedächtnis auffindbar, Bilder lassen sich dagegen ganzheitlich, vollständig abrufen. Einzelheiten gehen in ihnen nicht wie bei Wortfolgen verloren. Die mehrfache Abspeicherung beim multimodalen Vorgehen erhöht auch die Wahrscheinlichkeit, beim Abruf die richtigen Speicherplätze im Gedächtnis zu finden.

Ein weiteres Beispiel zur Übung:
Versuchen Sie jetzt aus den folgenden Wörtern gleich eine Bildgeschichte zu bilden, die Ihnen hilft, die Wörter einzeln und in richtiger Reihenfolge zu wiederholen. Die zu lernenden Wörter:

Fahrrad — Junge — Wurst — Brücke —
fünf — Hund — Speiche — Großstadt.

Derartige Techniken sind nur dann mit Vorteil anwendbar, wenn sich Wörter leicht Bildern zuordnen lassen. Wörter wie »weder«, »entsprechend«, »rechtmäßig« oder »unangenehm« bereiten schon Schwierigkeiten.

Das multimodale Vorgehen sichert ab, daß man auch die angemessene Information berücksichtigt. Ein Zimmer mit Worten ausführlich zu beschreiben dauert länger, und der Zuhörer wird hinterher erstaunt sein, wenn er das tatsächliche Zimmer sieht. Er hatte es sich ganz anders vorgestellt. Ein Foto oder eine Zeichnung erzeugen in kürzerer Zeit eine »richtigere« Vorstellung. Ein Dia vom Urlaubsort, ein Bild von einer Niere, das Portrait einer Person, die grafische Darstellung statistischer Ergebnisse machen in Sekundenschnelle vieles klar, wo minutenlanges Reden versagt. Aber die Entwicklung von Gedanken, logischen Begründungen, Aufzählungen lassen sich nicht durch Bilder ersetzen. Die Gliederungen, die dahinterliegenden Strukturen sind aber durch Schemata, Inhaltsverzeichnisse leichter durchschaubar. Multimodales Vorgehen kann auch dabei helfen.

Wiederholen — im Kopf behalten

Wiederholen ist ein aktiver Vorgang. Es wird mit *Lernen, Auswendiglernen*, Büffeln verbunden, auch mit Anstrengung, oft Unlust. Das muß nicht sein. Denn wir wiederholen im Alltag ohnehin oft, ohne es besonders zu bemerken. Wir merken es dann nicht, wenn wir unsere Kapazitäten nicht überfordern. Das trifft zu

— wenn wir uns nur dem zuwenden, was uns wiederholenswert erscheint (siehe »sich auf das Unvertraute konzentrieren«) und

— wenn wir unter der Kapazität des unmittelbaren Behaltens (5 bis 7 Einheiten) bleiben.

Mehr als etwa drei Einheiten sollten wir nicht wiederholen. Beim Lernen fremdsprachlicher Vokabeln sind es nur 2 Einheiten: muttersprachlich-fremdsprachlich. Das strengt nicht sehr an, außer man lernt hintereinander viele solcher Kombinationen. Zwei oder drei Einheiten bleiben sogar über die oben angegebene Gegenwartsdauer dem Kurzspeicher verfügbar, bis ungefähr 18 Sekunden (J. Brown, 1958; Peterson, L.R., M.J. Peterson, 1959). Die *Gegenwartsdauer* T_R (R = reduziert), wie sie hier gemessen wird (Abbildung 19) gilt nur für die maximale Kapazitätsauslastung des *Kurzspeichers* mit 5 bis 7 Zeichen, Einheiten oder 80 Bits. Das unmittelbar Verfügbarhalten, im Kopf Behalten, ist die Voraussetzung für Wiederholungen, aber auch für geistige Vergleiche der frisch aufgenommenen Einheiten mit im Gedächtnis gespeicherten Inhalten. Zwei, drei, vier oder gar mehr Einheiten im Kopf zu behalten, strengt an.

An der Grenze der Kapazität — bei sechs oder sieben — haben die Pupillen deshalb die maximale Weite, der Atem und der Herzschlag eine stark erhöhte Frequenz erreicht. Ein Zeichen der hohen *geistigen Aktivität*.

Im Kapitel »Die Strategien« ist schon auf Untersuchungen eingegangen worden, die nachweisen, daß wir von der Kindheit zum Erwachsenenalter und mit steigender allgemeiner geistiger Leistungsfähigkeit spontan immer bessere Strategien des Wiederholens entwickeln. Diese sind aber, wie die gleichen Studien nachweisen, oft noch verbesserbar. Dadurch steigt die Leistungsfähigkeit des Denkens, Lernens und Erinnerns. Gleichzeitig sinkt die erlebte Belastung, das was nun vom Pauken so abschreckt. Im täglichen Leben können wir harmonischer, eleganter, ohne extreme Anstrengung lernen, eben

— indem wir unter der Kapazität des unmittelbaren Behaltens bleiben, das heißt sich statt mit 5 bis 7 nur mit 2 bis 4 Einheiten befassen und
— indem wir uns nur auf das Unvertraute konzentrieren.

Die Begrenzung unserer Kapazitäten, die für die nahtlose Auseinandersetzung mit Information eingerichtet sind, legt nahe, Auswendig lernen möglichst zu vermeiden, und stattdessen **dem Sinn nach zu lernen**. Es sei denn, Auswendiglernen macht besonderen Spaß. Auswendig gelerntes Wissen verhindert allerdings flexible, geistige Auseinandersetzungen und umfassende, tiefgehende Einsichten in unsere Welt.

Literatur:
Brown, J.: Some Tests of the Decay Theory of Immediate Memory. Quartly. J. Exp. Psychol. 10 (1958) 12-21
Peterson, L.R., M.J. Peterson: Short-term Retention of Individual Verbal Items. Exp. Psychol. 58 (1959) 193-198

Sich auf das Unvertraute konzentrieren

Daß die nicht zu flüssigen Textstellen in einem sonst flüssigen Text genau die Stellen sind, mit denen wir uns beim Lesen geistig auseinandersetzen und die wir schließlich am besten behalten, hatten Edward J. O'Brien u. Jerome L. Myers (1985) untersucht, belegt und gerade veröffentlicht. Sie stellen fest, daß die *Verständnisschwierigkeiten* das *Gedächtnis* für den Text verbessern. Allerdings dürfen sie nicht in zu großer Dichte aufeinander folgen.

Unter »Die Strategien« sind wir bereits auf die Untersuchungen von Adams eingegangen, die zu dem Schluß führen, die natürliche, im Alltag praktizierte Art des Lernens ist dies:

Wir konzentrieren uns auf das, was uns unvertraut ist. Wir befassen uns damit näher, lassen es durch den Kopf gehen, bauen es in das zuvor Bekannte ein, wiederholen es vielleicht noch einmal usw; die anderen Teile einer Nachricht oder Mitteilung beachten wir dagegen kaum. Sie bringen ja nicht wesentlich Neues. Das ist eine extrem sparsame Methode des Lernens, der *Wissenserweiterung*: Schon Bekanntes nicht weiter beachten, sich dagegen auf das *subjektiv Informative*, das Neue konzentrieren.

Gesunde Personen tun das mehr oder weniger gut, meist dennoch nicht optimal. Deshalb wurde beispielsweise die Technik des dynamischen Lesens entwickelt, die nicht nur dazu dient, die Lesegeschwindigkeit zu steigern, sondern auch die Durchhaltefähigkeit beim Lesen zu verlängern und das Wesentliche der Texte besser zu verstehen und zu behalten. Deshalb hat das auf informationspsychologischen Erkenntnissen aufgebaute Buch von Johannes Chr. Weber und Jochen Schatte (1972) den Titel »Lesetraining. Eine Anleitung zum schnellen Lesen und besseren Lernen«.

Oft drängt sich uns das Unvertraute von selbst auf. Wir können dann nicht umhin, es zu bemerken. Irgendwie überrascht es uns. Wir haben es nicht erwartet; deshalb ist es subjektiv immer informativ. Es ist der Motor zum Aufnehmen, Verarbeiten und Speichern von Aspekten, die uns bisher unvertraut waren. Es sorgt dafür, daß wir dauernd weiterlernen, daß wir uns geistig weiterentwickeln.

Diese Stellen mit subjektiv hoher Information sind für uns aber nicht alle gleich wichtig. Sie verdienen nicht alle die gleiche Beachtung. Diese sollte nur den subjektiven Informationen zukommen, die mit unseren Interessen in Verbindung stehen und an unseren Vorkenntnissen anknüpfen.

Literatur:
O'Brien, E.J., J.L. Myers: When Comprehension Difficulty Improves Memory for Text. J. Exp. Psychol.: Mem. Cogn. 11 (1985) 12-21
Weber, J., J. Schatte: Lesetraining. Anleitung zum schnellen Lesen und besseren Lernen. Fischer: Frankfurt/M., 1972

An *Vorkenntnissen* anknüpfen — etwas erwarten

Obwohl die Formel schon angeführt wurde, sind ihre Symbole und Gleichsetzungen vielen unvertraut:

$$K_K \text{ (bit)} = C_K \text{ (bit/s)} \times T_R \text{ (s)}$$

Sie knüpft kaum an Vorkenntnisse an.

Die Umsetzung in Wörter enthält schon weniger subjektive Information. Sie macht die Aussage verständlicher.

»Der Informationsgehalt der Kurzspeicherkapazität gleicht der Geschwindigkeit der Informationsverarbeitung multipliziert mit der Gegenwartsdauer.«

Der gesamte Ausdruck ist dafür länger. So verhält es sich auch mit den Texten von Medikamenten-Beipackzetteln. Werden sie so verändert, daß der durchschnittliche Patient sie versteht, nehmen sie an Länge zu. Statt 600 Wörtern umfassen sie dann 800 oder über 1 000 (S. Tonscheidt, 1981).

Je sparsamer der Text über den gleichen Inhalt, desto mehr *subjektive* Information enhält er meistens, desto höhere Vorkenntnisse setzt er voraus, desto leichter überfordert er unsere Kapazitäten und entmutigt uns. Lieber einen populärwissenschaftlichen und dicken Bericht lesen, als eine hochgestochene, blutleere Abhandlung.

Der populärwissenschaftliche Bericht knüpft enger an unseren Vorkenntnissen an. Auch wenn er länger ist als die Fachabhandlung, verstehen wir ihn als Nichtfachleute besser, lernen mehr und bauen ihn besser in unser Wissen ein. Auf die Dauer übermittelt er uns mehr Wissen.

Aber etwas Verständlicheres muß nicht länger sein als unverständlich, kompakt Mitgeteiltes. Vieles davon ist unwichtig, bringt uns nichts. Darauf haben sich beispielsweise medizinische Zeitschriften und Tageszeitungen eingestellt. Sie bereiten den ohnehin mit Information überschwemmten Ärzten die Fachliteratur »mundgerecht verpackt« auf und lassen das Unwesentliche weg. Für den Arzt ist es ja meist gar nicht wichtig zu wissen, wie eine Untersuchung genau angelegt war und welche statistischen Methoden angewandt wurden. Er will nur wissen, was für seine Klinik und Praxis Wichtiges herauskam. Was die Medizin-Journalisten für den Arzt machen — dasjenige auswählen, was für ihn wichtig sein könnte — kann man natürlich selbst tun. Man tut es eigentlich auch. Denn schon bei dem durch Journalisten Vermittelten liest man nicht alles, sondern fragt sich, ehe man mit dem Lesen beginnt, was man davon erwartet, ob es interessant sein wird.

Allgemein sollten wir uns zuerst fragen, was wir uns von einem Artikel, Vortrag, Film usw. versprechen.

Dieses Vorgehen kostet etwas Zeit, Mühe und Disziplin. Dadurch aktivieren wir aber unsere Vorkenntnisse zu dem Thema, bilden *Erwartungen* aus und stellen uns Fragen.

Aus dieser bezogenen Position und aufgrund der auftauchenden Fragen tasten wir die auf uns zukommende Information ab. Wir sortieren sie nach wichtig und unwichtig und verarbeiten das Wichtige, soweit es unerwartet ist.

Oft läuft das in mehreren Stufen ab, wie beim *dynamischen Lesen* anempfohlen, zum Beispiel beim Lesen eines Buches. Wir bauen eine Erwartungshaltung auf, wenn wir den Titel lesen. Beim Lesen des Klappentextes oder des Inhaltsverzeichnisses wird diese Erwartung bereits strukturiert. Wir haben bereits feste Vorstellungen. Entspricht das Buch dieser Vorstellung, so lernen wir leichter. Bei Abweichungen von unseren Erwartungen ist unsere Aufmerksamkeit dagegen aufs äußerste gespannt. So wird auf doppelte Weise ökonomisch gelernt.

Ähnlich geht es beim Zeitungslesen. Wir lassen unsere Neugier von der Überschrift wecken. Wir stellen uns etwas unter dem Artikel vor. Wir erwarten eine bestimmte Information. Unsere Aufmerksamkeit ist gesteigert gegenüber einem oberflächlichen uninteressierten Leser ohne Erwartung.

Literatur:

Tonscheidt, S.: Die Verständlichkeit von medizinischen Informationen für Laien. Diplomarbeit am Psychologischen Institut der Universität Heidelberg, 1981

Superzeichen entdecken oder bilden

Zu unseren stärksten Methoden bei der Bewältigung der uns umgebenden Wissensflut gehört das Entdecken oder Bilden von Superzeichen, kurz superieren.
Die Superierung unterteilt man in das
● *komplexbildende* und
● *klassenbildende*
Superieren.

Komplexbildendes Superieren: Zum komplexbildenden Superieren gehören alle Zusammenfassungen von Einzelheiten, die in räumlicher oder zeitlicher Nachbarschaft auftreten. Typische Beispiele sind die Wörter der Sprache, die aus Buchstabenkomplexen bestehen wie »Wagen« statt »W«, »a«, »g«, »e«, »n«, oder Wortkomplexen wie »er geht heute spazieren« statt »er«, »geht«, »heute«, »spazieren«. Idioms sind derartige festgefügte Komplexe.
Die Komplexe bilden eigene Einheiten. Deshalb lassen sich die 38 Buchstaben der Wörter
Kuchen Baum Katze Stein Freiheit Leberwurst
genauso schnell behalten wie die 18 Buchstaben von
Pof Lak Fir Nel Bud Kor
oder gar die nur 6 Buchstaben
Q M E P W F
Auf der Satzebene, die nicht nur Buchstaben sondern auch Wortkomplexe umfaßt, beherrscht man in der gleichen Lernzeit sogar noch mehr Buchstaben, z.B. die folgenden 100:
»Manche Bayern und Preußen streiten nicht miteinander, sondern trinken lieber zusammen — aus einem bayerischen Maßkrug.«

Superzeichen

Komplex auf Satzebene

Komplex auf Wortebene

Komplex auf Silbenebene

Einzelzeichen

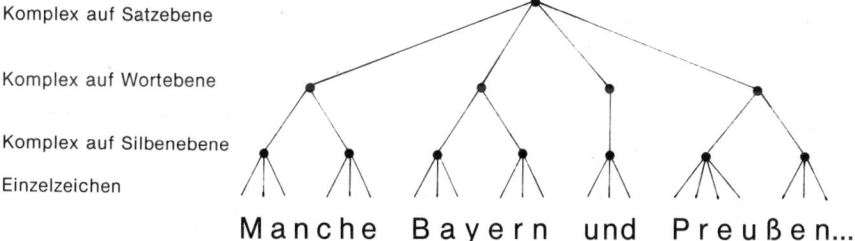

M a n c h e   B a y e r n   u n d   P r e u ß e n...

Abbildung 37: Durch Zusammenfassungen von Zeichen zu Komplexen auf Silbenebene, diese auf Wortebene und diese auf Satzebene läßt sich mehr Wissen verarbeiten und lernen.

Die Komplexe lassen sich einfacher und rascher lernen und wieder abrufen als die Einzelzeichen. Davon kann man sich auch bei bildlichem Material überzeugen. Das zweite Bild ist leichter lernbar als das erste (Abbildung 38).

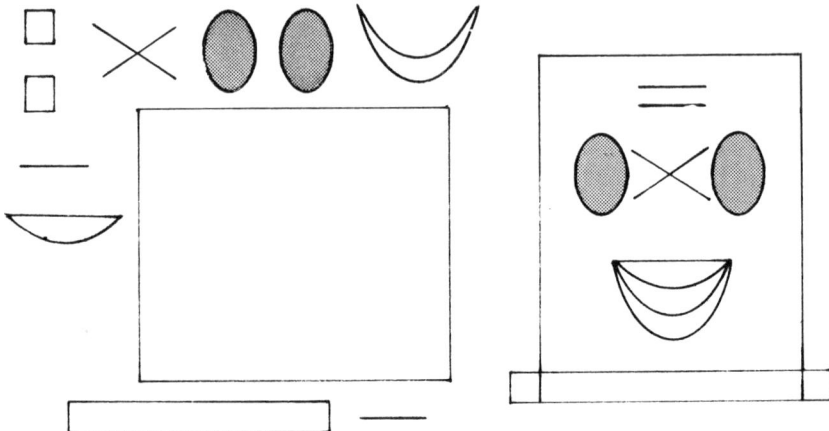

Abbildung 38: Das linke Bild ist schwerer einzuprägen als das rechte, obwohl es die gleichen Bestandteile enthält. Rechts ist ein Beispiel für die Lernerleichterung durch bildliche Komplexbildung (komplexbildendes Superieren).

Wenn Sie sich noch an das »*Multimodale Vorgehen*« (siehe dort) erinnern. Dort sollte man die Wörter Mädchen-Motorrad-Weg-Brötchen-sieben-Katze-Hupe-Dorf mit Bildern verknüpfen. Das ist auch ein (intermodales) komplexbildendes Superieren. Die Einzelbilder zu einem Gesamtbild zu verschmelzen, wäre eine weitere Komplexbildung.

Man kann die Wörter aber auch zu einer rein sprachlichen Geschichte zusammenfügen und sich durch dieses rein sprachliche Superieren ebenfalls das Lernen erleichtern, beispielsweise »Ein auf dem Motorrad sitzendes Mädchen fährt sieben Brötchen entlang des Weges im Dorf. Um eine Katze zu verscheuchen, betätigt es die Hupe.«

Klassenbildendes Superieren: Sehen Sie sich bitte die folgenden 16 Wörter einmal auf Gemeinsamkeiten hin an:
Rubin, Eiche, Kaulquappe, Schäferhund, Amethyst, Lurch, Linde, Terrier, Smaragd, Frosch, Buche, Schnauzer, Unke, Kirschbaum, Wolfshund, Saphir.

Sie werden entdecken, daß es sich um vier Klassen handelt: Hunderassen, Edelsteine, Bäume und Amphibien. Jede dieser vier Klassen enthält vier Wörter. Wer das erkennt, kann sich die einzelnen Wortgruppen sehr viel schneller einprägen als die »losen« ungeordneten Wörter. Und man kann die Leistung noch steigern, wenn sich zusätzlich Oberklassen bilden lassen. Dadurch erreicht man eine höhere Stufe der Superierung.

Vielleicht stecken in den Oberklassen wieder höhere Klassen drin: Ober-Oberklassen. Auf diese Weise entstehen ganze Hierarchien an Superzeichen.

Den Vorteil der Klassenbildung durch hierarchische Superierung für das Lernen und somit den Wissenserwerb wies der Diplom-Psychologe Dr. A. Zimmer (1976) am Beispiel der unten wiedergegebenen 23 biologischen Begriffe nach. Sie wurden Versuchspersonen in dieser Ordnung und Parallelpersonen in einer Zufallsreihenfolge vorgegeben. Die Lernzeit für die Zufallsreihenfolge dauerte durchschnittlich etwa dreimal so lang wie in der hierarchischen Anordnung (diese ca. 3 Minuten).

Versuchen Sie es selbst erst, bevor Sie mit der Abbildung 28 vergleichen:
Lernen Sie diese Wörter, bis Sie sie vollständig niederschreiben können (Reihenfolge spielt keine Rolle): Linde, Tulpe, Boxer, Aal, Hunde, Buche, Rose, Tiere, Dackel, Pflanzen, Pudel, Lebewesen, Hecht, Kiefer, Fische, Hai, Krokus, Bernhardiner, Bäume, Nelke, Tanne, Hering, Blumen.
Vergessen Sie nicht: nicht auswendiglernen, sondern herumprobieren, zusammenfassen.

Die Methode des klassenbildenden Superierens wenden wir in ähnlicher Form im Alltag häufig an. Der Schüler lernt sie schon bei der Aufsatzgliederung. Leider vergessen viele später, wie wichtig Aufsatzgliederungen sind.
Wenn wir uns Gliederungen zu einem eigenen Vortrag machen, erhalten wir einen besseren Überblick und erleichtern uns damit das Vorbringen der einzelnen Punkte in logischer Reihenfolge. Für den Zuhörer ist das auch von Vorteil. Er kann bei einer Struktur, die ihm mitgeteilt wird oder die er durchschaut, besser und kritischer folgen.
Von den jeweils konkreten, vorgegebenen Begriffen hängt es ab, welche davon sich zu Komplexen oder Klassen zusammenfassen lassen. Oft führen Mischstrategien zum Erfolg; Zuordnung von Bildern und zusätzliches Bilden von Komplexen und Zusammenfassen zu Klassen.

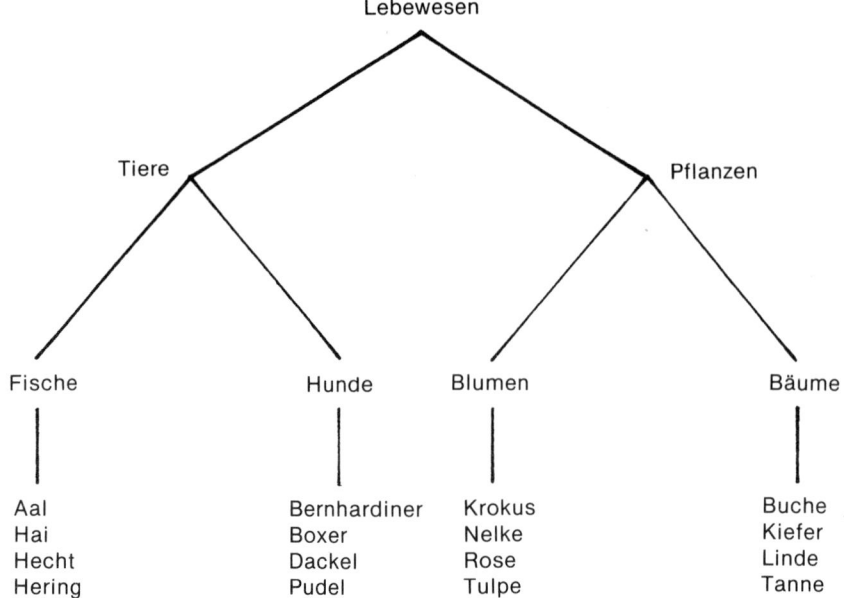

Abbildung 39: 23 biologische Begriffe zur Demonstration des Nutzens des klassenbildenden Superierens (nach: A. Zimmer, 1976). In der abgebildeten Ordnung lassen sich die Begriffe dreimal rascher lernen als ohne Ordnung.

Ein Beispiel: Bereiten Sie sich auf den Einkauf vor. Lesen Sie jedes Wort höchstens zwei Sekunden:
Juwelier, Kette reparieren, Silberputztuch kaufen, Becher gravieren, Reisebüro, Fahrkarte bestellen, Visum beantragen, Prospekt für Winterreise mitnehmen, Supermarkt, Kilo Bananen, Becher Joghurt, Tube Zahnpasta, Optiker, Brille abholen, Opernglas kaufen, Sehtest durchführen.
Jedes der 30 Wörter, an das Sie sich erinnern, gilt. Vergleichen Sie Ihr Ergebnis mit der Zahl sinnarmer Silben, die Sie bei gleichem Vorgehen wiederholen können (siehe »Vierter Schritt: Unvertrautes in Vertrautes umwandeln«). An dem Unterschied erkennen Sie die Wirkung des strategischen Vorgehens.

Literatur:
Zimmer, A.: Die Beeinflussung der Informationsverarbeitungskapazität durch Berücksichtigung der subjektiven Organisation. Z. exp. angew. Psychol. 23 (1976) 521-529

Spezielle Strategien

Eselsbrücken

Auch das beste Gedächtnis ist bisweilen dankbar für kleine Eselsbrücken. Das sind Hilfen, die man sich leicht merken kann. So gibt es z.b. eine Eselsbrücke, um sich die Namen der Saiten einer Gitarre zu merken: »Ein Anfänger der Gitarre hat Eifer« und schon haben Sie die Noten der Gitarrensaiten: nämlich die Anfangsbuchstaben dieser Hilfswörter — E, A, D, G, H, E.

Der Student, der die biologische Einteilung in der richtigen Reihenfolge aufsagen muß, prägt sich das Wort RAGFOKS ein. An jedem Buchstaben ist eine Kategorie aufgehängt, nämlich **R**asse, **A**rt, **G**attung, **F**amilie, **O**rdnung, **K**lasse, **S**tamm. Dieses eine Wort RAGFOKS umschließt die ganze Einteilung.

Allerdings kann man nicht mit Eselsbrücken ein mangelhaft funktionierendes Gedächtnis ausgleichen. Im täglichen Leben arbeitet das Gedächtnis unreflektiert, gewissermaßen »naiv«.

Wir könnten auch keinen Satz in normaler Geschwindigkeit sprechen, wenn er aus Eselsbrücken zusammengesetzt wäre. Denn dann müßte jeder Ausdruck wieder aus einem anderen abgeleitet werden, der einem im rechten Moment einfallen müßte. So wie bei dem Merksatz »Ein Anfänger der Gitarre hat Eifer«. Jetzt kann man die einzelnen Erstbuchstaben reproduzieren: E, A, D, G, H, E. Ein Vorgang, der sicher funktioniert, aber verhältnismäßig lange dauert.

Eselsbrücken sind demnach keine schnellen Hilfen, sie sind wirklich nur für den Notfall gedacht.

Aber es gibt darüber hinaus noch andere *Mnemotechniken* zur Steigerung der Gedächtnisleistung. Beliebt sind das multimodale Vorgehen, die Verknüpfung von Bild und Wort, das komplexbildende und klassenbildende Superieren. Diese Techniken sind im Kapitel »Basisstrategien« behandelt.

Keine Angst vor Namen

Die Deutschen haben es in ihrer Anrede besonders schwer. Sie müssen den Namen verwenden: »Guten Morgen, Herr Meier.« »Vielen Dank, Frau...«. Peinlich, wenn im entscheidenden Augenblick das Gedächtnis versagt. Die Franzosen und Italiener haben es einfacher. Da genügen Signorina, Signora, Signor oder Madame, Monsieur, Mademoiselle. Diese Bezeichnungen können ohne Namen in der Grußformel stehen. Ältere Personen sind besonders empfindlich, wenn es um die *Erinne-*

rung von Namen geht. Viele glauben, dabei festzustellen, daß ihr Gedächnis nachläßt, wenn ihnen die gewünschten Namen nicht blitzartig einfallen (R. Chaffin, D.J. Herrmann, 1983). Außerdem fällt ihnen auf, daß ihnen auch die geografischen Bezeichnungen nicht mehr so geläufig sind. Sie wissen nicht mehr, wie der kleine Ort in Spanien hieß, wo sie vor drei Jahren Urlaub gemacht haben, oder das idyllische Dörfchen am Plöner See in Schleswig-Holstein, wo sie den ersten Urlaub nach dem Krieg verlebt haben.

Aber auch häufiger gebrauchte Bezeichnungen oder technische Ausdrücke sind plötzlich nicht mehr auf Anhieb verfügbar. Es kann sein, daß einem die Bezeichnung eines Spiels oder eines Handwerkszeugs im Gespräch nicht mehr einfällt. (»Ich hab den Namen auf der Zunge...«). Oder man hilft sich mit »Dingsda« (Ersatz-Sammelbezeichnung für Dinge oder Namen, die einem nicht spontan einfallen). Es ist beileibe nicht der Text eines Witzes, wenn der Vater, der einen Lichtschalter repariert, seinem Sohn sagt: »Hol mal das Ding. Es muß dahinten in dem, na du weißt schon, liegen«, sondern der Beweis, daß man Schwierigkeiten beim schnellen *Abrufen* von gesuchten Begriffen hat.

Je seltener ein Wort gebraucht wird, um so schwerer fällt es, dieses Wort aus dem *Gedächtnis* abzurufen. Nach dem heutigen Wissensstand können wir davon ausgehen, daß wir Wörter, Bilder, Zahlen, Ereignisse, die wir jemals gespeichert haben, nicht vergessen. Unser Problem besteht nur darin, sie wieder abzurufen, aus dem Gedächtnis zu holen, sie zu reproduzieren. Normalerweise kommen die benötigten Informationen aus unserem Speicher und wir machen uns kaum Gedanken über das Wie. Erst wenn die seltener gebrauchten Begriffe ausbleiben oder verzögert kommen, denken wir darüber nach. Mit diesem bewußten Suchen allerdings stören wir die »naiven« (automatischen) Gedächtnisfunktionen. Und dadurch sinkt die Leistung des Gedächtnisses noch mehr.

Das ist der Teufelskreis, der bei älteren Personen entsteht: Sie haben gehört, daß man geistiges Altern am Nachlassen des Gedächtnisses feststellt. Folglich beobachten sie ihr Gedächtnis und entdecken, daß sie sich einiger Sachverhalte kaum oder falsch erinnern. Damit glauben sie den Beweis für die mangelhafte Leistungsfähigkeit ihres Gedächtnisses zu haben. Sie befürchten, daß damit der rasche psychische Verfall eingeleitet ist. Und — sie beobachten sich argwöhnisch und ängstlich weiter. Das Resultat: wegen der Angst funktioniert das Gedächtnis nur noch schlechter.

Jetzt belegt auch eine Untersuchung an 39 Personen im Alter von 76 Jahren, daß man mehr Namen und Gesichter als vorher aus dem Gedächtnis abrufen kann, wenn man sich beim Erinnern entspannt (J.A. Yesavage, 1984).

Ein kleiner Tip, um aus dem Teufelskreis herauszukommen, um mehr Gelassenheit zu erreichen: Man sollte Kinder und jüngere Erwachsene beobachten und wird feststellen, daß ihnen im gleichen Maße fehlerhafte Gedächtnisleistungen unterlaufen, unter Umständen noch schwerwiegendere. So verwechseln sie die Namen der Geschwister oder reden die Mutter mit Vater an oder umgekehrt. Daß unser Gedächtnis nicht hundertprozentig funktioniert, sollten wir als gegebene Tatsache hinnehmen.

Wenn Sie sich an das Kapitel »Nur wenig bleibt hängen« erinnern: Die Informationspsychologie hat nachgewiesen, daß nur 5 bis 20 Prozent von dem, was ins Bewußtsein aufgenommen wurde, einige Minuten später noch erinnerbar ist. Am nächsten Tag erinnern wir uns sogar nur noch an ein Prozent. Und vor allem verschlechtern übertriebene Anforderungen an das Gedächtnis seine Leistungsfähigkeit.

Weiterhin ist zu bedenken, daß wir im Laufe des Lebens immer mehr Erfahrungen »sammeln« und ständig Informationen speichern. Wer als 20jähriger 500 verschiedene Namen kannte, hat als 60jähriger vielleicht schon 2 000 verschiedene Namen gehört. Je voller der Speicher, um so mehr muß man auseinanderhalten können. Das kostet Zeit und Energie. Es ist leichter, einen Namen unter 500 als unter 2 000 anderen Namen herauszufinden. Darum sind Alltagsleistungen zwischen jüngeren und älteren Personen nicht immer miteinander vergleichbar.

Obgleich ältere Erwachsene weit mehr über ein schlechtes Gedächtnis klagen als Jüngere, erbringen objektive Gedächtnistests nur geringfügige Unterschiede (R. Chaffin, D.J. Herrmann, 1983). Und das trotz der erforderlichen Mehrleistung (mehr auseinander halten müssen), und trotz der größeren Angst vor dem Versagen des Gedächtnisses. Allein die Minderung der Angst vor einem »schlechten Gedächtnis« könnte die objektiven Leistungsunterschiede aufheben.

Wer im Alter über sein »schlechtes Gedächtnis« jammert, sollte an diese Sachverhalte denken. Nützlich ist ein einfaches, ungestörtes Verhältnis zum eigenen Gedächtnis. Es schafft das notwendige Selbstvertrauen, das allerdings durch Gehirn-Jogging noch gefestigt und gesteigert werden kann.

Literatur:
Chaffin, R., D.J. Herrmann: Self Reports of Memory Abilities by Old and Joung Adults. Hum. Learn. 2 (1983) 17-28
Yesavage, J.A.: Relaxation and Memory-Training in 39 Elderly Patients. Am. J. Psychiatry 141 (1984) 778-781

Viertelung der Geschichte: das Rasterlernen

Wer hat früher gelebt? Otto der Große oder Karl der Große? Friedrich der Große von Preußen oder Napoleon? Konnte Johann Wolfgang von Goethe schon von dem Erfinder Thomas Alva Edison gewußt haben? Geschichte und die zeitlichen Bezüge von geschichtlichen Größen zueinander brauchen wir immer wieder. Eigentlich sollten wir sie auch gut beherrschen. Denn in der Schule nimmt »Geschichte« einen breiten Raum ein, direkt im Fach »Geschichte« und indirekt in den Sprachenfächern, in Erdkunde und bei der Darstellung der Naturwissenschaften. Allerdings verbohren wir uns in einzelne Zeitabschnitte oder Beziehungen von Menschen zueinander. Dabei verlieren wir das Ganze aus dem geistigen Blickfeld. Die Gesamtorientierung geht verloren. So weiß manches Schulkind nach drei Monaten Geschichte lernen über das Mittelalter nicht, wo Kolumbus oder Luther einzuordnen sind. War es unmittelbar vor, während oder nach der Völkerwanderung? Oder war es zu einem ganz anderen Zeitpunkt?

Unseren Fähigkeiten gemäß, nur drei bis vier Gedächtnisinhalte nach relativ kurzer Einprägungszeit über längere Zeit zu behalten und zu erinnern, bietet es sich an, dies zur Grundlage einer speziellen Strategie der Informationsverarbeitung und -speicherung zu machen: für Geschichte der Politik, Literatur, Musik, Kunst, Architektonik oder Technik und Wissenschaften oder für den eigenen Familienstammbaum.

Nach Vorschlägen des Briten Tony Buzan (1988) bildet man bei der Planung des längerfristigen Wissensaufbaues einen Raster. Ein stufenweiser Aufbau, in dem bei jeder Lernstufe nur wenige, nämlich drei bis vier Anker gebildet werden, käme der menschlichen Leistungsfähigkeit wahrscheinlich sehr entgegen. Der dabei entstehende Raster wäre erst grob und würde sich immer mehr verfeinern. Beim Lernen von Geschichte wird man erst einige wichtige Daten einprägen, die sich über das gesamte geschichtliche Spektrum spannen, und zwischen diese Daten einige wenige neue schieben usw. Auf diese Weise bildet sich ein immer feineres Netz, in dem ständig Verbindungen zwischen den schon gespeicherten Daten hergestellt werden können. Die Abbildung 40 gibt ein Beispiel anhand der Geschichte der Technik (diese Angaben wurden K. Steinbuch, 1968, entnommen).

Durch Rasterlernen behält oder besser »erhält« man einen Gesamtüberblick und erleichtert so den Einbau neuer Wissensinhalte und die Motivation für weiteres Lernen. Allerdings muß sich jemand die Vorarbeit machen, die Wissensgebiete in gevierteilten Stufen aufzubereiten.

1. Lernschritt →	2. Lernschritt →	3. Lernschritt →	4. Lernschritt →
Geschichte der Technik	Geschichte der Technik	Geschichte der Technik	Geschichte der Technik
ca. 6000 v. Chr. *Wagenrad*	ca. 6000 v. Chr. Wagenrad	ca. 6000 v. Chr. Wagenrad	ca. 6000 v. Chr. Wagenrad
			2500 v. Chr. *Bronze*
	7 n. Chr. *Porzellan*	7 n. Chr. Porzellan	7 n. Chr. Porzellan
ca. 1300 *Brille*	ca. 1300 Brille	ca. 1300 Brille	ca. 1300 Brille
		1445 *Buchdruck mit bewegl. Lettern*	1445 Buchdruck mit bewegl. Lettern
	1690 *Dampfmaschine*	1690 Dampfmaschine	1690 Dampfmaschine
		1752 *Blitzableiter*	1752 Blitzableiter
			1839 *Fotografie*
1861 *Telefon*	1861 Telefon	1861 Telefon	1861 Telefon
		1895 *Röntgenstrahlen*	1895 Röntgenstrahlen
	1928 *Penicillin*	1928 Penicillin	1928 Penicillin
			ca. 1929 *Fernsehen*
1957 *Erdsatelliten*	1957 Erdsatelliten	1957 Erdsatelliten	1957 Erdsatelliten

| 1. Lernschritt → | 2. Lernschritt → | 3. Lernschritt → | 4. Lernschritt → |

Abbildung 40: Beispiel für rasche Wissensvermittelung. Stufenweiser Aufbau eines Rasters über die Technikgeschichte. Schräggestellte Inhalte kommen beim jeweiligen Lernschritt neu hinzu.

Literaturverzeichnis:
Buzan, T.: Master Your Memory. Guild Publishing: London, 1988
Steinbuch, K.: Die informierte Gesellschaft. Geschichte und Zukunft der Nachrichtentechnik. Deutsche Verlags-Anstalt: Stuttgart, 1966

Verlegen macht verlegen

Mit zunehmendem Alter läßt oft die Bereitschaft, sich anzustrengen, nach. Dafür gibt es eine Reihe von Gründen. Man meidet jegliche Anstrengung, um Herz und Kreislauf zu schonen und das Interesse läßt nach, das Neugierverhalten ist gemäßigt, weil es in der Nische der Welt, in der man sich eingenistet hat, einfach nicht mehr soviel Neues gibt. Der Mensch hat schon zuviel erlebt. Viele Handlungen, denen ein junger Mensch noch seine volle Aufmerksamkeit widmet, sind für den älteren zur Routine geworden, z.B. das Kofferpacken. Eine Tätigkeit, die man im Laufe des Lebens zig-mal ausgeführt hat. Sie läuft fast automatisch ab. Mit dem Ergebnis, daß man zum Schluß nicht weiß, ob man auch das Reisenecessaire eingepackt hat. Mit wieviel Aufregung und Konzentration ist dagegen das Kofferpacken bei einem jungen Menschen verbunden, der seine erste große Reise alleine macht. Er achtet noch auf jedes Einzelstück und erinnert sich auch an alle.

Der ältere Erwachsene beachtet nicht so sehr, was er ißt, wo er seine Schriftstücke hingeräumt und wo er den Schlüssel oder seine Brille hingelegt hat. Deshalb weiß er am Nachmittag schon nicht mehr, was es mittags zu essen gab. Die Schriftstücke, den Schlüssel und die Brille muß er lange suchen. Wenn man jedem Gegenstand einen festen Platz in der Wohnung zuordnet, läuft man weniger Gefahr etwas zu verlegen. Wenn man sich dann nicht an den Vorgang des Ablegens erinnert, weiß man wenigstens, wo etwas zu finden ist. Ein weiterer Trick bei der Fahndung nach verlegten Gegenständen ist, nicht in *Panik* zu kommen. Diese hilft am allerwenigsten. Stattdessen sollte man ruhig im Sessel Platz nehmen, und sich nochmals den Vorgang, wie man den Gegenstand abgelegt hat, durch den Kopf gehen lassen. Er ist gespeichert. Die *Entspannung* garantiert am ehesten, daß man sich daran erinnert.

Schließlich noch ein Hinweis zur Vorbeugung: Man sollte sich bewußter der Gegenwart, dem was man gerade tut, zuwenden; mit Interesse und mit geistiger Frische. Dazu können GeJo und andere Maßnahmen, die eine »optimale Aktivierung« fördern, beitragen. Näheres darüber im folgenden Kapitel.

Umfassende Strategien

Einige Strategien können mit besonderem Gewinn zur Bewältigung und Verarbeitung des übergroßen Informationsangebotes eingesetzt werden. Der Gewinn liegt darin, den chronischen Streß zu mindern, der für viele mit der ständigen Auseinandersetzung mit Information verbunden ist. So besehen sind es auch Managerstrategien. Weitere Gewinne betreffen die hohe Effektivität in der Informationsaufnahme, -speicherung, und -verarbeitung, das heißt, Reduktion von besonders viel subjektiver Information pro Zeiteinheit, und schließlich die häufigen Anwendungsmöglichkeiten.

Diese Strategien sind einerseits nicht auf »reine« Eigenschaften des Menschen als Informationsverarbeiters ausgerichtet, sondern sprechen verschiedene seiner Informationsverarbeitungsgrößen und -strukturen an. Andererseits betreffen sie nicht nur den Umgang mit Information, sondern auch mit Streß, wie er ausführlicher unter »Sich optimal aktivieren« behandelt wird. Der Umgang mit den eigenen Energien gehört aber auch in das Gebiet der Informationshygiene, deshalb werden sie schon hier behandelt. Aus den genannten Gründen sind die folgenden Strategien als »umfassende Strategien« einzuordnen. Hier werden vier vorgestellt. Die ersten beiden, nämlich die

- Eisenhower-Regel und die
- tägliche Aktivitätenliste,

haben mehr mit der Informationsbewältigung unter dem Gesichtspunkt der Streßbewältigung zu tun und ergänzen die unter Metastrategien erörterten ersten zwei Schritte (»Das für uns Sinnvolle auswählen« und »Auswahl der richtigen Informationsmenge — nicht zu viel und nicht zu wenig«).

Die beiden anderen Strategien vereinigen verschiedene Strategien und sind unter diesem Gesichtspunkt »umfassend«:

- Dynamisches Lesen
- Mind Mapping

Die Eisenhower-Regel

Diese Regel geht auf den US-amerikanischen Präsidenten Dwight Eisenhower zurück, der eine Lösung für das Dauerproblem suchte, in seiner begrenzten Zeit mit den vielfältigen Anforderungen an ihn fertig zu werden (J. Ceh, 1988).

Eisenhower achtete bei Anforderungen einerseits auf deren Wichtigkeit und andererseits auf die Dringlichkeit. Wenn er jede Aufgabe pro Dimension nach »wichtig-unwichtig« und nach »dringlich-nicht dringlich« einordnete, ergab sich eine einfache Prioritätensetzung:
1) Wichtige und dringliche Aufgaben sind sofort persönlich zu erledigen.

— Diese Aufgaben machen etwa 15% aller Anforderungen aus, bewirken aber ungefähr 65% des Gesamterfolges (J. Ceh, 1988)
2) Wichtige, aber nicht dringliche Aufgaben kann man aufschieben, bis man Zeit zu ihrer Erledigung hat, oder an jemand delegieren, wobei man Zeit hat, hierfür jemand Geeigneten zu suchen.
3) Unwichtiges, aber dringliches wird man möglichst sofort delegieren.
4) Mit unwichtigem und nicht dringlichem wird man sich gar nicht näher auseinandersetzen.

Wichtig	aufschieben oder delegieren	sofort selbst erledigen
Unwichtig	nicht näher mit befassen (Papierkorb)	delegieren
Aufgabe	**nicht dringlich**	**dringlich**

Abbildung 41: Eisenhower-Regel zur Bewältigung vielfältiger Aufgaben

Diese Regel läßt sich auch auf die Auswahl von Lernstoffen übertragen, wenn man sich in ein neues Gebiet einarbeitet. Je höher der Zeitdruck, desto relevanter ist ihre Berücksichtigung.
Man wird den Stoff erst daraufhin sichten, was am wichtigsten ist, und sich beim Lernen erst einmal darauf konzentrieren. Was ist tatsächlich am wichtigsten? Hierbei lassen sich verschiedene Gesichtspunkte berücksichtigen: beispielsweise Stoff, der in bisherigen Prüfungen oft abgefragt wurde. Um dies zu ermitteln, wird man Sammlungen von Prüfungsaufgaben durchgehen und auszählen, wie oft die einzelnen Themen vorkamen. Auch das Stichwortverzeichnis eines Buches zeigt, welche Inhalte häufig sind, oder eine Schnelldurchsicht des Lehrstoffes. Dabei erkennt man auch, auf welche Modelle oder Beispiele häufig Bezug genommen wird.

Tägliche Aktivitätenliste

Der US-amerikanische Autor für Fragen zur Steigerung der beruflichen Leistungsfähigkeit, Michael LeBoeuf (1991, S. 53ff) schildert die Geschichte des Präsidenten einer amerikanischen Firma, der sich bei einem Unternehmensberater einen Rat einholt, wie er in kürzerer Zeit als bisher mehr leisten könne. Der Unternehmensberater unterbreitet ihm in wenigen Minuten einen Vorschlag, die Leistung um mindestens 50 Prozent zu steigern. Der Rat ist folgender: Auf ein leeres Blatt die sechs wichtigsten Aufgaben schreiben, die man am nächsten Tag erledigen will. Dann eine »1« vor die setzen, die man für die wichtigste hält, eine »2« vor die zweitwichtigste etc.
Am nächsten Morgen soll man sich erst die wichtigste vornehmen, erst wenn diese erledigt ist, die zweitwichtigste usw. Falls man nicht alle

schafft, dann setzt man die übriggebliebenen Aufgaben auf die Aktivitätenliste des Folgetages.

Der Präsident hätte nach dieser Anekdote dem Unternehmensberater nach einigen Wochen Probezeit freiwillig 25 000 Dollars geschickt, weil er noch nie so einen nützlichen Rat erhalten habe. Wichtig an der Prioritätenliste ist, daß die Tagesziele klar umrissen werden und daß man eines nach dem anderen erledigt. Denn mehrere Aktivitäten nebeneinander durchführen zu wollen, gehört zu den stärksten Stressoren. Mit der Umordnung paralleler Vorhaben in eine Serie von nacheinander ausführbaren Einzeltätigkeiten kommt man den Anforderungen der bewußten Informationsverarbeitung entgegen und verhindert den extremen Akutstreß und die allgemeine Unruhe, welche die von chronischem Distreß geplagte Persönlichkeit kennzeichnet und die damit verbunden ist, daß diese keine klar umrissenen Ziele hat, daß sie immer weiterarbeitet, daß sie pausenlos tätig ist, wenn sie noch ein Fünkchen Kraft dazu in sich verspürt. Klar umrissene Zwischenziele, Einzeltätigkeiten sind ein wirksames Gegenmittel. Bedeutsam ist auch, nach der Erledigung einer oder weniger Tätigkeiten, die ein, zwei Stunden dauerten, eine Entspannungsphase einzulegen und sich auch über diesen Zwischenerfolg zu freuen. Mangelnde (Zwischen)Erfolge scheinen beispielsweise ein wichtiger Grund dafür zu sein, warum Schriftsteller zehn Jahre weniger lang leben als Architekten, Designer, Cartoonisten, Kunstmaler, Dirigenten, Musiker usw. Dies haben umfangreiche Untersuchungen von D.E. Kaun (1991) zu Tage gefördert.

Insgesamt sollte man ohnehin nicht mehr als etwa 60 Prozent der zur Verfügung stehenden Zeit verplanen, damit noch ungefähr 20 Prozent für Unvorhergesehenes und genauso viel Zeit für spontane Aktivitäten übrig sind.

Dynamisches Lesen

Dynamisches Lesen wird auch als Diagonallesen oder Schnell-Lesemethode bezeichnet. Seine Entwicklung wird dem US-amerikanischen Präsidenten John F. Kennedy zugeschrieben. Er soll sich oft darüber geärgert haben, daß seine Referenten morgens bei der Berichterstattung noch keinen Überblick über die politischen Meldungen in den wichtigsten amerikanischen Zeitungen geben konnten, weil sie mit dem Lesen noch nicht nachgekommen waren. Deshalb gab er bei Psychologen in Auftrag, Methoden zum schnelleren Lesen zu entwickeln.

Das Vorgehen läßt sich nach fünf Gesichtspunkten einteilen:

1) Augen nicht zurückspringen lassen; 2) Blicksprünge vergrößern; 3) nicht subvokalisieren; 4) sich auf die Information einstellen; 5) an Vorkenntnissen anknüpfen.

Manche Autoren geben an, daß man zusätzlich die Konzentration erhöhen sollte. Sie läßt sich aber nicht willkürlich steigern. Bei den geistigen Übungen erhöht sie sich normalerweise ohnehin, unmerklich, nebenbei. Die Punkte 4 und 5 sind bereits oben unter den Überschriften »Sich auf das Unvertraute konzentrieren« und »An Vorkenntnissen anknüpfen — etwas erwarten« (Kap. »Die Basisstrategien«) behandelt. Mit ihnen wird man vor dem eigentlichen Lesevorgang beginnen. Hier soll deshalb nur auf die Punkte 1, 2 und 3 eingegangen werden. Zuerst ein paar neuere Erkenntnisse, auf denen das Dynamische Lesen aufbaut.

Während man früher dachte, die Augen würden sich beim Lesen kontinuierlich über die Schrift bewegen, weiß man nun, daß sie während der Zeit von etwa 200 Millisekunden auf einer Stelle, dem Fixationspunkt, ruhen. In dieser Zeit, der Fixierzeit, nehmen wir Information von den Zeichen des Fixationspunktes und seiner Umgebung auf. Dann bewegen sich die Augen ruckartig (= sakkadische Augenbewegungen) auf den nächsten Fixationspunkt. Wie weit er vom ersten entfernt ist, hängt vom Informationsgehalt bzw. den Vorkenntnissen ab und wird in dieser Hinsicht überwiegend automatisch, das heißt ohne unsere absichtliche Einwirkung gesteuert. Wir können aber auch absichtlich bzw. durch Training die Weite der Sprünge steigern.

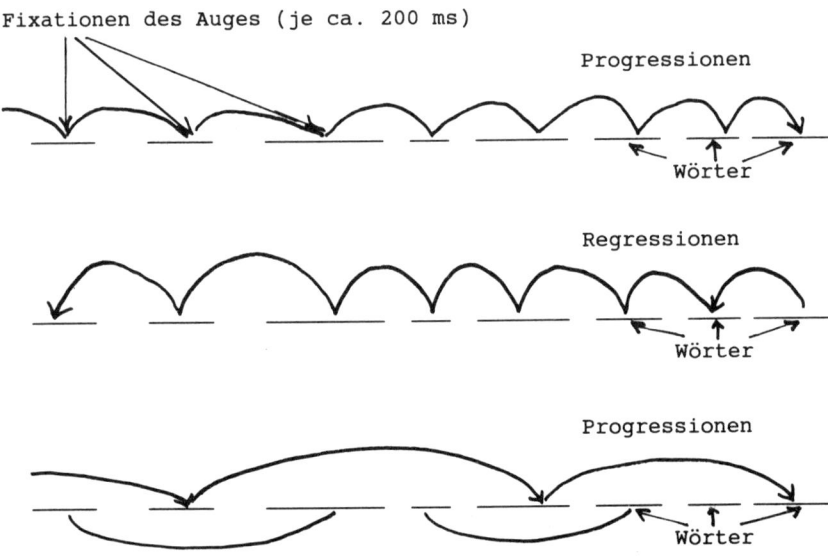

Abbildung 42: Das Auge bewegt sich beim Lesen in Sprüngen, vorwärts (Progressionen, oben) oder rückwärts (Regressionen, Mitte). Bei schnellen Lesern werden mehrere Wörter zu einer Gruppe zusammengefaßt (unten): die Sprünge sind weiter.

Während dieser Bewegung gelangt keine Information aus der Umwelt in unser Bewußtsein. Sonst müßte uns schwindlig werden. Es gehört zu den wichtigsten Regeln, die Augen immer nur vorwärts zu bewegen (= Progressionen). Rücksprünge (= Regressionen) sind untersagt. Dadurch bleiben wir wacher und bohren uns nicht an einem Punkt fest. Lieber den gleichen Abschnitt oder Artikel noch einmal lesen.

Wenn wir uns auf die Hauptinformationsträger im Satz, das sind die Hauptwörter und an zweiter Stelle die Eigenschaftswörter, erst danach die Tätigkeitswörter, Beiwörter usw., konzentrieren, können wir die Sprungweite oft schon vergrößern. Dazu trägt auch bei, daß wir anhand der Überschrift oder des Vorspannes eines Artikels vorüberlegen, was wir von den Ausführungen erwarten können. Hierdurch stellen wir uns auf die zu erwartende Mitteilung ein, bilden bereits Erwartungen über das Wesentliche und suchen auch eher die relevante Information. Dabei vergrößert sich meist von selbst die Sprungweite.

Ein weiteres Hindernis für schnelles Lesen besteht darin, daß wir beim Lesen oft innerlich mitsprechen. Die Zunge bewegt sich bei vielen auch ohne Lautgebung mit. Dadurch binden sie sich an die Sprechgeschwindigkeit, die etwa bei 120 bis 300 Wörtern pro Minute liegt. Dieses lautlose Mitsprechen beim Lesen (= subvokales Lesen) wurde durch das laute Mit- und Vorlesen beim Lesenlernen erworben und muß wieder verlernt werden, um die Lesegeschwindigkeit nicht nach oben zu begrenzen. Die willkürliche Steuerung der Augenbewegungen, vor allem die Erweiterung der Blicksprünge, unterdrückt meist von selbst das subvokale Lesen. Genauere, konkrete Anleitungen und Übungen sind in der Literatur, beispielsweise bei E. Ott (1972), T. Buzan (1988) oder W. Zielke (1991) zu finden.

Was leistet die Methode? Schnelleres Lesen und besseres Behalten, vor allem das Behalten von Wesentlichem. Die Lesegeschwindigkeiten können innerhalb weniger Wochen verdoppelt bis verdreifacht werden. Bei leichten Texten liegen die Geschwindigkeiten von Ungeübten bei etwa 200 Wörtern pro Minute. Geübte kommen dann auf Leistungen von 400 bis 600 Wörtern pro Minute. Bei schwereren Texten, d.h. Texten mit mehr subjektiver Information sinkt diese Leistung entsprechend.

Wird durch Dynamisches Lesen die Begrenzung für die Verarbeitung der subjektiven Information überschritten? Nein. Sie liegt und bleibt bei etwa 15 bit/s. Ist die individuelle Informationsverarbeitungsgeschwindigkeit höher, kann eine Person entsprechend rascher lesen. Wieviel Information ein Text für eine Person besitzt, hängt von ihren Vorkenntnissen ab. Stichprobenhafte Einblicke gibt die Tabelle 3.

Schwerere Texte haben den Nachteil, den Leser — und Lerner — rascher zu ermüden, weshalb die Gesamtleistung sinkt. Deshalb sollte man bei der Vorauswahl der Texte sorgfältig verfahren, weil sich hier letztlich viel Zeit und Enttäuschung einsparen läßt.

Das Mind Mapping

Ausführlicher wurde darauf eingegangen, daß die beiden Hirnhälften im Schwerpunkt unterschiedliche Informationsverarbeitungssysteme sind (»Was so leistungsfähig macht: Die kontrollierte Informationsverarbeitung«). Links: Seriell, in Zweierschritten, logisch. Rechts: Parallel, analog, bildlich, melodisch, emotional.

Im täglichen Vollzug der Planung, Organisation, Problemlösung arbeiten beide Hälften zusammen. Darauf nimmt das von Tony Buzan (1988) vorgestellte Mind Mapping Rücksicht, in dem analoges Wahrnehmen und lineares Denken kombiniert werden. Es eignet sich besonders, wenn komplexe Sachverhalte überblickartig und knapp erfaßt werden sollen, beispielsweise eine Rede, ein Buch, ein Aufsatz, ein komplexes Problem oder Konzept.

Während Spickzettel oder Gliederungen in der gewohnten linearen alphabetischen oder nach verwandten Sachverhalten geordneten Liste unseren Überblick rasch überfordern, lassen sich durch Verwendung von Bildern, vielleicht sogar zusätzlich Farben auch noch komplexere Sachverhalte kompakt darstellen. Wie geht man vor?

Man beginne mit dem Thema, das man in einen Kreis in der Mitte eines Blattes einträgt. Damit behält man stets das Thema »im Auge«, vermeidet also Themaverfehlungen (Abb. 43).

Dann trage man rechts unten beginnend die wichtigen Punkte entgegen dem Uhrzeigersinn ein, jeweils am Ende eines Striches.

Entlang diesem Strich, immer entgegen dem Uhrzeigersinn, lassen sich Unterpunkte und Unter-Unterpunkte registrieren. Bei Unterbegriffen wird man einen Hauptzweig aufspalten usw. Günstige strategische Hilfen sind oft Zeichnungen von Bildern oder Schemata, die man neben die wichtigen Ausdrücke setzt (s. Abb. 44). Sie können beispielsweise bei Vorträgen oder Aufsätzen anzeigen, daß hier zur Veranschaulichung ein Bild (Foto, Diagramm, Overheadfolie usw.) einzusetzen ist.

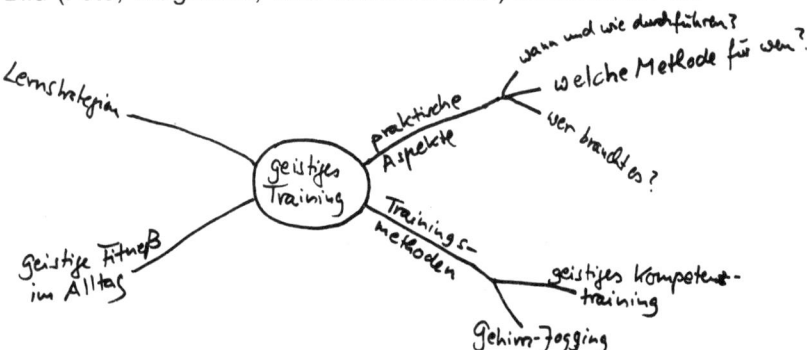

Abbildung 43: Mental-Karte (Mind Map) über geistiges Training. Thema immer in der Mitte. Von rechts unten im umgekehrten Uhrzeigersinn lesen.

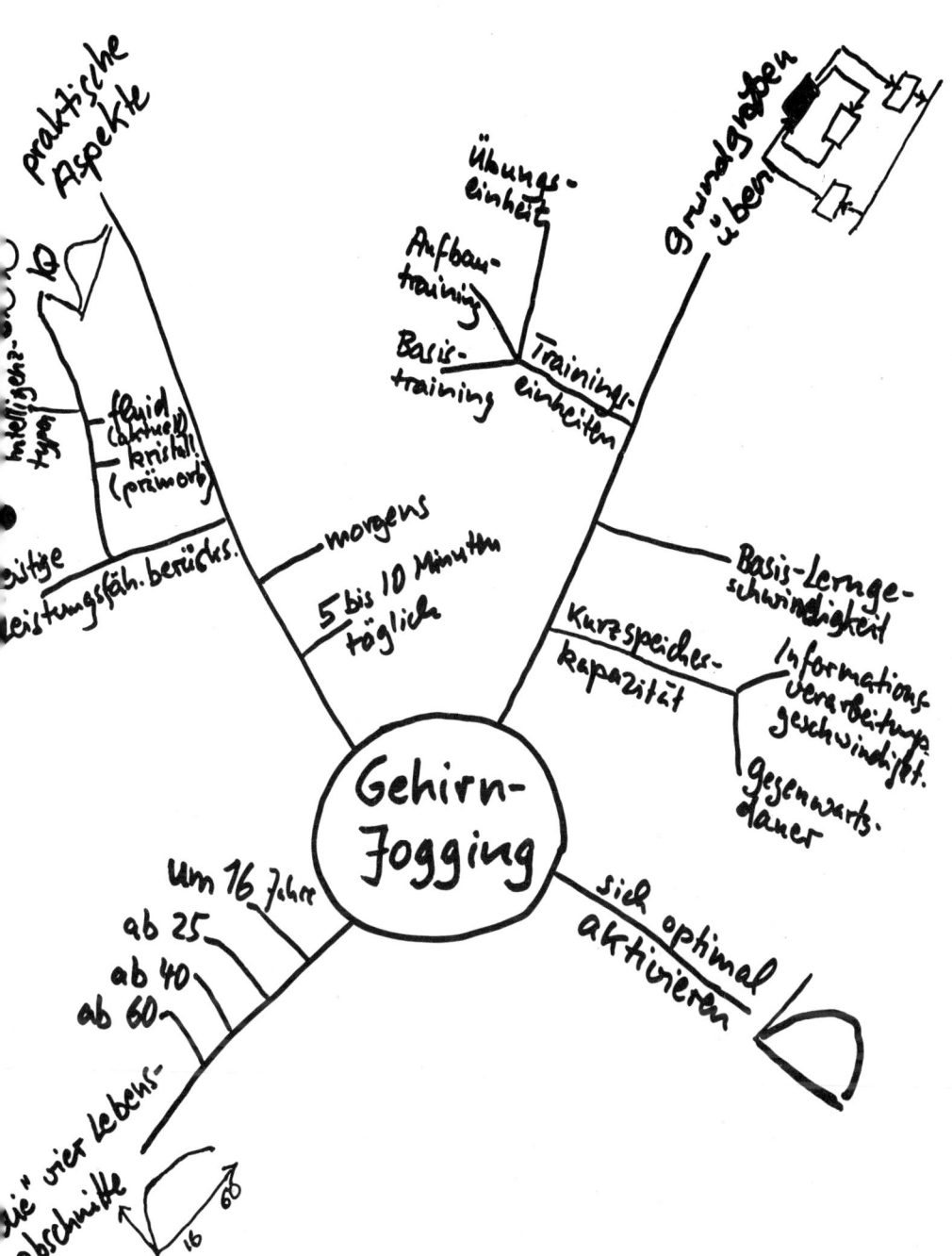

Abbildung 44: Detaillierte Mental-Karte über Gehirn-Jogging

Nach kurzer Einübung läßt sich die Methode des Mind Mapping beherrschen. Man kann seine eigenen Regeln entwickeln. Das Wesentliche im Zusammenhang mit Gehirn-Jogging geht aus den kompakten Zeichnungen in den Abbildungen 43 und 44 hervor.

Literaturverzeichnis:
Buzan, T.: Speed Reading. David & Charles Publishers: Brunel House — Newton Abbot — Devon, 1988, 6. Aufl.
Ceh, J.: Besser denken, besser lernen. mvg: Landsberg am Lech, 1988
Kaun, D. E.: Writers die young: The impact of work and leisure on longevity. J. Econom. Psychol. 12 (1991) 381-399
LeBoeuf, M.: Mehr leisten — weniger arbeiten. mvg: München, 1991
Ott, E.: Optimales Lesen. Rowohlt: Reinbek bei Hamburg, 1972
Zielke, W.: Schneller lesen — intensiver lesen — besser behalten. mvg-Verlag: München, 1991, 4. Aufl.

Sich optimal aktivieren

● Zusammenspiel von Körper und Geist 178
— Was bedeutet die körperliche Fitness für die geistige
Leistungsfähigkeit? 178
— Bewegung hebt die geistige Leistungsfähigkeit 179

● Die optimale Erregung 184

● Das Erregungsniveau für und durch Gehirn-Jogging 189

● Gefährdet — falsch aktiviert 191

● Unteraktiviert — die brachliegenden Fähigkeiten 192
— Die unterforderten Riesenaffen von Nürnberg 194
— Unteraktiviert — Wie man es merkt 196
— Der schleichende geistige Verfall 199

● Überlastung schadet ebenfalls 202
— Ausgelastete an der Grenze zum Streß 203
— Selbst Professoren müssen immer wieder ran 205
— Wer ist bereits Workoholiker? — ein Test 207
— Die Ausgebrannten 210
— Streßgefährdung durch Lebensereignisse — zum Selbertesten 212
— Wege aus dem Dauerstreß 215
Beispiel 1: Aktivität gegen Herzinfarkt 215
Beispiel 2: Was die Erfolgreichen von den Burnouts unterscheidet? 216

● Geistige Aktivität als Waffe gegen Krebs 218

● Geistige Aktivität und psychische Störung 221
— Affektive Störungen — Depressionen 221
Somatogene Depressionen 223
Endogene Depressionen — Manien 224
Psychogene Depressionen 227
— Gehirn-Jogging für Schizophrenien 229

Zusammenspiel von Körper und Geist

Was bedeutet die *körperliche Fitness* für die geistige Leistungsfähigkeit?

Die geistige Tätigkeit umfaßt den ganzen Körper. Sie geht nicht nur mit einem schnelleren Stoffwechselumsatz im Stirnhirn, der verbal-numerisch arbeitenden Hirnhemisphäre (meist der linken) oder gar des gesamten Gehirns einher. Es war schon unter »Geistige Tätigkeiten mit und ohne Anstrengung« beschrieben worden, daß sich während der geistigen Arbeit die Pupillen erweitern. Dies tun sie um so mehr, je anstrengender die geistige Tätigkeit ist. Außerdem schwitzen die Fingerkuppen, ebenfalls der geistigen Anstrengung entsprechend. Der Blutdruck steigt. Der Herzschlag erhöht sich. Überhaupt ist das gesamte Herz-Kreislauf-System von der geistigen Tätigkeit betroffen.

Umgekehrt legt der körperliche Zustand fest, welche Grenzen der geistigen Leistungsfähigkeit erreichbar sind. Auch wenn keine körperlichen Funktionsstörungen auftreten, begünstigt oder erschwert der aktuelle körperliche Zustand, besonders der des *Herz-Kreislauf-Systems,* die geistige Leistungsfähigkeit.

Die körperliche Leistungsfähigkeit — und in diesem Rahmen sein aktueller Funktionszustand — hat einen Einfluß auf die Leistungsfähigkeit von Geist und Gedächtnis. Darauf, was sie im Augenblick leisten und darauf, wie lange sie diese Leistung erbringen.

Es ist davon auszugehen, daß die aktuelle geistige Leistung außer von Phosphaten unmittelbar vom Sauerstoff und Zucker abhängt, wobei das Gehirn die letzten beiden Stoffe nicht speichern kann. Sie müssen ständig auf dem Blutwege, also mittels des Herz-Kreislauf-Systems, nachgeliefert werden. Deshalb beeinträchtigen Störungen dieses Systems empfindlich die aktuelle Leistung und das Durchhaltevermögen, wie es die Lösungen komplexer Probleme erfordern. Entsprechend deutlich wirken sich *Herz-Kreislauf-Störungen* auch auf die Leistungen in Gedächtnis- und Intelligenztests aus. Die leistungsmindernden Wirkungen des Bluthochdrucks waren anhand von Tests an umfangreichen Feldstudien über tausenden von Personen nachgewiesen worden (R. B. Wallace und Mitarbeiter 1985). Über diese und ähnliche Befunde des Einflusses einzelner Parameter des Herz-Kreislauf-Systems und der Blutkennwerte wird unter »Die 'normale' Störung« eingegangen.

Was jedoch hier noch mehr interessiert, ist der Zusammenhang zwischen Herz-Kreislauf-System und geistiger Leistungsfähigkeit unter dem Gesichtspunkt der Verbreitung von Herz-Kreislauf-Störungen. Sie sind die wichtigste Todesursache in den Industrienationen. In ihnen sind etwa die Hälfte der Todesfälle darauf zurückzuführen. In der Bundesrepublik Deutschland waren es beispielsweise 1983 49%. Unter allen körperlichen Größen, welche die geistige Leistungsfähigkeit beeinflussen, spielen Störungen des Herz-Kreislauf-Systems von der Häufigkeit des Vorkommens her die wohl wichtigste Rolle. Da wundern die Befunde von Prof. W. Hertzog und Prof. Dr. K. W. Schaie (1985) nicht, nach denen die kardiovaskulären Störungen die Hauptursache dafür sind, daß die Durchschnittskurven der geistigen Leistungsfähigkeit ab dem 60. Lebensjahr beschleunigt abfallen (Abb. 53). Der hier auftretende Knick bleibt — wenn auch nicht so ausgeprägt — erhalten, sobald man die Patienten mit krankhaften Hirnfunktionsstörungen aus den repräsentativen Stichproben herausnimmt. Das wären im wesentlichen die Patienten mit zerebraler Arteriosklerose (= Hirnverkalkung) und Alzheimer'scher Krankheit (eine Stoffwechselstörung des Gehirns).

Wenn man weiß, daß die Energieversorgung des Gehirns auf den ständigen Nachschub von Sauerstoff und Zucker über die Blutbahn angewiesen ist, dann ist die Abhängigkeit der geistigen Leistungsfähigkeit von der Funktionstüchtigkeit des Herz-Kreislauf-Systems einsichtig. Jeder, der mit vollem Einsatz eine Stunde und länger Intelligenz-, Gedächtnis- und Kreativitätstests über sich ergehen ließ, erinnert sich der damit verbundenen Anstrengung. Hinterher hat er sich wahrscheinlich nicht nur geistig, sondern auch körperlich ausgepumpt gefühlt. Ein »schwaches« Herz hätte es nicht zugelassen, an den Rand seiner Leistungsgrenzen zu gehen.

Deshalb ist anzunehmen, daß Denken als sehr aktive Form der geistigen Leistung, sowohl den Körper belastet als auch gleichzeitig trainiert. Denken ersetzt ein bißchen den körperlichen Sport. Das ist sicher einer der Gründe, warum die geistig aktivierten Ratten in den Untersuchungen von Rosenzweig und Diamond (1972) trotz des etwas höheren Hirngewichtes insgesamt ein geringeres Körpergewicht als die geistig nicht geforderten Ratten hatten. Auch Denken trägt dazu bei, den Körper in Form zu halten.

Bewegung hebt die geistige Leistungsfähigkeit

Während Störungen des Herz-Kreislauf-Systems durch ihre Minderungen der *geistigen Leistungsfähigkeit* zeigen, daß ein enger Zusammenhang zwischen Geist und dem körperlichen Gesamtsystem besteht, fördert eine Anregung dieses Systems auch die geistige Leistungsfähigkeit.

Die schwedischen Psychiater Professor Dr. Börje Cronholm und Mitarbeiter (Stockholm) zeigten dies eindrucksvoll an Patienten mit *Herzschrittmachern* (1975): Bei 70 Schlägen pro Minute waren die Wahrnehmung, die Informationsverarbeitung, der Kurzspeicher und auch das

Gedächtnis signifikant leistungsfähiger als bei nur 45 Schlägen pro Minute.

Aber das Herz und seine Schlagfrequenz sind nur ein Teil des Herz-Kreislauf-Systems, das in gesamt-körperliche Bewegungen involviert ist.

Allein der Übergang von der körperlichen Ruhe zur gesamt-körperlichen Bewegung steigert die Geschwindigkeit der Informationsverarbeitung und die Gegenwartsdauer erheblich. Zusammen erhöhten sie sich in gerade abgeschlossenen Studien, auf die wegen ihrer Aktualität ausführlicher eingegangen wird, um fast 20%. Daraus ist zu erschließen, daß sich die Intelligenzleistungen entsprechend steigern. Das hat auch einen Einfluß auf die Bewertung von Leistungen in Intelligenztests. Denn die Normen der bisherigen Intelligenztests wurden am Schreibtisch in Ruhe erhoben. Wer in Ruhe auf den IQ 100 kommt, erreicht in Bewegung den IQ 110 oder mehr. Da der IQ 100 aber als durchschnittliche Intelligenzleistung definiert ist, muß man für Intelligenztests — wie es scheint — demnächst Normen für das *Intelligenzniveau* in Ruhe und das Niveau in Bewegung angeben.

Die zwei Studien, aus denen das alles hervorgeht, wurden beide ähnlich durchgeführt. Die eine fand in der Fachklinik Klausenbach (Schwarzwald) an Patienten statt (B. Fischer und Mitarbeiter, 1986) und die andere in der sportmedizinischen Abteilung der Universität Erlangen (W. Hilmer und Mitarbeiter, 1986; S. Lehrl und Mitarbeiter, 1986).

Die Untersuchungspersonen saßen auf einem *Fahrradergometer* (siehe Abbildung 45). Beide Hände hatten sie am Lenker. Vom einen Lenker aus konnten sie mit dem Zeigefinger die Leertaste eines Kleincomputers bedienen. Auf dessen Bildschirm wurden die Aufgaben zur Erfassung der Grundgrößen der Informationsverarbeitung dargeboten. Das sind die Tests für die Informationsverarbeitungsgeschwindigkeit, die Gegenwartsdauer und die Lerngeschwindigkeit. Die Reaktionen des Probanden erfolgten über die Leertaste. Durch diesen Probanden-Bildschirm-Dialog ließen sich die Grundgrößen der Informationsverarbeitung eines jeden Probanden ermitteln. Um Wiederholungseffekte, mit denen man bei Leistungstests oft rechnen muß, auszuschließen, wurden Paralleltests eingesetzt.

Die Grundgrößen der Informationsverarbeitung wurden bei den Patienten in Klausenbach unter den folgenden Bedingungen nacheinander erfaßt:
Ruhe — 50 Umdrehungen pro Minute — 70 Umdrehungen pro Minute — Ruhe.

Diese Bedingungen wurden immer unmittelbar nacheinander durchgeführt. Jede dauerte knapp 15 Minuten. Die Bewegungen bei den Patien-

ten in Klausenbach wurden ohne besonderen körperlichen Leistungs-
aufwand, d.h. ohne besondere Belastung, durchgeführt.

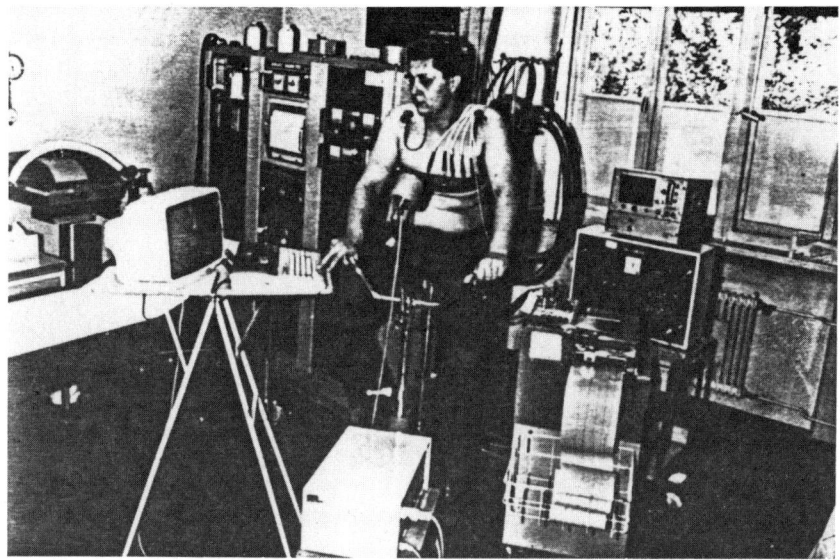

Abbildung 45: Person auf einem Fahrradergometer, vor ihr der Computer zur Messung der informationspsychologischen
Grundgrößen und Intelligenz.

Für die Informationsverarbeitungsgeschwindigkeit und Gegenwartsdauer ergaben sich von der Ruhe zur Bewegung signifikante Anstiege. Von
50 auf 70 Umdrehungen pro Minute sanken die Grundgrößen etwas,
aber nicht statistisch sicherbar. Zur nachfolgenden Ruhe hingegen fielen sie auf das Ausgangsniveau der Ruhe hinab. Die Lerngeschwindigkeit änderte sich dagegen unter den verschiedenen Bedingungen nicht.
Die Probanden der sportmedizinischen Abteilung in Erlangen sollten
während der Bewegungen 60 Umdrehungen pro Minute einhalten. Im
Gegensatz zu den Patienten in Klausenbach wurde bei ihnen jedoch die
Belastung erhöht. Die Untersuchungsbedingungen sahen insgesamt
folgendermaßen aus:
Ruhe — 25 Watt — 100 — 120 Watt — submaximale Belastung —
Ruhe.
Die submaximale Belastung richtete sich aufgrund von Voruntersuchungen nach dem körperlichen Gesamtzustand. Sie schwankte zwischen
150 und 220 Watt. Die Probanden zeigten wie die Klausenbacher Patienten von der Ruhe zur Bewegung in der Informationsverarbeitungsgeschwindigkeit und Gegenwartsdauer einen signifikanten Anstieg.

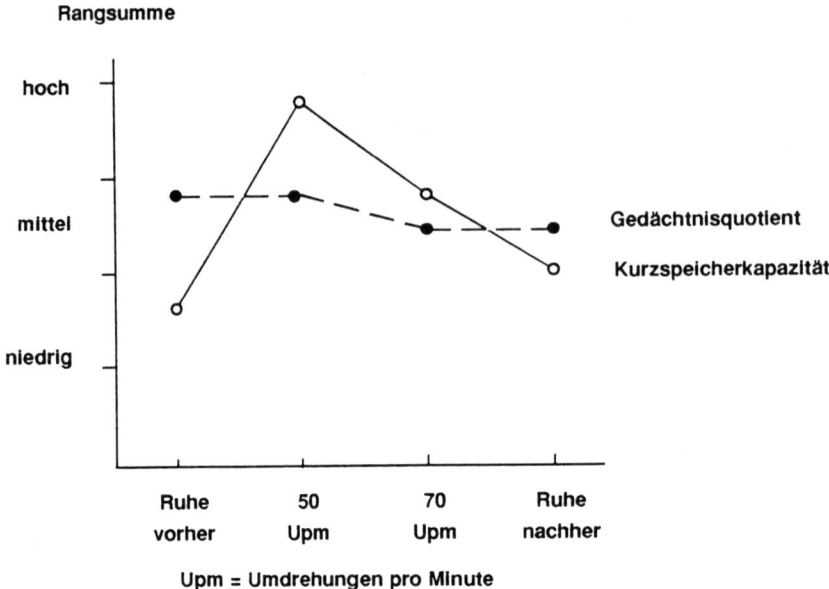

Rangsumme

hoch

mittel — Gedächtnisquotient

Kurzspeicherkapazität

niedrig

Ruhe　50　70　Ruhe
vorher　Upm　Upm　nachher

Upm = Umdrehungen pro Minute

Abbildung 46: Geistige Leistungsfähigkeit auf einem Fahrrad: in Ruhe und in Bewegung

Zusammen — gemessen durch die Kurzspeicherkapazität — betrug er 19%. Dann stiegen die Leistungen unter stärkerer Belastung noch etwas, aber statistisch nicht sicherbar an. Die Leistungen sanken sogar nicht einmal unter der submaximalen Belastung, unter der die Probanden vor Anstrengung ganz rasch atmeten und stark schwitzten. Zur nachfolgenden Ruhe erhöhte sich die Leistung bei den körperlich Untrainierten noch etwas, während sie bei den Trainierten absank.

Die (Basis-)Lerngeschwindigkeit erhöhte sich von der Ruhe zur Bewegung auch etwas, aber statistisch nicht sicherbar.

Die körperliche Bewegung, vor allem die des gesamten Herz-Kreislauf-Systems, begünstigt die geistige Leistungsfähigkeit. Wer sich bewegt, dem fällt das Denken leichter. Es wird rascher. Gleichzeitig verfügt er über eine längere Gegenwartsdauer. Insgesamt wird er demnach umsichtiger. Er kann sich in Raum und Zeit sowie Wort und Zahl schneller und effektiver orientieren. Auch J. P. Davey (1972) schreibt, daß Baseballspieler während des Spieles fixer denken, umsichtiger sind und sich schneller entscheiden als in Ruhe. Das weiß auch der Redner, der während seines Vortrages hin und her läuft und gestikuliert. Das ahnten vermutlich auch die Peripatetiker im alten Griechenland, die während des Umhergehens philosophierten. Die hier vorgelegten Ergebnisse

182

werden vielleicht auch Auswirkungen auf die Unterrichts- und Arbeits-platzgestaltung haben. So wird ein körperlich unruhiger Schüler mehr als ein unbewegt dasitzender leisten. Demnach wird man zur ständigen dosierten Bewegung animieren. Die Untersuchungen zeigen aber auch, daß man vor allem während und nicht nach der Bewegung geistig fitter als in Ruhe ist. Es zeichnet sich ab, daß der körperlich Leistungsfähige in der körperlichen Ruhe geistig schnell nachläßt. Wenn man so will, harmonisieren Körper und Geist bei ihm stärker als bei Untrainierten. Dafür regeneriert er aber auch schneller und bleibt auf Dauer leistungsfähiger.

Was die Basis-Lerngeschwindigkeit betrifft, sie wird durch Bewegung kaum gesteigert. Die Geschwindigkeit der Speicherung von Information läuft also so ab wie in Ruhe. Dennoch kommt die Bewegung auch dem sinnvollen Lernen zugute. Denn Wissen und Fertigkeiten werden ja wesentlich effektiver durch eine Vergrößerung der Kurzspeicherkapazität als durch eine Erhöhung der Basislerngeschwindigkeit gesteigert. So wurde im Kapitel »Nur wenig bleibt hängen« bereits begründet, warum wir uns auf unser relativ »schlechtes« mechanisches Gedächtnis nicht verlassen dürfen.

Literaturverzeichnis:
Cronholm, B.: Messung und Behandlung von kreislaufbedingten Lernstörungen. In: Nissen, G. (ed.): Intelligenz, Lernen und Lernstörungen. Springer: Berlin – Heidelberg – New York, 1977.
Cronholm B., D. Schalling, K. Lagergren, S. Levander, P. Mindus: Effects of Piracetam on Mental Performance in Man. In: Agnoli, A. (ed.): Proceedings of the Symposium »Nooanaleptic and Nootropic Drugs«, Rome, September 17, 1975
Davey, C. P.: Mental Performance After Physical Activity. Austral. Sports Med. 4 (1973) 25-33
Fischer, B., W. Weidenhammer, S. Lehrl: The Correlation Between Physical and Intellectual Performance in Old Age. Geriatrics-pregeriatrics-rehabilitation 2 (1986) 72-84
Hilmer, W., S. Lehrl, W. Mohr, H. Dorner: Beeinflussung des Kurzzeitgedächtnisses während standardisierter Ergometerbelastung. In: Kongressband des 24. Deutschen Sportärztekongresses 1986. Springer: Berlin – Heidelberg – New York, 1987
Lehrl, S., W. Hilmer, W. Mohr, B. Fischer: Steigt die geistige Leistungsfähigkeit unter körperlicher Belastung? Geriatrics-pregeriatrics-rehabiliation 2 (1986) 95-108

Die *optimale Erregung*

Schon um die Jahrhundertwende hat es die Wissenschaft interessiert, bei welcher (körperlichen) Belastung der Geist des Menschen optimal arbeitet. R. J. Yerkes und D. Dodson machten dabei die Entdeckung, daß körperliche Anstrengung bis zu einem gewissen Maße sogar förderlich für die geistige Tätigkeit ist. Sie ließen ihre Versuchspersonen Wortreihen auswendig lernen. Dabei mußten diese allerdings mit einer Hand ein Manometer zusammendrücken. Die dabei aufgewendete Kraft wurde aufgezeichnet.

Erste Feststellung: bei jeder Kraftanstrengung wird gelernt, sogar bei der äußersten.

Zweite Feststellung: Die Lernleistung steigt mit zunehmender Kraftanstrengung — allerdings nur bis zum mittleren Bereich. Bei starker und extremer Kraftanstrengung der Hand nahm die Lernleistung wieder ab.

Daraus resultierte schon damals die Folgerung, daß das optimale Lernniveau mit einer mittleren Kraftanstrengung erreicht wird. Diese Ergebnisse wurden durch neuere Untersuchungen bestätigt. Mittlere körperliche Anstrengung fördert psychische Leistungen wie Wahrnehmungsgeschwindigkeit, räumliches Vorstellungsvermögen, Konzentrationsfähigkeit und sogar das Problemlösungsverhalten.

Aber nicht nur Kraftanstrengungen fördern die geistigen Abläufe, sondern auch Ernährung, Bewegung, Motive, Gefühle, Sinnesanregungen und schließlich selbstverständlich geistige Beanspruchung selbst. Tabelle 4 zeigt sie in der Übersicht.

Körperliche Seite
> Ernährung (einschließlich Medikamente)
> Kraftanstrengung
> Bewegung

Psychische Seite
> Motivation (Interesse, Wille usw.)
> Emotion (Gefühl, Affekt)
> Sinnesanregung
> **Geistige Tätigkeit**
> (einschließlich Gehirn-Jogging)

Tabelle 4: Was zur optimalen Erregung und somit auch zur höchsten geistigen Leistungsfähigkeit beitragen kann.

Auf der körperlichen Seite ist zuerst die *Ernährung* zu beachten. So läßt sich die Bereitschaft, längere Zeit auf dem *optimalen Aktivationsniveau* zu bleiben, oder sich fit für die Lösung eines komplexen akuten Problemes zu fühlen, durch Nahrung (Eiweiße, Kohlehydrate, Coffein usw.) steuern. Wir beeinflussen unser *Aktivationsniveau* auf diese Weise täglich, sowohl langfristig als auch innerhalb Sekunden. Unser Kaffee am Morgen soll es erhöhen, Bier dagegen senkt es. Sportschützen greifen deshalb häufig zum Maßkrug, um eine sichere Hand zu haben. Es soll auch Schauspieler geben, die mit einem kleinen Trank ihr Lampenfieber reduzieren. Hinweise für die günstige Ernährung, auch für den Geist, geben die Speisepläne der Hochleistungssportler. Ausführliche diesbezügliche Ratschläge muß man sich von den Ernährungswissenschaftlern holen.

Die Bedeutung der *Kraftanstrengung* für das Aktivationsniveau und somit für die geistige Leistungsfähigkeit unterstrich der am Anfang dieses Kapitels geschilderte Versuch mit dem Manometer.

Die *Bewegung* wirkt ebenso unmittelbar, wie die Kraftanstrengung. Beispiele liefert die tägliche Praxis in Hülle und Fülle. In der Regel geht man davon aus, daß das Aktivationsniveau bei Bewegung ansteigt und bei Ruhe abfällt.
Deshalb »denkt es sich« bei Bewegung leichter als bei unbewegtem Körper. Der umherlaufende und herumfuchtelnde Redner findet entsprechend leichter die von ihm gewünschten Wörter. Er verfügt also besser über sein Gedächtnis, sein Vortrag ist flüssiger und das zudem über eine längere Zeitspanne, als wenn er mit festangelegten Armen seinen Platz nicht verläßt.
Renate Beyschlag, Autorin des Buches »Altengymnastik und kleine Spiele« und gleichzeitig Ausbilderin für Übungsleiter der Altengymnastik, hält die Verbindung von Bewegungsübungen mit Gehirn-Jogging für ein besonders günstigen, umfassenden Einfluß auf Geist und Körper (R. Beyschlag, 1986 a, b).
Auf der psychischen Seite trägt die *Motivation* viel zum Aktivationsniveau bei, zu seiner optimalen Einstellung und Aufrechterhaltung über längere Zeit. Wer kein Interesse an einer optimalen Aktivierung und einer maximalen Leistungsfähigkeit hat, wird nicht viel Kraft und Mühe dafür aufbringen. Ob man einen Sinn darin sieht, hat man selbst zu entscheiden. Die Argumente für optimale Aktivierung und maximale geistige Leistungsfähigkeit scheinen überzeugend: stärkeres Vertrauen in die eigene geistige Leistungsfähigkeit, höhere Zufriedenheit und Gesundheit, ein längeres Leben.
Auch *Emotionen* wie Freude, Angst und Ärgerlichkeit steuern das Aktivationsniveau. Eine leichte Ausprägung scheint die geistige Leistungs-

fähigkeit am meisten zu begünstigen. Vermutlich spielt es dabei keine besondere Rolle, ob man sich freut, ärgert oder ängstigt. Jedenfalls leisten wenig ängstliche Studenten in Prüfungen mehr als sehr oder gar nicht ängstliche (K. Siersch, 1984).

Eine weitere Grundlage der Aktivation sind Anregungen der Sinne durch Lichtstärke, Lautstärke, Druck- und Schmerzstärke, Temperatur usw. Mangelnde *Sinnesanregungen*, die sogenannten »*sensorischen Deprivationen*«, einerseits und zu starke Anregungen, also Reizüberflutungen andererseits, erschweren ebenfalls die Einstellung und längere Aufrechterhaltung eines optimalen Aktivationsniveaus. Die Herabsetzung der Sinnestüchtigkeit und *soziale Isolierung* im höheren Alter verschieben das Aktivationsniveau nach unten. Entsprechend sinkt die geistige Leistungsfähigkeit. Gleiches geschieht bei starker Anregung. Die 120 Phon Lautstärke im Beatkeller zerstören die Denkvorgänge genauso wie das Scheinwerferlicht beim Kreuzverhör. Und schließlich ist an die Veränderung des Aktivationsniveaus durch die *geistige Tätigkeit* selbst zu erinnern. Überraschungen und die Zuwendung zu Unvertrautem, zu Problemen, zu subjektiven Informationen, setzen den Motor der geistigen Bewältigung bereits in Gang (siehe »Sich auf das Unvertraute konzentrieren«).

Das Aktivationsniveau wird also von körperlichen, seelischen und geistigen Faktoren gesteuert. Und über das Aktionsniveau nehmen diese auch aufeinander Einfluß.

Chirurgen (J.V. Galster, 1979 und I.L. Janis, 1958) machten entsprechende Erfahrungen. Bei Operationen sind diejenigen Patienten am ungünstigsten dran, die vor dem Eingriff entweder überhaupt keine Angst bzw. Nervosität haben, oder solche, die überängstlich oder übernervös sind. Bei ihnen treten während der Operation eher Komplikationen auf, sie haben nach der Operation am meisten Beschwerden und können wegen des langsamen Genesungsprozesses erst später entlassen werden. Anders ist der Verlauf bei den mittelmäßig Ängstlichen. Sie sind optimal aktiviert, leisten also vom Körper her den größten Widerstand, haben deshalb bei der Operation am wenigsten Probleme. Es treten keine Komplikationen auf, ebenso kaum Beschwerden. Sie können also früher entlassen werden.

Diese Zusammenhänge sind von so allgemeiner Gültigkeit (D.E. Berlyne, 1971), daß sie als sogenanntes *Aktivationsmodell* nach dem Gegenstandskatalog für Mediziner GK 1, 1980, zu den wichtigsten Lernzielen des Medizinstudenten im 1. Semester gehören. Es besagt: das mittlere Aktivitätsniveau ist für den Menschen optimal, gleichgültig ob für psychische oder physische Leistungen.

Um diese und viele weitere Befunde übersichtlich darzustellen, entwarfen die Wissenschaftler der Karolinska-Klinik in Stockholm (D. Schalling, B. Cronholm, S. Levander, 1970) ein grafisches Modell (Abbildung 47).

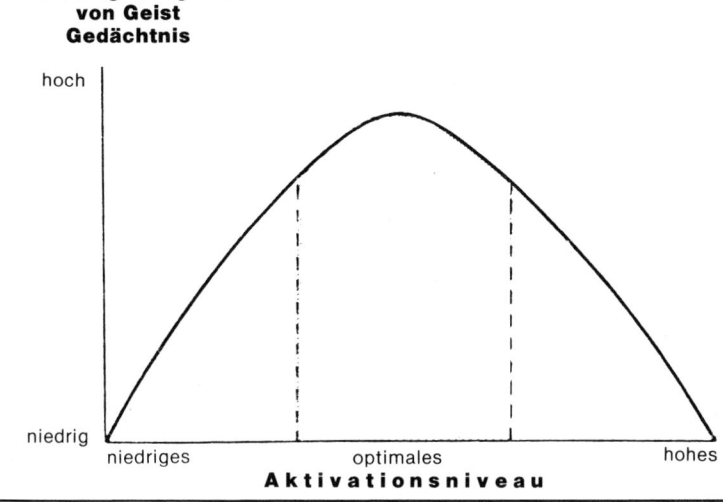

Leistungsfähigkeit von Geist Gedächtnis

hoch

niedrig

niedriges   optimales   hohes
A k t i v a t i o n s n i v e a u

| | ENTSPANNT- | VOLLE | ANGESPANNT- | |
| SCHLAF | HEIT | WACHHEIT | HEIT | STRESS |

physisch	Ernährung/Medikation	------------>	<--------------
	Atmung	------------>	<--------------
	Kraftanstrengung	------------>	<--------------
	Bewegung	------------>	<--------------
psychisch	Motivation	------------>	<--------------
	Emotion	------------>	<--------------
	sensorische Erregung	------------>	<--------------
	geistige Tätigkeit	------------>	<--------------

Abbildung 47: Zusammenhang zwischen Aktivationsniveau (= Nervöses Erregungsniveau) und Leistungsfähigkeit von Geist und Gedächtnis. Darunter die körperlichen (= physischen) und psychischen Ebenen, über die man das Aktivationsniveau verschieben kann.

Literatur:

Berlyne, D.E.: Aesthetics and Psychology. Appleton-Century-Crafts: New York, 1971

Beyschlag, R.: Gymnastik als Training cerebraler Funktionen (1) — Gehirnjogging. Altenpflege 4 (1986 a) 214-216

Beyschlag, R.: Gymnastik als Training cerebraler Funktionen (2) — Bewegung und Harmonie. Altenpflege 5 (1986 b) 304-306

Galster J.V.: Über Zusammenhänge zwischen sozialen sowie psychologischen Merkmalen und dem Verhalten chirurgischer Patienten unter besonderer Berücksichtigung der Angstemotion. Diss. Erlangen, 1979

GK 1: Gegenstandskatalog für die Ärztliche Vorprüfung. Edition Medizin: Weinheim-Deerfield Black-Basel, 1980, 2. Aufl.

Janis, I.L.: Psychological Stress: Psychoanalytic and Behavioral Studies of Surgical Patients. Wiley: New York, 1958

Schalling, D., B. Cronholm, S. Levander: On Models and Measures of Alertness and Noetic Functions. In Agnoli, A. (Hrsg.): Proceedings of the Symposium »Nooanaleptic and Nootropic Drugs«, Rom 1975. UCB: Brüssel, 1975

Siersch, K.: Konzentration und Entspannung. Angerer: München, 1984

Yerkes, R.J., D. Dodson: The Relationship of Stimulus to Rapidity of Habit Formation. J. Comp. Neurol. Psychol. 18 (1908) 459-482

Das *Erregungsniveau* für und durch *Gehirn-Jogging*

Das mittlere *Aktivitätsniveau* verspricht also nach den allgemeinen Erkenntnissen optimalen Erfolg. Das gilt auch für Gehirn-Jogging. Es wird das mittlere Aktivationsniveau angepeilt. Man ist weder unterfordert noch überfordert. Außerdem erreicht man damit optimales *Wohlbefinden* (Abbildung 48). Die geistigen Tätigkeiten entfalten sich maximal. Gehirn-Jogging läßt sich am besten bei mittlerem Aktivationsniveau durchführen. Und Gehirn-Jogging soll schließlich auch dazu führen, das mittlere Aktivationsniveau beizubehalten. Damit bleibt man auch für andere geistige Tätigkeiten fit. Wer unterfordert oder überfordert ist, und deshalb seine geistigen Möglichkeiten nicht ausschöpfen kann, der soll durch GeJo auf die Ebene der *optimalen Erregung*, auf das mittlere Aktivationsniveau kommen.

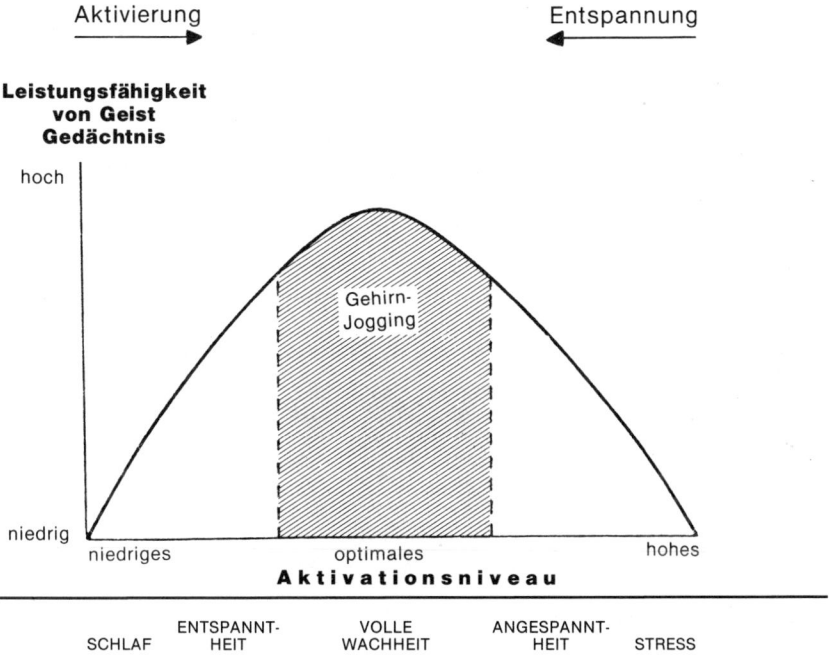

Abbildung 48: Durch Gehirn-Jogging angestrebtes Aktivationsniveau.

Wer seine innere Trägheit überwinden will, sucht etwas, was ihn motiviert, aktiviert. Mit Gehirn-Jogging fällt das besonders leicht, weil die Aufgaben nicht zu schwer sind und auch mit einem ziemlich niedrigen Aktivitätsniveau gelöst werden können. Mit GeJo zu beginnen, bedarf keiner übergroßen Energie. Es fällt leicht, zu den Übungsunterlagen, zum Gehirn-Jogging-Kartenspiel (GeJo-Card) zu greifen oder den Heimcomputer anzuschalten. Wenn man mit den Übungen beginnt, steigt das Aktivitätsniveau automatisch.

Wer schon gestreßt nach Hause kommt, bedarf keiner zusätzlichen *Aktivierung*, sondern braucht erst einmal *Entspannung*. Ihm helfen *autogenes Training* oder *Entspannungs-Jogging*, das mit einer besonderen Form des autogenen Trainings beginnt (siehe unten). Es hilft aber eine kleine Pause. ... Nach zehn Minuten ist er dann in der Lage, sich dem GeJo zuzuwenden.

Wer bereits längere Zeit an *Streß* leidet, den ganzen Tag oder gar Wochen nicht entspannen konnte, einhergehend mit Unkonzentriertheit, Schlafstörungen, Reizbarkeit, einem Gefühl der Zerschlagenheit, dem hilft oft ohne fachliche Anleitung kein autogenes Training mehr. Er muß aber den Teufelskreis durchbrechen, um aus dem Zustand der Übernervosität, der Unruhe, Anspannung herauszukommen. Eine Chance gibt GeJo, weil man sich bei der Bewältigung seiner Aufgaben konzentrieren muß, auch wenn die Mehrzahl der Aufgaben absichtlich nicht sehr schwer gehalten wurden. Man schaltet von Ablenkungen ab. Dadurch verhält man sich ganz anders als der Gestreßte, Überaktivierte. Bei diesem springt die Aufmerksamkeit hin und her; er ist überwach, nicht mehr fähig, sich einige Minuten einer Sache zuzuwenden. Gehirn-Jogging bietet einen Ausweg. Schon nach wenigen Minuten gewinnt man einen Eindruck, ob es das Richtige ist. Wenn auch das nicht hilft, ist anzuraten, einen Arzt oder Psychologen aufzusuchen.

GeJo gibt also die Chance der Hilfe bei ungünstigen Aktivationszuständen und bei typisch fehlaktivierten Personengruppen.

Was kennzeichnet sie? Wer gehört dazu? Was können sie noch zur Optimierung ihres Aktivationszustandes tun?

Informationsverarbeitung

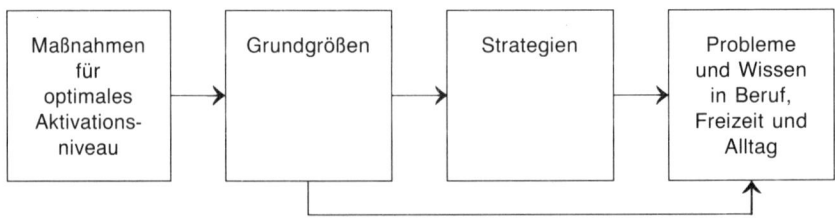

Abbildung 49: Wie das Aktivationsniveau die Informationsverarbeitung beeinflußt

190

Gefährdet — falsch aktiviert

Die rein geistigen Anforderungen betreffend, treten in der Entwicklung vier gefährliche Phasen auf, die »kritischen Lebensabschnitte«. Drei davon beruhen auf plötzlich nachlassenden Umweltanforderungen an Geist und Gedächtnis.

1) Wenn die Jugendlichen, vor allem die 15-, 16jährigen die Schule verlassen. Bei der anschließenden Berufsausbildung, falls sie überhaupt eine absolvieren, werden sie geistig oft nicht mehr stark und vielseitig gefordert.

2) Wenn in Beruf, Familie und Alltag »alles läuft«, wenn alles zur Routine geworden ist. Der Zeitabschnitt liegt im frühen und mittleren Erwachsenenalter, meist zwischen 25 und 35 Jahren.

3) Wenn Beruf und Familie keine Anforderungen mehr stellen, wenn die Kinder das Haus verlassen oder wenn man arbeitslos wird oder in den Ruhestand geht. Dieser Zeitabschnitt betrifft meist das höhere Lebensalter bevorzugt, 60 bis 65 Jahre.

Diese Phasen hängen auch allgemein mit einer nachlassenden Aktivierung zusammen, weil *geistige Aktivierung* immer ein Teil der gesamten Aktivität ist. Zwar erhöht sich die Aktivationslage manchmal noch kurz, bei der Umstellung auf die Arbeitslosigkeit und den Ruhestand. Aber dann sinkt sie.

Um das 40. Lebensjahr macht sich bei einem Teil der Erwachsenen die häufige Überforderung bemerkbar, verbunden mit Bluthochdruck, Herzkreislaufstörungen, zunehmender Erschöpfung. Auch ihre geistige Leistungsfähigkeit sinkt. Bei allen vier kritischen Lebensabschnitten zeigen die Betroffenen im Vergleich zu ihren Potentialen geistige Minderleistungen.

Über- und *Unterforderung* können eine allgemeine, viele Persönlichkeitsaspekte einschließende kurzfristige und vorübergehende Gefährdung darstellen. Fehlaktivierungen über längere Zeiträume führen zu überdauernden Persönlichkeitsänderungen, zu Typen wie dem Teilnahmslosen oder dem Gestreßten.

Welche Zustände gefährden? Eine systematische Orientierung ergibt sich anhand der Tabelle 4. In den Ebenen der Ernährung, Kraftanstrengung, Bewegung, Motivation, Emotion, Sinnesanregung, geistige Tätigkeit kann jeweils ein Zuwenig oder Zuviel zur Gefährdung führen. Eine Gefährdung kommt nicht allein. Falsche Ernährung, Unbeweglichkeit, mangelndes Interesse, geistige Untätigkeit usw. treten oft gemeinsam auf und verstärken sich gegenseitig. Das ist im Auge zu behalten, wenn jetzt typische Situationen und Personen mit falscher Aktivierung beschrieben werden. Die Beispiele sollen helfen, sich selbst zu prüfen und zu erkennen, wo man gefährdet ist und wo man den Hebel zur Änderung ansetzen muß.

Unteraktiviert — die brachliegenden Fähigkeiten

Das gemeinsame Merkmal der meisten *unterforderten* Menschen in Industriegesellschaften: Ihre Ernährung ist gut, meist zu gut, sie haben ein Dach über dem Kopf, ein warmes Daheim. Körper und Psyche wären auf dieser Grundlage zu mehr Leistung fähig, als man von ihnen fordert. Die Tatsache, daß sie nicht gefordert werden, zeigt jedoch Folgen. Eine Forschergruppe an der Duke-Universität in Durham/USA (Center for the Study of Aging and Human Development) untersucht Aktivitäten im Alltag und Zusammenhänge mit Störungen im gesamten menschlichen Organismus. Mit einem kurzen Fragenkatalog filterte man Menschen mit einem hohen Risiko der körperlichen und geistigen Gesundheit heraus (G.G. Fillenbaum, 1985). Untersucht wurden die fünf Lebensbereiche, die in der Hauptsache für Menschen jenseits des Berufslebens in Frage kommen: Tätigkeiten im Haushalt, Reisen, Einkaufen, Essenszubereitung, Umgang mit den Finanzen. Es stellte sich folgender Zusammenhang heraus:

Wer Schwierigkeiten in einem oder mehreren dieser Gebiete hatte, litt unter geistigen oder körperlichen Störungen. Geht der Mensch nicht aktiv gegen diese Störungen an, so ist die Zunahme der Erkrankung wahrscheinlich. Sie geht einher mit dem schleichenden Verfall von Geist und Gedächtnis. Diese Konsequenz, herausgefunden von den amerikanischen Wissenschaftlern, wird auch von einer Untersuchung französischer Wissenschaftler gestützt (N.P. Chau und Mitarbeiter, 1985):

Untersucht wurden in einem Pariser Vorort alte Leute. Ein Teil von ihnen führte noch einen eigenen Haushalt. Bei Beginn der Beobachtung lebten dort 515 Frauen und 276 Männer über 75 Jahre. Innerhalb von vier Jahren starben 29 Prozent. Wie man feststellte, waren es die Menschen, die nicht mehr voll aktiv lebten. Überlebt haben die Menschen, die sich in ihrem Haushalt noch voll engagierten: selbst einkaufen gingen, Nahverkehrsmittel benutzten, Bücher lasen, Stick- oder Strickarbeiten ausführten (Frauen) oder Reparaturarbeiten (Männer) im Haus durchführten. Radiohören, Fernsehen oder Zeitunglesen gehören nicht zum Aktivbereich, wirken also nicht lebensverlängernd (siehe Kapitel »Hundertjährige als Modell«)

Der fehlende Existenzkampf verführt zu einem *Verlust an Aktivität*. Dieser verursacht zwischen dem 25. und 45. Lebensjahr wahrscheinlich Nervenzellverkleinerungen in dem Gehirnteil, der für Bewegung, Antrieb und Aktivität zuständig ist, die sogenannte Area 6 (siehe »Kein Abbau von Nervenzellen). Das ist kein unabwendbares Schicksal. Das zeigt sich z.B. bei den Menschenaffen im Nürnberger Zoo. Sie dienen als besser übersehbares Modell für die durch Lebensumstände bedingte körperliche und psychische Unterforderung als es Menschen mit ihren komplizierten Umweltbezügen sein können.

Literatur:
Chau, N.P., B. Forette, Y. Wolmark, N. Guerini, P. Berthaux: Activities of Daily Life and Mortality in an Elderly Population Living at Home: A Four Year Prospective Study. In: Book of Abstracts. XIIIth International Congress of Gerontology. New York Hotel at Rockefeller Center: New York, 12.-17. Juli 1985
Fillenbaum, G.G.: Development of a Brief Internationally-Usable Screening Instrument. In: Book of Abstracts. XIIIth International Congress of Gerontology. New York Hotel at Rockefeller Center: New York, 12.-17. Juli 1985

Die *unterforderten* Riesenaffen von Nürnberg

Zu Beginn des Jahres 1985 bekamen die Gorillas und Orang-Utans des Nürnberger Tiergartens eine angemessene Unterkunft. Ihr Haus, das Affenhaus, hatte man für eine knappe Million Mark umgebaut, um es nach den Worten des Tiergartendirektor Dr. Manfred Kraus vom »schlechtesten Menschenaffenhaus Europas« in eine den empfindlichen Tieren angemessene Unterkunft umzuwandeln. Der besondere Wert der Änderungen bestand nicht so sehr in Umbauten des Gemäuers, sondern, wie die Nürnberger Nachrichten (w.d., 1985) berichten, darin, daß man folgendes bereitstellte: »Umfangreiche Klettermöglichkeiten oder versteckte Röhren, die mit Lieblingsspeisen der Riesenaffen gefüllt, aber dem direkten Zugriff entzogen sind. Die Tiere kommen nur mit einem Werkzeug — es ist wie in der Natur ein Ast — an die Leckereien heran. Das ist keine Schikane, sondern soll dazu beitragen, die geistige Regsamkeit von Orang-Utans und Flachland-Gorillas zu schulen. Offensichtlich,« so steht in den Nürnberger Nachrichten weiter, »haben die Affen ihren Spaß daran. Ein häufiger Besucher des Tiergartens wird feststellen, daß sich ihr Verhalten deutlich geändert hat. Die Gorillas, die früher zumeist wie träge, ja lethargische Wesen wirkten, sind jetzt ständig in Bewegung. Fast noch augenfälliger ist das Benehmen der Orang-Utans. Vor dem Umbau präsentierten sie sich dem Betrachter überwiegend als fast bewegungslose Fellbündel; wenn sie wirklich einmal aktiv wurden, schienen alle ihre Handlungen wie in Zeitlupe abzulaufen.
Die rothaarigen Gesellen aus Südostasien sind kaum wiederzuerkennen... (Sie) beschäftigen sich jetzt intensiv miteinander, sie spielen auch, demonstrieren mit sichtlichem Vergnügen ihre unvergleichlichen Kletterkünste an den Seilen, Netzen und an einer echt deutschen Eiche, die Bestandteil des Käfigs ist.«

Geringe Forderung durch die Umwelt macht faul, träge, dumm, nicht nur bei Menschenaffen und Haustieren. Bei Flußdelphinen, die in Gefangenschaft gerieten, hat man, wie unter »Kein Abbau von Nervenzellen« erwähnt, sogar eine Abnahme des Hirngewichts um 30-40 Prozent festgestellt.
Die im großen und ganzen aufgezwungene Lebensweise des Tieres kann als Modell für die Lebensweise des Menschen dienen, die ja ebenfalls in vielem nicht frei gewählt ist, sondern von Zwängen der Realität, einschließlich der jeweils existierenden Gesellschaft und noch mehr von der unmittelbaren sozialen Umgebung bestimmt ist. Nur wir Menschen haben gegenüber den Tieren den Vorteil, unsere Lebensführung wenigstens teilweise nach den Einsichten in das Zweckmäßige und Erwünschte auszurichten. Wir sind in der Lage, uns den geistigen Impuls

zu geben, der uns aus der bequemen Haltung im Sessel treibt, weil wir uns nicht der *Inaktivität* und ihren Folgen ausliefern wollen. Dabei hilft es, daß wir wissen: der Hauptwiderstand besteht darin, das Hinterteil 20 Zentimeter aus dem Sessel zu wuchten. Ab da läuft wieder alles von allein. Schmerzlos, ohne Beschwerden, ja, meist macht es ab da sogar Spaß. Daß sich Aktivität wieder erwerben läßt, zeigt auch das angeführte Beispiel der Riesenaffen als Modell für den Menschen.

Literatur:

w.d.: Affen im neuen Heim. Tiergartendirektor Dr. Kraus stellte die umgestaltete Anlage vor. Nürnberger Nachrichten 28 (2./3. Febr. 1985) S. 18

Unteraktiviert? — Wie man es merkt

Wenn uns, wie bereits festgestellt, das Leben in ausgeglichener Weise fordern würde, wenn rundum unsere Fähigkeiten verlangt würden, brauchten wir sicherlich kein Gehirn-Jogging. Aber das Leben besteht aus Arbeitsteilung, der Mensch spezialisiert sich auf gewisse Tätigkeiten — und auch die werden noch zur Routine, verlangen also keine (oder kaum) geistige Anstrengungen. Das trifft für den Körper und den Geist gleichermaßen zu. So gibt es Berufe, die körperlich unterfordern: die Sekretärin, der Beamte am Schreibtisch, der Lehrer, der Arzt. Die Muskeln und das Kreislaufsystem sind *unterfordert*. Diese Berufsgruppen streben (neben vielen anderen) zum Ausgleichssport. Bei anderen Berufen werden einige Muskeln z.T. überfordert: Maurer, Schreiner, Waldarbeiter. Auch dagegen hilft Ausgleichssport.

Das Vernachlässigen des Körpers zeigt sichtbar Folgen wie z.b. schwaches Bindegewebe, schlaffe Muskeln, schlechte Körperhaltung, Fettpolster und Kraftlosigkeit, gepaart mit Kurzatmigkeit bei Anstrengungen und schlägt sich auch in der geistigen Leistungsfähigkeit nieder. Denn durch die geistige Leistung werden Herz und Kreislauf gefordert, Blutdruck und Puls steigen an, damit immer genügend Energie — vor allem Zucker und Sauerstoff — an die Nervenzellen herangeführt wird. Ebenso wird eine günstige Blutzusammensetzung benötigt. All das wirkt sich direkt auf die geistige Leistungsfähigkeit aus. Wenn beispielsweise das Herz schon nach zehn Minuten schlapp macht, geht die geistige Leistung in den Keller, sacken Denken, Erinnern, selbst Wahrnehmen ab. Meist gibt der körperliche Zustand frühe Hinweise auf den geistigen Verfall. Denn am Anfang geht dieser eher schleichend vor sich. Hin und wieder fällt es dennoch den anderen auf. Sie reagieren entsprechend (mehr oder weniger rücksichtsvoll): »Früher konnte man sich mit dir wesentlich besser unterhalten. Dein Gedächtnis ist wie ein Sieb. Du warst doch früher nicht so begriffsstutzig.«
Der Betroffene hat es dann meist selbst schon lange gemerkt, aber aus Angst vor einer Blamage wagt er nicht, seine Ausfälle zuzugeben. Er ist nicht mehr in der Lage, ohne Gedächtnisstütze einzukaufen, findet sich zeitweise selbst in vertrauter Umgebung nicht zurecht, verläuft sich in der eigenen Stadt, kann nur mit äußerster Anstrengung den Gesprächen folgen. Ja, er sucht bisweilen nach dem Namen seiner Partnerin oder seines Partners, vergißt die Geburtstage seiner Kinder und weiß nicht mehr, wer Bundespräsident oder Bundeskanzler ist. Ein Zustand, der zu Besorgnis Anlaß gibt.

Es gibt weitere Zeichen, um den eigenen Abschwung zu erkennen: Innere Unsicherheit, kritische Bemerkungen anderer, Konzentrationsschwierigkeiten und nachlassendes Selbstvertrauen. Es kommt zu Schlafstörungen, depressiven Gefühlen, Interesselosigkeit und mangelnder Unternehmungslust. Das sind akute Signale, die auf einen Verfall der Leistung von Geist und Gedächtnis hinweisen. Oft sind diese Phänomene von Schwindel und Ohrensausen begleitet. In solchen Fällen sollte der Patient einen Arzt aufsuchen.

Aber es muß nicht gleich zu solchen Ausprägungen kommen. Es kann auch mit weniger gravierenden Symptomen anfangen: man fühlt sich unausgeglichen, von der beruflichen Tätigkeit gelangweilt. Die Bekannten öden einen an. Man flüchtet sich in Tragträume und Phantasiebilder. Man sieht häufig auf die Uhr, weil die Arbeitszeit nicht vergehen will. Der Mensch wartet jeden Augenblick auf das »Große Ereignis«. Jede Abwechslung wird gierig aufgegriffen: Fernsehen, Radio, Film. Eigene Aktivitäten unterbleiben, obgleich diese Symptome darauf hinweisen, daß die Fähigkeiten von Geist und Gedächtnis nicht oder nur teilweise ausgelastet und beansprucht sind. Diesen Fähigkeiten geht es wie dem vernachlässigten, untrainierten Muskel. Sie werden schwächer.
Besonders gefährdet sind Personen, die an Bewegungsmangel leiden, deren Sinne nicht genügend angeregt werden, deren Gefühle und Stimmungen kaum angesprochen werden, deren geistige Fähigkeiten unterfordert sind.
Mangelnde Anregung und mangelnde Aktivität gehen meist Hand in Hand. Beispielsweise scheut der Rheumakranke die Bewegung, die Aktivität, weil sie in seinen Muskeln Schmerzen verursacht. Die Aktivität des Bettlägrigen beschränkt sich meist auf die Handbewegung, ein Streichen über die Bettdecke oder das Sich-aufrichten und wieder Hinlegen. Er starrt an die weiße Zimmerdecke. Seine Reize sind gleichbleibend und gleichförmig, also wenig anregend. Auch für den Kranken, der selten die Wohnung verläßt, herrschen ähnliche Bedingungen. Innerhalb der vier Wände gibt es für ihn wenig Anregendes. Der scheinbare Kontakt zur Außenwelt — Fernsehen und Radio — werden ohne besonderes Interesse gehandhabt.
Über mangelnde Reizumwelt klagen auch die alleinstehenden Menschen: Rentner, Pensionäre, Witwen oder Geschiedene. Aber auch Altersheimbewohner beschweren sich oft über mangelnde Außenreize. Verständlich, daß Menschen im Strafvollzug unter ähnlichen Bedingungen leiden.

Häufig ist *Bewegungsarmut* mit mangelnder *Sinnesanregung* (*sensorischer Deprivation*) verbunden und umgekehrt. Geringe Sinnesreize gehen von gleichmäßiger Temperatur (Klimaanlage) oder gleichmäßig schwachem Licht aus. Geräuscharmut führt ebenfalls zu sensorischer Deprivation, zu einem Gefühl der Vereinsamung.

Dabei sind Sinnesanregungen wichtig, um uns wach zu halten. Sie sind die Grundlage für optimale geistige Beweglichkeit und halten das Gedächtnis reaktionsbereit. Auch Körperempfindungen, die durch Bewegungen entstehen, zählen zu diesen Außenreizen. Darum sollte man für ein Mindestmaß an Bewegung sorgen — auch wenn am Arbeitsplatz alles zeit- und wegsparend untergebracht ist. Körperbewegung ist wichtig für die Beweglichkeit von Geist und Gedächtnis.

Viele Menschen empfinden die dunkleren Jahreszeiten als weniger reizvoll. Sie sehnen sich wieder nach Frühling und Sommer, nach Licht und Farben, die die Sinne ansprechen. Der Mensch nimmt diese Eindrücke durch seine Sinnesorgane auf. Weniger Umwelteindrücke können deshalb Menschen aufnehmen, deren Sinnesorgane geschädigt sind: Schwerhörige oder Taube, Sehschwache oder Blinde.
Hinzu kommt noch ein Abnehmen der Sinnesleistung im Alter — auch Geschmacks- und Geruchssinne lassen nach. Alle diese Menschen bedürfen des verstärkten Außenreizes, um den Verlust an Umweltreizen wieder wettzumachen.
Lassen die Umweltreize nach, stumpft der Mensch ab. Auch seine Gefühle sind davon betroffen. Er ist nicht mehr fähig, sich zu freuen, seine Umwelt zu genießen. Er führt ein »zurückgezogenes« Leben, das Leben geht an ihm vorbei.
Wie erfrischend ist manchmal der Klatsch, den man im Gespräch mit anderen erfährt, wie prickelnd die Sensation, die man den Medien entnimmt. Reibereien und Diskussionen schaffen eine anregende Atmosphäre. Die Beschäftigung und das Lösen von Tagesproblemen bringen Körper und Geist in Schwung. *Emotionale Anregung*en (von außen) sind wichtig. Sie kommen aus dem Gespräch mit anderen, resultieren aus Tagesproblemen und Konflikten, werden gespeist von den Meldungen der Lokalpresse, von der Lokalmeldung bis zu den Anzeigen (u.a. Todes-, Heirats- oder Geburtsanzeigen). Deshalb sind die, die sich für all das nicht interessieren, eher vom *geistigen Leistungsabfall* betroffen.
Menschen, die an ihrer vollen Entfaltung gehindert sind — *Kranke* oder *Isolierte* —, sind auch in ihren Gefühlen häufig unterfordert. Sie selbst schränken sich ein, weil sie Angst vor Enttäuschungen haben oder die Aufregung als gesundheitsschädlich fürchten. Sie bedenken dabei zu wenig, daß sich diese Beschränkung auch auf die Tätigkeit von Geist und Gedächtnis auswirkt, wie überhaupt alle diese genannten Unterforderungen sich negativ auf die geistigen Tätigkeiten auswirken.

Am nachteiligsten aber wirkt sich die direkte Unterforderung von Geist und Gedächtnis aus. Dieses Problem muß durch (Nach-)Denken gelöst werden. Dafür müssen zwei Sachverhalte zusammenkommen: Die Aufgabe und die *optimale Aktivation*.

Es konnten nur allgemeine Hinweise darauf gegeben werden, wie man die Unteraktivierung bemerkt. Sie sind hoffentlich hilfreich. Besser, das heißt objektiver, wären Tests. Einen leicht auszuführenden Test gibt die Tabelle 7 wieder. Es ist ein Selbstbeurteilungsbogen, der allerdings mehr auf krankhafte Störungen und nicht ein leichtes Nachlassen von Geist und Gedächtnis im »gesunden« Bereich anspricht. Am direktesten wäre es, das Nachlassen von Geist und Gedächtnis mit Leistungstests festzustellen. Jeder Mensch müßte mit einem Paket von *Tests* unter dem Arm umherlaufen und sich bei jeder Gelegenheit testen. Man könnte also Intelligenz-, Gedächtnis- und Konzentrationstests durchführen. Um allerdings einen Aufschwung (oder Abschwung) auf dem geistigen Sektor feststellen zu können, müßten auch die Ergebnisse des 16. Lebensjahres vorliegen. Dann wäre eine Aussage über die »flüssige Intelligenz«, die gegenwärtige Konzentrationsfähigkeit, Kreativität oder die derzeitige Gedächtnisleistung von Nutzen. Anstelle der Testergebnisse im 16. Lebensjahr lassen sich zum Vergleich auch die der kristallierten Intelligenz heranziehen, wie in der Abbildung 6 dargestellt. Doch bei Einzelpersonen sind diese Tests nicht in der Lage, geringfügige Leistungsminderungen zu registrieren. Das geht nur bei Personengruppen, oder bei schweren Leistungseinbußen. Beides trifft für die folgenden Untersuchungen zu, die sich mit der Talfahrt des IQ von Patienten im Krankenhaus und Bergkindern in Kentucky beschäftigten.

Der schleichende *geistige Verfall*

Wie schnell sinkt die geistige Leistungsfähigkeit bei ungenügender mental-mnestischer Belastung? Und wenn die Leistungsfähigkeit schon abgefallen ist, kann sie wieder auf den alten Stand gebracht werden? Wie rasch die geistige Leistungsfähigkeit verfällt, hängt 1. vom Ausmaß und 2. von der Dauer der Unterbelastung ab.
Bei relativ kurzen *Klinikaufenthalten* in Haut-, Kiefern-, Chirurgischen und Medizinischen (inneren) Kliniken sinkt der Intelligenzquotient IQ, die Gedächtnisleistung und Konzentrationsfähigkeit in wenigen Tagen schon erheblich. Der IQ fällt durchschnittlich innerhalb der ersten fünf Tage nach der Aufnahme bereits um 5 Punkte ab. Nach 3 Wochen liegt er 20 IQ-Punkte tiefer als im Alltag (S. Lehrl, 1984). Wer zuvor den IQ 90 hatte, verhält sich nun wie eine Person am Rande des *Schwachsinnes.* Arzt und Schwester gehen intuitiv auch angemessen auf diesen Zustand ein, in dem sie den Patienten jetzt nur noch mit kurzen Fragen und Aussagen konfrontieren, dazu in grammatisch einfachen Formen und unter Weglassung anspruchsvoller Wörter.

Der rasche Abfall der geistigen Leistungsfähigkeit bei Klinikaufenthalten ist durch die Bewegungsarmut im Falle der Bettlägrigkeit sowie durch die allgemein geringe Abwechslung im Klinikalltag bedingt. Die untersuchten Patienten, von denen die oben berichteten Ergebnisse stammen, waren nur teilweise bettlägrig gewesen. Aus der Studie läßt sich ableiten, daß alle Bettlägrigen, Bewegungseingeschränkten und sozial isolierten Personen gefährdet sind, geistig rasch abzufallen.

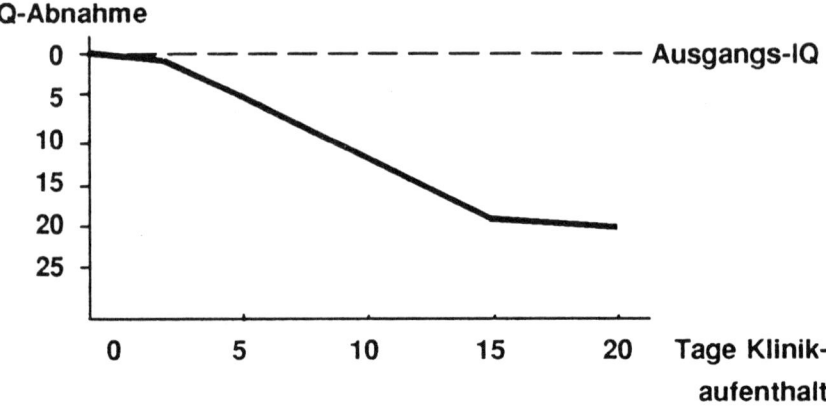

Abbildung 50: Die Talfahrt des IQ' im Krankenhaus

Aktivurlaub oder — bei Patienten und sozial Isolierten — einfache Aktivierungen durch Bewegungsvermehrung, Teilnahme an Gesprächsrunden, an Kurzreisen u.ä. verhindern den raschen geistigen Abfall, wie am Beispiel der Rehabilitationsklinik Klausenbach gezeigt wurde (B. Fischer et al, 1984).
Ob etwas vom geistigen Verfall bleibt? Im großen und ganzen ist die Leistungsverminderung reversibel. Durch entsprechende Aktivierung erreicht man in ein bis zwei Wochen den alten Leistungsstand. So zeigt sich, daß Personen aus dem Alltag, die keine Klinikaufenthalte erleben mußten, keine höheren Intelligenz- und Konzentrationsleistungen erbringen als Personen, die schon einmal oder mehrmals in Kliniken waren (S. Lehrl, 1979). Wenn man sich die Untersuchungsergebnisse ganz genau anschaut, waren die letzteren Personen den ersteren ein klein wenig unterlegen. Das kann ein zufälliger Unterschied sein, aber auch schon ein Hinweis auf eine geringfügige irreparable Minderung. Sicherheitshalber sollte man es deshalb gar nicht erst zu einem Abfall kommen lassen.

Wie steht es mit einem längerfristigen Mangel an geistigen Anregungen? Vermutlich pendelt man sich dabei auf einem niedrigeren Leistungsniveau ein, von wo ab man kaum noch weiterhin abfällt. Vielleicht sind es bei Erwachsenen bei längerfristigem Klinikaufenthalt etwa 20 bis 30 IQ-Punkte. Ähnlich wird es in Altersheimen oder im stillen, zu stillen Kämmerchen daheim sein. Genaue Untersuchungen hierzu sind uns noch nicht bekannt.

Hingegen wissen wir, daß der IQ bei den Kindern und Jugendlichen der abgelegenen Berggegenden von Kentucky, wie es vor dem 2. Weltkrieg untersucht wurde, bis zum Erwachsensein gegenüber Stadtkindern um 40 IQ-Punkte gesunken ist. (S. L. Pressey, R. G. Kuhlen, 1957).

Ein großer Prozentsatz der Erwachsenen bleibt auch heute noch weit hinter seinen Möglichkeiten der geistigen Entfaltung zurück. Und wie die Glowacki-Studie (siehe »In 14 Tagen«) belegt, steigern sich 50- bis 70jährige innerhalb von 14 Tagen erheblich, einige über das geistige Leistungsniveau, das sie je im Leben hatten. Deshalb ist es nie zu spät.

Literatur:
Fischer, B., W. Eissenhauer, U. Fischer: Rehabilitation measures stop descrease of intelligence quotient. geriatrics, pregeriatrics, rehabilitation 1 (1985) 27-37
Lehrl, S.: Die Talfahrt des IQ im Krankenhaus. psycho 10 (1984) 198-213
Pressey, S. L., R. G. Kuhlen: Psychological development through the life span. Harper & Brothers: New York, 1957

Überlastung schadet ebenfalls

Die Zahl der Menschen, die unterfordert werden, dürfte größer sein als die der überforderten, gestreßten Zeitgenossen. Von den ersteren hört man wenig. Das sind die ruhigen im Lande. Sie sitzen nicht an Positionen hoher gesellschaftlicher Anforderungen. Im Gegensatz zu letzteren, die sich dahin begaben, teilweise sogar drängten und schließlich statt zu schieben selbst ständig geschoben und gefordert werden, mehr als sie oft verkraften können. Aber diese beachtet man, auch ihre Klagen über den Streß unserer Zeit. Darüber vergißt man all die vielen anderen, die sich in die innere Isolation zurückgezogen haben, weil sie wissen, sie haben keine Beförderung mehr zu erwarten, wie z.b. Handwerker, Gesellen, Inspektoren und viele andere. Man vergißt auch die vielen Menschen im Vorruhestand, im Ruhestand, im Altenheim, die Mutter, deren Kinder das Haus verlassen haben und nun auf eigenen Füßen stehen, den Arbeitslosen, der nicht mehr auf eine neue Stelle hoffen kann und resigniert. Mögen die Überlasteten, die Gestreßten in der Minderzahl sein, *Streß* ist keinesfalls zu unterschätzen. Wie die *Unterbelastung*, so führt auch er letztlich zum Verkümmern, zum Verfall der geistigen und körperlichen Fähigkeiten. Der Körper wird geschwächt und erkrankt. Zumindest bei kurzfristiger hoher Intensität oder bei längerem ruhelosen Engagement.

Ein überlasteter Mensch gelangt nicht auf das maximale Niveau seiner physischen und psychischen Leistung. Er denkt nicht mehr so umsichtig wie sonst. Die Fehlerquote steigt. Die Unsicherheit wächst. Zum Schöpferischen bleibt wenig Zeit und Gelegenheit. Aus dem Gedächtnis läßt sich unter Streß nur Triviales, nämlich häufig Gebrauchtes abrufen. Seltene Informationen liegen tief und unerreichbar im Speicher. Der Mensch leistet nur mit »halbem Geist«, das Gedächtnis funktioniert entsprechend unvollkommen und wenig zuverlässig. Zu diesen psychischen Leistungsminderungen während der Streßphase treten noch körperliche und psychische Anspannungen. Es kommt Nervosität auf, die sich bis zur Panik steigern kann. Der Mensch »gerät aus dem Häuschen« seiner Ausgeglichenheit und Selbstsicherheit. Er versteht die Welt nicht mehr, von der er glaubt, daß sie über ihm zusammenbreche. Streß tritt bei Veränderungen in der Umwelt auf, wie z.B. Wohnungswechsel, Konflikten mit Menschen, sowohl in der Familie als auch im Beruf, bei Verlust von Angehörigen und lieben Bekannten. Wo Streß im Einzelfall auftritt und in welcher Intensität, läßt sich durch die Streßskala in Tabelle 6 einschätzen.

Nachfolgend einige typische Berufe und berufliche Tätigkeiten, die sich am Rande des Streß' bewegen.

Ausgelastete an der Grenze zum *Streß*

Ein Abfall der geistigen Kapazität tritt nur bei den Berufsgruppen nicht ein, die zwar stark gefordert, aber nicht überfordert werden, die offen sind für alles Neue, die das Problemlösen lieben, die sich selbst fordern (W. Hacker, 1984). Einige Berufe schaffen dafür günstige Voraussetzungen. Doch nicht immer gelingt es, die Grenze zum Streß nicht zu überschreiten.

Zu den grundsätzlich günstigen Berufsgruppen gehören Ärzte, die mit einem kaum überblickbaren Feld von Krankheitssymptomen und neuen medizinischen Erkenntnissen konfrontiert werden und sich deshalb neben dem Kontakt mit Patienten durch Zeitschriften und Fachveranstaltungen ständig weiterbilden. Das betrifft ebenso den Journalisten, der von einer Flut von Neuigkeiten überschwemmt wird, die er seinen Lesern ausfiltern und aufbereiten muß.

Das trifft auch auf die Hausfrau oder teilweise berufstätige Frau mit mehreren Kindern zu, die den Tagesablauf in der Familie organisiert und ihre Flexibilität bei vielen unvorhergesehenen Ereignissen beweisen muß, eine Art Managerberuf. Diese dauernde Herausforderung betrifft auch den Manager einer Firma, der ständig neue Ideen für Produkte und Dienstleistungen entwickeln und sie auf ihre Verwertbarkeit für den Markt prüfen muß.

Das gilt auch für das Faktotum eines Hauses, das für alle möglichen Aufgaben eingesetzt wird, für die man keinen eigenen Fachmann hat. Es muß flexibel und immer offen für Neues sein. Ebenso der Pförtner eines größeren Unternehmens, der etwa gleichmäßig über den Tag verteilt verschiedenartigen Aufgaben ausgesetzt ist: Er muß Telefone bedienen und die Post sortieren. Er kontrolliert die Herein- und Herausgehenden, wechselt mit dem einen oder anderen ein paar Worte, außerdem verlangen Besucher, die in das Unternehmen kommen, Auskünfte. Nicht selten befinden sich unter ihnen Ausländer, die kein Wort Deutsch verstehen.

Zu den Ausgelasteten an der Grenze zum Streß gehört auch der Pädagoge, der täglich einer großen Zahl von Kindern gegenübersteht, die abhängig von der Tagesform unterschiedlich gelaunt sind. Dennoch muß er dafür sorgen, daß nicht nur Lernbereitschaft erzeugt, sondern der Lernstoff auch optimal übermittelt wird.

Orientiert man sich an der langen Lebensdauer, so gehören auch die Dirigenten dazu (E. Schwandt, 1977). Bei ihnen scheinen die vielseitigsten Anforderungen durch Musik und Musiker und die Verwirklichung ihrer Vorstellungen und die körperliche Bewegung ideal kombiniert zu sein. Es zeigt sich jedoch, daß es nicht genügt, den »richtigen« Beruf zu wählen. Die Anforderung erfolgt nicht automatisch. Man muß selbst immer mitmachen und sich auch anbieten; man muß sich selbst fordern.

Literatur:
Hacker, W.: Arbeitsgestaltungsmaßnahmen. Springer: Heidelberg – Berlin – New York, 1984
Schwandt, E.: Vigilanz-Störungen im Alter und ihre Therapie. Fortschr. Med. 95 (1977) 1415-1416

Selbst Professoren müssen immer wieder ran

Was die Entfaltung der geistigen Fähigkeiten betrifft, so stehen einige Menschen auf der Licht-, die anderen auf der Schattenseite, könnte man meinen. In die Gefahr zu resignieren kommt der Mensch, der sich auf der Schattenseite glaubt. Er blickt mit Neid auf die anderen, die geistig mehr gefördert wurden, die eine bessere Ausbildung erhielten, die geistig aktiv blieben. Diese Menschen stehen stets im Mittelpunkt des Interesses, sie fühlen sich wohl. Zumindest glaubt das der Außenstehende.

Die Wirklichkeit sieht anders aus: Dieser scheinbar bevorzugte Mensch, beispielsweise ein Professor, wird eingespannt in ein Netz von Forderungen, die von allen Seiten an ihn herangetragen werden. Er muß als Wissenschaftler sein Bestes geben, man verlangt von ihm Forschung und die Weitergabe seines Wissens auf Kongressen und in Zeitschriften und Büchern. Dann sind da noch die Familie und die Bekannten. Alle stellen Ansprüche an ihn. Für dieses Aktivsein auf allen Ebenen gibt es einen guten Grund: der *Bekanntheitsgrad eines Wissenschaftlers* hängt eng mit der Anzahl und der Qualität seiner wissenschaftlichen Veröffentlichungen zusammen. Das fand der Erlanger Diplom-Psychologe Dr. Wolfgang Weidenhammer (1985) in einer Untersuchung heraus. Ein Wissenschaftler wird nach dem wissenschaftlichen Zitierindex SCI eingestuft (*Science Citation Index*, 1982, 1983; E. Garfield, 1985). An diesem Index läßt sich ablesen, welche geistige Aktivität und Qualität der Einzelne entwickelt hat.

Aufgrund verschiedener Analysen kann ein deutscher Wissenschaftler seine Bedeutung so einschätzen (S. Lehrl, 1991):
Als Wissenschaftler ist man
— unbedeutend, wenn man in einem Jahr nicht von anderen zitiert wird
— nicht unbedeutend, wenn man in einem Jahr von anderen zitiert wird
— bedeutend, wenn man in einem Jahr häufiger als ein Viertel der Gelehrten in derselben Fachrichtung zitiert wird
— sehr bedeutend, wenn man im Jahr häufiger als drei Viertel der Gelehrten in derselben Fachrichtung zitiert wird
— hoch bedeutend, wenn man im Jahr häufiger als 90% der gelehrten Kollegen zitiert wird.

Die Normen für die eigene Fachrichtung können Mediziner in einem eigens dafür herausgegebenen Buch (S. Lehrl, E. Gräßel, 1993) nachschauen. Von anderen Fachrichtungen fehlen allerdings noch derartigen Unterlagen.
Um überhaupt in irgend eine Kategorie der wissenschaftlichen Bedeutung zu gelangen, muß man sehr aktiv sein. Man könnte nun annehmen, daß diese *Produktivität* mit zunehmendem Alter steigt — erst recht,

wenn man berücksichtigt, daß der prominente Wissenschaftler über fachkundige Mitarbeiter (Assistenten, Akademische Räte, etc.) verfügt. Diese Annahme der automatischen Steigerung ist in den meisten Fällen jedoch ungerechtfertigt, wie die Untersuchungen ergaben. Mit 35 bis 40 Jahren ist für die meisten der Höhepunkt erreicht. Ab da gilt auch für Wissenschaftler und sogar für die Professoren unter ihnen: Wer nicht beständig an sich arbeitet und in seinem Fach aktiv bleibt, der rostet und fällt in der Bedeutungs-Skala zurück.

In den meisten Fällen sind die Professoren immer geistig rege. Daß die Umwelt sie fordert und fördert liegt mit daran, daß sie sich selbst fordern. Es besteht also eine Wechselbeziehung des gegenseitigen Forderns und Förderns. Das gilt für alle Personen in verantwortungsbewußten Stellungen (U. Lehr, 1984). Das Lebensziel dieser Menschen lautet: sich aktiv für etwas einsetzen, es sich nicht bequem machen, sondern *Verantwortung* übernehmen. Aus ihrer Sicht bedeutet Passiv-Sein bereits, mit dem Leben abgeschlossen haben.

Auf der anderen Seite droht jedoch die Gefahr, sich von der Verantwortung so in die Pflicht nehmen zu lassen, daß man keine Freizeit für sich und seine Angehörigen hat, keine Entspannung zum Ausgleich für die Anspannung. Man nennt diesen Zustand heute »Arbeitssucht« oder »Workoholismus«. Dieser befindet sich schon auf der Seite des Stresses des Dauerstresses.

Literatur:
Garfield, E.: The Articles Most Cited in the SCI from 1961-1982.6. More Citation Classics to Think About. Current Contents 14 (1985) 3-10
Lehr, U.: Vorruhestand — ist das human? Umschau 84 (1984) 300
Lehrl, S.: Der SII als Maß der Durchsetzung sowie der Forscherqualität und -kapazität von Wissenschaftlern. Media Point: Nürnberg, 1991
Lehrl, S., E. Gräßel: Forschungsqualität deutscher Mediziner: Media Point: Nürnberg, 1993
SCI Science Citation Index 1981 Annual. ISI Institute for Scientific Information: Philadelphia, 1982
SCI Science Citation Index 1982 Annual. ISI Institute for Scientific Information: Philadelphia, 1983
Weidenhammer, W.: Science Citation Index — Empirische Zusammenhänge der Beurteilung von Bekanntheit, Produktivität und Qualität deutschsprachiger Psychiater. In: Fischer, B., S. Lehrl (Hrsg.): Geriatrics-Pregeriatrics-Rehabilitation. Nordrach: Fachklinik Klausenbach, 1985

Wer ist bereits *Workoholiker?* — ein Test

Die Gesellschaft erkennt sie häufig an, die Pflichtbewußten, die nach Ansicht ihrer Partner zuviel arbeiten. Sie verzichten auf Freizeit, um weiterzuarbeiten, Terminen nachzugehen, Zwischenarbeiten abzuschließen. Arbeit ganz abschließen können Sie nicht. Denn sie müssen ständig tätig sein. Die »Tüchtigen« sind *arbeitssüchtig*, moderner gesagt »Workoholiker«.

Anfänglich fühlen sie sich noch wohl dabei, wenigstens solange sie Erfolge mit der Arbeit haben. Aber sobald sich Mißerfolge einstellen, Schicksalsschläge, zunehmende Schwierigkeiten in der Familie, da man keine Zeit für sie hat, und wenn die Belastbarkeit nachläßt, fühlt man sich immer ausgebrannter. Dann befindet man sich voll im Streß mit all seinen körperlichen und psychischen Symptomen (siehe »Wer ist im Streß? — ein Test«).

Die Workoholiker können Personen sein mit anfänglicher Freude an der Arbeit, die sich aber mit der Zeit in einen *Dauerstreß* manövrieren, weil sie keine Hobbies daneben pflegen und weil sie von anderen mit weiterer Arbeit beladen werden. »Ihnen macht es ja Spaß!«

H. Freudenberger untersuchte andere Personen mit dem gleichen Ergebnis: Sie versuchten, die nachlassende *Produktivität* durch mehr *Anstrengung* auszugleichen. Sie entwickelten so eine ausgesprochene Arbeitssucht (workoholism). Die Phasen der Entspannung opferten sie der Arbeit und verzichteten damit auf die Regeneration. Der Teufelskreis schließt sich: Die emotionale *Erschöpfung* sorgt dafür, daß man das psychische Gleichgewicht verliert, außer sich gerät und dem Streß total ausgeliefert ist.

»Die Arbeitssucht tritt bevorzugt bei Ärzten und Journalisten auf« schreibt Wolfgang Schöps 1986 (S. 8) darüber und fährt fort: »Ebenso sind Angehörige sozialer Berufe, wie Krankenschwestern und Sozialarbeiter sowie leitende Angestellte in der Industrie und Personen, die über 50 Jahre alt sind, häufig betroffen.«

»Reiner« Workoholismus als Streßursache betrifft wohl hauptsächlich die jüngeren Altersgruppen. Später kommen weitere Gründe hinzu. Das ist aus einer Untersuchung von P.R.J. Falger (1985) an 420 Personen zu schließen. Zwischen 35 und 44 überwiegt der berufsbezogene Streß, bei den 45- bis 59jährigen hat der Streß seine Ursachen in einer Mischung aus beruflichen und familiären Ereignissen. Bei den über 60jährigen findet man meist keine besonderen Streßbedingungen.

In seinem Bericht über Workoholiker hat Schöps einen Fragebogen von Dr. Gerhard Mentzel, Chefarzt der Hartwaldklinik II in Zwesten wiedergegeben.

1. Arbeiten Sie heimlich, zum Beispiel in der Freizeit, im Urlaub?
2. Denken Sie häufig an Ihre Arbeit, etwa, wenn Sie nicht schlafen können?
3. Arbeiten Sie hastig?
4. Haben Sie wegen Ihrer Arbeit Schuldgefühle?
5. Vermeiden Sie in Gesprächen Anspielungen auf Ihre Überarbeitung?
6. Haben Sie mit Beginn der Arbeit ein unwiderstehliches Verlangen, weiterzuarbeiten?
7. Gebrauchen Sie Ausreden, weshalb sie arbeiten?
8. Zeigen Sie ein besonders unduldsames, aggressives Benehmen gegen die Umwelt?
9. Versuchen Sie, periodenweise nicht zu arbeiten?
10. Neigen Sie zu innerer Zerknirschung und dauernden Schuldgefühlen wegen des Arbeitens?
11. Haben Sie versucht, sich an ein Arbeitssystem zu halten, etwa nur zu bestimmten Zeiten zu arbeiten?
12. Haben Sie häufiger den Arbeitsplatz oder das Arbeitsgebiet gewechselt?
13. Richten Sie Ihren gesamten Lebensstil auf die Arbeit ein?
14. Haben Sie bemerkt, daß Sie sich außer für Ihre Arbeit für nichts anderes mehr interessieren?
15. Zeigen Sie auffallendes Selbstmitleid?
16. Haben sich Änderungen im Familienleben ergeben?
17. Neigen Sie dazu, sich einen Vorrat an Arbeit zu sichern?
18. Vernachlässigen Sie Ihre Ernährung?
19. Arbeiten Sie regelmäßig am Abend?
20. Haben Sie mitunter Tage und Nächte hintereinander gearbeitet?
21. Beobachten Sie einen moralischen Abbau an sich selber?
22. Führen Sie Arbeiten aus, die eigentlich unter Ihrem Niveau sind?
23. Wurde Ihre Arbeitsleistung geringer?
24. Wurde Ihnen das Arbeiten zum Zwang?
25. Wurden Sie wegen Folgekrankheiten der Arbeitssucht in ein Krankenhaus aufgenommen?

Tabelle 5: Fragebogen zur Selbsteinschätzung der Neigung zur Arbeitssucht (nach G. Mentzel aus: W. Schöps, 1986.)

Damit kann man seine Anfälligkeit für Arbeitssucht selber testen. »Wer fünf Fragen mit Ja beantwortet, ist zumindest (arbeits)suchtgefährdet. Wer mehr als zehn Fragen mit Ja beantwortet, ist mit ziemlicher Sicherheit arbeitssüchtig« W. Schöps, S. 8).

Literatur:
Falger, P.R.J.: Life Course and Myocardial Infarction. In: Book of Abstracts. XIIIth International Congress of Gerontology. New York Hilton at Rockefeller Center: New York, 12.-17. Juli 1985
Freudenberger, H.: Staff burnout. J. Soc. Iss. 30 (1974) 159-165
Schöps, W.: Workoholiker. Ärzte Zeitung 52 (19.3.1986) S. 8

Die *Ausgebrannten*

Der Arbeitssüchtige muß noch nicht gestreßt sein oder gar an den Folgen des Stresses leiden. Der Ausgebrannte aber leidet bereits daran. Dieses Phänomen ist in den letzten Jahren vielfach untersucht worden. Die Engländer haben dafür das Wort »*burnout*« = ausgebrannt geprägt. »Ausgebrannte« häufen sich vor allem in den Berufen, in denen man viel mit anderen Menschen zu tun hat. Dabei kommt es zu den unterschiedlichsten Konflikten. Sie versetzen den Einzelnen in eine Dauerspannung, die ihn oft an den Rand des gerade noch Vertretbaren bringt. Sein Körper befindet sich in höchster Alarmbereitschaft, er muß Ärger und massive Ängste unterdrücken und soll dabei noch qualitativ hochwertige Arbeit leisten. Dabei gerät er nicht selten zusätzlich unter Zeitdruck. Der Mensch nimmt die Herausforderung jedoch an, weil er beruflich vorankommen will, sich verantwortlich fühlt, Pflichtbewußtsein hat. Viele versuchen mehr zu leisten als sie leisten können. Die meisten tun dies über eine längere Zeitdauer und »brennen dabei aus«.

Diese »Burnouts« sind nicht nur unter Managern, Journalisten, Lehrern oder Unternehmern zu finden. Auch Sekretärinnen können dazugehören. Das ergab eine Untersuchung von Stephen Nagy (1985), der 251 Sekretärinnen einer amerikanischen Staats-Universität anschrieb. Von ihnen antworteten 153, das waren 61 v.H. Es handelte sich um Frauen zwischen 19 und 67 Jahren. Das Durchschnittsalter betrug 34 Jahre. Und hier das Ergebnis der Befragung: Über die Hälfte (55 Prozent) der Sekretärinnen gab an, sich oft »ausgebrannt«, speziell emotional erschöpft zu fühlen. Nur 9 Prozent hatten hiermit selten oder nie Probleme.

Von den »Burnouts« fühlte sich 14 v.H. stark erschöpft und 43 v.H. sogar »depersonalisiert«, d.h. sie fühlten sich nicht mehr als sie selbst.

P.H.R. Belcastro und Y. Gold (1983) untersuchten die »Burnouts« bei den Lehrern. 90 Prozent von ihnen erlebten die Symptome eines ausgesprochenen Stresses, ihre Produktivität ließ deutlich nach, und die Unzufriedenheit mit der Arbeit wuchs. Emotional fühlten sie sich erschöpft. Die *emotionale Erschöpfung*, die Unfähigkeit zur spontanen Freude, zur Heiterkeit, die nachlassenden Interessen, die abnehmende Unternehmungslust kennzeichnen die Burnouts, die Gestreßten. Am zweithäufigsten klagen Burnouts über »Depersonalisation« (Y. Gold 1984). Das ist das Gefühl, nicht mehr man selbst zu sein. Und dann stehen noch die körperlichen Störungen in Form von Herz-Kreislaufbeschwerden, Magenschmerzen, Kopfschmerzen und Bluthochdruck an.

Eine Folge des Burnout, des total Ausgebranntseins kann der Herzinfarkt sein, obgleich nicht jeder Streß zum Infarkt führt und nicht jeder Herzinfarkt auf Streß zurückgeht. Nach einer holländischen Studie

(P. R. J. Falger, 1985) gehört Streß bei immerhin rund 70 v.H. Herzinfarkten zu den Ursachen.
Es ist anzunehmen, daß der Dauerstreß zu schweren teils irreparablen Schädigungen von Geist und Körper führt. Ein Grund, seine Streßgefährdung früh zu erkennen, um etwas dagegen zu unternehmen. Einen Anhaltspunkt für die Gefährdung durch Arbeitssucht gab der Fragebogen in der Tabelle 5. Anhaltspunkte für das Streßausmaß durch Lebensereignisse, Schicksalsschläge findet man im folgenden Kapitel.

Literatur:

Belcastro, P. H. R., Y. Gold: Teacher Stress and Burnout: Implications for School Health Personnel. J. School Hlth. 53 (1983) 404-407
Falger, P. R. J.: Life Course and Myocardial Information. In: Book of Abstracts. XIIIth. International Congress of Gerontology. New York Hilton at Rockefeller Center: New York, 12.-17. Juli 1985.
Gold, Y.: The Factorial Validity of the Maslach Burnout Inventory in a Sample of California Elementary and Junior High School Classroom Teachers. Educ. Psychol. Measurement 44 (1984) 1009-1016
Nagy, S.: Burnout and Selected Variables as Components of Occupational Stress. Psychol. Rep. 56 (1985) 195-200

Streßgefährdung durch Lebensereignisse — zum Selbertesten

Während Personen wie die Workoholiker durch die Welt, in die sie sich freiwillig begeben haben, überfordert werden, wird die Mehrheit der Bevölkerung unterfordert, bis auf die Streßsituationen, die man sich nicht aussucht, und denen man auch nicht entfliehen kann, wie Auseinandersetzung, Krankheit oder Tod eines Angehörigen, also Ereignisse, die manchmal unüberwindbare Probleme aufwerfen. Der Mensch ist gezwungen, mit diesen *Streßsituationen* fertig zu werden. Dabei genügt der Versuch »einen klaren Kopf« zu behalten oder wiederzugewinnen meist nicht. Stattdessen wird man zur schnelleren Bewältigung gut tun, Methoden zur Entspannung anzuwenden, z.B. *autogenes Training, Gehirn-Jogging*, speziell *Entspannungs-Jogging* (siehe unten). Gewährt man sich keine dieser Ent-Spannungen, so neigt man eher zum Griff nach Alkohol (um zu vergessen), oder nach Nikotin oder Drogen — oder man verschafft sich Luft durch Wutausbrüche oder durch länger andauernde Erkältungen oder durch psychosomatische Erkrankungen, vom Asthma bis zum Herzinfarkt.

Die Amerikaner T. H. Holmes und R. H. Rahe haben bereits 1967 eine Skala vorgelegt, auf der wichtige Streßereignisse des menschlichen Lebens aufgeführt wurden, und die Belastung durch die Streßpunkte ausgedrückt. So sind Verlust des Arbeitsplatzes, Versöhnung mit dem Ehepartner, Ruhestand, Schwangerschaft und sexuelle Schwierigkeiten etwa gleich belastend.

An der Check-Liste mit den 43 Streßsituationen (Tabelle 6) können Sie nachträglich Ihre Belastung des letzten Jahres zusammenzählen, den Streß nach Punkten ausrechnen, den Sie im letzten Kalenderjahr hinter sich gebracht haben.

Bereits bei 150 Punkten pro Jahr ist mit einem erhöhten Krankheitsrisiko zu rechnen. Bei 250 *Streßpunkten* kommt zu der Gesundheitsgefährdung noch die Versuchung, durch Drogen, Alkohol und Nikotingenuß dem Streß zu begegnen. Oder aber man legt die Hände in den Schoß und resigniert.

Bei 150 Streßpunkten sollte der Betroffene bereits mit Entspannungsübungen beginnen, um den Überdruck abzubauen, um damit für sich selbst die Gefahr einer Erkrankung oder eines Infarktes zu verringern.

(1) Tod des Ehepartners	100
(2) Scheidung	73
(3) Trennung vom Ehepartner	65
(4) Gefängnisaufenthalt	63
(5) Tod eines nahen Angehörigen	63
(6) Eigene Verletzung oder Krankheit	53
(7) Heirat	50
(8) Verlust des Arbeitsplatzes	47
(9) Versöhnung mit dem Ehepartner	45
(10) Ruhestand	45
(11) Änderung des Gesundheitszustands eines Familienmitglieds	44
(12) Schwangerschaft	40
(13) Sexuelle Schwierigkeiten	39
(14) Hinzukommen eines neuen Familienmitglieds	39
(15) Geschäftliche Umorganisation	39
(16) Veränderte finanzielle Lage	38
(17) Tod eines nahen Freundes	37
(18) Wechsel des beruflichen Aufgabenbereichs	36
(19) Änderung in der Häufigkeit von Auseinandersetzungen mit dem Ehepartner	35
(20) Darlehen von mehr als 20 000 DM	31
(21) Kündigung einer Hypothek oder eines Darlehens	30
(22) Veränderte Verantwortlichkeit im Beruf	29
(23) Sohn oder Tochter verlassen das Elternhaus	29
(24) Ärger mit angeheirateten Verwandten	29
(25) Besondere persönliche Leistungen	28
(26) Ehefrau beginnt oder beendet Berufstätigkeit	26
(27) Beginn oder Ende der Schulausbildung	26
(28) Veränderte Lebensumstände	25
(29) Änderung persönlicher Gewohnheiten	24
(30) Ärger mit dem Vorgesetzten	23
(31) Veränderte Arbeitszeiten oder Arbeitsbedingungen	20
(32) Wohnungswechsel	20
(33) Schulwechsel	20
(34) Veränderte Freizeitgestaltung	19
(35) Veränderte Aktivitäten im kirchlichen Bereich	19
(36) Veränderte Aktivitäten im gesellschaftlichen Bereich	18
(37) Darlehen von weniger als 20 000 DM	17
(38) Änderung der Schlafgewohnheiten	16
(39) Veränderte Häufigkeit familiärer Zusammenkünfte	15
(40) Veränderte Eßgewohnheiten	15
(41) Urlaub	13
(42) Weihnachten	12
(43) geringfügige Gesetzesübertretungen	11

Tabelle 6: Check-Liste zum Selberprüfen der *Streßgefährdung* (nach T. H. Holmes und R. H. Rahe, 1969; aus: R. Stegie, 1980). Näheres im Text.

Literatur:
Holmes, T.H., R.H. Rahe: The Social Readjustment Rating Scale. J. Psychosom. Res. 11 (1967) 213-218
Stegie, R.: Probleme der life event-Forschung. In: Davies-Osterkamp, S., E. Pöppel (Hrsg.): Emotionsforschung. Med. Psychol. 6 (1980) Heft 1/2

Wege aus dem *Dauerstreß*

Die check-Liste in der Tabelle 6 führt vor Augen, daß sich Streß in Form von höherer Anforderung und Anspannung nicht immer vermeiden läßt. Kurzfristiger Streß während des Tages oder auch mal über einen ganzen Tag hinweg hat kaum nachteilige Folgen. Im Gegenteil, er kann bisweilen anregend wirken. Ein über Wochen, Monate oder Jahre andauernder Streß dagegen ist schädlich und mindert die psychischen Leistungen von Geist und Gedächtnis. Spätestens in einem solchen Zustand, möglichst schon vorher, sollte man seine Kreativität mobilisieren, um diesem Streß auszuweichen. Man sollte ein Problemlösungsverhalten entwickeln, um diese Überbelastung zu vermeiden. Wirksame Strategien sind unter »Umfassende Strategien« angeführt. Allgemein sind geistig aktive Menschen im Vorteil, wie zwei nachfolgende Beispiele belegen. Im einen Fall wird der drohende Herzinfarkt in Schach gehalten, im anderen werden Strategien angewendet, welche erfolgreiche Menschen von den Burnouts unterscheiden.

Beispiel 1: Aktivität gegen *Herzinfarkt*

Daß nicht nur Manager vom Herzinfarkt bedroht werden, ist längst bekannt. Meist hat man allerdings den beruflich bedingten Streß an die erste Stelle der Ursachenliste gesetzt. Durch eine groß angelegte Untersuchung amerikanischer Forscher (W. Ruberman und Mitarbeiter) kam heraus, daß sozial isolierte Menschen und geistig weniger aktive Menschen noch weitaus bedrohter sind. Ihre »Chance«, vom Herzinfarkt überrascht zu werden, ist um ein Mehrfaches höher als beim Topmanager. Dieser trifft wahrscheinlich geeignete Vorkehrungen, weil er den Herzinfarkt einkalkuliert. Ärztliche Beratung über angemessene Ernährung, Bewegung, Beseitigung von Begleiterkrankungen bei schon gegebenem Streß nicht mehrere Tätigkeiten nebeneinander durchführen, sondern sich immer auf nur eine Sache konzentrieren (D.L. Damos, K.A. Bloem, 1985), sind wichtige Strategien gegen den Infarkt. Damit sollen die Risikofaktoren möglichst ausgeschaltet werden. Vorsorgeuntersuchungen und sofortige ärztliche Behandlung bei den ersten Anzeichen des drohenden Infarktes sind ebenfalls geeignete Maßnahmen. Die geistig Aktiven bilden also Strategien aus, sowohl gegen die drohenden körperlichen Gefahren direkt als auch gegen den Streß.
Die *geistige Aktivität* bringt noch einen weiteren Vorteil, wie nachfolgend gezeigt wird.
Die zweite interessante Entdeckung dieser Untersuchung an 2320 Männern: Wer am wenigsten den geistigen Anforderungen seines Berufs nachkommt, erlebte innerhalb kürzester Zeit nach dem ersten Herzinfarkt einen zweiten — dann in vielen Fällen bereits tödlich.

Die eigene geistige Leistungsfähigkeit aufrecht zu erhalten und noch zu erhöhen, vermindert die Gefahr der geistigen Überforderung im Beruf und damit auch das Risiko des Herzinfarkts. Ein noch sicherer Weg zur Senkung des Risikos, wäre die Möglichkeit, die beruflichen Anforderungen mit der eigenen Leistungsfähigkeit sowie vorhandenen Interessen abzustimmen. Gegebenenfalls wäre dafür die Übernahme eines neuen Aufgabenbereiches oder der Wechsel des Arbeitsplatzes erforderlich.

Die wirkungsvollen Maßnahmen zur Senkung des Risikos Herzinfarkt zeigen ihre positiven Wirkungen selbstverständlich auch generell im Sinne der Vermeidung von Streß. Sie helfen damit auch, das Risiko anderer Erkrankungen zu senken. Bleibt noch festzuhalten, daß nicht eine Maßnahme allein als ausreichende Gegenmaßnahme betrachtet werden kann. Angesichts des komplexen Zusammenwirkens von Psyche und Körper wäre dies zu einfach. Alle in Tabelle 4 herausgestellten Ebenen sind zu berücksichtigen. Als entscheidend für den Gesamtzustand sind folgende Maßnahmenkomplexe zu betrachten: Günstige Ernährung (Biochemie und Physiologie der Ernährung), günstige Kraftanstrengungen und Bewegungen (Sportmedizin), günstige Motivation und emotionale Lage (Psychotherapie) und günstige Sinnesanregungen und geistige Aktivitäten (Klinische und Medizinische Psychologie).

Wie man es aufgrund einer insgesamt günstigen Lebensführung schafft, dem Dauerstreß keine Chance zu lassen, das exerzieren die Erfolgreichen.

Beispiel 2: Was die *Erfolgreichen* von den *Burnouts* unterscheidet

Die Erfolgreichen und die Burnouts haben viel Gemeinsames, fand Edward de Bono heraus, der 50 »Erfolgreiche« interviewt hatte: Durchhaltevermögen, sich für seine Idee einsetzen und eine gehörige Portion Fleiß. Das Geheimnis ihres Erfolges sieht de Bono — im Gegensatz zu den »Ausgebrannten« — in dem Wechsel von Anspannung und Entspannung.

Zu de Bonos Interviewpartnern gehörten neben anderen Hans Eysenck, Hermann Kahn, Margery Hurst, Rafer Johnson, Jackie Stewart, Sir Clive Sinclair und Virginia Wade.

Durch den Wechsel von Leistung und Entspannung unterscheiden sich im Prinzip die beiden Höchstleistungsgruppen, die Burnouts und die Erfolgreichen. Dieser Wechsel ist vorbehaltlos zu empfehlen, nicht aber die alleinige Durchführung von Höchstleistungen. Das Risiko, so in den Teufelskreis des Streß' zu rutschen, aus dem man sich kaum noch zu befreien vermag, ist zu groß.

Deshalb schlägt Dr. med. Wolfgang Eissenhauer, Dezernent der Landesversicherungsanstalt Baden und Mitinitiator des Gehirn-Joggings vor: »Das Gehirn bedarf des Trainings, der Übung. Aber nicht des *Hochleistungstrainings*, sondern einer Art des Trainings, das der Volksmund mit Jogging bezeichnet, als Übung von Spannung und Entspannung, als Training von Elastizität und Reaktivität.«

Das *Gehirn-Jogging* soll aus dem Zustand der geringen Anspannung in den mittleren Spannungszustand, also den *optimalen Aktivations*bereich führen. Umgekehrt dient es beim Gestreßten der Entspannung, eventuell unter Zwischenschaltung gesonderter Entspannungstechniken. Gehirn-Jogging ist also auf einen Wechsel von Leistung und Entspannung angelegt, zumal es nicht zu lange ohne Unterbrechung durchgeführt werden soll. Zehn Minuten stellen etwa die optimale Übungsdauer dar. Durch seine Auswirkungen, z.B. auf das Herz-Kreislaufsystem, beeinflußt es zudem den Körper (siehe »Was so leistungsfähig macht: die kontrollierte Informationsverarbeitung«). So ist auch eine Einflußnahme auf Krebs anzunehmen. Überblicke über den derzeitigen Stand der Forschung sprechen für diesen Ansatzpunkt.

Literatur:

Damos, D. L., K. A. Bloem: Type A Behavior Plattern, Multiple-Task Performance, and Subjective Estimation of Mental Workload. Bull. Psychonom. Soc. 23 (1985) 53-56

De Bono, E.: Erfolg, Zufall, Intuition oder Planung? Moderne Verlagsgesellschaft: Landsberg/Lech, 1985

Eissenhauer, W.: Zerebrales Jogging: Notwendigkeit oder Hobby? In: Fischer, B., S. Lehrl (Hrsg.): Gehirn-Jogging. Biologische und informationspsychologische Grundlagen. Narr: Tübingen, 1983

Ruberman W., E. Weinblatt, J. D. Goldberg, B. S. Chaudhary: Psychosocial Influences on Mortality after Myocardial Infarction. New England J. Med. 311 (1984) 552-559

Geistige Aktivität als Waffe gegen Krebs

Das *Immunsystem* gegen Krebs ist bei Mensch und Tier durch geistige Aktivitäten beeinflußbar. Das fand der amerikanische Forscher A.J. Cunningham (Cancer Institute) in Toronto (Ontario/Kanada) heraus. Das Risiko Krebs hängt über das Aktivationsniveau (Abbildung 47) mit dem Immunsystem zusammen. Starke und dauerhafte Abweichungen vom *optimalen Aktivationsniveau*, z.b. Depressionen, fördern das Entstehen von Krebsgeschwulsten. Cunnigham kam zu folgenden Ergebnissen:

1. Bei Tierexperimenten ließ sich aufzeigen, daß die Größe von Krebsgeschwulsten vom Streß und vom geistigen Zustand mitbestimmt wird. Je größer der Streß und die innere Unruhe, umso größer ist die Geschwulst, sowohl beim Menschen als auch beim Tier.

2. Das Risiko, Krebs zu entwickeln, hängt nicht nur vom momentanen Zustand, sondern von häufigen oder überdauernden Einstellungen oder Persönlichkeitsfaktoren ab.

Hat der Mensch dem Leben gegenüber eine passive Einstellung, verhält er sich wie ein Ausgelieferter, oder befindet er sich lange in Zuständen der Niedergeschlagenheit oder der Trübsinnigkeit, so steigt das Krebsrisiko.

Die innere Haltung kann andererseits das Immunsystem stärken und damit die Krebsgefahr herabsetzen. Das belegen die Ergebnisse von Untersuchungen, die von der Faith Courtauld-Einheit für menschliche Krebsstudien in London berichtet werden (K.W. Pettingale und Mitarbeiter, 1985):

Die Wissenschaftler beobachteten über zehn Jahre lang Frauen, die an Burstkrebs operiert worden waren. Zu Beginn der Untersuchung waren es 69. Einige von ihnen verhielten sich nach der Operation äußerst passiv. Ihre Lebenszuversicht war stark gesunken, ihre Aktivität auf ein Minimum reduziert. Sie weigerten sich innerlich, weiter am Leben teilzunehmen. Sie hielten ihre Lage für hoffnungslos. Die Mehrzahl dieser Frauen starb innerhalb von drei bis vier Jahren. Von den Frauen, die ihr Schicksal mit stoischer Ruhe akzeptierten, sich nicht teilnahmslos verhielten, aber auch nicht besonders aktiv waren, überlebten die meisten doppelt so lange. Die längste Lebenserwartung hatten die Aktiven, die Kämpfer. Aus dieser Gruppe lebte die Mehrzahl noch zum Zeitpunkt der Veröffentlichung der Untersuchung, also 13 Jahre nach Beginn der Studie. Die Frauen, die ihre Erkrankung als solche akzeptiert hatten und dennoch voller Zuversicht am Leben teilnahmen, Aufgaben übernahmen, sich weiter fordern ließen und förderten, überlebten fast alle. Frauen, die zwar ebenfalls im Leben weiter Aktivitäten entwickelten, das Leben mit gestalteten, sich jedoch so verhielten als wären sie nicht erkrankt — das sind die Verleugner — schnitten nicht ganz so gut, doch immer noch beachtlich ab. Die Hälfte von ihnen überlebte die Operation mehr als zehn Jahre (Abbildung 51).

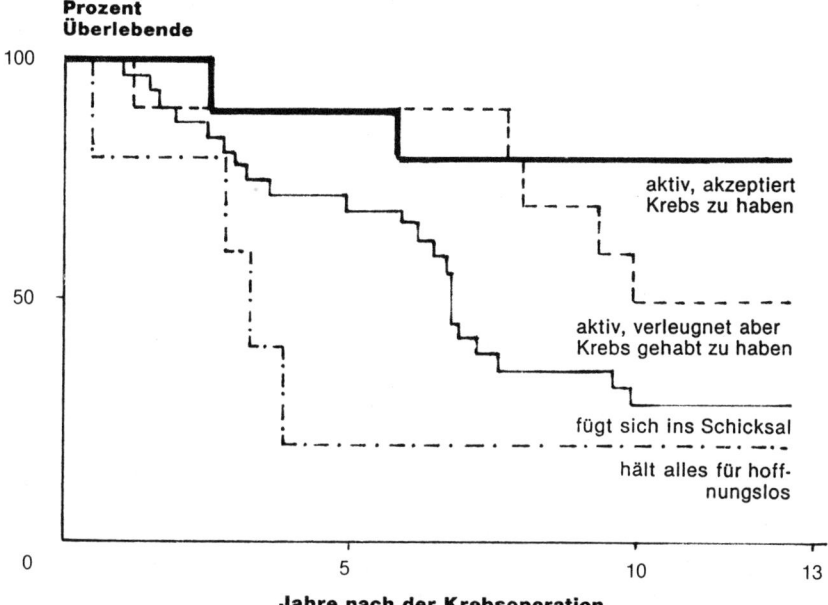

Abbildung 51: Von den an Brustkrebs operierten Frauen leben die aktiven meist länger als die passiven. Ergebnisse von K. W. Pettingale und Mitarbeitern (1985).

Diese Ergebnisse der englischen Wissenschaftlergruppe konnte Cunningham bei seinem Überblick noch nicht berücksichtigen. Sie bestätigen seine Feststellungen jedoch zusätzlich. Cunningham verweist außerdem auf eine Reihe von klinischen Studien, bei denen man versucht hatte, Krebspatienten mit psychologischen Methoden zu beeinflussen, um deren Überlebenschance zu vergrößern. Die Ergebnisse bestätigen, daß die Überlebenschancen bei günstiger Beeinflussung steigen, daß der Mensch durch eine positive, aktive Einstellung den Heilungsprozeß fördert.
Dies belegt auch äußerst eindrucksvoll eine Untersuchung von Dr. Lawrence Casler von der staatlichen Universität New York (1985). Er hatte 15 Bewohnern eines Altenheimes mit durchschnittlich 83.8 Jahren suggeriert, sie hätten noch einiges vom Leben zu erwarten, und sie seien für ihr Leben verantwortlich. Während eines Zeitraumes von 5 Wochen baute er bei ihnen auf diese Weise einmal pro Woche eine positive Haltung zur *Gesundheit* und *Langlebigkeit* auf. Diese Personen lebten noch 8.1 Jahre, während die von einer parallelisierten Kontrollgruppe bereits nach 1.9 Jahren starben.

Geistige Aktivität, eine positive innere Einstellung und eine lebensbeja-
hende Haltung üben auf den Immunschutz gegen Krebs oder auf den
Heilungsprozeß bei einer Krebsbehandlung eine äußerst positive Wirkung aus. Wie andere Untersuchungen zeigen, sollte man aber nicht zu
lange warten, bis der Krebs weit fortgeschritten ist (B.R. Cassileth und
Mitarbeiter, 1985). Gehirn-Jogging, vor allem das der verbal-numerischen Grundgrößen, fördert die geistige Aktivität und führt zum Erfolgsgefühl und zu einer positiven Einstellung. Gehirn-Jogging dürfte demnach auch ein Schutz und ein wirksames Mittel gegen die Erkrankung
sein oder eine Hilfe in der Nachbehandlungsphase.
Noch allgemeiner zeigen diese Krebsuntersuchungen die Gefahr der
Passivität auf. Sie war bereits in der großen Herzinfarktstudie (siehe
»Beispiel 1: Aktivität gegen Herzinfarkt«) augenfällig geworden. Aber sie
betrifft noch mehr Personen, wie in der Ärzte Zeitung vom 15./16. Juni
1984, Nr. 110 Seite 16 zu lesen war:

Lebenserwartung — Gesund, munter und aggressiv
Chikago (mm). Nichts gefallen lassen! Denn wer aufmüpfig ist, lebt länger. Diese originelle Empfehlung gab unlängst die Zeitschrift der Bar-
mer Ersatzkasse (BEK). Entdeckt hat das lebensverlängernde Rezept
der amerikanische Mediziner Samuel Tobin von der Universität Chikago. In einem Altenpflegeheim beobachtete Tobin die Senioren — die
freundlichen, passiven Personen, die alles kritiklos hinnahmen, starben
binnen eines Jahres nach der Aufnahme. Ihre aggressiven Altersgenos-
sen hingegen, die auch an ihre Umgebung Forderungen stellten, blieben gesund und munter. Nach Ansicht des Mediziners führt die freund-
lich-passive Lebenshaltung leichter zu Depressionen und Hoffnungslo-
sigkeit. Sein Rat: sich in Streß-Situationen zur Wehr zu setzen. Und
zwar in jedem Lebensalter.
Alle diese Erkenntnisse machen eines sehr deutlich: Der Mensch soll
sich weder intensiv noch lange über- oder unterbelasten. Wie in vielen
Fällen ist ein gesundes Mittelmaß angebracht.

Literatur:
Casler, L.: A Simple Verbal Procedure for Reducing the Rates of Psy-
chosomatic Enfeeblement and Death in an Aged Population. Death Stu-
dies 9 (1985) 259-307
Cassileth, B. R., E. J. Lusk, D. S. Miller, L. L. Brown, C. Miller: Psychoso-
cial Correlates of Survival in Advanced Malignant Disease New England
J. Med. 312 (1985) 1551-1555
Cunningham, A. J.: The Influence of Mind on Cancer. Canad. Psychol.
26 (1985) 1
Pettingale, K. W., T. Morris, S. Greer, J. L. Haybittle: Mental Attitudes to
Cancer: an Additional Prognostic Factor. Lancet 303 (1985) 750

Geistige Aktivität und psychische Störung
Affektive Störungen — Depressionen

Bei affektiven Störungen sind die Emotionen gestört. Das sind das momentane Befinden, die Stimmung, der Affekt. Am häufigsten sind unter diesen Störungen die depressiven Syndrome, auf die nicht nur wegen ihrer Häufigkeit (Lehr, 1982) näher eingegangen werden soll, sondern auch, weil sie oft mit geistigen Einbußen verbunden (Kennelly et al., 1985; Jorm, 1986) sind, zu deren Verbesserung Gehirn-Jogging beitragen kann. Wie äußern sich depressive Syndrome? Nicht durch ein Symptom allein. Es gibt nicht einmal ein immer vorhandenes Symptom. Die Symptomkonstellation kann wechseln. Am häufigsten sind jedoch Angst, Schuldgefühle und Traurigkeit sowie Niedergeschlagenheit. Die Betroffenen fühlen sich nicht wohl und klagen über alle möglichen, nicht genau lokalisierbaren Beschwerden, z.b.:»Ich spüre immer einen Druck im Kopf«. Sie können aber nicht exakter angeben, an welcher Stelle des Kopfes der Druck auftritt. Typisch, vor allem bei Männern, ist auch das Gefühl, nichts mehr leisten zu können. Das Selbstbewußtsein und das Vertrauen in die eigene Leistungsfähigkeit sind herabgesetzt. Die Zukunft wird als hoffnungslos erlebt. Allgemein zeigen sie relativ wenige Freizeitaktivitäten und pflegen ebenfalls nur wenige Kontakte mit anderen Personen (Eisemann, 1984). Diese Tatsache legt schon nahe, daß eine Therapie an einer Aktivierung ansetzen sollte. Die relativ einfach durchzuführende geistige Aktivierung hebt auch das negative Selbstbild, das depressiven Zuständen eigen ist. (Deusinger, 1986, Dittmann-Kohli, 1986).
Doch wie ist der gegenwärtige Stand an therapeutischen Bemühungen? Wenn depressive Personen in die ambulante ärztliche Behandlung kommen, wird ihnen von den Ärzten doppelt so häufig zu psychotherapeutischen Beratungen als zur Medikation geraten (M.L. Daniels et al., 1986). Die genauere Therapie richtet sich jedoch nach den Ursachen, die dem gegenwärtigen depressiven Syndrom zugrundeliegen. Hier unterscheidet man drei Gruppen:
1) somatogene Depressionen
2) psychogene Depressionen
3) endogene Depressionen

Literatur:

Daniels, M.L., L.S.Linn, N.Ward, B.Leake: A study of physician medical preferences in the management of depression in the general medical-setting. Gen. Hosp. Psychiatry 8 (1986) 229-235

Deusinger, I.M.: Kognitive Leistungen und Leistungskonzepte älterer Personen. Ein Beitrag zur gerontologischen Grundlagenforschung. Z. Gerontol. 19 (1986) 300-308

Dittmann-Kohli, F.: Die trainingsbedingte Veränderung von Leistungs-selbstbild und kognitiven Fähigkeiten im Alter. Z. Gerontol. 19 (1986) 309-322

Eisemann, M.: Leisure activities of depressive patients. Acta Psychiatr. Scand. 69 (1984) 45-51

Jorm, A.F.: Cognitive Deficit in the Depressed Elderly: A Review of Some Basic Unresolved Issues. Austral. New Zealand. Psychiatry 20 (1986) 11-22

Kenelly, K.J., B. Hagslip, S.K. Richardson: Depression and Helpless-ness-Induced Cognitive Deficits in the Aged. Exp.Aging Res. 11 (1985) 69-173

Lehr, U.M.: Depression und »Lebensqualität« im Alter — Korrelate negativer und positiver Gestimmtheit. Z. Gerontol. 15 (1982) 241-249

Somatogene Depressionen

Die somatogenen Depressionen treten als klinisches Bild bei Hirnfunktionsstörungen auf, wie sie unter Kap. 9 beschrieben sind. Sie charakterisieren die leichten Störungsgrade (H. H. Wieck, 1967). Zur Therapie der Hirnstoffwechsel- und Hirndurchblutungsstörungen wird man Antihypoxidotika und ähnliche Medikamente sowie Gehirn-Jogging einsetzen. Gerade bei den leichteren Störungsgraden dieser organischen Psychosyndrome, für die ja depressive Bilder typisch sind, haben aktivierende Maßnahmen wie Gehirn-Jogging nicht nur eine rasche, sondern auch eine mindestens so starke Wirkung wie die Antihypoxidotika allein (s. 10 »GeJo nach dem Arztbesuch«).

Auch als Folgen anderer Erkrankungen treten (somatogen) depressive Zustände auf: bei Erkältungen, bei Müttern im Kindbett, bei fast allen chronischen Erkrankungen (Rheuma, Parkinson, Bronchitis usw.). Dabei ist nicht immer deutlich zu trennen, inwieweit die Depression ein direkter (somatogener) Ausdruck des geminderten allgemeinkörperlichen Gesamtzustandes ist, oder eine (psychogene) Reaktion auf die veränderten Verhältnisse, wie z.b. körperliche Einschränkung, soziale Isolierung usw. Das gilt auch von der folgenden Studie: N. Billig und Mitarbeiter im Department of Psychiatry des Georgetown University Medical Center in Washington D.C. (1986) stellten bei 28% der Patienten mit Hüftfraktur (hip fracture) ein Vorherrschen von Depressionen fest und — übrigens — bei noch mehr (40%) eine geistige Minderung. Neben der Behandlung der körperlichen Krankheit mit den bewährten Mitteln der somatischen Medizin, drängen sich zusätzliche Maßnahmen der psychischen Aktivierung wie z.B. das Gehirn-Jogging auf.

Literatur:
Billig, N., S. W. Ahmed, P. Kenmore, D. Amaral, M. Z. Shakhashiri: Assessment of depression and cognitive impairment after hip factures. J. Am. Geriatr. Soc. 34 (1986) 499-503
Wieck, H.H.: Klinische Erscheinungsweisen cerebraler Durchblutungs- und Ernährungsstörungen im Alter. In: Hoyer, S., G. Quadbeck, H.H. Wieck (Hrsg.): Cerebrale Ernährungsstörungen im Alter. Aesopus: Milano-München-Lugano, 1973

Endogene Depressionen — Manien

An der endogenen Depression leiden etwa 1% der Menschen. Sie tritt meist zwischen dem 20. und 30. Lebensjahr zum ersten Mal auf und dauert, wenn man sie nicht behandelt, häufig mehrere Monate. Danach klingt sie wieder völlig ab; eine solche Phase kommt bei vielen Personen aber nach einiger Zeit wieder.

Die endogenen Depressionen treten also meist erst bei Erwachsenen auf und bei ihnen charakteristischerweise in Phasen. Typisch sind zudem die Tagesschwankungen, unter denen etwa dreiviertel der Kranken leiden. Die Mehrheit davon ist nur morgens depressiv und fühlt sich nachmittags und abends normal. Bei etwa einem Drittel stellt sich das Tief dagegen in der zweiten Tageshälfte ein.

Diese endogene Depression wird sowohl als überwiegend ererbt als auch als krankhaft angesehen.

Während einige Menschen nur an depressiven Phasen leiden, haben andere hin und wieder manische Phasen. Einige Personen leiden während ihres Lebens sogar nur an manischen Phasen. Das ist aber sehr selten.

Während der manischen Phase fühlen sich die Betroffenen meist übermäßig wohl und aktiv. Sie sind sehr umtriebig, machen große Pläne, quasseln dauernd; sie sind grenzenlos optimistisch, sind unrealistisch, versprechen weit mehr als sie halten können; nehmen alles leicht, auch Schicksalsschläge. Wegen ihrer Umtriebigkeit gehen sie ihrer Umwelt auf die Nerven. Daß sie in dieser Zeit grenzenlose Anschaffungen machen, die sie sich nicht leisten können — Hauskauf, Kauf von mehreren Autos, unnützen Hausgeräten usw. —, gefährdet die Lebenssicherung von sich und ihrer Familie. Deshalb müssen auch diese manischen Phasen behandelt werden.

Sowohl für endogene Depressionen als auch für die endogene Manie gibt es Psychopharmaka, die oft sehr gut wirken: Antidepressiva und Lithium vor allem. Aber das allein genügt meist nicht. Deshalb schlägt man zunehmend vor, zusätzlich etwas für die Psyche zu tun. Am verbreitetsten ist die *Kognitive Therapie* nach A.T. Beck (1967).

Sie wird vor allem bei Depressionen angewandt und setzt an der Feststellung an, daß depressive Personen häufig zu hohe Erwartungen an sich selbst und ihre Umwelt stellen. Sie wollen extrem viel leisten und in allem perfekt sein. In ihr Konzept von sich selbst kalkulieren sie nicht die menschliche und weltliche Unvollkommenheit ein. Deshalb scheitern ihre Ansprüche oft an der Wirklichkeit. Sie müssen häufig Mißerfolge in Kauf nehmen. Das ständige Scheitern verbindet sich immer ausgeprägter mit der schuldbeladenen Vorstellung, unnütz, unwürdig zu sein, keine Zukunft vor sich zu haben. Der Kurzspeicher wird von solchen negativen Selbstwertgefühlen besetzt und ist deshalb nicht mehr frei dafür, unbelastet an neue Aufgaben und an die Zukunft heranzugehen (J. Kuhl, P. Helle, 1986).

Den Kurzspeicher von negativen Gefühlen zu befreien, die durch die Reaktionen der gehäuften, durch unrealistische Ansprüche an sich selbst bedingten Mißerfolg ständig neu eingespeist werden, können Kognitive Therapien leisten. Bei ihnen wird geübt, sich und die Welt realistisch zu sehen. Sie wirken allerdings nicht kurzfristig, sondern über viele Monate. Während die Psychopharmaka doch innerhalb von zwei bis drei Wochen anschlagen, wirkt sich die Kognitive Therapie erst über Monate und Jahre aus. Sie trägt vor allem zur Festigung der Person bei und verhindert Rückfälle, wie es an der Western Psychiatric Institute and Clinic in Pittsburgh, PA, von G.E. Murphy und Mitarbeitern nachgewiesen wurde (1986).

Im Gegensatz zu den psychogenen, unter diesen vor allem den neurotischen Depressionen, sind die meisten endogen depressiven Patienten in ihren gesunden Tagen nicht anders als andere Menschen auch: sie überfordern sich kaum mehr oder weniger als andere und sind deshalb auch kaum mehr auf Mißerfolge programmiert. Deshalb ist die Kognitive Therapie, wie es die britischen Wissenschafter I.M. Wilkinson und I.M. Blackburn (1981) belegen, für neurotische Depressionen geeigneter als für endogene Depressionen.

Für diese Erkrankung sind Aktivierungsmaßnahmen wie das Gehirn-Jogging erfolgversprechender, prophylaktisch und kurativ. Dabei wird man selbstverständlich die Medikation bei jemand, der sich schon in einer depressiven Phase befindet, nicht weglassen. Akut könnte das Zusammenwirken von Medikationen und Aktivierungen besonders wirksam sein. So machen C.B. Taylor und Mitarbeiter (1985) aufgrund ihres Überblickes über die Literatur darauf aufmerksam, daß körperliche Aktivität und Trainingsprogramme unmittelbar positiv auf Symptome der leichten und mittelstarken Depression einwirken. Psychische Aktivierung ist ja bislang noch unüblich. Allerdings hält es W. Irniger (1984) in seinem Überblick aus therapeutischen Gründen für wichtig, endogen Depressive im Alltag zu beschäftigen, sie nicht ganz aus der Verantwortung, die sie sonst haben, herauszunehmen, sie nicht von allem zu entlasten. Er rät dem Patienten zum Beispiel (S.169): "Halte Geist und Körper aktiv, verkrieche Dich nicht ins Bett und hüte Dich vor dem Mißbrauch von Alkohol und Drogen. Selbstmitleid und Isolierung machen alles noch schlimmer". Die Patienten müssen im Alltag weiterhin aktiv sein, wenn auch nicht ganz in der Intensität wie in ihren gesunden Tagen. Aber sie brauchen Aufgaben, Bestätigungen, ... und dadurch Selbstbestätigungen.

Obwohl sie das Gefühl haben, nichts mehr leisten zu können, keine geistige Leistung mehr zu erbringen, kein Gedächtnis mehr zu besitzen, werden sie sich durch die Bewältigung von GeJo-Aufgaben vom Gegenteil überzeugen lassen. Sie erleben dabei, daß ihre Gefühle täuschen. Denn sie erfahren ja direkt, daß Geist und Gedächtnis noch Leistungen bringen.

Jeder, der mit endogen depressiven Patienten Erfahrung hat, weiß, daß sie sich durch Realitäten nur kurz überzeugen lassen, meist nur wenige Minuten oder gar Sekunden. Wichtiger an den GeJo-Übungen ist die Aktivierung selbst. Sie müßte einen positiven Zustand erzeugen, eine positivere, optimistischere Stimmung. Auch wenn direkte Erfahrungen über den Einsatz von GeJo bei dieser Erkrankung fehlen, so spricht doch schon vieles dafür: der nachgewiesene Effekt durch physische Aktivierung, aber auch durch sensorische Anregung. Das wies 1980 der amerikanische Psychiater Alfred Lewy nach, der 1984 von einem ebenfalls amerikanischen Arzt, von Norman Rosenthal von »National Institute of Mental Health« in Bethesda/Maryland, bestätigt wurde: Setzt man depressive Patienten starken Lichtintensitäten aus, verlängert man z.B. so die Wintertage um sechs Stunden Helligkeit, sind die Depressionen nach wenigen Tagen wie weggeblasen (H. Güntheroth, 1986).

Unterbleibt diese sensorische Anregung, ist die Depression jedoch sofort wieder da. Auch Ärger und Furcht helfen kurzfristig über diesen Zustand hinweg. Die geistige Aktivierung müßte jedoch stärkere Wirkungen hinterlassen, weil sie, wie gesagt, auch das Selbstvertrauen stärkt. Wie bei endogenen Manien zu verfahren ist, steht noch offen. Es scheint, als müßten die Funktionsstörung des Frontalhirns und des Systems der bildlichen Informationsverarbeitung behoben werden (Taylor, Abrams, 1986). Vielleicht helfen schon Übungen der Gegenwartsdauer und eine Aktivierung der bildlichen Informationsverarbeitung, wie sie auch bei bestimmten Schizophrenieformen beschrieben ist. (s. »Mental disorders«).

Literatur:

Beck, A.T.: Depression: Clinical, Experimental and Theoretical Aspects:Harper & Row: New York, 1967

Flohr-Henry, P.: Psychiatric Aspects of Cerebral Lateralization. Psychiat. Annals 15 (1985) 429-434

Güntheroth, H.: Klare Sicht. Stern 40 (22. Nov. 1986)

Kuhl, J., P. Helle: Motivational and Volitional Determinants of Depression: The Degenerated-Intention Hypothesis J. Abnorm. Psychol. 95 (1986) 247-251

Taylor, M.A., R. Abrams: Cognitive Dysfunction in Mania. Comprehens. Psychiatry 27 (1986) 186-191

Wilkinson, I.M.:, I.M. Blackburn: Cognitive Style in Depressed and Recovered Persons. Br. J. Clin. Psychol. 20 (1981) 283-292

Psychogene Depressionen

Bei psychogenen Depressionen spielen die Umweltverhältnisse eine besonders wichtige Rolle, vor allem seltene Erfolgserlebnisse für die eigenen Handlungen, oder gar häufige Bestrafungen. Manche haben jedoch auch eine angelegte Schwäche, sich ihre Erfolgserlebnisse aus dem vielfältigen Angebot von Reaktionen der Umwelt zu holen. Sie vermögen es nicht, wie mancher andere, sich beispielsweise selbst für eine Handlung zu loben, wenn es schon niemand sonst tut. Das hätte sie aufgebaut.

Bei derartigen depressiven Entwicklungen haben ständige, nicht überfordernde Aktivierungen mit vielen Erfolgserlebnissen ebenso wie die unter »endogene Depressionen« beschriebene »Kognitive Therapie« ihren Sinn. Soweit den Depressionen ungelöste Konflikte zugrunde liegen, sollten auch tiefenpsychologische Maßnahmen damit verbunden werden.

Bei älteren Personen verändern sich teilweise die Umweltverhältnisse so ungünstig, daß sie in Depressionen gelangen, weil sie immer mehr von dem verlieren, was ihr Leben ausgemacht hat: liebe Angehörige, die vertraute Wohnung, die Verfügbarkeit des eigenen Körpers und Geistes. Sie sollten wieder voll ins Leben eingegliedert werden, so gut sie können. Sie sollten Verantwortung übernehmen, sich Ziele bilden und dafür engagieren und — als Voraussetzung — Körper und Geist trainieren, um die Anforderungen, die selbst wieder zu deren Übung beitragen, zu einem hohen Grad erfüllen zu können. Geistiges Training jedenfalls behebt mangelndes Selbstvertrauen (Dittmann-Kohli, 1986), das ja selbst ein wichtiges Symptom von Depressionen ist.

Soweit Depressionen eine Reaktion auf einen harten Schicksalsschlag sind, ordnet man sie ebenfalls den psychogenen Depressionen zu. Harte Schicksalsschläge wie den Verlust einer lieben Person oder das Nichtbestehen eines Examens muß man verarbeiten. Nach ein bis zwei Wochen sollte spätestens wieder einiges von den gewohnten Tätigkeiten aufgenommen werden. Gehirn-Jogging kann dazu beitragen, das Leben mit anderen Inhalten zu füllen, um aus der auch nicht mehr zur Verlustverarbeitung beitragenden Stimmung der immer gleichen, auf der Stelle tretenden Gedanken des Grübelns, herauszuführen.

Bei Depressionen, die als Folge von Erschöpfungen auftreten, beispielsweise bei der ständig überforderten Mutter mit sieben Kindern, die sich zudem akut erkältet hat, ist erst eine Ruhezeit von einigen Tagen nötig. Dann sollte der Betroffene langsam, durch andersartige Aktivitäten als die täglich geforderte Routinetätigkeit wieder aufgebaut werden. Oft sind die gesamtkörperliche und -psychische Überforderung, der Rundum-Streß nicht so sehr das Problem, sondern die zu einseitige Anforderung, die zu einer Sättigung führt, bei der das Gefühl auftritt, daß einem das Dach über dem Kopf zu niedrig wird. Dem Ausgleich können körperliche und geistige Tätigkeiten wie das Gehirn-Jogging dienen.

Literatur:
Dittmann-Kohli, F.: Die trainingsbedingte Veränderung von Leistungs-selbstbild und kognitiven Fähigkeit im Alter. Z. Gerontol. 19 (1986) 309-322

Gehirn-Jogging für Schizophrenien

Die Schizophrenien sind ein neues Gebiet zur Anwendung des Gehirn-Jogging. Noch liegen keine direkten Erfahrungen damit vor. Aber es gibt bereits Hinweise auf eine Wirkung. Bevor wir uns damit näher befassen, müssen wir auf Schizophrenien eingehen, von denen etwa 1% der Bevölkerung betroffen ist. Hinter dieser Bezeichnung verbergen sich unterschiedliche Syndrome. Sie können bei der gleichen Person zu verschiedenen Zeiten auftreten. Besonders eindrucksvoll sind die Jugendlichen, die — bis dahin unauffällig — plötzlich durch ihr läppisches Verhalten auffallen, die *Hebephrenen*. Sie plappern dauernd vor sich hin, witzeln, lachen unmotiviert. Ihre Bewegungen sind fahrig. Sie wirken stark aktiviert. Diese nervöse Erregung betrifft vor allem das System der verbalnumerischen Informationsverarbeitung. Das ist bei den meisten Menschen die linke Hirnhälfte.

Erlebt man dieselbe Person einige Jahre später, stellt man überraschend fest, da sie antriebslos geworden ist, stumpf, inaktiv. Sie reagiert kaum noch auf die Umwelt. Mit ihr ist nichts mehr anzufangen.

Bei den verschiedenen Formen der Schizophrenie geht es immer wieder einerseits um die produktiven Erscheinungen und andererseits um die Minus-Symptomatik.

Produktive Erscheinungen haben mit Überaktivierungen zu tun. Dazu gehören.

Halluzinationen: Der Kranke sieht nicht vorhandene Dinge, wie Fische, die durch das geöffnete Zimmerfenster in den Raum schwimmen, in dem er sich befindet; oder er hört Personen über sich — meist schlecht — reden, die akustisch nicht wahrnehmbar sein können, weil sie sich beispielsweise gerade über 100 Meilen weit weg aufhalten.

Wahn: Der Kranke hält sich beispielsweise für Gott und äußert, alle anderen Menschen seien ihm untertan; oder er glaubt, alle Welt verfolge ihn, fremde Mächte haben Agenten auf ihn angesetzt, die ein Kesseltreiben auf ihn veranstalten.

Zu den produktiven Erscheinungen rechnet man auch das oben beschriebene hebephrene Verhalten.

Produktive Erscheinungen gehen mit einem zu hohen Aktivationsniveau einher, der Kranke ist übererregt. Zumindest betrifft dies umfassende Teilsysteme der Informationsverarbeitung (W. P. Koella, 1986), wenn der Patient dauernd vor sich hinplappert, das verbal-numerische Information verarbeitende System. Halluziniert er oft Bilder, befindet sich das Bild-verarbeitende System (meist rechte Hirnhälfte) auf einem erhöhten Aktivationsniveau.

Um zu einer Normalisierung, d.h. optimalen Aktivierung zu gelangen, muß das übererregte System gedämpft und das unteraktivierte angeregt werden. Entsprechende Versuche könnten bei einer starken sprachlichen Produktion mit einer Anregung der bildlichen Informationsverarbeitung ablaufen. In diesem Fall würde man den Patienten anregen, bildliche Probleme zu lösen, wie sie die Figuren auf Abbildung 15 enthalten. Die energetische Versorgung des bildverarbeitenden Systems würde dem verbal-numerischen vermutlich entsprechend Energie entziehen und dadurch zu einem Ausgleich führen.

Mit den Minus-Symptomatiken verhält es sich aus therapeutischer Sicht einfacher. Die Betroffenen erweisen sich als antriebsschwach bis antriebslos. Sie sitzen oder liegen nur noch herum, nehmen an Veranstaltungen nicht teil, weder am Tanz noch Theater noch einer Gruppendiskussion, oft nicht einmal mehr am Fernsehen.

Das sind die Kranken, welche sich jahre- und jahrzehntelang in psychiatrischen Anstalten aufhalten, im wesentlichen die chronischen Patienten. Ihren Zustand kennzeichnen manche Psychiater als schizophrenen Defekt, um damit die Irreversibilität und gleichzeitig die Aussichtslosigkeit einer Therapie auszudrücken.

Da diese Kranken keine totale Resignation der Therapeuten rechtfertigen, zeigen einfache Aktivierungsbemühungen. So wählte der Doktorand der Medizin, Gerhard Schiller (1985, in einer Psychiatrischen Anstalt 29 Patienten aus, welche die Diagnose »Defekt-Zustand« hatten und beschäftigte sich intensiver mit ihnen. Sie wanderten, tanzten, sahen sich Filme an usw. Von Anfang an testete Schiller die Patienten mit psychopathometrischen Leistungstests und Selbstbeurteilungs-Skalen. Außerdem ließ er von den Krankenschwestern und -pflegern das Verhalten beurteilen. Die Testungen fanden vierteljährlich, ein dreiviertel Jahr lang statt. Dabei besserten sich die Ergebnisse: Die therapeutisch praktisch aufgegebenen Patienten steigerten ihre geistige Leistungsfähigkeit, wurden allgemein aktiver und fühlten sich immer wohler. Die Beobachtungen der Schwestern und Pfleger bestätigten die Testergebnisse. Über äehnliche Erfahrungen berichtet A. F. Chamove (1986). Auch hier wurden (40) chronisch schizophrene, antriebsarme Patienten allgemein angeregt, in dem man sie einige Zeit schwimmen ließ. In den folgenden Stunden und Tagen zeigten sie signifikante Aktivitätserhöhungen. Die größte Steigerung stellte sich übrigens bei den Übergewichtigen sowie bei Frauen und bei Patienten mit anfänglich geringem Aktivitätsniveau ein.

Derartige positive Erfahrungen bestätigen auch die Befunde von B. A. Thyer und Mitarbeitern (1984), die sich sehr intensiv und längerfristig um zwei chronisch schizophrene Patienten kümmerten. Auch einige wenige andere Forschergruppen haben die Effekte der Aktivierung schizophrener Patienten untersucht (M. A. Brown, A. M. Munford, 1983; J. K. Wing, 1976) und günstige Ergebnisse erzielt. Die meisten verweisen aber darauf, daß man den Patienten leicht überfordern kann. Unter

den Gehirn-Jogging-Aufgaben sollte man demnach nur mit den Grund-
aufgaben beginnen und nicht zu viele auf einmal üben lassen. Statt einer Tageseinheit wären erst einmal nur die Aufgaben eines halben Tages durchzuführen. Dann sollte man unterbrechen.
Jedenfalls ergeben sich interessante Ansätze für Gehirn-Jogging bei
Schizophrenien. Allerdings müssen hierzu noch wissenschaftliche Erfahrungen gesammelt werden.

Literatur:
Brown, M. A., A. M. Munford: Life skills training for chronic schizophre-
nics. J. Nerv.Ment.Diss. 171 (183) 466-470
Chamove, A. S.: Positive short-term effects of activity on behaviour in
chronic schizophrenic patients. Br.J. Clin.Psychol. 25 (1986) 125-133
Koella, W. P.: Local Vigilance, the Vigilance Profile, and Psychiatric Di-
sease. A New Theory on an Old Notion and its Potential Use in Biologic
Psychiatry. Integr. Psychiatry 3 (1985) 185-198
Schiller, G.: Psychometrische Verlaufsuntersuchungen bei »Anstaltspa-
tienten« mit der Diagnose »schizophrener Defekt«, Antrieb, Emotion und
psychovegetative Funktionen. Diss. Erlangen 1985
Thyer, B. A., S. Irvine, C. A. Santa: Contingency management of exerci-
se by chronic schizophrenics. Percept Mot skills 58 (1984) 419-425
Wing, J. K.: Eine praktische Grundlage für die Soziotherapie bei Schizophrenie. In. Huber, G. (Hrsg.): Therapie, Rehabilitation und Prävention schizophrener Erkrankungen. Schattauer: Stuttgart-New York 1976

**Störungen der Hirndurchblutung
und des Hirnstoffwechsels beseitigen** 234

● Die »normale« Störung   234

● Die krankhafte Störung   237
  — Wie man sie erkennt — ein Selbsttest   237
  — Was im Gehirn geschieht   239
  — Warum die Frühdiagnose von Demenzen möglich und wichtig ist 240
  — Was man dagegen tun kann   242
  — Wider die typische Passivität von Parkinson-Kranken   247

Störungen der *Hirndurchblutung* und des *Hirnstoffwechsels* beseitigen.

Die »normale« Störung

Die zukünftige Bauherrin und der Bauherr besprechen sich seit zwei Stunden intensiv mit dem Architekten.

Die Bauherrin hat schon die fünfte Tasse Bohnenkaffee getrunken, mit je drei Würfeln Zucker. In der letzten dreiviertel Stunde war sie bereits zweimal auf der Toilette, zum Wasserlassen. Jetzt muß sie schon wieder. Der Bauherr nutzt die Gelegenheit und geht ebenfalls. Er zum zweitenmal. Er schenkt sich beim Aufstehen noch rasch die vierte Flasche Bockbier ein.

Der Architekt hat solche Sorgen nicht. Er sitzt noch an seinem ersten Glas Bier, in einer Dunstwolke von Zigarettenrauch über den vorläufigen Plan gebeugt. Wie nebenbei reißt er die zweite Zigarettenschachtel auf, die erste ist aufgebraucht.

Der Bauherr kehrt zurück, macht eine laute lustige Bemerkung über die viel zu groß geplante Durchreiche von der Küche zum Wohnzimmer. Er lacht selbst am lautesten. Seine Frau, die gerade wieder Platz nimmt, kichert. Der Architekt verzieht nur noch den Mund. Nicht, daß ihm die Bemerkung besonders unangenehm wäre. Er verfügt nicht mehr über die Energie zu lachen. Anfangs hatte er — angeregt durch das Nikotin in den Zigaretten — geredet wie ein Wasserfall, frisch, einfallsreich, Bemerkungen der anderen konternd. Dann nach nicht mal einer Stunde ging alles schleppender, wurde alles mühsam. Jetzt hat das Kohlenmonoxyd im Zigarettenrauch die anregende Wirkung des Nikotins abgewürgt. Das Kohlenmonoxyd, das über die Lunge ins Blut kommt, hat das Hämoglobin vieler roter Blutkörperchen besetzt und dadurch dem Sauerstoff die Transportmöglichkeiten zum Gehirn, zu den Nervenzellen genommen. Denen fehlt es seitdem zunehmend an einem der wichtigsten Energielieferanten. Der geistigen Tätigkeit wird so die stoffliche Basis entzogen. Der Architekt leidet nun an Stoffwechselstörungen des Gehirns. Am nächsten Abend — vielleicht nach einer unruhigen Nacht — sind diese Störungen wieder behoben, wenn er sich zwischendurch solide verhält.

Auch dem Bauherrn und seiner Frau machen Störungen des Hirnstoffwechsels und der Hirndurchblutung zu schaffen. Deshalb kommen sie nicht mehr richtig zum Thema. Sie können sich nicht mehr konzentrieren. Der Bauherr hat eine leichte alkoholbedingte Hirnvergiftung. Dazu kommt ein merklicher *Mineralienverlust* — vor allem der von Kalium und Magnesium — bei jedem Wasserlassen, wie es durch das Bier angeregt wird. Letzteres trifft vermehrt für die Bauherrin zu. Außerdem hat sie eine Überzuckerung durch die insgesamt 15 Stück Würfelzucker, die anfänglich eine Überaktivierung einleiteten. Auf die *Überzuckerung* reagiert der Körper durch erhöhte Freisetzung von Insulin, das den Zucker binden soll. Diese Regulationen arbeiten oft nicht so fein. Deshalb leidet die Bauherrin zeitenweise an *Unterzuckerung*.

Alle drei haben jedenfalls Störungen des Hirnstoffwechsels, und alle können relativ rasch etwas dagegen tun, binnen ein, zwei Tagen.

Die *geistige Leistungsfähigkeit* sinkt unter diesen Störungen teils erheblich unter das maximale mögliche Niveau.

Längerfristigere, aber meist kaum bemerkte Einflüsse gehen von ungünstigen Blutzusammensetzungen aus. Ein Beispiel: der *Hämatokritwert*. Er entspricht dem Anteil der festen Teile im Blut — der roten und weißen Blutkörperchen und Blutplättchen — am gesamten Blut. Oft ist er bei Erwachsenen etwas zu hoch. In diesem Fall gelangen die roten Blutkörperchen als Träger des Sauerstoffs nicht mehr optimal in die Kapillaren, in die feinsten Haargefäße des Gehirnes, um dort den Sauerstoff an die *Nervenzellen* abzugeben (J.R. Willison und Mitarbeiter, 1980). In der Klausenbacher Klinik wurde bei neun Patienten die geistige Leistungsfähigkeit in den drei Grundgrößen (Informationsverarbeitungsgeschwindigkeit, Gegenwartsdauer, Lerngeschwindigkeit) geprüft und danach der Hämatokritwert etwas erniedrigt, indem nur 150 Milliliter Blut entnommen wurden.

Bei acht der neun Patienten erhöhte sich die geistige Leistungsfähigkeit auf allen gemessenen Größen, teils erheblich. Eine englische Forschergruppe um Dr. Willison (London) machte bei 24 Erwachsenen die gleichen Erfahrungen. Das Anlegen von Blutegeln hätte sicher einen ähnlichen Erfolg gehabt.

Die Senkung des Hämatokrit-Wertes ist nur ein Beispiel, wie man die geistige Leistungsfähigkeit durch verfeinerte Einstellung verschiedener Blutgrößen — biochemischer, physiologischer — heben kann. Diese Wissenschaft steht erst am Anfang. Natürlich gehören die genaue Einstellung des Blutsäurespiegels, des Blutdruckes, der Ruhe- und Belastungsfrequenz, die Einhaltung eines günstigen Zucker- und Fettspiegels dazu.

Ältere Erwachsene mit *Bluthochdruck* beispielsweise, auch wenn er noch nicht krankhaft ist, können sich weniger frisch eingeprägte Worte merken als gleichaltrige mit normalem *Blutdruck*. Das zeigen R.B. Wallace und Mitarbeiter (1985) an 2 433 Personen. Noch stärker betroffen sind Personen mit Erkrankungen wie Zucker (*Diabetes Mellitus*), koronare Herzerkrankungen, Nieren- und Leberinsuffizienz usw. Unbehandelt führen diese Erkrankungen zu Störungen der Hirndurchblutung und des Hirnstoffwechsels und damit zu geistigen Leistungseinbußen. Die richtigen Berater und Therapeuten sind der Ausbildung nach der niedergelassene Allgemeinarzt und der Internist.

Wir wollen uns nun den **krankhaften** Störungen der Durchblutung und des Stoffwechsels zuwenden, die das Gehirn direkt betreffen und die meist erst im höheren Erwachsenenalter auftreten. Wie erkennt man sie? Was kann man dagegen tun?

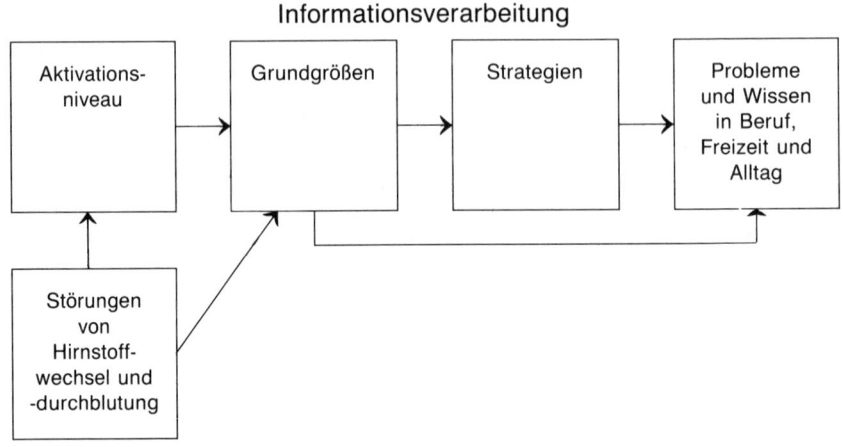

Abbildung 52: Einfluß der Hirnfunktionsstörungen auf die geistige Leistungsfähigkeit

Literatur:
Wallace, R. B., J. H. Lemke, M. C. Morris, M. Goodenberger, F. Kohout, J. V. Hinrichs: Relationship of Free-Recall Memory to Hypertension in the Elderly. The Iowa 65+ Rural Health Study. J. Chron. Dis. 38 (1985) 475-481
Willison, J.R., D.J. Thomas, G.H. du Boulay, J. Marshall, E.A. Paul, T.C. Pearson, R.W.R. Russell, L. Symon, G. Wetherley-Mein: Effect of High Haematocrit on Alertness. Lancet i (1980) 846-848

Die krankhafte Störung

Wie man sie erkennt — ein Selbsttest

Hier geht es um psychische Änderungen die auf krankhaften Stoffwechselstörungen des Gehirnes sowie auf Veränderungen der Hirngefäße beruhen, um die sogenannten *Organischen Psychosyndrome*. Sie kommen erst ab etwa dem 60. Lebensjahr in größerer Häufigkeit vor. Bei vier bis sechs Prozent der Senioren treten sie in beachtlicher Ausprägung auf (H. Häfner, S. Sosna, 1985). In leichter, von Laien unbemerkbarer Ausprägung bei — das ist noch nicht ganz geklärt — zehn oder gar mehr Prozent.
Wie stellt man diese Organischen Psychosyndrome fest? Vor allem zu Beginn der Erkrankung? Man merkt es an Änderungen gegenüber der Zeit vorher. Eigentlich sind dieselben Symptome wesentlich, die auch den geistigen Verfall des Unteraktivierten anzeigen (siehe »Wer ist unteraktiviert? — Wie man es merkt«). Das sind zunehmende Konzentrationsschwäche, Nachlassen des Gedächtnisses, Abnahme des Selbstvertrauens, Angst und Schlafstörungen. Ein wichtiger Unterschied: Bei Unteraktivierten vollziehen sich diese Änderungen über Monate, eher Jahre, bei krankhaften Störungen schon innerhalb von Wochen. Bei letzteren kommen oft noch Schwindelerscheinungen, Kopfschmerzen, Ohrensausen usw. hinzu.

An der Universitäts-Nervenklinik Erlangen hatten G. Spörl und Mitarbeiter (1978) ein kurzes Verfahren entwickelt, in dem typische Aussagen von Personen verwendet wurden, bei denen sich in den letzten Wochen oder Monaten eine allgemeine Störung der Hirndurchblutung und — was oft damit einhergeht — des Hirnstoffwechsels herausgebildet hatte (siehe Tabelle 7).

Kreuzen Sie bitte an, was auf Sie seit einigen Wochen zutrifft
Ein Beispiel:

Ich bin ein erwachsener Mensch: ja — nein

1. Ich kann mich in der letzten Zeit schlecht konzentrieren: ja — nein
2. Tagsüber fühle ich mich meist frisch: ja — nein
3. Das Leben macht oft keinen richtigen Spaß mehr: ja — nein
4. Ich fühle mich noch genauso kräftig wie früher: ja — nein
5. Viele Tätigkeiten und Hobbys sind für mich jetzt
   langweilig: ja — nein
6. Mir geht es in der letzten Zeit schlecht: ja — nein
7. Mein Gedächtnis hat in letzter Zeit nachgelassen: ja — nein

8. Früher hat mich alles mehr interessiert: ja — nein
9. Ich habe öfter Angst als früher: ja — nein
10. In der letzten Zeit bin ich oft gereizt: ja — nein
11. Zeitweilig ist mir alles gleichgültig: ja — nein
12. Ich bin häufiger zerstreut als früher: ja — nein

Tabelle 7: Ein Fragebogen zur Erkennung, ob krankhafte Störungen von Hirnstoffwechsel und Hirndurchblutung beginnen.

Zur Auswertung schreiben Sie sich jedesmal einen Punkt gut, wenn sie folgende Kreuze gesetzt haben:
Bei Aussage 1:   ja
     Aussage 2:   nein
     Aussage 3:   ja
     Aussage 4:   nein
     Aussagen 5-12: ja
Zählen Sie nun Ihre erreichten Punkte zusammen. Sollten Sie 9 oder mehr erhalten, suchen Sie Ihren Arzt zur weiteren Abklärung auf. Dann besteht der Verdacht — nicht die Sicherheit — einer Störung der Hirnfunktionen, besonders wenn Sie über 60 Jahre alt sind. Es kommen aber auch andere Beschwerden in Frage, z.B. eine endogene oder involutive *Depression*. Sie scheinen sich auf jeden Fall selbst zu quälen. In diesem Zustand können Sie Ihre Leistung nicht voll entfalten und dem Leben nicht seine schönen Seiten abgewinnen.

Literatur:
Spörl, G., S. Lehrl, W. Kinzel, H. Erzigkeit, V. J. Galster: Ein Selbstbeurteilungsverfahren für leichte Durchgangs-Syndrome. Psycho 4 (1978) 464-470

Was im Gehirn geschieht

Was passiert im Gehirn der Erwachsenen mit krankhaften Durchblutungs- oder Stoffwechselstörungen? Etwa die Hälfte hat verkalkte Blutgefäße (*zerebrale Arteriosklerose*). Diese lassen nicht mehr genügend Sauerstoff oder Zucker zu den *Nervenzellen* durch, die diese jedoch für ihre »normale« Tätigkeit benötigen. Verbände von funktionierenden Nervenzellen sind Voraussetzung unserer Wahrnehmung, des Fühlens, Denkens und Planens. Jede Verkalkung beeinträchtigt diese Vorgänge. Im Extremfall werden sie sogar dadurch verhindert.
Im Alter tritt darüber hinaus oft hoher *Blutdruck* auf. Er ist nicht selten mit *Hirnverkalkung* verbunden und erschwert ebenfalls die optimale Versorgung des Gehirns mit Sauerstoff und Zucker. Wie dies vor sich geht, kann man sich physikalisch vorstellen. Aufgrund des hohen Drucks entstehen Wirbel, sodaß das Blut nicht mehr bis in die feinen Haargefäße gelangt, die den Sauerstoff und den Zucker unmittelbar an die Nervenzellen transportieren. Sind die roten Blutkörperchen, die Transportmittel des Sauerstoffs vielleicht durch Übersäuerung erstarrt, passen sie oft nicht mehr in die feinen Haargefäße (Kapillaren) und gelangen deshalb kaum zu den Nervenzellen. In diesem Fall werden die Nervenzellen ebenfalls unterversorgt.

Bei etwa der Hälfte der älteren Menschen mit *Organischem Psychosyndrom* sind auch die Nervenzellen selbst in ihrer Funktionstüchtigkeit eingeschränkt. Ursachen dafür können sein:
Einlagerungen von Rückständen aus Stoffwechselumsetzungen, ein Mangel an Überträgerstoffen (Neurotransmitter) oder Veränderung an der Membran, daß kein »Bedarf« mehr besteht, den Blutfluß im Gehirn anzuregen, damit hinreichend Sauerstoff und Zucker zur Verfügung gestellt werden (H. Woelk, 1983). Hier beruht die mangelnde Hirntätigkeit also an erster Stelle auf Stoffwechselstörungen. Durchblutungsstörungen sind wegen des mangelnden Bedarfs an Energiestoffen erst eine Folge davon. Die bekannteste Stoffwechselerkrankung des Gehirns, die mit einem Organischen Psychosyndrom einhergeht, ist die *Alzheimersche Erkrankung.*

Literatur:
Woelk, H.: Der Einsatz von Antihypoxidotika bei der zerebrovaskulären Insuffizienz. In: Fischer, B., S. Lehrl (Hrsg.): Gehirn-Jogging. Biologische und informationspsychologische Grundlagen. Narr: Tübingen, 1983

Warum die Frühdiagnose von Demenzen möglich und wichtig ist

Charakteristischerweise treten bei den Organischen Psychosyndromen im Alter geistige Leistungsminderungen auf. Der wörtlichen Übersetzung in das Lateinische nach spricht man daher heute von »Demenz« (De/mens = vom Geiste herab). Etwa fünf Prozent der 65jährigen leidet daran. Mit zunehmendem Alter erhöht sich der Anteil an Demenzen. Bei 85jährigen beträgt er schon etwa ein Drittel. Wegen der bereits hohen Anteile von Älteren an unserer Gesellschaft, kommen demnach Demenzen insgesamt sehr häufig vor. Und ihr Anteil sowie die absolute Zahl steigen noch erheblich. Gegenwärtig leben in Deutschland schon weit über eine Millionen Menschen mit einer Demenz im Alter (S. Hoyer, 1984).

Wie der Heidelberger Professor Dr. Siegfried Hoyer, auf amerikanischen Studien von Blessed aufbauend, zeigte, ist das Kennzeichen (Hauptleitsymptom) von Demenzen die mentale Kapazitätsminderung. Sie bewegt sich in der Spannbreite der Endpunkte von 0% (keine Demenz) bis 100% (Bewußtlosigkeit oder gar Tod).

Die Demenzausprägungen werden so zugeordnet:

Geistige Kapazitätsminderung	Demenzausprägung
bis 5%	keine Demenz
6 bis 18%	sehr leicht
19 bis 37%	leicht
38 bis 62%	mittelschwer
63 bis 87%	schwer
88 bis 99%	sehr schwer
100%	Bewußtlosigkeit oder Tod

Weitere Vergleiche zeigen (Lehrl, 1992), daß die prozentuale Minderung der Kurzspeicherkapazität (siehe Kapitel »Alle Grundgrößen üben«) ein ideales Maß für die Demenzausprägung ist. Während der Demenz sinkt die Kurzspeicherkapazität umso mehr, je ausgeprägter die Demenz ist. Wie hoch die Kurzspeicherkapazität einer Person vor der Demenz war, läßt sich mit Hilfe des Mehrfachwahl-Wortschatztests (Abbildung 5, unten) abschätzen, weil die Leistungen darin bei einer Demenz praktisch nicht sinken. Denn der Wortschatz bleibt erhalten. Erhält beispielsweise jemand nach dem Mehrfachwahl-Wortschatz-Test den IQ 100, dann müßte er auch im Test KAI, mit dem man die Kurzspeicherkapazität mißt (S. Lehrl et al., 1991), etwa den IQ 100 gehabt haben. Das entspricht der Kurzspeicherkapazität von 80 Bits (siehe Abbildung 22). Erhält er nun aber mit dem KAI den aktuellen Wert 60 Bits, dann wäre seine zentrale geistige Leistungsfähigkeit auf auf 60/80 = ¾ des ursprünglichen Wertes gesunken. In anderen Worten: es wäre eine mentale Kapazitätsminderung von ¼ = 25 % eingetreten. Dies entspricht einer leichten Demenz.

Aus verschiedenen Studien ist bekannt, daß in einer ärztlichen Praxis ohne Testhilfe Demenzen erst bei einer etwa 35prozentigen mentalen Kapazitätsminderung relativ sicher erkannt werden (S. Lehrl, 1992). Mit Hilfe von Tests, wie sie hier vorgestellt wurden, können Demenzen jedoch schon bei einer ungefähr 20prozentigen geistigen Leistungseinschränkung diagnostiziert werden. Das bedeutet bei Demenzen im Alter, wie sie als Folge der oben erörterten Hirnstoffwechsel- oder Hirndurchblutungsstörungen auftreten, daß die gezielte Behandlung bereits ein halbes bis zwei Jahre früher einsetzen kann und daß, weil die Erkrankung noch nicht so ausgeprägt ist, die Chancen viel größer sind, daß ein Patient durch die ärztlichen Behandlungsmaßnahmen noch auf sein geistiges Ausgangsniveau zurückkommt. Auf diesem Niveau integriert er sich sozial oft wieder von alleine, was wiederum vorbeugend wirkt.

Literatur:
Hoyer, S.: Zum Begriff der Demenz. In: Fischer, B., S. Lehrl (Hrsg.): Zerebrale Insuffizienz im Alter. Narr: Tübingen, 1984
Lehrl, S.: Einführung: Frühdiagnostik der Demenz in der ärztlichen Praxis. In: Lehrl, S., B. Fischer (Hrsg.): c.I.-Test zur Frühdiagnostik von Demenzen. Vless: Ebersberg, 1992, 3. überarb. Aufl.

Was man dagegen tun kann

Geistige Regsamkeit von früher Jugend an und erst recht im Erwachsenenalter kann sicherlich diesen Erkrankungen vorbeugend entgegenwirken, auch wenn dafür unseres Wissens noch kein gesicherter Beweis vorliegt. *Gehirn-Jogging* müßte in der gleichen Richtung wirken. Aber es ist auch schon viel gewonnen, wenn GeJo den Eintritt einer Erkrankung um Monate oder Jahre hinausschiebt, oder die Intensität der Störung mildert.

Ob Gehirn-Jogging allein bereits bestehende krankhafte Störungen des *Hirnstoffwechsels* und der *Hirndurchblutung* beseitigen kann, ist fraglich. Bei leichten Störungen wäre es denkbar. Immerhin haben auf dem 13. Internationalen Kongreß für Gerontologie im Juli 85 in New York Dr. G. Haag und Mitarbeiter die Wirkung des geistigen Trainings bei Erkrankten nachgewiesen. Die Freiburger Wissenschaftler haben 28 Patienten mit *Hirnfunktionsstörungen* auf der geriatrischen Station eines Krankenhauses zwei Monate täglich in Gedächtnisleistung, Fertigkeit zur Kommunikation und in der Realitätsorientierung trainiert. Die Patienten waren mindestens sieben Monate im Krankenhaus, ihr Durchschnittsalter betrug 77,9 Jahre. Vor dem Training und zwei Monate danach wurden diese Patienten einem umfangreichen Gedächtnistest (Wechsler-Gedächtnistest, W. Böcher, 1963) unterzogen, außerdem durchliefen sie einen Test zur Überprüfung der Fertigkeiten im Alltag (Nürnberger Altersinventar, W.D. Oswald, U.M. Fleischmann, 1982). Parallel dazu wurde eine Kontrollgruppe von Gleichaltrigen untersucht, die allerdings in den zwei Monaten nicht trainiert wurden. Das Ergebnis: Bei den Teilnehmern der trainierten Gruppe verbesserten sich Gedächtnis sowie Alltagsfertigkeiten, während bei der Kontrollgruppe keine Veränderung festzustellen war.

Noch direkter wurde die Wirkung von GeJo auf die Hirnfunktionsstörungen von Patienten nachgewiesen, die zusätzlich mit Medikamenten behandelt wurden. Im Kapitel »GeJo nach dem Arztbesuch: die Wirkung der Medikamente steigt« wird ausführlicher darauf eingegangen. Auch ausländische Untersuchungen mit ähnlichen Trainingsarten belegen das (L. Israel, 1987; M. LePoncin-Lafitte, J.-R. Rapin, 1987; J.A. Yesavage und Mitarbeiter, 1981).

Demnach hilft GeJo auch bei hirnerkrankten Menschen. Aber auch bei diesen Fällen — und erst recht bei schwereren — wird man nicht auf entsprechende Medikamente, die sogenannten »*Enzephalotropika*« oder »*Antihypoxidotika*« verzichten können (L. Blaha, 1984). Sie haben sich — so das Ergebnis der Prüfung durch das Bundesgesundheitsamt Berlin — als wirksam erwiesen. Auch eigene Untersuchungen haben die Wirkung in Doppelblindstudien belegt. Ein typisches Beispiel zeigt, wie sich die Kurzspeicherkapazität unter der Behandlung durch das Antihypoxidotikum erhöht, während sich unter dem Leerpräparat (Placebo) nichts verändert (Abbildung 52). Parallel zur *Kurzspeicherkapazität* wächst natürlich der *Intelligenzquotient*. Dies dient als Hinweis auf die *Steigerung* der allgemeinen *geistigen Leistungsfähigkeit*.

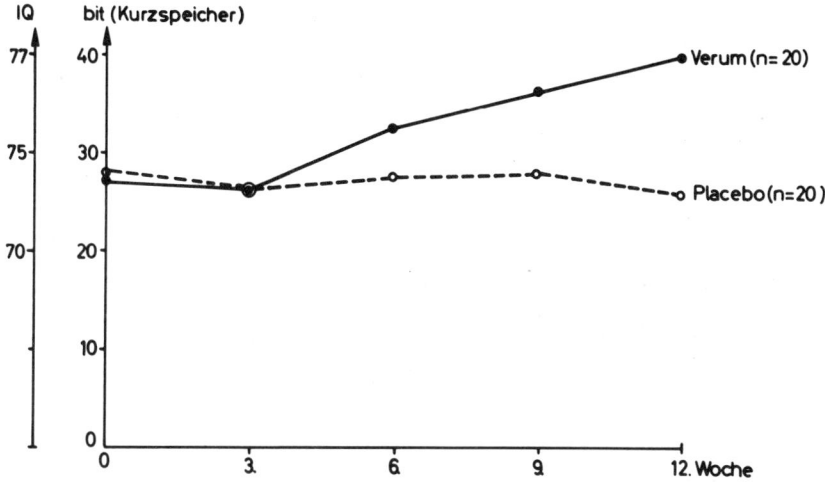

Abbildung 52: Typische Steigerung der Kurzspeicherkapazität und des Intelligenzquotienten unter dem Einfluß eines Antihypoxidotikums, während sich bei Einnahme eines Leerpräparates (Placebo) nichts ändert (aus: S. Lehrl, A. Gallwitz, L. Blaha, 1980).

Allerdings machen die Medikamente GeJo nicht überflüssig. Dafür gibt es drei Gründe:

1. GeJo hat seine eigene Wirkung, wie in den Untersuchungen von Haag und Mitarbeitern sowie unter »GeJo nach dem Arztbesuch: die Wirkung der Medikamente steigt« nachgewiesen wurde.

2. Die Medikamente greifen in die Struktur der körperlichen Grundlagen von Geist und Gedächtnis ein, um fehlende Stoffe zu ersetzen, überschüssige und dadurch störende Substanzen abzubauen und aus dem Gleichgewicht geratene Tätigkeitsabläufe wieder zu normalisieren. Der Organismus wird somit in die Lage versetzt, wieder normale oder höhere Leistungen zu vollbringen.

Nun müssen diese Leistungen aber auch gefordert werden. Geist und Gedächtnis müssen sich der Klaviatur des Körpers bedienen, um in diesem Zusammenspiel eine bestmögliche Leistung zu erzielen. Sonst fängt das Gehirn während des medikamentösen Aufbaus schon wieder zu rosten an. Vergleichbar ist dieser Vorgang mit dem Schwerathleten, der Präparate nimmt, um seine Armmuskulatur zu stärken. Er nimmt das Präparat und trainiert gleichzeitig. Erst dadurch wird der volle Erfolg erzielt.

3. Die Medikamente greifen in den Hirnstruktur-Stoffwechsel ein. Das braucht seine Zeit. Darum zeigt sich die Wirkung von Antihypoxidotika meist erst nach vier bis neun Wochen.
In dieser Zeit kann der Patient, wenn er nicht informiert ist, die Geduld oder das Vertrauen verlieren.
GeJo hilft über diese Wartezeit hinweg. Der Patient spürt bereits nach fünf Tagen einen Fortschritt, wie die Arbeit von S. D. Brinkman u. Mitarbeitern (1982) beweist. Allerdings sollte deswegen nicht die medikamentöse Behandlung ohne Zustimmung des behandelnden Arztes eingestellt werden.
Wie zu beobachten ist, fühlt sich der Patient schon in diesen ersten fünf Tagen wesentlich unternehmungslustiger als vorher. Kommt die Wirkung des Medikamentes nach vier bis neun Wochen hinzu, so macht der Patient in der Genesung noch schnellere Fortschritte.

4. Psychotherapeutische Maßnahmen wie psychologische Beratungen, Autogenes Training, angstmindernde Verfahren haben keine Einwirkungen auf die geistige Leistungsfähigkeit von kranken Personen, die ja meist sozial isoliert, sensorisch depriviert und bewegungsarm sind. In diesen Fällen bringt nur die geistige Aktivierung Erfolg (J. A. Yesavage u. Mitarbeiter, 1981).
Da sich die geistige Leistungsfähigkeit nach einer italienischen Untersuchung (A. Agnoli und G. Squitieri, 1977) unter Antihypoxidotika-Behandlung zwar bei *Organischen Psychosyndrom*en, aber nicht im »gesunden Zustand« erhöht, ergibt sich das in Abbildung 53 dargestellte Schema der Wirkung von GeJo und Antihypoxidotika.

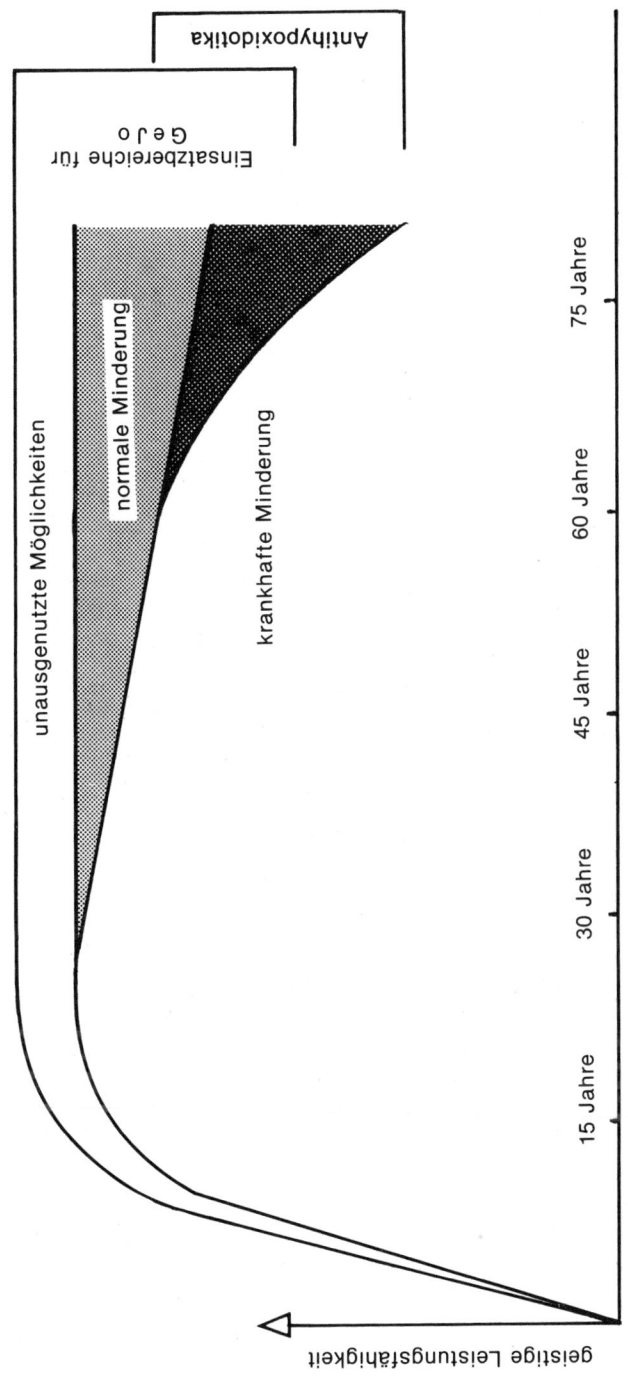

Abbildung 53: Gesamtschema des Zurückbleibens der geistigen Leistungsfähigkeit hinter den Möglichkeiten.

245

Literatur:

Agnoli, A., G. Squitieri: Die neurologischen Aspekte des Lernens: eine neuropharmakologische Untersuchung des Kurzzeitgedächtnisses. In: Nissen, G. (Hrsg.): Intelligenz, Lernen und Lernstörungen. Springer: Berlin-Heidelberg-New York, 1977

Blaha, L.: Klinische Ergebnisse zerebral wirksamer Medikamente in der Geriatrie. In: Böhlau, V. (Hrsg.): Altern: körperliches und geistiges Training — medizinische Therapie. Schattauer: Stuttgart-New York, 1984

Böcher, W.: Erfahrungen mit dem Wechslerschen Gedächtnistest (Wechsler Memory Scale) bei einer deutschen Versuchsgruppe von 200 normalen Vpn. Diagnostica 9 (1963) 56-68

Brinkman, S. D., R. C. Smith, J. S. Meyer, G. Vroulis, T. Shaw, J. R. Gordon, R. H. Allen: Lecithin and Memory Training in Suspected Alzheimer's Disease. J. Gerontol. 37 (1982) 4-9

Haag, G., E. Nicol, W. Langer, H. Johannsen-Horbach, C. Wallesch, G. Hakim: Empirical Evaluation of the Rehabilitation of Gerontopsychiatric Patients. In: Book of Abstracts, XIIIth International Congress of Gerontology. New York Hotel at Rockefeller Center: New York, 12.-17. Juli 1985

Israel, L.: Combined Therapy in Clinical Practice: Drug Treatment and Memory Training Program. Paper presented at the 2nd workshop of International Psychogeriatric Association. Baden (Schweiz), 27.-29. März 1987

Lehrl, S., A. Gallwitz, L. Blaha: Kurztest für Allgemeine Intelligenz KAI. Vless: Vaterstetten-München, 1980

Oswald, W. D., U. M. Fleischmann: Nürnberger-Alters-Inventar (NAI). Universität Erlangen-Nürnberg, 1982

Le Poncin-Lafitte, M., J.-R. Rapin: Pas de retraite pour le cerveau. Tempo Medical 14 (1987) Supplement

Yesavage, J. A., J. Westphal, L. Rush: Senile Dementia: Combined Pharmacologic and Psychologic Treatment. J. Amer. Geriat. Soc. 24 (1981) 164-171

Wider die typische Passivität von *Parkinson-Kranken*

Sie kommen häufig vor, die Parkinson-Kranken. In der Bundesrepublik sind es ungefähr 150 000 und in den USA etwas über eine halbe Million. Wegen ihrer Häufigkeit kennt sie jeder. Charakteristisch sind die in Ruhe zitternde Hand (Ruhetremor), die sich nur schwer lösende Hand, wenn man sich die Hände gegeben hat (Rigor, die kurzen, trippelnden Schritte beim Gehen, mit etwas vorgebeugtem Oberkörper (Akinese). Die Mimik ist oft erstarrt. Im Mund bildet sich viel Speichel. Den Betroffenen fällt es sichtlich schwer, zu sprechen.

Diese Krankheit kann bereits bei 35jährigen ausbrechen und zur Aufgabe des Berufs zwingen. Meist sind die Kranken jedoch älter.

Auch bei Parkinson-Kranken liegen Störungen des Hirnstoffwechsels vor, allerdings in den zentralen Hirnteilen, dem sogenannten Extrapyramidal-motorischen System. Möglicherweise sind damit auch organische Psychosyndrome verbunden. Jedenfalls scheint die *soziale Isolierung* fast unausweichlich zu sein, da die Bewegungsarmut und geistige Verlangsamung sowie die maskenhafte Mimik viele Mitmenschen abschrecken. Die Kontakte lassen selbst in der eigenen Familie nach. Um den Kranken zu schonen, nimmt man ihm viele Tätigkeiten ab, auch solche, die er durchaus selbst ausführen könnte. Dadurch wird er immer passiver, und zusätzlich schwindet sein Selbstvertrauen.

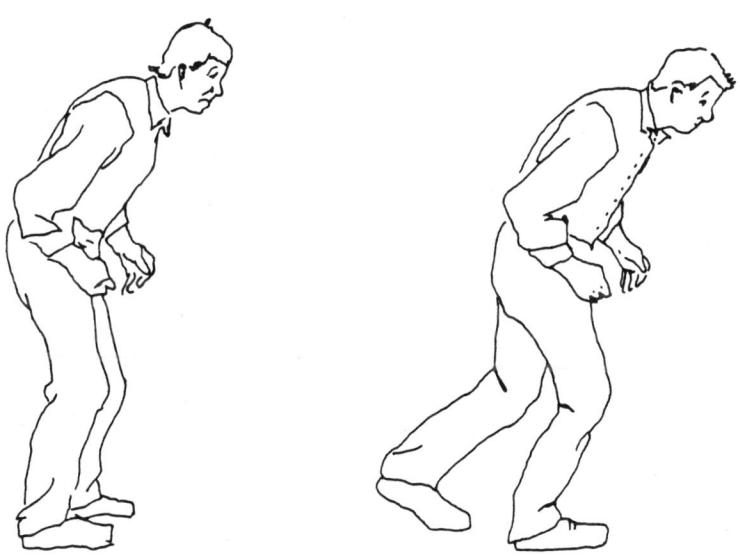

Abbildung 54: Parkinson-Kranker

Es gibt inzwischen wirksame Medikamente. Sie allein helfen jedoch meist nicht. Der Patient muß zusätzlich aktiviert werden. Das betonen die Wissenschaftler immer eindringlicher (P.W. 1986). Prof. Johannes Jörg, der Direktor der Neurologischen Klinik an der Medizinischen Hochschule in Lübeck (Bundesrepublik Deutschland), hat jetzt angekündigt (1986), daß er zusammen mit einer Psychologin Gehirn-Jogging mit seinen Parkinson-Patienten durchführen wird (Th. Leschke, 1986).

Literatur:
P.W.: Morbus Parkinson tritt auch in jüngeren Jahren auf Praxis-Kurier 51/52 (20. Dezember 1986), S. 4/5)
Leschke, Th.: Das Lehrstuhlporträt. Ärzte-Zeitung 211 (28./29. Nov. 1986), S. 22-23

WIRKUNGSBELEGE

Wissenschaftliche Beweise zum Selbstschutz   250

Intelligenz, Kurzspeicher, Gedächtnis und Persönlichkeit
bei 14 Tagen GeJo   253

Die Tests der Patienten mit und ohne GeJo   254

Die Ergebnisse und ihre Folgen   255

Sie fühlen sich leistungsfähiger nach 10 Minuten GeJo   259

GeJo im Klassenzimmer: Schüler machen besser mit   260

GeJo nach dem Arztbesuch:
die Wirkung der Medikamente steigt   263

Die Hochleistung mit 75 Jahren: in drei Monaten   265

Wissenschaftliche Beweise zum Selbstschutz

Die Methoden zur Steigerung der geistigen Leistungsfähigkeit, der Intelligenz, des Gedächtnisses, der Kreativität haben in der letzten Zeit weltweit großes Interesse gefunden. Anstelle billiger Ideen und Behauptungen — bei denen man nicht weiß, ob sie helfen oder nicht — macht man sich heute zunehmend die Mühe, vorgeschlagene Methoden wissenschaftlich zu prüfen. Diese Überprüfungen werden gründlich geplant und in aufwendigen Untersuchungen an vielen Personen über Monate hinweg durchgeführt. Anschließend werden die Ergebnisse statistisch ausgewertet und interpretiert. Und all diese Mühen mit dem Risiko, daß sich eine anfänglich erfolgverheißende Trainingsmethode als Flop erweist. In diesem Fall war alles umsonst, und der Erfinder hat keinen Grund zur Freude. So vorzugehen, erfordert aber die Redlichkeit und Verantwortlichkeit gegenüber den Menschen, die sonst erhebliche Abschnitte ihres Lebens einem nutzlosen, vielleicht sogar schädlichen Verfahren geopfert haben.

Wenn eine Trainingsmethode wissenschaftlich durchfällt, ergibt sich dennoch ein Vorteil. Man weiß nun mehr darüber, wo kein Erfolg zu erwarten ist. Weiteres Suchen in der gleichen — wenig erfolgversprechenden — Richtung wird eingeschränkt. Dadurch werden weitere Bemühungen, Enttäuschungen und finanzielle Ausgaben verhindert.

Man kann neue Trainingsmethoden nicht immer gleich wissenschaftlich direkt und umfangreich geprüft vorlegen. Irgendwann muß man »ins Wasser springen« und sie einfach vorstellen, damit sie von anderen — und einem selbst — nach und nach auf Bewährung getestet werden, und zwar nicht nur von Einzelpersonen, die sich zufrieden äußern. Die Überprüfung muß an Personengruppen, statistisch analysiert, mit möglichst objektiven psychologischen Testverfahren durchgeführt werden. Auch wenn eine Trainingsmethode noch nicht wie — gerade erörtert — geprüft ist, so sollte sie doch möglichst wissenschaftlich begründet sein, aufbauend auf wissenschaftlich gesicherten Theorien oder wenigstens Einzelaussagen. GeJo war so bereits in verschiedenen Veröffentlichungen untersucht und begründet worden (B. Fischer, S. Lehrl, 1983; S. Lehrl und Mitarbeiter 1983). Oder man kann wissenschaftliche Erfahrungen mit ähnlichen, bereits existierenden Trainingsmethoden heranziehen. Hatten sie Erfolg, darf man mit entsprechenden Einschränkungen darauf schließen, daß die eigene Methode auch erfolgreich sein müßte. Berichte über Erfahrungen mit ähnlichen Methoden waren zu Beginn des Aufbaues von Gehirn-Jogging bereits zusammengetragen worden (in: B. Fischer, S. Lehrl, 1983). Andere sind in diesem Buch vorgelegt worden. Insgesamt ergibt sich der Eindruck, daß sich verschiedene Trainingsmethoden von Geist und Gedächtnis zur Förderung der Leistungsfähigkeit als wirksam erweisen.

— Bei Kindern und Jugendlichen (siehe »Der normale Leistungs-Abfall im Alter« und »Die Strategien«)
— Bei »gesunden« Erwachsenen im jüngeren Lebensalter zum Ausgleich für sich einstellende Routinetätigkeiten (siehe »Der normale Leistungs-Abfall im Alter« H. Jeske, M. Bredenpohl, 1986)
— Bei »gesunden« Erwachsenen im höheren Lebensalter (siehe »Der normale Leistungs-Abfall im Alter« und U.M. Fleischmann, 1985; J.A. Yesavage, 1984; I.M. Deusinger, 1983 u.v.a.), auch in Kombination mit Gymnastik (R. Beyschlag, 1986 a, b)
— Bei Erwachsenen im höheren Lebensalter mit krankhaften Funktionsstörungen des Gehirnes (siehe »Was im Gehirn geschieht«; E. Schlösser, 1983; E. Wöllersdorfer, 1983; H.P.D. Godfrey, R.G. Knight, 1985; G. Goldstein und Mitarbeiter, 1985 u.v.a.).

Spezielle geistige Höchstleistungen ließen sich bei jungen und älteren Erwachsenen antrainieren, die von sich aus weder Bedürfnis noch Interesse dazu gehabt hätten. Das belegt die Stärke der Methoden. Besonders eindrucksvoll sind die beiden Studenten, die über 80 bzw. über 100 Ziffern nach etwa einsekündiger Darbietung pro Ziffer wiederholen können (siehe »Höchstleistungen von Geist und Gedächtnis«). Oder die ältere Dame, die ebenfalls — nach speziellem Training — über 100 einmal gehörte Ziffern nachsagen kann, von der M.M. Baltes und H.-W. Wahl (1985) berichten. Die im Erwachsenenalter erworbenen Höchstleistungen belegen die Wirksamkeit der angewandten Trainingsmethoden.
Es spricht also vieles grundsätzlich für die Wirksamkeit geistiger Trainingsmethoden, von denen es mittlerweile viele gibt. Es stellt sich die Frage, welche sind besonders wirksam? Wo stehen Aufwand und Nutzen in einem sehr günstigen Verhältnis zueinander? Welche lassen sich im täglichen Leben einfach durchführen? Um diesen Bedürfnissen entgegenzukommen, war das Gehirn-Jogging entwickelt worden. Außer den aufgezeigten indirekten Belegen über seine Wirkung liegen nun auch direkte vor.

Literatur:
Baltes, M.M., H.-W. Wahl: Plastizität im Alter. Münch.med.Wschr. 127 (1985) 971-973
Beyschlag, R.: Gymnastik als Training cerebraler Funktionen (1) — Gehirn-Jogging. Altenpflege 4 (1986 a) 214-216
Beyschlag, R.: Gymnastik als Training cerebraler Funktionen (2) — Bewegung und Harmonie. Altenpflege 5 (1986 b) 304-306
Deusinger, I.M.: Zur Steigerung zerebraler Leistungen durch spezifisches Gedächtnis-Training. In: Fischer, B., S.Lehrl (Hrsg.): Gehirn-Jogging. Narr: Tübingen, 1983
Fischer, B., S. Lehrl (Hrsg.): Gehirn-Jogging. Biologische und informationspsychologische Grundlagen des zerebralen Joggings. Narr: Tübingen, 1983
Fleischmann, U.M.: Gedächtnisbezogene Förderung im hohen Lebensalter. Rehabilitation 24 (1985) 36-38
Godfrey, H.P.D., R.G. Knight: Cognitive Rehabilitation of Memory Functioning in Amnesic Alcoholics. J. Consult. Clin. Psychol. 53 (1985) 555-557
Goldstein, G., C. Ryan, S.M. Turner, M. Kanagy, K. Barry, L. Kelly: Three Methods of Memory Training for Severely Amnesic Patients. Behav. Modific. 9 (1985) 3587-374
Jeske, H., M. Bredenpohl: Gehirn-Jogging. Eine neue Aufgabe für die Ernährungsberatung? Ernährungs-Umschau 33 (1986) 147-152
Jeske, H., U. Ehmke: Das Paderborner Testsystem: Zerebrales Jogging oder Hirnhochleistungsanforderungen? In: Fischer, B., S. Lehrl (Hrsg.): Gehirn-Jogging. Narr: Tübingen, 1983
Lehrl, S., B. Fischer, W. Eissenhauer, H. Abraham: Gehirn-Jogging. Fortschr. Med. 101 (1983) 1217-1218, 1259
Schlösser, E.: Gedächtnistraining im Rahmen der Rehabilitation von Hirngeschädigten. In: Fischer, B., S. Lehrl (Hrsg.): Gehirn-Jogging. Narr: Tübingen, 1983
Wöllersdorfer, E.: Neuropsychologisches Reaktionstraining und Verlaufskontrolle. In: Fischer, B., S. Lehrl (Hrsg.): Gehirn-Jogging. Narr: Tübingen, 1983
Yesavage, J.A.: Nonpharmacological Treatments for Memory Losses with Normal Aging. Am.J. Psychiatry 142 (1985) 600-605

Intelligenz, Kurzspeicher, Gedächtnis und Persönlichkeit bei 14 Tagen GeJo

Das von einzelnen Personen daheim, in Volksschulen, Seniorenclubs, Patienten in mehreren hundert ärztlichen Praxen und in Kliniken bereits durchgeführte *Gehirn-Jogging* befand sich einige Wochen auf dem Prüfstand. Dr. Hieronim Glowacki, Arzt einer Rehabilitationsklinik, gewann 90 Patienten für seine Untersuchung, die nicht länger als 14 Tage dauerte. Die Patienten, sowohl Männer als auch Frauen, hielten sich in der Klinik mehrere Wochen zur Nachbehandlung innerer Erkrankungen auf. Die Krankheitsbilder waren sehr verschiedenartig. Sie betrafen vor allem Organe wie die Nieren und die Leber und führten nicht zu psychischen Einbußen. Das Ausgangsniveau der geistigen Leistungsfähigkeit — festgehalten durch den Intelligenzquotienten — lag mit IQ 100 bis IQ 110 im gehobenen Durchschnittsbereich. Die meisten Patienten waren zwischen 50 und 70 Jahre alt. Innerhalb der zwei Wochen andauernden Untersuchung von Dr. Glowacki konnten allerdings zwei Drittel der Patienten durch Gehirn-Jogging ihren *Intelligenzquotienten* um 12 bis 15 Punkte (!) steigern. Ihre *Kurzspeicherkapazität* wurde um 24 bis 28 Bits (!) und ihr *Gedächtnisquotient* um 13 bis 17 Punkte (!) erhöht. Es waren genau die zwei Drittel der 91 Patienten, die täglich — auch samstags und sonntags — wenigstens zehn Minuten Gehirn-Jogging betrieben hatten. Da die durchschnittliche Intelligenz des Menschen bei 100 Punkten liegt, ist ein Zugewinn von 12 bis 15 Punkten beträchtlich. Er entspricht etwa dem Unterschied zwischen einem Normalbürger und einem geistig sehr regen Menschen. Der Erfolg in der Kurzspeicherkapazität und in der Gedächtnisleistung ist genau so hoch zu bewerten. Während des Trainings wurden die Patienten darüberhinaus psychisch ausgeglichener. Sie nahmen sich und die Welt und ihre Erkrankung leichter. Die manchmal geäußerte Befürchtung, Gehirn-Jogging — vor allem das am Computer praktizierte — führe dazu, daß man sich immer mehr von den Mitmenschen auf sich selbst zurückzöge, wurde nicht bestätigt. Die Patienten, die am Computer übten, waren nach zwei Untersuchungswochen ihren Mitmenschen gegenüber noch genauso aufgeschlossen wie zuvor. Sie wurden keine in sich zurückgezogenen »Schneckenhaus-Typen«. Was hatten die Patienten eigentlich genauer gemacht?

Die Tests der Patienten mit und ohne GeJo

Noch vor der »Behandlung« mit Gehirn-Jogging oder anderen Methoden füllten die 91 Patienten Fragebogen aus, durchliefen Tests, die den Wissensstand, die momentane Leistungsfähigkeit von Geist und Gedächtnis, sowie die damit verbundene Intelligenz erfaßten. Um das Niveau der Leistungsfähigkeit zu erfassen, wurden herkömmliche Wissens- und Intelligenztests und neueste *informationspsychologische Tests* angewandt. Beispiele von Aufgaben eines derartigen Wissenstests (MWT-B nach S. Lehrl, 1977) gibt die Abbildung 5 wieder. Aufgabenbeispiele eines typischen Tests für flüssige Intelligenz (SPM nach J. C. Raven, 1956) enthält Abbildung 24. Ein Reiz-Reaktions-Spiel am Kleincomputer lieferte die für die Grundgrößen der Informationsverarbeitung erforderlichen Werte (KAI + G nach S. Lehrl und B. Fischer, 1985). Die Versuchspersonen erhielten die Aufgaben über diesen Computer und drückten zur Reaktion auf eine grüne Taste. Durch diesen »Dialog« zwischen Computer und Patient werden drei Grundgrößen der menschlichen Informationsverarbeitung gemessen (siehe »GeJo beginnt links — Grundgrößen geistiger Leistungsfähigkeit«).

1. Die Geschwindigkeit der Informationsverarbeitung
2. die Gegenwartsdauer
3. die Lerngeschwindigkeit.

Das Prinzip, wie die beiden ersten Größen gemessen werden, erkennt man in den Abbildungen 27 und 28. Aus beiden errechnet sich die Kurzspeicherkapazität, die ihrerseits das Niveau der flüssigen Intelligenz und sogar das der Kreativität mitbestimmt (siehe »Allgemeine Grundgrößen üben«, Abbildung 30).

Verfahren für die *Lerngeschwindigkeit*, also für die Informationsmenge, die ins Gedächtnis aufnehmbar und daraus wieder abrufbar ist, enthält das Kapitel »Die Strategien«. Die Werte sind — ähnlich dem Intelligenzquotienten — in *Gedächtnisquotienten* umsetzbar. Dabei bedeutet der Gedächtnisquotient 100 »durchschnittliche Gedächtnisleistung für Erwachsene«. Der Gedächtnisquotient 110 entspricht einer überdurchschnittlichen Leistung, 130 einer extrem überdurchschnittlichen Leistung, 90 dagegen unterdurchschnittlich usw.

Schließlich füllten die Patienten noch einen Persönlichkeits-Fragebogen aus, in dem sie über ihre Gefühle und Einstellungen selbst Auskunft gaben (EPI nach Eggert, 1982).

Beispiele von Fragen aus dem abgenommenen *Persönlichkeits-Test*:

Sind Ihre Gefühle verhältnismäßig leicht zu verletzen?	Ja	nein
Gehen Sie gern viel aus?	Ja	nein
Halten andere Leute Sie für lebhaft?	Ja	nein
Geraten Sie leicht aus der Fassung?	Ja	nein

Aus den Antworten auf diese Fragen erhält man Auskunft, wie es um die *Extraversion* des Patienten bestellt ist, wie er dem Leben zugewandt ist. Oder ob er beispielsweise unter *Neurotizismus* leidet.

Unter Extraversion versteht man das Bedürfnis des Menschen, sich der Außenwelt zuzuwenden, sich in Gesellschaft zu begeben, sich aktiv am Leben zu beteiligen. Eine hohe Extraversion spricht dafür, daß sich der Mensch dem Leben stellt, es aktiv gestaltet, während eine niedrige Extraversion auf den Wunsch schließen läßt, nicht aufzufallen, lieber im Hintergrund zu bleiben, für sich zu sein.

Neurotiszismus entspricht der psychischen Labilität, einer gewissen Wankelmütigkeit. Der Mensch ist nicht in der Lage, seine Gefühle zu beherrschen, ist launisch, neigt zu Konflikten und flüchtet in eine eingebildete Scheinwelt. Psychisch stabile Menschen dagegen sind ausgewogen, lassen sich schwerer aus dem Gleichgewicht bringen, haben die »Rutsch-mir-den-Buckel-runter«-Haltung.

Wenn man wissen will, welche Wirkung Gehirn-Jogging hat, so genügt es nicht, die 91 Patienten die GeJo-Übungen durchlaufen zu lassen und anschließend ihre Veränderungen im IQ, im Gedächtnisquotienten usw. festzustellen. Man muß eine vergleichbare Gruppe — eine Kontrollgruppe haben, die unter den gleichen Bedingungen behandelt wird, die aber kein Gehirn-Jogging treibt.

Deshalb teilte Glowacki seine Patienten in drei Gruppen ein. Gruppe I — bestehend aus 26 Patienten — durfte einen normalen Rehabilitationsaufenthalt absolvieren, mit Turnübungen, Bädern, sonstigen Anwendungen und anregenden Veranstaltungen wie Wandern oder Tanzabenden; sie machten jedoch kein Gehirn-Jogging. Die Gruppe II (31 Patienten) und III (34 Patienten) führten zusätzlich Gehirn-Jogging durch, und dies wenigstens 10 Minuten pro Tag. GeJo sollte wie das Zähneputzen gehandhabt werden, täglich auch samstags und sonntags. Die beiden Gruppen betrieben das Gehirn-Jogging in unterschiedlicher Art und Weise. Während Gruppe II dazu gedruckte Vorlagen benutzte, die mit dem Bleistift zu bearbeiten waren (siehe »Wie man Gehirn-Jogging treibt), beschäftigte sich Gruppe III damit am Computer-Bildschirm.

Die Ergebnisse und ihre Folgen

Nach 14 Tagen unterzogen sich die Teilnehmer der drei Gruppen wieder den Tests (Parallelformen). Die Kontrollgruppe hatte ihre geistige Leistungsfähigkeit (ausgedrückt durch den *Intelligenzquotienten* (IQ), die *Kurzspeicherkapazität* (Bit) und den *Gedächtnisquotienten* (GQ)) gehalten, trotz der zwischenzeitlich überwiegend körperlichen, oft allerdings mit Sinnesreizungen verbundenen Betätigungen. Die Patienten in

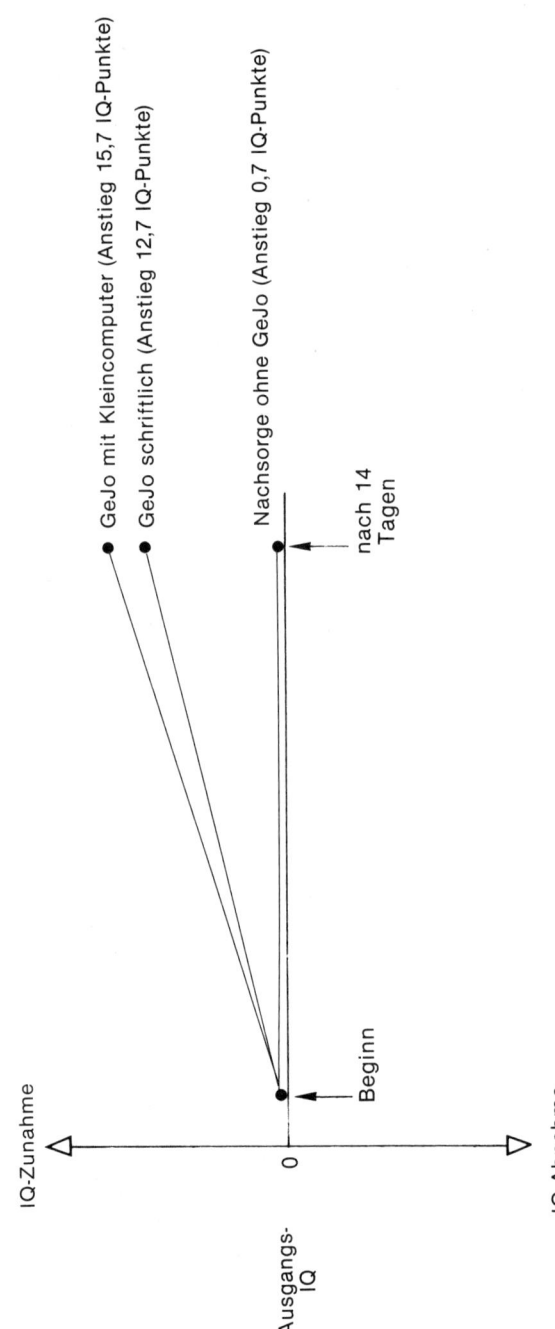

Abbildung 55: IQ-Änderung nach 14 Tagen Nachsorge in einer Klinik mit und ohne GeJo (Mittelwerte).

256

den Gruppen II und III hatten sich in ihren Leistungen dagegen stark verbessert. Zwischen Gruppe II — mit schriftlichen GeJo-Übungen — und Gruppe III — Übungen am Computer — traten keine signifikanten Unterschiede auf. Die typischen Veränderungen unter GeJo gibt die Abbildung 55 am Beispiel des Intelligenzquotienten wieder (nach W. Weidenhammer und Mitarbeitern, 1986). Für die Kurzspeicherkapazität und den Gedächtnisquotienten ergeben sich unter GeJo genauso günstige Verläufe.

Die Patienten, die GeJo-Training durchgeführt hatten, verfügten über eine höhere »flüssige Intelligenz«, eine größere Kurzspeicherkapazität und über ein besseres Gedächtnis. Womit hängt das noch alles zusammen? Sie reagierten schneller und präziser — auch in komplexen Situationen —, waren stärker an ihrer Umwelt interessiert, dachten logischer, zeigten ein einfallsreiches Problemlösungsverhalten, höhere Kreativität (siehe Abbildung 21) und konnten sich stärker konzentrieren als vor Beginn des GeJo-Trainings. Das GeJo-Training hat nicht zuletzt Auswirkungen auf alle Lebensbereiche, beispielsweise auf die Fähigkeit, Gespräche zu führen, auf das Verhalten im Straßenverkehr, die Organisation der Arbeit in Beruf und Haushalt, es stärkt die Selbstsicherheit und erhöht die Ausstrahlung.

Glowacki untersuchte, wie bereits erwähnt, auch die Persönlichkeit. Er war nicht damit zufrieden, festzustellen, daß die geistigen Fähigkeiten zunahmen, sondern er wollte auch herausfinden, wie dieses geistige Joggen den Menschen in seinem Verhalten verändert, ob er beispielsweise introvertierter wirkt, sich von anderen Menschen zurückzieht.

Das Ergebnis der Glowacki-Studie: GeJo führt nicht zu einem Abkapseln von der Umwelt. Der Mensch bleibt kommunikationsfreudig.

Interessant sind die Befunde über das neurotizistische Verhalten, die psychische Labilität bei Patienten, ihre Neigung zu Konflikten, zu launischem Verhalten. Die Teilnehmer aller drei Gruppen zeigten zu Beginn der Klinikbehandlung Abweichungen vom Verhalten der Normalbevölkerung. Sie hatten ihre Gefühle kaum unter Kontrolle, waren weniger ausgeglichen, vermutlich eine Begleiterscheinung ihres Gesundheitszustandes. Die Gruppen, die Gehirn-Jogging getrieben hatten, fanden schneller und besser ihr seelisches (psychisches) Gleichgewicht als die Kontrollgruppe ohne GeJo.

Die Glowacki-Studie macht deutlich, daß GeJo auch zu Ausgeglichenheit führt und den Menschen wieder zum Herrn seiner Gefühle macht. Gewiß liegt die Ursache dieser inneren Harmonie und Zufriedenheit nicht zuletzt darin, daß Geist und Gedächtnis aktiviert werden und daß der Mensch ein Erfolgsgefühl verspürt.

Literatur:
Eggert, D.: Eysenck-Persönlichkeitsinventar (EPI). Handanweisung für die Durchführung und Auswertung. Hogrefe: Göttingen, 1983, 2. Aufl.
Fischer, B., H. Glowacki, S. Lehrl: Basic Capacities of Information Processing and Fluid Intelligence under Brain-Jogging: In: Book of Abstracts. XIIIth International Congress of Gerontology. New York at Rockefeller-Center: New York, 12.-17. Juli 1985
Glowacki, H.: Verlauf der Ergebnisse in Persönlichkeits- und psychischen Leistungstests unter zwei Gehirn-Jogging-Methoden. Eine kontrollierte Untersuchung an Nachsorge-Patienten. Diss., Universität Heidelberg, 1986
Lehrl, S.: Mehrfachwahl-Wortschatz-Intelligenztest MWT-B. Straube: Erlangen, 1977
Lehrl, S., B. Fischer: Kurztest für allgemeine informationspsychologische Grundgrößen KAI + G. König, H.J. (Hrsg.): Test- und Trainingsprogramme für Computer. Systemhaus König & P: Oerlinghausen, 1985
Raven, J.C.: Standard Progressive Matrices. Lewis: London 1956
Weidenhammer, W., H. Glowacki, E. Gräßel: Wie führt man zerebrales Training in der Praxis durch und was hat sich bewährt? In: Fischer, B., S. Lehrl (Hrsg.): Pregeriatics-Geriatrics-Rehabilitation (Band 3): Fachklinik Klausenbach: Nordrach, 1986

Sie fühlen sich leistungsfähiger nach 10 Minuten GeJo

Acht Wochen lang nahmen Erlanger Bürger — die Mehrzahl davon war über 50 Jahre alt — wöchentlich an einem GeJo-Kurs teil. Sie trafen sich unter der Betreuung des Medizin-Doktoranden Elmar Gräßel im Begegnungszentrum »Dreycedern«. Sie kamen eigentlich nicht dahin, um ihre Übungen zu absolvieren, sondern um 20 bis 30 Minuten lang einiges über die Theorie und die frischesten Erkenntnisse zu erfahren und um sich die neuesten schriftlichen Hausaufgaben für die folgende Woche abzuholen. Diese Aufgaben sollten täglich erledigt werden. Bevor sie mit den GeJo-Übungen begannen, sollten sie zwei Feststellungen ankreuzen: ihr momentanes Befinden und ihre derzeitige *Leistungsfähigkeit* nach vorgegebenen Abstufungen.

Ich fühle mich wohl:

     ○ ganz besonders
     ○ sehr
     ○ gerade noch
     ○ weniger
     ○ gar nicht

Ich glaube,
heute leisten zu können:

     ○ sehr viel
     ○ viel
     ○ einiges
     ○ wenig
     ○ gar nichts

Nach Durchführung der GeJo-Übungen sollten die Kursteilnehmer wiederum — wie eben beschrieben — ihr momentanes Allgemeinbefinden und ihre Leistungsfähigkeit anhand der vorgegebenen Skala einschätzen, ohne die vorher gemachten Angaben sehen zu können. Dieser Versuch wurde über 56 Tage durchgeführt und zwar täglich, auch an Samstagen und Sonntagen.

Das Ergebnis der statistischen Analyse: Im allgemeinen Befinden dieser ohnehin meist quicklebendigen Personen änderte sich nichts Auffälliges. Aber nach ungefähr 80 Prozent der Gehirn-Jogging-Tage fühlten sich die Kursteilnehmer nach den Übungen leistungsfähiger als unmittelbar vorher. Die Veränderung ist statistisch sehr signifikant. Das Resultat belegt die beabsichtigte Wirkung von GeJo.

Noch eines zeigte die Untersuchung (E. Gräßel, 1986): vormittags gegen 9 Uhr und abends gegen 18 Uhr ist GeJo am wirksamsten. Das erbrachten die Ergebnisse zumindest bei Senioren.

Literatur:

Gräßel, E.: Auswirkungen des gezielten Trainings der zentralen Informationsverarbeitung (»Gehirn-Jogging«) auf die Selbsteinschätzung der Leistungsfähigkeit in Abhängigkeit von der Trainingszeit Geriatrics-Pregeriatrics-Rehabilitation 2, 4 (1986) 103-112
Gräßel, E.: Auswirkungen des gezielten Trainings der zentralen Informationsverarbeitung (»Gehirn-Jogging«) auf die Alltagsaktivität, auf psychophysische Befindlichkeitsparameter und auf die Befindlichkeit und das Leistungsgefühl. Diss., Universität Erlangen-Nürnberg, vorgelegt
Weidenhammer, W., H. Glowacki, E. Gräßel: Wie führt man zerebrales Training in der Praxis durch und was hat sich bewährt? In: Fischer, B., S. Lehrl (Hrsg.): Pregeriatics-Geriatrics-Rehabilitation (Band 3): Fachklinik Klausenbach: Nordrach, 1986

GeJo im Klassenzimmer:
Schüler machen besser mit

Während ihr Fachlehrer Werner Brauckhoff Unterricht in Raumlehre erteilt, erheben sich zehn Schüler und begeben sich hinter die Glaswand, die das Klassenzimmer unterteilt (Abbildung 56). Dort setzt sich jeder an einen der bereits eingeschalteten Kleincomputer, wählt auf dem Bildschirm den Schwierigkeitsgrad und die Ablaufgeschwindigkeit der Aufgaben und wartet einige Sekunden. Dann beginnt er mit dem Gehirn-Jogging.

Der Erfolg des Gehirn-Joggings bei *lernbehinderten* Jugendlichen wurde von Lothar Schwarz, dem Leiter des Jugenddorfes Olpe bestätigt. Anläßlich seines Vortrages zur Veranstaltung über Gehirn-Jogging im Erlanger Begegnungszentrum Dreycedern, am 17.9.85, schilderte er seinen Eindruck, wonach sowohl *Konzentration* als auch *Durchhaltevermögen* der Schüler angestiegen waren. Sie hatten wieder Freude daran gefunden, Leistung zu erbringen, ihre *Schulnoten* hatten sich gebessert.

Die Aufgabe des Jugenddorfes besteht darin, die 140 ihm für ein Jahr anvertrauten 16- bis 20jährigen möglichst zur Ausbildungsreife zu führen. Die Probleme der Jugendlichen liegen in Konzentrationsschwächen, schwachen Gedächtnisleistungen, geringem Vertrauen in die eigene Leistungsfähigkeit. Teilweise leiden sie unter Verhaltensstörungen, oftmals verbunden mit Aggressivität. Bei anderen stehen psychosomatische Störungen, wie häufige Kopfschmerzen oder Bauchschmerzen im Vordergrund. L. Schwarz und Mitarbeiter kamen bei der Einarbeitung ins Gehirn-Jogging auf eine originelle Idee. Sie lassen die Jugendlichen während des täglichen Unterrichtes jeweils 10 bis 15 Minuten an Kleincomputern Gehirn-Jogging üben. Da zehn Geräte vorhanden sind, können jeweils 10 Schüler hinter der Glaswand üben, während der Unterricht normal weiterläuft. Die ruhigen Schüler kommen danach angeregt zum Unterricht zurück, während die Zappelphilippe ruhiger werden und die aggressiven Entladungen der Schüler abnehmen.

Bei der ersten Durchsicht zeigte sich ein deutlicher Anstieg der Noten. Zur Zeit werden die Ergebnisse zur weiteren Absicherung ausführlichen statistischen Analysen unterzogen. Die bislang während eineinhalb Jahren gemachten Erfahrungen haben jedenfalls schon dazu geführt, Gehirn-Jogging weiter und intensiver bei Jugendlichen anzuwenden.

Abbildung 56: Unterrichtsraum im Jugenddorf Olpe, in dem nebeneinander unterrichtet und Gehirn-Jogging getrieben wird.

Literatur:
Schwarz, L.: Bericht über die Durchführung des Berufsvorbereitungs-
jahres für berufsunreife Jugendliche im Jugenddorf Olpe unter dem be-
sonderen Aspekt des hier durchgeführten Gehirn-Joggings.
In: Fischer, B., S. Lehrl (Hrsg.): Pregeriatrics-Geriatrics-Rehabilitation
(Band 2). Fachklinik Klausenbach: Nordrach, 1986

GeJo nach dem Arztbesuch:
die Wirkung der Medikamente steigt

Über sechzig niedergelassene Ärzte und insgesamt 345 ihrer Patienten aus den verschiedensten Gegenden Deutschlands machten mit. Die Patienten — ihr Alter lag zwischen 32 und 90 Jahren — litten an leichten *Funktionsstörungen des Gehirns.* Typische Symptome: Vergeßlichkeit, geminderte Konzentrations- und sonstige Leistungsfähigkeit, Interessenverluste, vermehrte Angstgefühle, Mißstimmungen, Gähnanfälle und Schlafstörungen. Nicht selten auch Schwindelgefühle, Ohrgeräusche und Sehstörungen. (W. Brandt, 1986; W. Weidenhammer u. Mitarb., 1986).

Sechs Wochen lang nahmen sie ein vom Gesundheitsamt Berlin anerkanntes Medikament zur Verbesserung von *Hirnstoffwechsel* und *Hirndurchblutung.* Vor der Behandlung und nach sechs Wochen füllten sie die »Skala für leichte Formen der cerebralen Insuffizienz« aus, in der ihr Befinden und das Zurechtkommen im Alltag anzugeben waren; beispielsweise Schwierigkeiten beim Einkaufen, Lesen, Schreiben, Fernsehen oder Schlafstörungen, Mißstimmungen und so weiter (W. Weidenhammer, B. Fischer, 1986).

Außerdem ließen sie vor und am Ende der Behandlung ihre *Gegenwartsdauer* (siehe Abbildung) und die *Geschwindigkeit ihrer Informationsverarbeitung* mit dem »Kurztest für Grundgrößen der Informationsverarbeitung »KAI« (S. Lehrl, A. Gallwitz, L. Blaha, 1980) messen. Wie erwartet, nahmen diese Kapazitäten der Informationsverarbeitung und somit auch die komplexen *geistigen Leistungen* zu. Die Schwierigkeiten im Alltag nahmen entsprechend ab, und das *Befinden* besserte sich.

Durch die Untersuchung wollte man aber noch mehr erfahren. Deshalb war jeder zweite Patient nach 14tägiger Medikamentenbehandlung gebeten worden, zusätzlich jeden Tag im Übungsbuch eine Seite *Gehirn-Jogging* zu treiben. Eine Seite, das ist sehr wenig. Für viele nur zwei, drei Minuten Übungszeit. Vier Wochen später, als die Abschlußmessungen stattfanden, waren die Patienten mit Medikamentenbehandlung plus GeJo tatsächlich noch besser als die mit alleiniger Medikation: die Kapazitäten der Informationsverarbeitung hatten sich noch mehr erhöht, im Alltag kamen sie noch besser zurecht.

81% der Patienten, die mit GeJo Erfahrung hatten, gaben an, dieses Training sei wichtig, sogar sehr wichtig, und nur 2% hielten es für unwichtig. Die überwiegende Mehrheit, nämlich 86% wollten nach den vier Wochen weitermachen.

Literatur:
Brandt, W.: Bericht des Kenda-Institutes in Freiburg. März 1986
Lehrl, S., A. Gallwitz, L. Blaha, B. Fischer: Geistige Leistungsfähigkeit: Theorie und Messung der biologischen Intelligenz mit dem Kurztest KAI. Vless: Ebersberg, 1991
Weidenhammer, W., B. Fischer: Ein Selbstbeurteilungsverfahren zur Erfassung leichter Formen der cerebralen Insuffizienz. Romanian J. Geront. Geriatrics 7 (1986) 15-24
Weidenhammer, W., B. Fischer, S. Lehrl: Erfahrungen mit der kombinierten Therapie aus Antihypoxidotikum und zerebralem Training bei Patienten mit zerebrovaskulärer Insuffizienz. Geriatrics-Pregeriatrics-Rehabilitation 2,4 (1986) 113-116

Hochleistung mit 75 Jahren: in drei Monaten

Am 25. 2. 1986 stellten sich zwei Damen im Erlanger Begegnungszentrum Dreycedern der Öffentlichkeit vor. Sie hatten sich zusammen mit sieben weiteren Teilnehmerinnen drei Monate zuvor zum Hochleistungskurs gemeldet. Durch diesen Kurs sollte sich die kurzfristige Speicherung von Information auch beim älteren Menschen erhöhen. Die Erlanger Nachrichten berichteten zwei Tage später darüber:

»Fünfzehn Zahlen in einer Reihe konnten sich die 75jährige Elfriede E. (Abbildung 36) und die 22 Jahre jüngere Anni F. nach den dreimonatigen Anstrengungen merken: kurz nachdem sie sich die Ziffern mit Karten aufgedeckt hatten, brachten sie sie auswendig zu Papier. Ein Student, dem man die beste Konzentrationsfähigkeit nachsagt, bringt es dagegen auf Anhieb auf sieben Zahlen, im Durchschnitt kann man sich fünf Zahlen problemlos merken und wiedergeben.«

Diese Damen hatten sich wöchentlich einmal mit dem Kandidaten der Zahnmedizin, Herbert Biebl, und einem der Autoren getroffen. Dabei sprachen sie gemeinsam ihre wöchentlich wenigstens dreimal durchzuführenden, jeweils wenigstens zehn Minuten dauernden Übungen durch. Was und wie sie mit den Karten von GeJoCard übten (siehe »Wie man Gehirn-Jogging treibt«), ist ebenfalls in den Erlanger Nachrichten ausführlich dargestellt:

Das »Kartenspiel«
Beim für solche Tests üblichen System werden Karten in der Anzahl der später zu speichernden Ziffern gemischt und umgekehrt aufgelegt. Die Testperson dreht sich die Karten kurz um, hat eine Sekunde für jede Ziffer Zeit, sich diese zu merken und muß dann die Nummern wieder verdecken. Danach werden auf einem kleinen Block die Ziffern notiert und verglichen. Das geht bei jeder Zahlenmenge solange, bis eine »Sicherheitsquote« von 70 bis 80 Prozent erreicht ist; dann darf man in die nächste Kategorie aufsteigen.

Das ging nicht ohne — erlaubte — Tricks und Kniffe. So fing zum Beispiel die 75jährige Elfriede E., nachdem sie neun Zahlen leicht behalten konnte, damit an, den zusätzlichen Ziffern Synonyme zuzuordnen. Die Eins bekam dabei die Bedeutung »Kälte«, die Sieben »Wärme«. Mit diesen Eselsbrücken strapazierte sie zwar ihr Gedächtnis zusätzlich, nutzte jedoch aus, was Psychologen schon lange wissen: im Kurzzeitspeicher des Gehirns ist Platz für fünf Sekunden »Eingaben«, danach wird die Information ins *Langzeitgedächtnis* weitergegeben und kann erst

nach Grübeln und Überlegen wieder hervorgebracht werden. Die alte Dame brachte die ersten Ziffern im Langzeitspeicher unter, um die »nackten Zahlen« gleich wieder auszusprudeln. Über die selbst geschaffenen *Eselsbrücken* fand sie danach auch die weiteren Kombinationen und vervollständigte die Reihe.
Ähnlich machte es die jüngere Anni F. Sie tat sich leichter, wenn sie die Ziffern zu mehrstelligen Zahlen verband, mußte später aber zu ähnlichen Mitteln greifen, wie ihre Mitstreiterin. Dabei genügte es ihr nicht, die bloßen Bedeutungen der Zahlen zu erkennen: »Ich schrieb mit meinen Synonymen kleine Geschichten, die ich später mit den Zahlen in der richtigen Reihenfolge notierte.«

Abbildung 57: Die 75jährige Elfriede E. vor 15 Karten, die sie nach kurzem Anschauen (1 Sekunde pro Karte) wiederholen kann.

Durch diese Übungen wurde — wie im Zeitungsbericht schon dargelegt — nicht nur der *Kurzspeicher*, bzw. das *unmittelbare Behalten*, sondern auch das Gedächtnis angesprochen. Die Kursteilnehmer hatten dabei ihre eigenen *Strategien* entwickelt, um diese Hochleistungen zu erreichen. Sie berichteten übereinstimmend, daß sich ihre *Konzentrationsfähigkeit* während der Übungen gesteigert habe. Zwitschern der Zimmervögel, Geräusche von der Straße, Knacken in der Heizung, selbst Zuschauer vermochten sie nun nicht mehr abzulenken, was vor Kursbeginn noch häufig der Fall war.

Wichtig ist auch die Feststellung, daß die kurzfristige, ca. zehn-minütige geistige Höchstleistung beim Training zwar momentan als anstrengend, auf Dauer jedoch nicht als Streß empfunden wurde. Gehirn-Jogging kann demnach auch über wenige Minuten intensiv betrieben werden. Das gilt jedoch nur, wenn man nicht schon gestreßt, sondern in Ruhe darangeht. Inwieweit noch weitere geistige Leistungen von diesen Übungen profitieren, überprüft Biebl gerade in seiner Doktorarbeit. Ein weiteres Ergebnis läßt sich bereits jetzt aufzeigen: Das Selbstbewußtsein und das *Vertrauen in die eigene Leistungsfähigkeit* erhöhten sich im Laufe des Kurses. Das ist sicher ein weiterer Grund für den Schlußsatz, den Thomas Senne in der Süddeutschen Zeitung über den Kurs im Begegnungszentrum Dreycedern schrieb: »Gehirn-Jogging könnte daher durchaus zu einem Volkssport werden — auch für Senioren«.

Literatur:
Biebl, H.: Höchstleistungstraining der Merkfähigkeit bei Personen in der zweiten Lebenshälfte. Eine Verlaufsuntersuchung über spezifische und unspezifische Änderungen der geistigen Leistungsfähigkeit. Diss., Universität Erlangen-Nürnberg, in Vorbereitung
r.b.: Per Gehirn-Jogging zur Gedächtnisleistung. Erlanger Nachrichten, 24.2.1986
Senne, Th.: Damit der Geist nicht einschläft. Süddeutsche Zeitung, 8.3.1986

WIE MAN GEHIRN-JOGGING TREIBT

WIE MAN GEHIRN-JOGGING TREIBT 270

GeJo als täglicher Anreger 271

Sofort üben oder erst entspannen? 272

Wie lange GeJo wirkt 275

GeJo mit Papier und Bleistift 276

GeJo mit Cassette: GeJo Phon 279

GeJo mit Computer 281

GeJo mit Kartenspiel 284

Gehirn-Jogging im Überblick 286

Wie man Gehirn-Jogging treibt

Gehirn-Jogging läßt sich schnell lernen, denn die Übungen sind einfach. Es gibt vier verschiedene Möglichkeiten zu trainieren:

1. mit Papier und Bleistift (*GeJo schriftlich*),
2. mit Cassette *(GeJo-Audio)*
3. mit einem Kleincomputer (*Computer-GeJo*),
4. mit einem Kartenspiel (*GeJoCard*).

Jede dieser drei genannten Methoden des Gehirn-Joggings übt die drei grundlegenden Funktionen von Geist und Gedächtnis (siehe »GeJo beginnt links: Grundgrößen...«), nämlich Informationsverarbeitungsgeschwindigkeit, Gegenwartsdauer und Gedächtnis. Aufmerksamkeit und Konzentrationsfähigkeit werden jeweils mittrainiert. Alle diese drei Arten des Gehirn-Joggings bauen auf dem Prinzip auf:

1. Eine Aufgabe geistig zu bewältigen —
   und sei sie auch leicht —
2. gleichzeitig eine Bewegung durchzuführen —
   und wenn es auch nur ein Strich mit dem Bleistift ist.

Bevor die Übungen im einzelnen vorgestellt werden, nachfolgend noch einige Hinweise, wie oft und wann man GeJo durchführen soll.

GeJo als täglicher Anreger

Geist und Gedächtnis sollte man möglichst **täglich trainieren.** Denn Untersuchungen zeigen, daß schon bei mangelnder geistiger Tätigkeit innerhalb von fünf Tagen Intelligenz und Konzentration erheblich gesunken sind (S. Lehrl, 1984). Der kritische Punkt besteht für viele Menschen darin, sich dazu aufzuraffen, sich regelmäßig an die Aufgaben zu setzen, obwohl sie, wenn man schon mal dransitzt, Spaß machen. Man sollte sich daran gewöhnen, die Übungen in den Tagesablauf einplanen und als selbstverständlich hinnehmen, wie das Zähneputzen. Es gibt viele Gründe, die dafür sprechen, etwas gegen den schleichenden Verfall von Geist und Gedächtnis zu unternehmen. Er führt allmählich zu vermehrter Niedergeschlagenheit, zu Angst, Schlafstörungen, Unzufriedenheit, Erkrankungen und letztlich zum frühen Tod.

Der günstigste Zeitpunkt für GeJo ist morgens, vielleicht noch vor dem Frühstück. Zum einen, weil man sich dadurch für den ganzen Tag wappnet. Zum anderen, weil dann die Wirkung hoch ist (E. Gräßel, 1986). Von der momentanen Wirkung her ist noch die Zeit von 18 bis 19 Uhr sehr günstig.

GeJo dient den meisten als **Anreger** (B. Fischer, U. Fischer, 1984). Es soll Geist und Gedächtnis auf Schwung bringen und dabei den Hirnstoffwechsel und die Hirndurchblutung steigern. Somit gibt es die Initialzündung für den Tag. Es wärmt den Motor, sprich das Gehirn, als Werkzeug von Geist und Gedächtnis, vor. Übende berichten oft, wie ihnen im Kopf heiß wird. Von da ab läuft alles leichter: Die Planung des Tages, Termine, Treffen mit Angehörigen, das Durchdenken der Wege zu Behörden, zum Einkaufen, so daß man mit wenig Aufwand viel schafft. Man fühlt sich dabei auch in der richtigen Stimmung anzupacken. Selbst der Körper läßt sich leichter dirigieren. Das Aufstehen vom Stuhl, Sessel, Bett bereitet keine Schwierigkeit mehr. Man wird von den Zielen, den Terminen, den Orten, wo etwas zu besorgen ist, angezogen.

Als Übungszeit genügen etwa **10 Minuten.**

Jedenfalls sollte man sich nicht dabei verausgaben. Man sollte nicht die Energien, die es freisetzt, durch GeJo wieder verbrauchen. Denn es ist vor allen Dingen ein Anreger (siehe oben). Personen in einer sehr wenig anregenden Umgebung, beispielsweise Bettlägrige, sollten es mehrfach am Tag üben.

Sofort üben oder erst *entspannen*?

Wer schon entspannt oder noch nicht genügend in Schwung ist, kann mit GeJo unmittelbar beginnen. Das gilt für alle, die bei mehreren der folgenden Eigenschaftswörter sagen können, das trifft auf meinen jetzigen Zustand zu (in Anlehnung an: C. Mackay und Mitarbeiter, 1978).

Ich fühle mich jetzt:

> **friedlich, entspannt, heiter, zufrieden, ausgeruht, bequem, ausgeglichen, ruhig**
> oder
> **schläfrig, verschlafen, faul, gelangweilt, träge, untätig, passiv.**

Auch wer sich bereits angeregt, aktiviert fühlt, kann unmittelbar mit dem Gehirn-Jogging beginnen. Typische Zustände sind:

Ich fühle mich jetzt:

> **energiegeladen, aktiv, vollwach, munter, lebhaft, aktiviert, angeregt, lebendig, kräftig.**

Kompliziert ist es bei den Ge*stre*ßten. Befinden Sie sich in einem Zustand, in dem
— Ihre Aufmerksamkeit hin und her wandert
— Sie sich nicht mehr auf eine Sache, ein Thema konzentrieren können,
— Sie kurz über dieses und gleich darauf über jenes reden oder nachdenken,
— Sie also ihren Kopf nicht bei der Sache haben,
dann kann GeJo das direkte Gegenmittel sein. Hier sollte man GeJo sofort betreiben, weil man sich dabei auf einen Punkt konzentrieren muß. Wenn es nicht hilft oder wenn mehrere der nachfolgend genannten Zustände zutreffen, sollte man vor das GeJo eine Entspannungsphase legen.

Ich fühle mich jetzt:

> **erschöpft, fix und fertig, übermäßig angespannt, erholungsbedürftig, übernervös, wie ein Nervenbündel, rundum kaputt, niedergeschlagen, in einer hoffnungslosen Lage, beunruhigt, ängstlich, zerschlagen, matt, wie ausgelaugt, am Boden zerstört.**

Als Entspannungsmethode kommen beispielsweise *Biofeedback-Therapien* oder das *Autogene Training* in Betracht. Letzteres ist mehr verbreitet. Man sollte es jedoch nicht nach Büchern, sondern unter Fachaufsicht lernen. Viele Volkshochschulen und private Einrichtungen bieten derartige Kurse an.

Eine besonders leicht erlernbare Form wurde in Klausenbach für die dortigen Patienten entwickelt. Sie wird dort als Vorstufe des eigentlichen Gehirn-Joggings eingesetzt, und beides zusammen bezeichnet man als »*Entspannungs-Jogging*«. Um davon einen Eindruck zu vermitteln, wird nachfolgend eine Beschreibung für Fachbetreuer wiedergegeben (B. Fischer und Mitarbeiter, 1985, S. 69f).

Wie führt man Entspannungs-Jogging durch?

Die Übungen gehen folgendermaßen vor sich:
Der Patient wird aufgefordert, sich hinzusetzen oder hinzulegen und die Augen zu schließen, um die verschiedenen sensorischen Modalitäten zeitversetzt wahrzunehmen. Es wird ihm erklärt: wenn er sich auf eine sensorische Modalität konzentriert, bleiben die anderen Sinnesmodalitäten unangeregt und er entspannt sich muskulär.

Übung 1: Er/Sie konzentriert sich nur auf das Atmen durch die Nase (evtl. Parfümgeruch im Raum).
Danach wird die Aufmerksamkeit des Patienten auf den Weg seines Atems bis in die Alveolen gelenkt.

Übung 2: Er/Sie konzentriert sich nach Kurzwiederholung von Übung 1 (gleitender Übergang) bei geschlossenen Augen auf das spontane Sehen (z.B. Farben/Kreise usw.).

Übung 3: Er/Sie konzentriert sich nach Kurzwiederholung der Übung 1 und 2 (gleitender Übergang) bei geschlossenen Augen auf das Hören und nur auf das Hören.

Übung 4: Er/Sie konzentriert sich nach Kurzwiederholung von Übung 3 (gleitender Übergang)
4.1 auf die Lage/Schwere/Temperatur/Arbeit (z.B. Atmen) des Kopfes. Bei mangelnder Konzentration wird ein tiefer Atemzug durchgeführt und anschließend die Atmung bei weiteren Atemzügen verfolgt.
4.2 auf die Lage/Schwere/Temperatur/Arbeit der Arme. Bei mangelnder Konzentration wird einmal die Faust geballt und anschließend die Spannung der Muskulatur erfaßt.
4.3 auf die Lage/Schwere/Temperatur/Arbeit des Halses, des Brustkorbes einschließlich Herz und Lungen. Bei mangelnder Konzentration analoge Übungen s.o.
4.4 auf die Lage/Schwere/Temperatur/Arbeit des Abdomens.

4.5 auf die Lage/Schwere/Temperatur/Arbeit der Ausscheidungsorgane.

4.6 auf die Lage/Schwere/Temperatur/Arbeit der Beine.

Übung 5: Er/Sie konzentriert sich nach Kurzwiederholung von Übung 3 und Übung 4 bei geschlossenen Augen auf die Temperatur des Körpers. Die Temperatur des Körpers soll allmählich als warm und wärmer empfunden werden. Hilfsübungen sind dabei Faust zu-, Faust aufmachen und dabei die Temperatur der geöffneten Hand empfinden.

Übung 6: Er/Sie konzentriert sich auf die Lage des Körpers. Er/Sie haben die Vorstellung, der Körper breite sich auf dem Sand aus wie die Butter an der Sonne. Dabei kann ein formelhafter Satz gedacht werden, z.B.: der Strand bin ich, ich bin der Strand. Es kann ebenfalls ein emotionaler formelhafter Satz gedacht werden: ich fühle mich wohl, ich sinke tiefer, immer tiefer.

Übung 7: Er/Sie konzentriert sich auf die Vorstellung: »Es weht ein kühles Lüftchen. Ich tauche aus dem Strand auf (Arme, Kopf, Hals, Bauch, Beine). Ein Kind bespritzt mich mit Wasser und lacht. Ich lächle ebenfalls und schlage die Augen auf«.

Danach wird die Muskulatur angespannt; die Augen werden geöffnet; anschließend wird die Muskulatur entspannt. Dem Nachbarn rechts und links werden die Hände gegeben. Es wird noch einmal kurz die Muskulatur angespannt. Danach ist die Übung zu Ende.

Literatur:

Fischer, B., U. Fischer: Gehirn-Jogging für Ältere. In: Böhlau, V. (Hrsg.): Altern: körperliches und geistiges Training — medizinische Therapie. Schattauer: Stuttgart-New York, 1984

Fischer, B., S. Lehrl, U. Fischer: Entspannungsjogging. In: Bergener, M., B. Kark (Hrsg.): Psychosomatik in der Geriatrie. Steinkopff: Darmstadt, 1985

Gräßel, E.: Auswirkungen des gezielten Trainings der zentralen Informationsverarbeitung (»Gehirn-Jogging«) auf die Selbsteinschätzung der Leistungsfähigkeit in Abhängigkeit von der Trainingszeit. Geriatrics-Pregeriatrics-Rehabilitation 2,4 (1986) 103-112

Lehrl, S., B. Fischer, W. Eissenhauer, H. Abraham: Gehirn-Jogging. Fortschr. Med. 101 (1983) 1217-1218, 1259

Mackay, C., T. Cox, G. Burrows, T. Lazzerini: An Inventory for the Measurement of Self-Reported Stress and Arousal. Brit. J. Soc. Clin. Psychol. 17 (1978) 283-284

Wie lange GeJo wirkt

Wer sich durch GeJo optimal zu aktivieren versucht und dann plötzlich aufhört, dem wird es wie den Patienten in den Akutkrankenhäusern gehen (»Der schleichende geistige Verfall«): nach wenigen Tagen wird seine geistige Leistungsfähigkeit deutlich gesunken sein.
Direkte Untersuchungen über die Nachwirkungen von GeJo gibt es noch nicht. Aber es liegen über einige Versuche des *Intelligenztrainings* und seine *Wirkungsdauer* bereits Ergebnisse vor, die sich sicherlich auf GeJo übertragen lassen:
1. Ein 12wöchiges Intelligenztraining von Vorschulkindern ließ seine Wirkung noch sechs Monate später nachweisen — länger dauerte die Studie nicht (R. Kamenz, J. Klapprott, 1984),
2. gesunde Erwachsene zwischen 65 und 85 Jahren nahmen ebenfalls an einem Intelligenztraining teil. Sie erhielten je insgesamt zehn Trainingsstunden. Bei der letzten Nachuntersuchung, die nach einem halben Jahr stattfand, ließen sich immer noch Effekte nachweisen, die allerdings nicht mehr so stark wie in den Monaten vorher waren (F. Dittmann-Kohli, 1986).
Vermutlich könnte man auch GeJo noch nach einem halben Jahr nachweisen. Wichtig ist aber nicht nur seine direkte Wirkung auf die allgemeine geistige Leistungsfähigkeit, sondern auch seine Anregung, sich im Beruf und Alltag mehr zu engagieren, sich der Umwelt stärker zu öffnen. Das wirkt wiederum auf die geistige Leistungsfähigkeit zurück; es hält fit.

Literatur:
Dittmann-Kohli, F.: Die trainingsbedingte Veränderung von Leistungsbild und kognitiven Fähigkeiten im Alter Z. Gerontol. 19 (1986) 309-322
Kamenz, R., J. Klapprott: Wirkungen eines Intelligenztrainings mit leistungsschwachen Vorschulkindern, Psychol. Erz. Unterr. 31 (1984) 100-108

GeJo mit Papier und Bleistift

Dazu gibt es mehrere Gehirn-Jogging-Übungshefte. Diese Übungspro-gramme enthalten Aufgaben, mit denen jeweils unterschiedliche Funk-tionen des Gehirns trainiert werden können. So werden *Geschwindig-keit der Informationsverarbeitung, Gegenwartsdauer (unmittelbares Be-halten), Gedächtnis (mittelbares Behalten)* gefördert.

Ein Beispiel für das Training der Geschwindigkeit der Informationsverar-beitung sind Durchstreichaufgaben.
Die Aufgabe besteht darin, in einer Zeile mit Buchstaben zwei gleiche, nebeneinander stehene Buchstaben möglichst schnell zu erkennen und durchzustreichen, z.B. so:

D O P P G R I T U

Immer, wenn Sie mit einer Zeile fertig sind, schreiben Sie daneben die Anzahl der durchgestrichenen Buchstabenpaare. Größer ist der Trai-ningseffekt, wenn Sie es schaffen, schon während des Durchstreichens mitzuzählen, so daß Sie die Anzahl der durchgestrichenen Buchstaben-paare sofort an den Rand schreiben können. Für das Beispiel oben sieht die Lösung so aus:

D O P P G R I T U

Versuchen Sie es jetzt selbst.

K O P P L K R D D

J U F F T A A S W

Ö U Z Z R R T E E

U U O I I N B D D

R E E C C X Y Y H

Anzahl der durchgestrichenen Buchstabenpaare =

Schon wesentlich schwieriger ist folgende Übung, mit der Sie die Ge-schwindigkeit Ihrer geistigen Abläufe trainieren und zugleich Ihre Kon-zentration üben.

So führt man diese Übungen durch:
In jeder Zeile sehen Sie links ein Wort. Rechts daneben in der Buchstabenreihe ist dieses Wort versteckt. Suchen Sie es und unterstreichen Sie es. Arbeiten Sie dabei so schnell wie möglich.

Hier einige Beispiele:

ES	SBVZTNUESIUZIMNIUZ	123	456798760912353678
GEHT	KLEOSEGEHTLPÖSTZM	672	549812086406729023
LOS	MKLTRSIUSMZRLOSTG	5432	678132549854328796

Suchen Sie das versteckte Wort und unterstreichen Sie es

ARBEIT	THKSENGTIEARBEITPL	TERMIN	LKMNIUHLRETERMIN
ERFOLG	HNMOPLERFOLGHKZT	TEMPO	HJZERTWTEMPOKLJI
LOCKER	THXCVBZKMNLOCKER	SCHNELL	WERGHGIJSCHNELLE
EINFACH	EUEINFACHKLISVFACH	LOESEN	KLOSTNLOESENJNSI
REIHE	KLWOHHREIHEWEKLSI	AUFGABEN	FGABTRFAUFGABEN
BASIS	NBSLKSISBIBASISLKBS	TEMPO	MPOTREMTEMPOSTI
SCHWUNG	OPSCKHSCHWUNGBLE	UEBUNG	UEBUNGLIBNGUESG
WIRKUNG	KHMEWIRKUNGQFGLZ	HUNGER	KLHGZDHUNGERJKH
ESSEN	VRGOESSENMNHESTR	FETT	ETFTCSEKLEFFETTA
ANTEIL	TRANTIELGKTANTEILN	ZUCKER	SZCKRESZUCKERSB

Als weiteres Beispiel nun eine Gedächtnisübung:

Der Wetterbericht meldet für die verschiedenen Teile Deutschlands folgende Temperaturen, die Sie sich einprägen sollen:

— im Norden 15 Grad
— im Süden 20 Grad
— im Westen 13 Grad
— im Osten   25 Grad

Haben Sie alles im Kopf? Dann decken Sie bitte das Blatt zu und beantworten folgende Fragen:

Wo wurde die niedrigste Temperatur gemessen?

— im Westen
— im Osten

Nur eine der beiden Antworten stimmt. Kreuzen Sie bitte die richtige Antwort an. Bevor Sie überprüfen, ob Sie sich richtig erinnert haben, beantworten Sie bitte noch die nächste Frage.

Welches war die höchste gemessene Temperatur?

— 35 Grad
— 25 Grad

Bei einem anderen Aufgabentyp üben Sie, schnell Informationen aufzunehmen und gleichzeitig den Sinn dieser Informationen zu erkennen
und anzuwenden.

Verbinden Sie die übergeordneten Begriffe (links) mit den dazugehöri-
gen Beispielen (rechts):

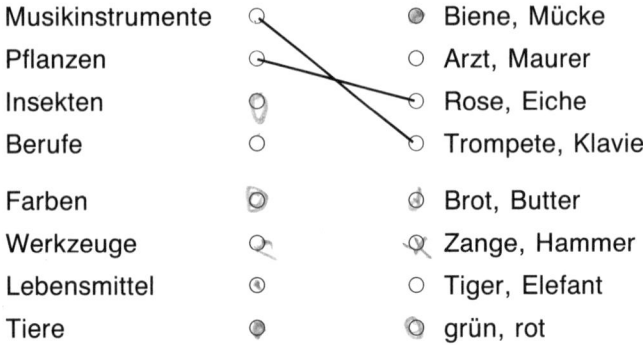

Musikinstrumente			Biene, Mücke
Pflanzen			Arzt, Maurer
Insekten			Rose, Eiche
Berufe			Trompete, Klavier
Farben			Brot, Butter
Werkzeuge			Zange, Hammer
Lebensmittel			Tiger, Elefant
Tiere			grün, rot

Es sind bereits mehrere Übungshefte mit unterschiedlichen Schwierig-
keitsgraden erschienen.
Neu erstellt wurde nunmehr auch ein Übungsheft für Kinder, welches
keine Lesefähigkeit erfordert. Die Aufgaben basieren auf gegenständ-
lichen Zeichnungen, die eingeprägt, gemerkt oder zugeordnet werden
müssen.

GeJo mit Cassette: GeJo Phon

Für Rundfunksender, die gerne ihre Hörer morgens vor der Schule oder Arbeit noch auf Schwung bringen wollen, aber auch für viele Personen mit eingeschränkter Sehfähigkeit tritt das Problem auf, daß sie weder GeJo-Aufgaben mit Papier und Bleistift noch als Computerspiel noch als Kartenspiel nutzen können. Hier bietet sich eine akustische Darbietung an. Diese muß jedoch darauf Rücksicht nehmen, daß der Trainierende, wenn er etwas nicht richtig verstanden hat, normalerweise nicht mehr zurückhören kann, anders als beim Zurückblicken im Heft oder auf dem Computerbildschirm.

Beim akustischen Training ist man besonders auf seinen Kurzspeicher angewiesen. Dies gibt aber auch gute Chancen, diesen mit Information bis an die Grenzen zu füllen. Dabei vollziehen sich die wesentlichen geistigen Aktivitäten im Kopf.

Als sehr geeignet erweisen sich die sogenannten »Kurzspeicherdehner«, bei denen die Grundgrößen der Informationsverarbeitungsgeschwindigkeit und der Gegenwartsdauer nicht mehr getrennt, sondern kombiniert dargeboten werden. Einerseits bietet sich der Umgang mit Zahlen, andererseits mit Buchstaben bzw. Wörtern an. Letztere sind allerdings, besonders bei Frauen, beliebter.

Die Aufgaben werden jeweils vorgelesen (auf Cassette oder durch eine anwesende Person). Nach jeder Aufgabe werden — je nach Schwierigkeit — fünf bis 20 Sekunden Pause zum Problemlösen gewährt. Auf der Cassette hört man während dieser Zeit leise Hintergrundmusik.

Beispiel für einen Kurzspeicherdehner mit Zahlen (im Kopf rechnen):
Was ist $2 + 5 = ?$
$7 + 8 = ?$
$19 + 43 = ?$
$328 + 87 = ?$

Beispiele für Kurzspeicherdehner mit Wörtern:
Welche Wörter lassen sich aus dem Wort ERLANGEN bilden? Bei jedem neuen Wort dürfen alle Buchstaben von ERLANGEN wiederverwendet werden:

Lösungsbeispiele:
ER
LANG
GRAL

Mindestens vier weitere Wörter finden.
Im Kopf gefundene Wörter dürfen aufgeschrieben werden, damit man kontrollieren kann, wieviele verschiedene man gefunden hat.

Welche Wörter ergeben sich aus dem Wort OFFENBURG,
wenn man die Buchstaben 1, 2, 4 und 5 herausnimmt? (OFEN)
Was bei den Buchstaben 6, 7, 8 und 9? (BURG)
Was bei den Buchstaben 9, 8, 7, 6 und 4?

Quelle:
Lehrl, M., C. Storch, J. Albrecht: GeJo Phon, Grundcassette für 14 Tage
mit Übungsbuch zum Vorlesen. Vless: Ebersberg, 1992

GeJo mit dem *Computer*

Das Computerprogramm (S. Lehrl, B. Fischer, 1983), mit dem die Patienten von Glowacki (siehe »Intelligenz, Kurzspeicher, Gedächtnis und Persönlichkeit bei 14 Tage GeJo«) eine so hohe Leistungssteigerung erzielten, ist extrem einfach zu bedienen. Im Grunde findet nur ein Dialog zwischen Übendem und Bildschirm mittels einer einzigen Taste statt, die man bei Bedarf zu drücken hat (siehe Abbildung 58).

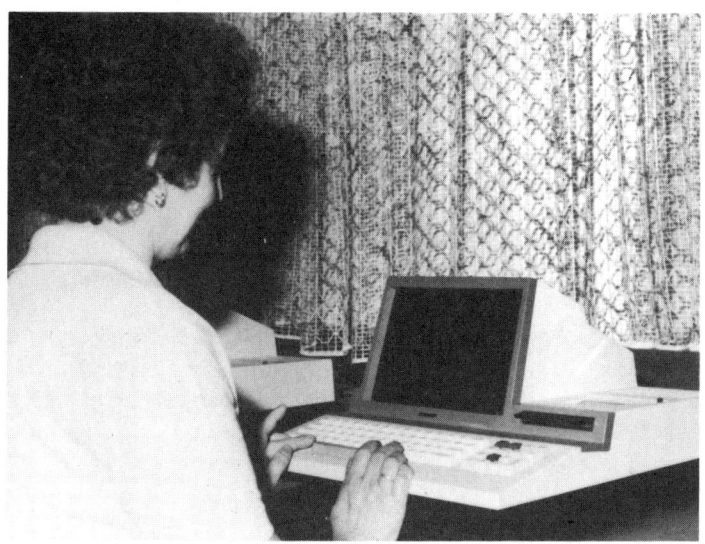

Abbildung 58: Gehirn-Jogging mit dem Computer

Auf dem Bildschirm erscheinen alle Anweisungen und Aufgaben. Stellt man auf »Musik«, werden jeder Erfolg und Mißerfolg musikalisch rückgemeldet. Nach Durchführung der Übungen geben Bildschirm — und auf Wunsch ein Drucker — die Gesamtergebnisse wieder. Man kann somit den Erfolg und auch Veränderungen über Tage, Wochen, Monate kontrollieren.

Um abzusichern, daß auch mit Computern Unvertraute ohne Schwierigkeiten mit den Geräten zurechtkommen, wurden drei Voruntersuchungen an über 400 Patienten durchgeführt (S. Lehrl und Mitarbeiter, 1983). Dadurch konnte das System ausreifen. Dafür spricht auch, daß die Gehirn-Jogging-Abteilung »Computer« in der Rehabilitationsklinik Klausenbach, geleitet von Oberschwester Ruth Ell, ständig frequentiert wird, obwohl fast alle der häufigen Benutzer der Kleincomputer — sowohl Männer als auch Frauen — in ihrer durchschnittlich 52jährigen Lebenszeit noch nie zuvor mit Computern zu tun hatten.

Nachfolgend wird der Ablauf eines Dialoges zwischen Übendem und Kleincomputer beim Gehirn-Jogging kurz beschrieben.

Anfänglich wird auf dem Bildschirm darauf hingewiesen, daß man immer dann auf die grüne Taste drücken soll, wenn eine Anweisung oder sonstige Bildschirmmitteilung schon gelesen oder verstanden wurde. Nach dem Drücken springt das Bild auf die nächste Mitteilung oder Aufgabe. Somit lassen sich die Vorgänge auf die individuelle Geschwindigkeit abstimmen.

Im 2. Bild wird gefragt, ob man die für Anfänger gedachten einführenden Hinweise lesen will oder ob man gleich zu den entsprechenden Aufgaben überspringen will. Fortgeschrittene brauchen sich dann nicht bei den Einführungen aufzuhalten. Wer sich ausgiebiger informieren will, wird u.a. auf die Bedeutung des Gehirn-Joggings aufmerksam gemacht, wonach man sich keine geistigen Höchstleistungen abfordern soll. Stattdessen sind die Übungen so auf die individuellen Gegebenheiten abzustimmen, daß sie weder zu sehr anstrengen noch langweilen. Am Anfang muß man in dieser Hinsicht sicherlich einige Versuche mit sich selbst durchführen, bis man alles optimal auf sich eingestellt hat. Auch dies geschieht über die grüne breite Taste. So wird beispielsweise über den Bildschirm gefragt, ob die Aufgaben in einer gemütlichen, mittleren oder schnellen Geschwindigkeit dargeboten werden sollen.

In einem Übungsgang trainiert man systematisch eine der drei informationspsychologischen Basisgrößen.

1. die *Geschwindigkeit, Informationen* aufzunehmen und miteinander zu vergleichen,

2. Informationen wenige Sekunden lang im Bewußtsein zu behalten (*Gegenwartsdauer*) und

3. Informationen in das *Gedächtnis* einzuspeichern und dann wieder davon abzurufen (*mittelbares Behalten*).

Zum Training der ersten *informationspsychologischen Basisgrößen* werden Aufgaben der folgenden Art angeboten: Auf dem Bildschirm erscheinen verschiedene Zeichen. Man soll sie rasch miteinander vergleichen und prüfen, ob sich darunter einander gleiche Zeichen befinden. In diesem Falle drückt man auf die grüne Taste (siehe Abbildung 38).

Zur Übung der Gegenwartsdauer werden hintereinander verschiedene Zeichen auf dem Bildschirm angeboten. Nachdem sie wieder verschwunden sind, soll man unter anderen Zeichen die herausfinden, die angeboten worden waren.

Das Gedächtnis trainiert man, indem man sich einige Zeichen einprägt und diese nach einer Ablenkung unter anderen Zeichen wiederzuerkennen versucht.

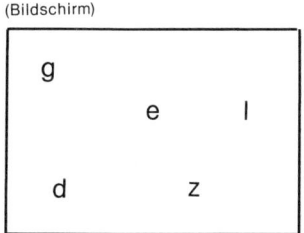
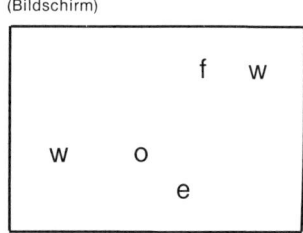

Abbildung 59: Für kurze Zeit erscheinen einige Buchstaben auf dem Bildschirm. Sind zwei oder mehr gleiche dabei (rechts), soll man auf die Taste drücken. Bei einem Bild wie links muß man warten, bis nach kurzer Zeit das nächste Buchstabenmuster erscheint.

Ebenfalls als Computerprogramm gibt es das Buchstabenspiel GeJo Letra. Aus zufälligen Buchstabenkombinationen müssen sinnvolle Wörter gebildet werden. Dabei lassen sich Arbeitsgeschwindigkeit und Schwierigkeitsgrad der individuellen Leistungsfähigkeit des Trainierenden anpassen. Das GeJo Letra-Computerprogramm gibt es als Einzelversion (für 1 Spieler) oder als Gruppenversion (für bis zu 99 Spieler).

Literatur:
Lehrl, S., B. Fischer, W. Eissenhauer, H. Abraham: Gehirn-Jogging. Fortschr. Med. 101 (1983) 1217-1218,1258
Lehrl, S., B. Fischer: Basisprogramm für Gehirn-Jogging. In: König, H.J. (Hrsg.): Test- und Trainingsprogramme für Computer. Systemhaus König & P: Oerlinghausen, 1983
Lehrl, S.: GeJo Letra. Vless: Ebersberg 1992

GeJo mit Kartenspiel

Die Karten von *GeJoCard* eignen sich zwar hervorragend für *Hoch-* und *Höchstleistungs*wettbewerbe (siehe »Hochleistung mit 75 Jahren: in drei Monaten«), siehe Abbildung 60. Aber eigentlich wurden sie zum Gehirn-Jogging der Grundgrößen der Informationsverarbeitung entwickelt. Man kann in fünf, teilweise aufeinander aufbauenden Arten spielen (B. Fischer et al., 1992). Die Spielarten heißen:

I. Zahlen merken — einfach

II. Zahlen merken — mit Paarvergleich

III. Zahlen dynamisch behalten — einfach

IV. Zahlen dynamisch behalten — mit Paarvergleich

V. Karten verschieben

Bei den leichteren Spielen trainiert man

a) die *Geschwindigkeit der Informationsverarbeitung*,

b) die *Gegenwartsdauer* und

c) die *Aufmerksamkeit* und *Konzentration*.

Bei den schwereren Spielen wird das mittelbare Behalten stärker gefordert.

 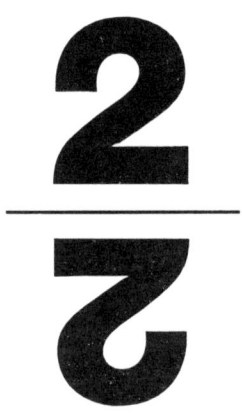

Abbildung 60: Vorder- und Rückseite einer Karte aus GeJoCard.

Die einfacheren Spiele sind für den Einstieg in die — sehr rasch zu lernenden — Regeln und für Personen mit bereits vorhandenen Beeinträchtigungen der Hirnleistungen. Die Schwierigkeiten lassen sich beliebig steigern. Wichtig ist, daß man seine Leistungen niederschreibt, um zu prüfen, ob man Fortschritte macht bzw. sich auf seinem Niveau hält. Ein wichtiger Vorteil von GeJoCard gegenüber dem schriftlichen Gehirn-Jogging ist darin zu sehen, daß es sich praktisch nicht verbraucht. In der jetzigen Form mit seinen 50 Spielkarten kann man GeJoCard sowohl einzeln als auch zu mehreren spielen.

Eine weitere Möglichkeit, mit Karten Gehirn-Jogging durchzuführen, bietet GeJoLetra. Bei diesem Spiel sollen aus Zufallsmustern von Buchstaben Wörter gebildet werden.

Eine wichtige Aufgabe für die nächste Zukunft liegt darin, das Gehirn-Jogging immer stärker auf die breite Vielfalt von Interessen und Begabungen auszurichten — und dabei begleitend wissenschaftlich zu untersuchen. Alles mit dem Ziel, dem Trainierenden die wirkungsvollsten Methoden an die Hand zu geben.

Literatur:
Fischer, B., S. Lehrl, M. Lehrl, H. Mosmann, GeJoCard.
Vless: Ebersberg, 1992
Lehrl, S.: GeJoLetra. Vless: Ebersberg 1992

Gehirn-Jogging im Überblick

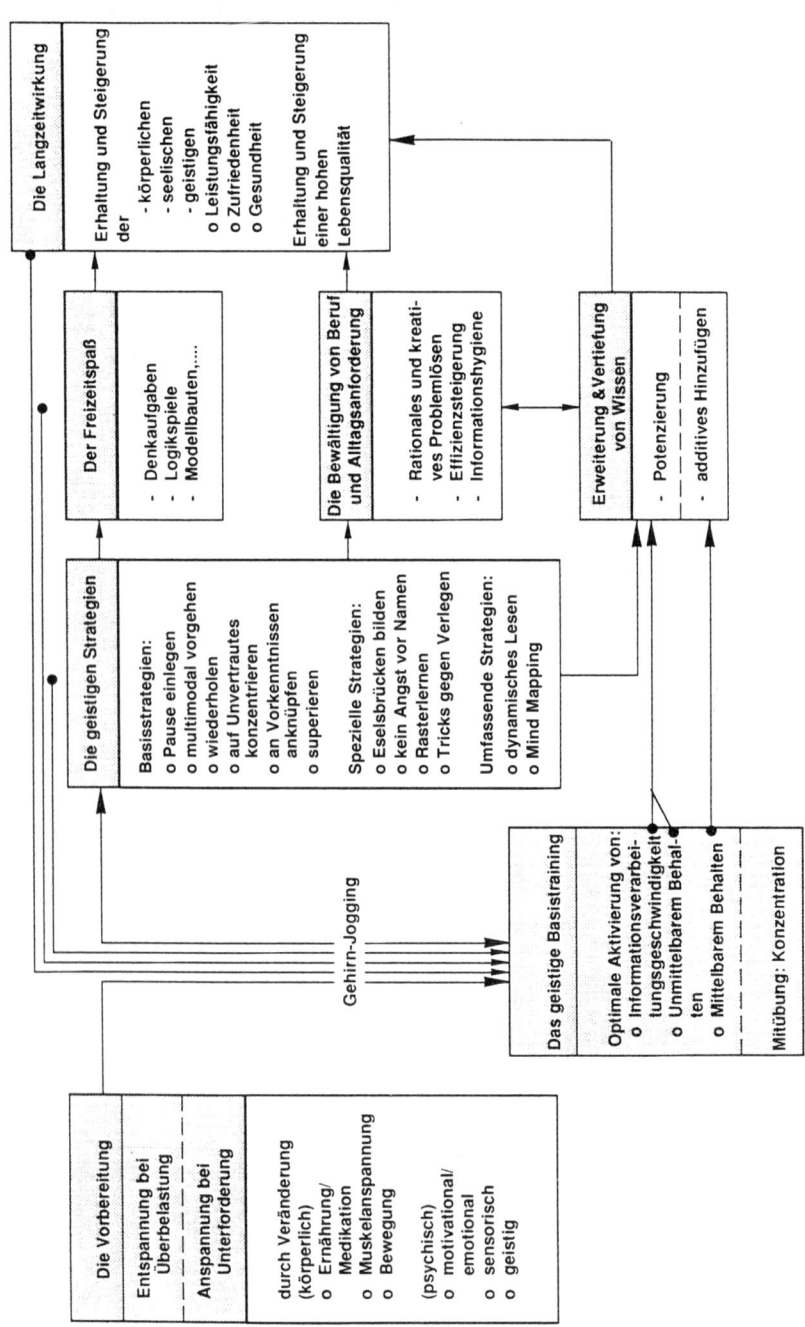

STICHWORTVERZEICHNIS

Abruf von Gedächtnisinhalten 45, 57
Abrufen 164
Afferenzen 77
Aktivation, optimale 198
Aktivationsmodell 186 f
Aktivationsniveau 185
Aktivationsniveau, optimales 185, 217, 218
Aktivierung 190
Aktivierung, geistige 191
Aktivität 30, 34, 38
— Alltags- 128
— Freizeit- 30, 128
— geistige 154, 215, 218 f
Aktivitätenliste 169, 170 f
Aktivitätsniveau 189
Aktivitätsverlust 192
Akutstreß 171
Alkoholgenuß 81
Alltagsanforderungen 22
Alltagsaktivitäten s. Aktivität
Alter 33
— Pensions-, s. Pensionsalter
— Renten-, s. Rentenalter
Altern 37
Alterungsprozesse 80
Alzheimersche Erkrankung 239
Anreger 217 f
Anspannung 125
Anstrengung 122, 207
Antihypoxidotika 242
Arbeitssucht 207 f
Assoziationsfasern 70
Aufbauübungen 258, 260
Aufmerksamkeit 130, 266, 284
Ausgebrannte 210 f
Ausgelastete 203
Auslastung, geistig optimale 145
Auswendiglernen 153
Autogenes Training, s. Training
Automatische Informationsverarbeitung, s. Informationsverarbeitung

Axon 67

Basalganglien 114
Basisgrößen, s. Grundgrößen
Basisstrategien 149
Befinden 263
Behaltbare Information, s. Information
Behalten, mittelbares 86, 90, 108 f, 136, 139, 266, 276, 282
Behalten, unmittelbares 45, 90, 105, 276
Bekanntheitsgrad eines Wissenschaftlers 205
Berufsleben 81
Bewegung 179, 185
Bewegungsarmut 197
Bewegungseinschränkung 22
Bewußtlosigkeit 240
Bewußtsein 74, 108, 114
Bildinformation 92, 112
Biofeedback-Therapie 273
Bipedalismus 68, 69
Blutdruck 235, 239
Bluthochdruck 81, 235
Burnout 210 f, 216 f

Chunk 130
Computer-GeJo 270, 281 f
Cromagnon-Mensch 69

Dasein, sinnerfülltes 34
Dauerstreß, s. Streß
Demenz 23, 240, 241
Demenzausprägungen 240
Demenz vom Alzheimertyp 74
Dendrit 67
Denken 114
Depression 38, 94, 223, 224, 227, 238
Diabetes Mellitus 235
Diagonallesen 171
Dichten 126
Distreß 171

Durchhaltevermögen 90, 261

Efferenzen 77
Einprägung 45
Einspeicherung 57
Eisenhower-Regel 169, 170
Emotionale Anregung 198
Emotionale Erschöpfung,
s. Erschöpfung
Emotionen 185
Energie 74, 75
Entspannung
22, 125, 168, 171, 190, 272
Entspannungs-Jogging
190, 212, 273
Enzephalisation 67, 68
Enzephalotropika 242
Erbanteil 37
Erfahrungserwerb 63
Erfinder 60
Erfolgreiche 216
Erinnerbare Information,
s. Information
Erinnern 57
Erinnerung von Namen 163
Ernährung 185
Erregung, optimale 184 f, 189
Erregungsniveau 189 f
Erschöpfung 207
— emotionale 210
Erwartung 158
Eselsbrücken 163, 266
Evolution 66, 68
Extraversion 255
Eßgewohnheiten 81

Fahrradergometer 180
Faulenzerurlaub 23
Fernsehen 122 f
Fertigkeiten 63
Filme sehen 124 f
Fitneß, geistige 48, 83, 118
— Körperliche 178
Fixationspunkt 172

Fixierzeit 172
Flüssige Intelligenz,
s. Intelligenz
Freizeitaktivität, s. Aktivität

GfG = Gesellschaft
für Gehirntraining e.V. 301
GQ 253, 254, 255
GeJo schriftlich 270
GeJoCard 270, 284 f
GeJo-Leitfaden 23, 302
GeJoLetra 285
GeJoPhon 279
GeJo-Trainer 301
Gedächtnis 45, 47, 57, 86, 88,
108, 155, 164, 276, 282
— Speicherkapazität 109
— mechanisches 47
— schlechtes 165
Gedächtniskünstler 46, 47, 57
Gedächtnisleistung 61
Gedächtnisquotient, s. GQ
Gedächtnistests 58
Gedächtnistraining 23
Gegenstandskatalog 302
Gegenwartsdauer
45, 79, 90, 105 f,
108, 115, 117, 136, 140,
263, 276, 282, 284
Gegenwartsdauer,
s.a. Behalten, unmittelbares
Gehirn 66, 67, 71, 74, 75, 80, 301
Gehirn-Jogging 22, 71, 175,
189 f, 212, 217, 242, 253, 263
Gehirn-Jogging-Abteilung 263
Gehirnpotential 69
Gehirn-Tier 66
Gehirntrainer 302
Gehirntraining 122, 301
Gehirnvolumen 70
Geist-Wesen 66
Geistige Aktivität, s. Aktivität
Geistiges Ausgangsniveau 241
Geistige Fitneß, s. Fitneß

Geistige Kapazität, s. Kapazität
Geistige Leistung, s. Leistung
Geistige Leistungsfähigkeit
47, 66, 235
Geistige Leistungsgrenzen,
s. Leistungsgrenzen
Geistige Leistungssteigerung,
s. Leistungssteigerung
Geistige Möglichkeiten 118
Geistige Potentiale, s. Potentiale
Geistige Regsamkeit 242
Geistiger Fitmacher 22
Geistiger Leistungs-Abfall,
s. Leistungs-Abfall
Geistiges Leistungsniveau,
s. Leistungsniveau
Geistiges Leistungsvermögen,
s. Leistungsvermögen
Geistiges Training, s. Training
Geschwindigkeit der
Informationsverarbeitung,
s. Informationsverarbeitungs-
geschwindigkeit
Gespräch 125
Gesundheit 220
Gesundheitszustand 33
Grundgrößen der
— Informationsverarbeitung
116, 118, 136
— geistigen Leistungsfähigkeit
97 f, 110 f
Grundkapazitäten der
Informationsverarbeitung 139

Halluzinationen 229
Hämatokritwert 235
Hebephrenie 229
Herzinfarkt 215
Herz-Kreislauf-Störungen 178
Herz-Kreislauf-System 178
Hinterhauptslappen 112
Hirndurchblutung 234, 263
Hirndurchblutungsstörung 241
Hirnentwicklung 74

Hirnfunktionsstörung 70, 130,
242, 263
Hirngewicht 68
Hirnhemisphäre, s. Hirnhälfte
Hirnhälfte 77, 91, 112, 174
Hirnort 77
Hirnpotentiale 73
Hirnstoffwechsel
113, 234, 241, 242, 263
Hirnstoffwechselstörung 218 f
Hirnsubstanz 82
Hirntätigkeit 77
Hirnverkalkung 239
Hirnvolumen 68
Hochdruck, Blut-,
s. Bluthochdruck
Hochleistung 265
— geistige 118
Hochleistungstraining 217
Höchstleistung 284
Höchstleistungen,
geistige 44, 47, 51
Hominiden 68, 69
Homo sapiens 67, 68
Hundertjährige 34, 37, 82

Im Kopf rechnen 126
Immunsystem 218
Inaktivität 195
Information 138
— behaltbare 147
— erinnerbare 148
— objektive 143
— richtige 146
— subjektive
143, 155, 157, 169, 173
— verständliche 147
Informationsbewältigung 143, 169
Informationsexplosion 132
Informationsfluß 67
Informationsflut 132 f
Informationsgehalt 86, 138, 172
Informationshygiene 132, 135,
136 f, 139 f, 169

Informationsmenge 144 ff
Informationspsychologie 88, 282
Informationsspeicherung 114
Informationsverarbeitung
  66, 71, 90
  — analoge 77
  — automatische 94
  — bewußte 77
  — bildliche 122
  — kontrollierte 91 f, 97
  — numerische 92, 116
  — räumlich-figürliche 92
  — sprachliche 92, 116
  — verbal-numerisch 90, 98, 122
  — visuelle 69
  — visuo-spatial 90
Informationsverarbeitungsgeschwindigkeit
  79, 90, 102, 110, 117, 136,
  137, 140, 263, 276, 282, 284
Informationsverarbeitungsprozeß
  88
Informationsvermittler 134 f, 140
Informationsübermittlung
  139, 148
Intelligenz 52, 57, 59, 88
  — flüssige 53, 61, 63, 109,
  236, 257
  — kristallisierte 53, 57, 60, 109
Intelligenz-Tests 97
Intelligenzleistung 61, 75
Intelligenzniveau 47, 53, 180
Intelligenzquotient, s. IQ
Intelligenzsteigerung 23, 71
IQ 52, 63, 74, 111, 240, 243,
  253, 255
Isolierte,
  s.a. soziale Isolation 198

KAI = Kurztest für
  allgemeine Intelligenz 240, 241
Kameradschaft 30
Kapazität 109

Kapazität der
  Informationsverarbeitung 136
Kapazitäten, geistige 45, 86 f
Klassenbildendes Superieren,
  s. Superieren
Klinikaufenthalt 199
Kognitive Therapie 224
Kognitive Tätigkeit 126
Kommunikation 70, 72, 73
  verbal-numerische 82
Komplexbildendes Superieren,
  s. Superieren
Kontrollierte
  Informationsverarbeitung
  s. Informationsverarbeitung
Konzentrationsfähigkeit
  261, 266, 284
Konzentrationssteigerung 23, 172
Kraftanstrengung 185
Krank 198
Krankenhausaufenthalt 23
Kreativität 59, 63, 72, 257
Kreativitätstests 59
Kreativitätstraining 23
Krebs 213 f
Kristallisierte Intelligenz,
  s. Intelligenz
Kurzspeicher 49, 89, 98, 109,
  112, 113, 136, 153, 266
  — Fassungsvermögen 110
  — Kapazität 110, 130, 240,
  242, 253, 255
Kurzzeitgedächtnis 57

Langeweile 136
Langlebigkeit 34, 220
Langzeitgedächtnis 57, 264
Lebenserwartung 37
Leistungs-Abfall,
  geistiger 61, 198, 199 f
Leistungsfähigkeit, geistige 47,
  61, 80, 86, 97 f, 110, 179, 243,
  259, 263, 267
Leistungsgrenzen, geistige 63

Leistungsminderung, geistige 240
Leistungsniveau,
    allgemeines geistiges 130
Leistungssteigerung,
    geistige 60, 224
Leistungsvermögen, geistiges 45
Lernbehindert 261
Lernen 57, 125 f, 166
Lernen mechanisch 72
Lernfähigkeit 72
Lerngeschwindigkeit 86, 90, 108,
    117, 136, 138, 173, 254
Lernstoffe 170
Lernstrategien 131
Lernzielkatalog 302
Lesen 124 f, 171 f, 172
Lesen,
    dynamisches 158, 169, 171, 173
Logisches Denken 72

Managerstrategien 169
MAT-Gehirn-Jogging 22
Medikamente 246
Menschenaffen 68
Mensch-Tier-Übergangsfeld 68
Mentale Kapazitäts-
    minderung 240, 241
Mentalkarte 174, 179
Metastrategien 149
Mind Mapping 169, 174, 175
Mineralienverlust 234
Mittelbares Behalten, s. Behalten
Mittelzeitgedächtnis 57
Mnemotechnik 163
Motivation 185
Multimodale Information 147
Multimodales Vorgehen
    151 f, 160

Namensgedächtnis 165
Neandertaler 69
Neocortex 67, 70
Nervenbahn 66
Nervenendigung 67

Nervensystem 66, 71
Nervenzellen
    66, 67, 80 f, 235, 239
Nervenzellverkleinerung 81
Neurit 66
Neuron 66, 67, 70
Neurotizismus 255, 257
Numerische
    Informationsverarbeitung,
    s. Informationsverarbeitung

Objektive Information,
    s. Information
Optimale Erregung, s. Erregung
Optimales Aktivationsniveau,
    s. Aktivationsniveau
Optimismus 94
Organisches
    Psychosyndrom 222, 225,
    237, 239, 240
Organisieren 127
Originalität 59

Panik 168
Parkinson 23, 247
Pause einlegen 151
Pensionsalter 81
Persönlichkeit 257
Persönlichkeits-Test 254
Planen 127
Planungsfähigkeit 72
Potentiale, geistige 63, 71, 75
Präzisionsgriff 69
Pressestimmen 14
Prioritätensetzung 169, 171
Problemlöseverhalten 257
Produktivität 205, 207
Produktivität, geistige 199
Psychische Labilität 257

Radio hören 124 f
Rasterlernen 166
Rauchen, Zigaretten 81
Rechenkünstler 44, 46, 47

Reisen 126
Reizwörter 145
Rentenalter 81
Rentengesetzgebung 81
Räumlich-figürliche
Informationsverarbeitung,
s. Informationsverarbeitung
Sachkompetenz 301
Sauerstoff 74
Sauerstoffwechsel im Gehirn 112
Schläfenlappen 112
Schlechtes Gedächtnis,
s. Gedächtnis
Schreiben 126
Schulnoten 261
Schwachsinn 49, 199
Science Citation Index 205
Selbstsicherheit 236
Selbstvertrauen 250
Selbstverwirklichung 30
Sensorische
Deprivation 186, 197
Sinnesanregung 186, 197
Soma 66
Soziale Fähigkeiten 73
Soziale Isolierung 22, 186, 247
Speicherkapazität des
Gedächtnisses, s. Gedächtnis
Spezielle Strategien, s. Strategien
Spielen 127 f
Sprache 70, 73
Sprachinformation 92, 112
Sprachliche
Informationsverarbeitung,
s. Informationsverarbeitung
Sprechen, mit anderen 125
Sprechgeschwindigkeit 139, 173
Stirnhirn 112
Strategien 45, 86 f, 129 f, 266
Strategien, spezielle 149, 163 f
Strategien, umfassende 169
Streß 169, 171, 190, 202, 203, 272
— Dauer- 207, 215
— gefährdete 212 f

— gefährdung 212
— punkte 212 f
— situationen 212
— test 213
Stressoren 171
Struktur der
Informationsverarbeitung 136
Störung der Hirndurchblutung,
s. Hirndurchblutung
Störung des Hirnstoffwechsels,
s. Hirnstoffwechsel
Subjektive Information,
s. Information
Superieren,
klassenbildendes 159 f
— komplexbildendes 159 f
Superzeichen 86, 159 f
Superzeichenbildung,
s. Superieren
Synapse 66, 67

Test 199
— auf Arbeitssucht 203
— psychologischer 53
— informations-
psychologischer 254
Training
— Gedächtnis 45
— autogenes 190, 212, 273
— geistiges 64, 116 f
Tätigkeit, geistige 120 f, 186
Tätigkeit, kognitive 128

Überforderung 135, 140, 191
Überlastung 22, 202 f
Überleben 66, 69
Überzuckerung 235
Umweltfaktoren 37
Unmittelbares Behalten,
s. Behalten
Unterbelastung 22, 202
Unterforderung 136, 140, 191,
194 f, 196 f
Unterzuckerung 235

Verantwortung 206
Verbal-numerische
Informationsverarbeitung,
s. Informationsverarbeitung
Verbal-numerische
Kommunikation,
s. Kommunikation
Verlegen 168
Verlust an Aktivität, s. Aktivität
Verständliche Information,
s. Information
Verständlichkeit 159
Verständnisschwierigkeiten
144, 155
Verteilung informations-
psychologischer Größen 140
Visuo-spatiale
Informationsverarbeitung,
s. Informationsverarbeitung
Vorkenntnisse 140, 157 f, 172, 173
Vortrag hören 124
Vortragen 125 f
Vorwissen 138

Wachheit 74
Wahn 229
Wahrnehmen 123 f
Wiederholung 125, 138,
147 f, 153 f
Wirkungsbelege 228
Wirkungsdauer 275
Wissen 53, 57, 63, 87, 109
Wissensaufbau 166
Wissenschaftliche Akademie 301
Wissenserweiterung 155, 167
Wissensexplosion 132
Wohlbefinden 33, 189
Workoholiker 207 f
Wortschatz 113, 142

Zahlennachsprechen 113
Zellkörper 66, 67
Zentrales Nervensystem 67
Zentralfurche 77, 78
Zerebrale Arteriosklerose 239
Zerebralisation 67
Zucker 74
Zuckerstoffwechsel 112, 114, 117
Zuckerverbrennung 74

AUTORENVERZEICHNIS

Abraham, H. 252, 274, 283
Abrams, R. 226
Adams, A.E. 130, 131
Agadzhanov, A.S. 36
Agnoli, A. 244, 246
Ahlquist, J.E. 68, 76
Amaral, D. 223
Ahmed, S.W. 223
Albrecht, J. 280
Anderson, J.R. 46

Baltes, M.M. 251, 252
Barry, K. 252
Basener, D. 148
Beatty, J. 122, 125
Beaumont, J.G. 92, 96
Beck, M. 90, 138
Beck, A.T. 224, 226
Belcastro, P.H.R. 210, 211
Belmont, J.M. 57, 58, 131
Bennett, E.L. 61, 65
Berg, S. 33, 36
Bergener, M. 257
Berlyne, D.E. 186, 188
Berthaux, P. 40, 193
Beyschlag, R. 185, 188, 251, 252
Biebl, H. 265, 267
Billig, N. 223
Binet, A. 44, 46
Birren, J.E. 52, 59, 60, 110, 115
Blackburn, J.M. 225, 226
Blaha, L. 49, 51, 103, 104, 107,
    109, 110, 115, 242, 246, 264
Blakeslee, T.R. 97, 100
Bloem, K.A. 215, 217
Bobbitt, B.L. 150
Böcher, W. 242, 246
Böhlau, V. 40, 65, 83, 257
Boulay, G.H. du 236
Brandt, W. 264
Bredenpohl, M. 251, 252
Brinkmann, S.D. 242, 246
Brody, H. 80, 83
Brooks, R. 96, 115

Brown, M.A. 230, 231
Brown, J. 153, 154
Brown, L.L. 220
Burrows, G. 274
Butterfield, E.C. 57, 58, 131
Buzan, T. 166, 167, 173, 174, 176
Casler, L. 219, 220
Cassileth, B.R. 220, 220
Cattell, R.B. 53, 56
Ceh, J. 169, 170, 176
Chaffin, R. 164, 165
Chamove, A.F. 230, 231
Chase, T.N. 92, 96, 111-115, 116
Chase, W.G. 44-46, 151
Chau, N.P. 38, 40, 192, 193
Chaudhary, B.S. 217
Cobarg, C.C. 132, 133
Colbs, S.L. 32
Cole, H.W. 94, 96, 116, 117
Cox, T. 274
Cronholm, B. 179, 183, 187, 188
Cube, F. von 150
Cunningham, A.J. 218, 220

Dahlke, F. 148
Dalakishvili, S.M. 40
Damos, D.L. 215, 217
Daniels, M.L. 221, 222
Darwin, C. 66
Davey, J.P. 182, 183
De Bono, E. 216, 217
Deeg, D.J.H. 36
Degen, R. 74, 76
Deming, W.E. 51
Deneke, F.-W. 135, 145
Deusinger, I.M. 221, 222,
    251, 252
Di Chiro, G. 96, 115
Diamond, M.C. 61, 65, 179
Dimond, S. 92, 96
Dittmann-Kohli, F. 221, 222, 227,
    228, 275
Dodson, D. 188
Dorner, H. 183

Dunbar, F. 39
Dzavakhishvili, N.A. 37, 40, 81

Eccles, J.C. 76
Eggert, D. 258
Ehmke, U. 252
Ehrman, L. 93, 96
Eisemann, M. 221, 222
Eissenhauer, W. 90, 201, 217, 252, 274, 283
Ellis, N.R. 51
Engelsmann, F. 36
Erben, H.K. 67, 76
Ericsson, K.A. 44-46, 151
Erzigkeit, H. 238
Eysenck, H.J. 52, 77, 79, 111, 115
Eysenck, M.W. 77, 79, 132, 133

Falger, P.R.J. 207, 209, 211
Fedio, P. 96, 115
Fialkowski, K.R. 69, 76
Fillenbaum, G.G. 192, 193
Fischer, B. 23, 32, 90, 102, 104, 110, 115, 136, 138, 144, 145, 180, 183, 200, 201, 206, 217, 241, 250, 252, 258, 264, 271, 274, 281, 283, 285
Fischer, U. 145, 201, 271, 274
Fischhof, V. 107
Fleischmann, U.M. 242, 246
Flynn, J.R. 74, 76
Forette, B. 40, 193
Foster, N.L. 96, 115
Frank, H.G. 51, 88, 90, 102, 104, 107, 143, 145
Franke, H. 34-36, 39, 40, 62, 65
Freudenberger, H. 209
Fujita, T. 40

Gall, F.J. 77
Gallwitz, A. 49, 51, 103, 104, 107, 110, 115, 264
Galster, J.V. 186, 188, 238
Garfield, E. 205, 206

Gerzmava, O.H. 36
Glowacki, H. 63, 253-258, 260
Godfrey, H.P.D. 251, 252
Gogohia, S.D. 40
Gold, Y. 210, 211
Goldberg, J.D. 217
Goldstein, G. 251, 252
Goodenberger, M. 236
Goudy, W.J. 36
Grad, B. 36
Graul, E.H. 37, 40, 81, 83
Greer, S. 220
Greff, J.H. 39
Grond, M. 76
Gross, R. 132, 133
Gräßel, E. 206, 258-260, 271, 274, 278
Güntheroth, H. 226
Grünwald, H. 78, 79
Guerini, N. 40, 193
Guilford, J.P. 59, 60

Haag, G. 246
Hacker, W. 62, 65, 81, 203, 204
Haga, H. 40
Hagslip, B. 222
Hakim, G. 246
Harwood, E. 61, 65
Hatano, S. 38, 40
Hatazawa, J. 83
Haug, H. 80-83
Haybittle, J.L. 220
Heiss, W.-D. 76
Helle, P. 225, 226
Herholz, K. 76
Herrmann, D.J. 164, 165
Hertzog, W. 179
Hill, A.L. 49, 51
Hilmer, W. 180, 183
Hinrichs, J.V. 236
Hofmann, L. 144, 145
Hofstätter, P.R. 70, 76
Holmes, T.H. 212-214

Horwitz, W.A. 49, 51
Howe, M.J.A. 44, 46, 47, 51
Hoyer, S. 240, 241

Ingvar, D.H. 114, 115
Irniger, W. 225
Irvine, S. 231
Israel, L. 242, 246
Ito, M. 83

Jackson, D.K. 89, 100
Janis, I.L. 186, 188
Jarmark, E. 135
Jeske, H. 135, 251, 252
Johannsen-Horbach, H. 246
Johnson, L. 32
Jorbenadze, D.A. 36
Jörg, J. 248
Jorm, A.F. 221, 222

Kamenz, R. 275
Kanagy, M. 252
Kark, B. 274
Kass, R.A. 32
Kaufmann, N. 32
Kauke, M. 62, 63, 65
Kaun, D.E. 171, 176
Keating, D.P. 150
Keith, P.M. 34, 36
Kelly, L. 252
Kenmore, P. 223
Kennedy, J.F. 171
Kennelly,K.J. 221, 222
Kerekjarto, M. von 135, 145
Kessler, J. 70, 74, 76
Kety, S.S. 74, 76
Kinzel, W. 206, 238
Kirton, M.J. 59, 60
Klapprott, J. 275
Knight, R.G. 251, 252
Koella, W.P. 229, 231
Kohout, F. 236
Kornhuber, H.H. 114, 115
Koyano, W. 40

Kraus, M. 194, 195
Kubota, K. 83
Kuhl, D.E. 100
Kuhl, J. 225, 226
Kuhlen, R.G. 201
Kühl, S. 83
Küpfmüller, K. 102, 104

Lacey, B. 94, 96
Lacey, J. 94, 96
Lagergren, K. 183
Langer, I. 147, 148
Langer, W. 246
Lassen, N.A. 115
Lazzerini, T. 274
Leake, B. 222
LeBoeuf, M. 170, 176
Lehr, U. 34, 36, 81, 83, 206, 221, 222
Lehrl, M. 23, 280, 285
Lehrl, S. 23, 32, 49, 51, 53, 56, 89, 90, 102-104, 107, 110, 113, 136, 138, 142, 145, 180, 183, 199-201, 205, 206, 217, 238, 241, 250, 252, 254, 258, 264, 271, 274, 281, 283, 285
Lemke, J.H. 236
Leschke, Th. 248
Levander, S. 183, 187, 188
Lewin, R. 68, 72, 73, 76
Ley, P. 147
Lienert, G.A. 143
Linn, L.S. 222
Löffler, H. 90, 138
Löw, A. 57, 58
Luikhart, M. 33, 36
Lusk, E.J. 220

Mackay, C. 272, 274
Mann, F. 147, 148
Mansi, L. 96, 115
Markowitsch, H.J. 115
Marshall, J. 236
Marx, W. 126, 128

Maslow, A.H. 32
Matsuzaki, T. 40
Matsuzawa, T. 81, 83
Mecke, E. 83
Mehlhorn, G. 63, 65
Mehlhorn, H.-G. 62, 63, 65
Meili, R. 58
Mentzel, G. 208
Merz, F. 98, 100
Metter, E.J. 100
Michael, J.M. 37, 40
Miller, C. 220
Mindus, P. 183
Mohr, W. 183
Morris, M.C. 236
Morris, T. 220
Mosmann, H. 285
Müller, G.E. 44, 46
Müller, H.F. 33, 36
Munford, A.M. 230, 231
Murphy, G.E. 225
Myers, J.L. 155, 156

Nagai, H. 40
Nagy, S. 210, 211
Naylor, G. 61, 65
Newell, A. 100
Nicol, E. 246
Noelle-Neumann, E. 142
Nordmeyer, J. 135, 144, 145
Nordmeyer, J.-P. 135, 145
Nowlin, J. B. 36

O'Brien, E.J. 155, 156
O'Connor, M. 76
Oswald, W.D. 242, 246
Ott, E. 173, 176

Pallmann, W. 62, 65
Palmore, E.B. 33, 34, 36
Paul, E.A. 236
Pearson, T.C. 236
Perelle, I.B. 93, 96
Peterson, L.R. 153, 154

Peterson, M.J. 153, 154
Pettingale, K.W. 218, 220
Phelps, M.E. 100
Pivovarova, I.P. 34, 36
Platonow, K. 77, 79
Pöppel, E. 137, 138
Powers, E.A. 36
Pressey, S.L. 201

Rahe, R.H. 212-214
Rahmann, H. 68, 72, 76
Rahmann, M. 68, 72, 76
Rapin, J. R. 242, 246
Raspe, H.H. 135, 144, 145
Raven, J.C. 254, 258
Ray, W.J. 94, 96, 116, 117
Richardson, S.K. 222
Riege, W.H. 99, 100
Rosenzweig, M.R. 61, 65, 179
Ruberman, W. 217
Russell, R.W.R. 236
Ruth, J.-E. 52, 59, 60, 110, 115
Ryan, C. 252

Santa, C.A. 231
Sass, N.-L. 83
Sattler, B. 95, 96
Sattler, T. 278
Schaft-Kleywegt, N.P. van 36
Schaie, K.W. 99, 100, 179
Schalling, D. 183, 187, 188
Schatte, J. 155, 156
Schiele, H.O. 31, 32
Schiller, G. 230, 231
Schlösser, E. 251, 252
Schmitt, I. 35, 36, 40
Schneider, H. 99, 100
Schneider, W. 94, 96
Schöps, W. 207-209
Schulz von Thun, F. 148
Schulz, W. 140, 142
Schwab, P. 148
Schwandt, E. 203, 204

Schwarz, L. 261, 262
Senne, T. 267
Shakhashiri, M.Z. 223
Shamon, E.C. 101
Shands, H.C. 101, 104
Sherwin, I. 92
Shibata, H. 40
Shichita, K. 40
Shiffrin, R.M. 94, 96
Sibley, C.G. 68, 76
Siersch, K. 186, 188
Silikowitz, R. 107
Simon, H.A. 98, 100
Smith, J. 44, 46, 47, 51
Sokoloff, L. 111, 115
Specht, F. 49, 51
Spörl, G. 237, 238
Spurzheim 77
Squitieri, G. 244, 246
Stegie, R. 213, 214
Steinbuch, K. 166, 167
Storch, C. 280
Süllwold, F. 106, 107
Suyama, Y. 40
Symon, L. 236

Takeda, S. 83
Tausch, R. 148
Taylor, M.A. 226
Teaff, J.D. 32
Thomas, D.J. 236
Thyer, B.A. 230, 231
Tinsley, H.A.E.T. 30-32
Tol, M.P. van 36
Tonscheidt, S. 157, 158
Turner, S.M. 252

Ungerer, D. 90, 94, 96

Wagner, R.F. 92, 96
Wahl, H.-W. 251, 252
Wallace, R.B. 178, 219, 220, 235, 236
Wallesch, C.-W. 114, 115, 246

Wambold, C. 131
Wang, H.S. 36
Ward, N. 222
Wasner, K. 83
Weber, J.C. 155, 156
Weidenhammer, W. 183, 205, 206, 257, 258, 260, 264
Weigel, B. 37, 40
Weinblatt, W. 217
Weiß, V. 50, 51, 74, 75, 90, 111, 115
Wells, K.A. 96
Weltner, K. 143, 145
Wenzel, F. 101, 104
Wetherley-Mein, G. 236
Whimbey, A. 106, 107
Wieck, H.H. 223
Wilkinson, J.M. 225, 226
Willison, J.R. 235, 236
Wing, J.K. 230
Winter, R.F. 51
Woelk, H. 139
Wöllersdorfer, E. 251, 252
Wolmark, Y. 40, 193
Wolstenholme, G.E.W. 76
Wurzer, I. 278

Yamada, K. 83
Yamaura, H. 83
Yerkes, R.J. 188
Yesavage, J.A. 164, 165, 242, 246, 252

Zeier, H. 67, 71, 76
Zielke, W. 173, 176
Zimmer, A. 161, 162
Zimmermann, H. 134, 135
Zonnefeld, R.J. van 33, 36

ANHANG:
Gegenstandskatalog für GeJo-Trainer

Wie die ständige Zunahme von Informationen über das Training von Gehirn und Geist in den Medien, wie aber auch die rapide zunehmenden Mitgliederzahlen der Gesellschaft für Gehirntraining e.V. (= GfG) beweisen, ist das Interesse an Gehirntrainingsmaßnahmen groß. Es wird sogar noch steigen, je kultivierter und wohlhabender unsere Gesellschaft wird. Denn mit der Abnahme der existentiellen Nöte, das heißt, des Hungers, des Durstes, der Bedrohung durch Naturkatastrophen, der lebensbedrohenden Erkrankungen, aber auch der Gefährdung durch Katastrophen, die der Mensch selbst herbeiführen kann, werden wir frei für das eigentlich menschliche Gut, in dem wir uns selbst von den höchst entwickelten Menschenaffen, den Schimpansen, noch deutlich unterscheiden: das leistungsfähige Gehirn, das die Grundlage für hohe geistige und schöpferische Leistungen bildet.

Dieses Gehirn gilt es besonders zu pflegen. Wie in den meisten Gebieten ist Sachkompetenz eine wichtige Voraussetzung für den sachgerechten Umgang bzw. die wirksame Betätigung oder gar Beeinflussung der Gehirnfunktionen und geistigen Möglichkeiten. Dies betrifft den Trainierenden und noch mehr die Trainer, die ihr Wissen an andere weitergeben.

Nicht jede Einzelheit an einschlägigem Wissen ist wichtig. Aber einige der hier dargestellten Begriffe und Modelle bilden eine Grundlage für das Mitdenken, wie wir vorzugehen haben, um Gehirn und Geist wirksam zu trainieren und um selbst beurteilen zu können, welche geistigen Tätigkeiten für uns nützlich und welche verschwendete Zeit sind. Sicher wissen wir noch nicht alles darüber. Wir wissen jedoch schon viel; es ist mehr als die meisten meinen.

Was zum Basiswissen gehören sollte, darüber hat man sich in der Wissenschaftlichen Akademie für Gehirntraining, einem Organ der Gesellschaft für Gehirntraining e.V., Gedanken gemacht. Die Wissenschaftliche Akademie hat einen Gegenstandskatalog für die Ausbildung zum Gehirntrainer mit dem Lizenzschein C entworfen. Trainer mit der Lizenz C sind berechtigt, bei »Gesunden« Gehirntraining auszuüben oder zu lehren.

Dieser Gegenstandskatalog, der auch Trainierenden als Test dienen kann, inwieweit sie die Materie beherrschen, wird nachfolgend wiedergegeben.

Die wichtigsten Inhalte werden katalogartig angeführt. Nach der technischen Terminologie ist es ein »operationalisierter Lernzielkatalog für Gehirntrainer«. Mit diesem Wissen als Grundlage kann man sogar seine eigenen individuellen Programme zusammenstellen.

Alle Punkte des operationalisierten Gegenstandskataloges sind in diesem Buch, teilweise sogar ausführlich, behandelt. Einen knapperen Überblick gibt dagegen der »GeJo-Leitfaden« (von S. Lehrl, B. Fischer und M. Lehrl, Vless-Verlag, Ebersberg, 1990). Eine ergänzende Hilfe, mit Möglichkeiten der Einschätzung der eigenen Kompetenz in Sachen »Gehirn-Jogging – Geistiges Leistungstraining« bietet das »Lernbuch Gehirn-Jogging« (in Frage und Antwort von S. Lehrl und B. Fischer, Vless Verlag, Ebersberg 1993).

LERNZIELKATALOG FÜR GEHIRNTRAINER

Inhalt	Erläuterung

Gehirn

Aufbau	Aussehen; die Hirnlappen und -furchen; zwei Hirnhälften; bestehend aus ca. 100 Milliarden Nervenzellen; Gewicht ca. 1200-1500 g; Geschlechtsunterschiede im Gewicht, aber nicht in der Nervenzahl; Aussehen von Nervenzellen
Funktionen	Hirnstoffwechsel und -durchblutung; Bedeutung von Sauerstoff und Zucker zur Energiegewinnung; Schrumpfung bei Nichtgebrauch; Zuordnung wichtiger psychischer Funktionen zu Gehirnorten: sehen, hören, fühlen, rechnen, sprechen, denken, unmittelbar und mittelbar behalten, handeln; linke Hirnhälfte und Informationsverarbeitung von Sprache und Zahlen; rechte Hirnhälfte und Informationsverarbeitung von Bildern, Melodien
Entwicklung	von Geburt an feste Nervenzahl; normalerweise höchstens 1-2% Verlust im hohen Alter; Ausbildung von Synapsen bei Gebrauch, deren Verlust bei Nichtgebrauch
Funktionsstörung	Bedingungen von Hirnfunktionsstörungen: Hirnstoffwechselstörungen, Hirndurchblutungsstörungen, Hirnvergiftungen; Ursachen: Alkohol, Kohlenmonoxyd, Herzschwäche, fehleingestellter Zucker usw.; unmittelbare und spätere Folgen der Hirnfunktionsstörungen: Befindensstörungen, geistige und sonstige Leistungsminderungen einschließlich Orientierungsstörungen, Persönlichkeitsabbau

Inhalt	Erläuterung
Strukturschädigung	nicht wieder reparierbare Schädigungen des Gehirnes; Folgen vom Hirnschlag, von Hirnquetschungen usw.; wann und wie lange haben sie überhaupt einen merklichen Einfluß im geistigen Bereich? wann sind sie für den Alltag bedeutungslos? was kann man tun, um den Einfluß auf das Psychische gering zu halten?

Geistige Tätigkeit

Begriff	mentale Tätigkeit, Intelligenz, aktuelle und überdauernde geistige Leistungsfähigkeit, fluide und kristallisierte Intelligenz
verwandte Begriffe	Gedächtnis, Konzentration, Kreativität
Psychostrukturmodell	Darstellung der zentralen und peripheren Informationsverarbeitung im Menschen, um Zusammenhänge leichter zu erkennen
Basisgrößen der geistigen Leistungsfähigkeit	zentrale Informationsverarbeitungsgeschwindigkeit, Gegenwartsdauer, Kurspeicherkapazität; Basis-Lerngeschwindigkeit, Gedächtniskapazität
Messung	psychologische und informationspsychologische Leistungstests; Erfassung der Ausprägung: Beispiele: Intelligenzquotient ($=$IQ) und Gedächtnisquotient ($=$GQ); die Informationseinheit Bit
Entwicklung	Anstieg der geistigen Leistungsfähigkeit; Höhepunkt um das 16. Lebensjahr; die vier kristischen Lebensabschnitte: ungenügende Schulung in der Kindheit und Jugendzeit, Unterforderung ab etwa dem 25. Lebensjahr, Überforderung mit Herz-Kreislaufstörung ab etwa dem 40. Lebensjahr, Demenz ab etwa dem 60. Lebensjahr
Voraussetzungen für optimale geistige Tätigkeit	Aktivationsmodell und optimale Aktivierung; Beeinflussung durch Ernährung/Medikation, Atmung, Muskelanspannung, Bewegung, Sinnesanregungen, Emotionen, Motivation und geistige Tätigkeit

Gehirntraining (geistiges Training)

Welche Methoden gibt es?	Gehirn-Jogging; Mnemotechniken: Wiederholen, multimodales Lernen, Superieren, Eselsbrückenbilden usw.
Wann üben?	Täglich; morgens und am Spätnachmittag; Abhängigkeit der Häufigkeit von sonstiger Beschäftigung; Einbau von Entspannungszeiten
Wer hat es nötig?	Unterforderte, Überforderte (diese nicht allgemein); woran man sie erkennt; einseitig Geforderte
Was läßt sich erwarten?	
— wo liegen die menschlichen Höchstleistungen?	die Maximalleistungen von Gedächtnis- und Rechenkünstlern; die individuellen geistigen Maximalleistungen
— wie lange wirkt ein Training?	Abhängigkeit von sonstigen Anforderungen; Nachweisbarkeit bis zu etwa sechs Monaten

Nähere Auskünfte bei der
Gesellschaft für Gehirntraining e.V.,
Postfach 14 20,
85555 Ebersberg